三聯學術

# 修昔底德的路标
在历史与政治之间
Thucydides Between History and Politics

任军锋 编

生活·讀書·新知 三联书店

Copyright © 2022 by SDX Joint Publishing Company.
All Rights Reserved.
本作品版权由生活·读书·新知三联书店所有。
未经许可，不得翻印。

**图书在版编目（CIP）数据**

修昔底德的路标：在历史与政治之间／任军锋编．—北京：生活·读书·新知三联书店，2022.3
ISBN 978-7-108-07283-2

Ⅰ.①修⋯ Ⅱ.①任⋯ Ⅲ.①修昔底德－史学思想－研究 Ⅳ.① K095.45

中国版本图书馆 CIP 数据核字（2021）第 193800 号

| | |
|---|---|
| 责任编辑 | 宋林鞠 |
| 装帧设计 | 薛　宇 |
| 责任校对 | 张国荣 |
| 责任印制 | 宋　家 |
| 出版发行 | 生活·讀書·新知 三联书店 |
| | （北京市东城区美术馆东街 22 号 100010） |
| 网　　址 | www.sdxjpc.com |
| 经　　销 | 新华书店 |
| 制　　作 | 北京金舵手世纪图文设计有限公司 |
| 印　　刷 | 河北鹏润印刷有限公司 |
| 版　　次 | 2022 年 3 月北京第 1 版 |
| | 2022 年 3 月北京第 1 次印刷 |
| 开　　本 | 880 毫米 × 1092 毫米　1/32　印张 14.25 |
| 字　　数 | 284 千字 |
| 印　　数 | 0,001-5,000 册 |
| 定　　价 | 79.00 元 |

（印装查询：01064002715；邮购查询：01084010542）

# 目 录

修昔底德的路标　　任军锋　 i

## 上编　学脉源流

**霍布斯论修昔底德** 3

　Ⅰ 修昔底德英译本献辞 5

　Ⅱ 致读者 8

　Ⅲ 修昔底德的生平与著作 13

**安提丰辩护辞** 35

　Ⅰ 雅典人希罗德斯谋杀案辩护辞（前415年） 41

　Ⅱ 合唱队歌手死亡案辩护辞（前412年） 83

**吕西亚斯演说辞** 109

　Ⅰ 为波利斯特拉图斯辩护（前410年） 111

　Ⅱ 反斐伦（前403年） 121

　Ⅲ 反安多齐德斯（前399年） 129

　Ⅳ 反阿格拉图斯（前399年） 143

　Ⅴ 反尼科马库斯（前399年） 166

1

## 下编　问题视域

霍布斯的修昔底德：塔西佗主义、国家理性与
　　霍布斯的转捩点　　韩潮　179
古典政治哲学视野下的政治史学：
　　施特劳斯论修昔底德　　黄俊松　213
修昔底德政治视野中的荷马　　李世祥　235
修昔底德与希罗多德的竞赛：雅典帝国叙事与
　　反叙事之间的对驳　　张源　270
帝国与民主：论修昔底德的战争叙事　　林国荣　319
盛世乡愁：雅典帝国的"传统"与"现代"　　任军锋　338

附录　古典希腊双城记：雅典和斯巴达　371
　　修昔底德笔下的雅典政制　373
　　修昔底德笔下的雅典帝国　383
　　修昔底德笔下的斯巴达政制　393
　　修昔底德笔下的伯罗奔尼撒同盟　400

修昔底德研究文献辑要　405

# 修昔底德的路标

在21世纪即将步入第二个十年之际,修昔底德,这位生活在2400年前的雅典人,突然与中国人的文明经验和生存体验如此切近!是我们的生活世界正在重演公元前5世纪希腊人的悲喜剧?抑或修昔底德深切的理论洞见再次彰显出穿越时空的生命力?

修昔底德既是历史著作家,又是政治理论家,修昔底德的路标因此也呈现出如下双重面向:作为著作家,修昔底德为读者精心设定了进入其文本的路标;作为理论家,修昔底德本身为我们提供了进入西方精神大传统中的路标。只有依循修昔底德文本中的路标,方能有机会真切领会著作家的著述主旨和精神教诲;只有将修昔底德作为观照西方精神大传统的路标,才能对修昔底德一系的政治理论传统做出更为准确的定位。修昔底德从政治本身审视政治,在他眼里,政治、城邦、帝国,并非柏拉图笔下的"洞穴",更不是奥古斯丁眼中的"魔鬼之城",而是至高的存在,是个体生命价值的根本所系。修昔底德对政治世界权力意志及其作用机制洞若观火,并从政治实践出发探索和平与秩序的现实途径。修昔底德开辟的政治理论传统在马基雅维利和霍布斯那里得到了系统继承和充分发挥。

## 一 历史著作家修昔底德

修昔底德采用戏剧笔法,将听众变成观众,而著作家自己经常隐身于绵密的战争叙事和激烈的政治论辩背后。作为政治人,修昔底德的观察视角置身其中;作为著作家,修昔底德的理智视野却超然事外。

若仅就写作体例而言,修昔底德与柏拉图如出一辙,无论是柏拉图的哲学戏剧还是修昔底德的政治戏剧,都力图在读者面前展示思想场域的纵深。然而,与柏拉图笔下披荆斩棘、一往无前的哲人苏格拉底不同,面对迫不得已的政治情势,修昔底德笔下的政治人经常显得纠结彷徨、进退失据,他们时常在手段与目的、公益与私利间委曲求全,在言辞与行动间虚与委蛇。与真理和谬误截然两分的哲学世界不同,政治世界的常态往往并非黑白分明,其中充满善恶相杂的灰色地带。因此,修昔底德对政治人的评价往往显得含混不清、模棱两可,任何试图穿透著作家本人立场主张的阐释,也变得歧义丛生、左右为难。

对于政治人物,修昔底德经常寓贬于褒、似褒实贬、明贬暗褒。在修昔底德笔下,伯里克利无疑是政治家的典范。

看到雅典人自信爆棚、摩拳擦掌，伯里克利提醒他们注意潜在的危险，使他们保持头脑清醒，准确估计雅典的实力。外有斯巴达大兵压境，内有瘟疫肆虐，雅典陷入内外交困的时刻，伯里克利号召他们鼓起勇气，保持必胜信念。为此，修昔底德评论说，在民主雅典，伯里克利以民主政治之名，行君主政治之实，是他在领导他们，而不是他们领导他。

正是得益于伯里克利统揽全局的领导力，雅典民主政坛激烈的党争得到有效抑制，民主政治动员起来的巨大的政治能量，透过伯里克利的高瞻远瞩和运筹帷幄，被导向蒸蒸日上的帝国事业。作为"第一公民"的伯里克利，成为雅典民主帝国不可须臾抽离的核心支柱。

然而，随着伯里克利因身染瘟疫突然离世，雅典民主政坛陷入空前紊乱。公民大会，这一雅典民主旨在发挥群策群力作用的协议建制，却在客观上沦为民众叫嚣起哄，政客蛊惑舆论、党同伐异的舞台。民主与帝国，原借助"第一公民"杰出的领导力，被捏合为相互为用、彼此加持的正能量组合；而随着伯里克利的离世，二者却戏剧性地逆转为彼此掣肘的负能量机制。表现为雅典民主政体核心特征的，是第一公民与公民大会，领袖与民主之间的脆弱平衡；只有在伯里克利突然离世之后，雅典政治体本身的易碎性才得到了更加充分的暴露。伯里克利，功也？过也？修昔底德将伯里克利去世前后的雅典民主政治实际的运作样态并置，其中传达出的教诲真可谓深沉委婉、耐人寻味。

对于伯里克利身后几位雅典政坛重量级人物，修昔底德的描摹更是绘声绘色、伏脉千里,对他们的评价也是若隐若现、意味深长。后伯里克利时代的雅典政坛,权势人物之间的较量主要有两轮:第一轮角逐发生在尼西阿斯与克里昂之间,第二轮则在尼西阿斯与亚西比德之间展开。

尼西阿斯率军围攻斯巴达要塞派娄斯,久攻不下,克里昂趁机攻击尼西阿斯无能,谁知尼西阿斯借力打力,主动提出移交兵权,明里显得自己是在主动让贤,暗里寻思的却是趁机借刀杀人,剪除政治对手。克里昂起初迫于舆论,骑虎难下,随后却不得不装作受任愉快。谁料克里昂时来运转,雅典最终大获全胜。派娄斯大捷一举扭转整个战局,斯巴达陷入全面被动,克里昂在雅典政坛一时间如日中天。尽管修昔底德未置一字,但此时的尼西阿斯心中是何等滋味,却呼之欲出、跃然纸上。

克里昂中途接棒,难免会被舆论视为夺人之功,而尼西阿斯等人必然不失时机地推波助澜、制造舆论,以图阻遏克里昂人气迅速攀升的势头。对此,克里昂自然心知肚明。为了证明派娄斯大捷并非出于一时幸运,更非掠人之美以自耀,加之大捷本身给他带来过度自信,克里昂主动请缨,在色雷斯地区与斯巴达名将伯拉西达决战。然而,幸运之神并未再次眷顾克里昂,最终,在争夺安菲波里斯要塞的关键战役中,克里昂与伯拉西达双双阵亡。

修昔底德对克里昂的死轻描淡写,却对伯拉西达不吝誉美,有论者因此便贸然做出如下诛心式的揣测:鉴于克里昂正是修昔底德本人遭遇控告进而被流放的幕后推手,著作家必然心有郁结，笔端难免有失公允；不过于理可解，情有可原。如果这样的揣测成立，修昔底德为何不索性将克里昂在派娄斯战役中的运筹帷幄轻描淡写甚至索性一并隐去？与给予阵亡后的克里昂几句所谓正面评价相比，若修昔底德这样做不是对政敌克里昂的形象更有摧毁性吗？再说，如果连著作家自己都无法摆脱党派成见甚至个人私怨，致使其无法仗义执言，修昔底德何来足够的底气宣称自己的著作将与天地同久、与日月同辉？事实却是，修昔底德非但没有这样做，反而秉笔直书。在那篇著名的密提林辩论中，克里昂俨然修昔底德的化身，透过克里昂之口，修昔底德将自己关于雅典民主和雅典帝国的精辟论断和盘托出。

克里昂阵亡，尼西阿斯便紧锣密鼓，加紧与斯巴达展开和谈，签订了以尼西阿斯本人的名字命名的《尼西阿斯和约》。在这里，修昔底德还不忘提示读者，尼西阿斯之所以不遗余力推动这场和谈，其背后有着个人打算，即在有生之年尽量避免一切军事冒险，为自己身后留一个为国效命且功勋卓著的令誉。不过，尼西阿斯的小算盘想要兑现，还要面临新一轮权力斗争的考验，而这一次的挑战者正是雅典政坛冉冉升起的"政治新星"亚西比德，此人的强悍程度远在克里昂之上。对于雅典人帝国事业的大局而言，尼西阿斯与亚西比德之间的这一轮权力角逐的后果可以说是致命性的。

随着雅典与斯巴达关系不断恶化，一直极力主张与斯巴达媾和的尼西阿斯处境分外尴尬，亚西比德自然不会放过这一天赐良机，他要清除横亘在自己政治前途上的"绊脚石"

尼西阿斯。亚西比德极力主张废除《尼西阿斯和约》，同时积极撮合雅典与亚哥斯、门丁尼亚、伊利斯组建新的四国同盟，力图在削弱伯罗奔尼撒同盟实力的同时，从陆上对斯巴达北境构成军事上的合围之势。试想，假如亚西比德这一计划顺利实施，无疑会在军事上对斯巴达造成重创，只可惜雅典囿于内部党争，整个行动半心半意，未能给亚哥斯提供及时有效的援助。不过，斯巴达显然意识到亚西比德此举的致命后果。门丁尼亚一役，斯巴达倾巢出动，赢得决定性胜利，使亚哥斯彻底俯首称臣。就这样，亚西比德精心谋划的四国同盟胎死腹中，雅典也因此错失了瓦解伯罗奔尼撒同盟的一次良机。至此，雅典试图在陆上取得优势的努力正式告吹，希腊本土战局陷入空前的胶着状态。雅典最终被迫选择剑指西西里，借助自身的海军优势，开辟第二战场，在战略上寻找突围的可能。

围绕雅典是否有必要远征西西里，雅典内部各派势力展开激辩，亚西比德与尼西阿斯两人在政治上彻底摊牌。对亚西比德来说，远征西西里不仅是他个人主导雅典政坛的重要契机，更是雅典帝国事业摆脱眼下困局，获得新的跃升的关键一步。关于远征西西里在雅典帝国军事路线图中的位置，亚西比德在叛逃至斯巴达后便将其和盘托出：即以西西里为跳板，继之征服南意大利；接着是迦太基，征用当地人力物力扩充雅典海军，最终折返封锁整个伯罗奔尼撒。然而，令人唏嘘不已的是，亚西比德的这一宏图伟略，从一开始就在其与尼西阿斯之间空前白热化的权力角逐中丧失了有效实施的条件。而作为两人权力斗争的延伸，亚西比德调转矛头，将自己对政敌尼西阿斯的满腔怨愤转化为反噬雅典帝国的致命利器。

尼西阿斯视个人名节如至宝，他反对任何军事冒险。眼见阻止远征无果，尼西阿斯重施在派娄斯转嫁责任给克里昂的故技，以大幅增加军力和军需相要挟，试图再次阻止远征。谁知雅典人远征西西里的热情并未因此稍减，反而倾其所有，满足尼西阿斯看似合理的要求，而这在客观上导致雅典倾巢出动，后防空虚。尼西阿斯公开阻止远征非但未能如愿，且适得其反。眼见政敌亚西比德如愿以偿、春风得意，尼西阿斯看在眼里恨在心里。谁料出征前夕雅典城内发生赫尔墨斯神像案，成为亚西比德本人的一场噩梦，无论是对他本人雄心勃勃的政治生涯还是雅典的帝国事业，都是摧毁性的一击。

究竟谁是这起案件的幕后推手，修昔底德并未明示，但这起神像被毁案似乎是为亚西比德度身定做的，事件一方面被渲染为远征的凶兆，另一方面被指为推翻民主政治、建立僭主统治阴谋的一部分。造谣一张嘴，辟谣跑断腿。亚西比德一时间百口莫辩，主动要求在自己带兵出征前彻查此案，以正视听，否则军心动摇，贻误战机，于国事将贻害无穷。然而，此时亚西比德的政敌们显然是吃了秤砣铁了心，一不做二不休，当然不会给亚西比德任何鹞子翻身的机会，他们转而通过各种手段拖延审判，并催促他尽快带兵出征，趁亚西比德不在国内时为他进一步罗织罪名。

果不其然，亚西比德在西西里落脚未稳，专门负责召他回国受审的军舰便随之而来。回程途中，亚西比德逃脱。究竟是押解者疏于防范，还是亚西比德真有三头六臂，抑或押解者早有成命，故意将他放跑？个中细节，修昔底德再次选择沉默，只是提示读者说，负责押解的水兵草草找了一圈未果，便启程回国了。不难想见，对政敌来说，亚西比德的"逃脱"真可谓正中下怀，这在客观上无异于授人以柄，成为政敌攻击他做贼心虚、畏罪潜逃的铁证。况且，亚西比德最终逃往的地方不是别处，正是雅典的死敌斯巴达。此举必然引起国内舆论若有其事地猜想：原来亚西比德早就包藏祸心，预谋投敌叛国。就这样，在政敌一系列循循诱导、环环相扣的操作之下，亚西比德被死死地钉在耻辱柱上，而亚西比德的政敌从中可谓一举两得：既搞倒了他们的眼中钉肉中刺亚西比德，更为自己赢得了捍卫民主、保卫国家的令名。

从此，以亚西比德的叛逃为开端，雅典人的帝国事业便走上崩溃的不归路。雅典远征军在西西里全军覆没，尼西阿斯被俘并遭杀害，修昔底德悲叹不已，说尼西阿斯毕生修德进业，遭此厄运实属不该。透过修昔底德对尼西阿斯与克里昂和亚西比德权力角逐过程中的心迹与行迹的深描，细心的读者不免会提出如下疑问：这究竟是历史著作家修昔底德对尼西阿斯政治人生的赞誉，还是他对雅典这位声名卓著的将军所做的辛辣讽刺？

对于政治人物，修昔底德不是一般性的褒贬，而是将他们在关键时刻的具体表现嵌入对特定政治情势的生动描绘之中。克里昂历尽艰辛、呕心沥血，为雅典人的帝国事业马革裹尸，居功至伟，却落得被自己同胞唾骂的下场。尼西阿斯阴险毒辣，有道德无意志，苟且短视，爱惜个人令名，甚至不惜以国命为赌注；这位修昔底德笔下神龙见首不见尾的关键人物，对雅典人的帝国大业屡屡釜底抽薪甚至落井下石，最终却如其所愿，得到雅典人对英雄般的爱戴和追念。亚西比德满腹经纶、雄心勃勃，却横遭政敌栽赃陷害，壮志难酬；他殚精竭虑、含辛茹苦，力图回国复命、东山再起，可叹一腔热血，八斗才华，始终无法挥洒自如，最终落得身首异处、身败名裂。

面对政治世界如此的荒诞和悖谬，修昔底德绝非意在传递某种文人式的道德义愤，而是志在呈现政治人面对残酷政治现实时的胆识和勇气，以及他们身上的韧性与义无反顾。在修昔底德笔下，亚西比德所遭遇的无疑是政治家最为极端的命运，而为了克服这一命运，亚西比德更是将政治人的德行发挥得淋漓尽致。如果说柏拉图笔下的苏格拉底代表着哲人生活方式的极境，那么，修昔底德笔下的亚西比德代表的恰恰是政治人生活方式的极境。

修昔底德战争叙事的高潮，无疑是雅典远征西西里最终全军覆没，而贯穿这一过程的轴心人物正是亚西比德。透过亚西比德，修昔底德对政治世界的动力机制做了最为充分的揭示，这一动力机制正是权力以及因之而引发的恐惧。在围绕雅典是否有必要远征西西里的那场激烈辩论中，亚西比德指出，如果雅典人不乘崛起之势扩张自己的权势，而是依照尼西阿斯所主张的得过且过,图一时苟安,那么,雅典的生命力将在闲散怠惰中耗散殆尽,而雅典人注定连现有的一切也会丧失。政治世界的基本法则从来就是:要么统治他人,要么被他人统治。雅典只有足够强大,才能将和平的主动权稳妥地掌握在自己手里,否则,雅典人的任何举动都会投鼠忌器、畏首畏尾,甚至成为斯巴达人武力干涉的口实。除非雅典最终成长为整个希腊的主人翁,否则,雅典人将时刻面临列强觊觎的危险,希腊世界将在干戈扰攘、生灵涂炭的黑暗森林里遭受永劫。

  政治世界中这一围绕权力与恐惧的显白事实,正是贯穿修昔底德文本的核心主题。修昔底德曾站在迈锡尼帝国的废墟上抚今追昔,阿伽门农之所以能够征调一支庞大的希腊海军远征特洛伊,凭借的正是他掌握的令整个希腊世界望而生畏的权势。在修昔底德看来,斯巴达与雅典之间爆发的这场大战,其根源正在于雅典势力增长引起斯巴达的恐惧。在斯巴达同盟代表大会上,雅典代表明确指出,波斯战后,雅典人之所以不遗余力扩张自己的实力,正是基于对波斯的恐惧而不得不选择如此;而一旦雅典人获得了帝国霸权,随之而来的荣誉和利益使他们不再可能放弃自己的权力。伯里克利警告说,雅典帝国的取得也许是不义的,但如今放弃这个帝国一定是危险的。若放弃帝国霸权,雅典人因帝国统治而习以为常的生活便利将不复存在,雅典人因国家强大而享受的尊严和荣耀将被一扫而空。在围绕如何处置密提林人的辩论中,克里昂指出,帝国统治与僭主统治在本质上无异,其他盟邦之所以服从，根本上在于雅典的强大实力。给作恶者以应有的惩罚，是维持帝国秩序的必要手段。对敌人怜悯仁慈、以德报怨，实为纵容恶端，无异于自取灭亡。轻视善待他们的人，敬畏对他们严厉以待的人，从来就是人类亘古不变的自然本性。以眼还眼，以牙还牙，让已作恶者无所遁形，使未作恶者早断侥幸念想，这是任何政治统治得以维持的基本保障。

在与弥洛斯人的辩论中，修昔底德透过雅典代表之口，更是将政治世界的残酷现实和盘托出：政治世界所遵循的从来都是强弱逻辑，强者可以任性，弱者只能认命，只有在同等的强力之间才有正义可言，和平共处的前提是实力上的对等，独立自主需要足够的强力作为最终的凭靠；政治世界的友谊绝非源自对方的好意，而是依靠自己掌握并随时能够动用的强力。在任何可能的范围内扩张自己的势力，在强者面前保持恭顺，在实力对等者面前不卑不亢，在弱者面前温和有度；何时逞强，何时示弱，最终取决于对敌我双方实力对比的准确估计。若不能因时因地制宜、避免一厢情愿，便会在不切实际的希望中自取其辱，甚至走向亡国灭种。弥洛斯人的最终遭遇正是这方面的前车之鉴。

## 二 政治理论家修昔底德

在修昔底德笔下，伯里克利透过那篇著名的国葬演说，盛赞雅典作为希腊世界文教中心，是全体希腊人的精神灯塔。得益于伯里克利的对外开放政策,来自世界各地的风俗习惯、生活方式、思想观念在雅典汇聚,并得到升华提炼,进而在希腊世界广为传播。雅典商业空前繁盛,人员交往、社会流动频度与日俱增,各种民事刑事案件接连不断,促使律师业蓬勃发展。雅典民主、自由、开放,选贤与能——个人才能而非家庭出身成为选拔人才的首要标准。

与这种世俗主义社会氛围伴生的,是一种具有高度理智主义色彩的精神氛围,普罗塔戈拉的著名箴言——"人是万物的尺度,既是'是其所是'的尺度,又是'非其所非'的尺度",正是这一精神氛围的集中表达。它关注人的在世生活的具体样态,认为现实世界的恶并非源自神力,而是人自身的邪恶所致,因此消除邪恶完全可以通过有针对性的人为举措,寻找改进并完善现实的途径,包括教育和立法实践。这是一场带有启蒙色彩的新文化运动,人的理智从觉醒走向高度自觉。智术师运动正是这场新文化运动的殿军。

智术师的代表人物包括:来自色雷斯沿海城邦阿布德拉的普罗塔戈拉、西西里林地尼的高尔吉亚、开俄斯岛的普罗狄科、伯罗奔尼撒半岛西北部城邦伊利斯的希庇亚斯、色雷斯卡尔西敦的色拉叙马霍斯,以及来自雅典本地的安提丰和克里底亚。智术师热衷政治,周游列邦,他们有的甚至担任高官:如高尔吉亚就曾担任林地尼赴雅典的外交官;普罗狄科曾担任开俄斯长驻雅典的外交大使;希庇亚斯曾多次担任伊利斯的外交代表,后卷入本邦内部党争,密谋造反,终因密谋败露被杀。安提丰和克里底亚更是伯罗奔尼撒战争后期雅典政坛的关键人物：安提丰正是公元前411年雅典寡头政变的主谋，民主政权复辟后被杀；克里底亚是雅典战败后"三十僭主"政权的核心人物，最终死于雅典内战。作为智术师运动的开山者，普罗塔戈拉更是博学多能，在希腊世界闻名遐迩。他与政治家伯里克利过从甚密，并受伯里克利的委托，与"历史之父"希罗多德一道，参与南意大利殖民城市图里伊城的创建：普罗塔戈拉正是该城宪法的拟定者。

在柏拉图笔下，智术师往往被描绘成信奉强权、无视正义、唯利是图的市侩。从《理想国》开篇认为"强权即正义"的色拉叙马霍斯；到《智者篇》中被指为行强不知以为知的"灵魂贩卖术"的人；再到《高尔吉亚篇》中对哲学大加贬斥，推崇欲望先行、我行我素，有着强烈反智情绪的卡利克勒；《欧绪德谟篇》中志得意满、夸夸其谈、声称教人美德的欧绪德谟和狄奥尼索多洛兄弟；《大希庇亚斯篇》中炫耀自己天价出场费的希庇亚斯……经过柏拉图如椽之笔的加工，智术师沦为衬托苏格拉底高大形象的反面角色，他们结交富豪（如欧狄库斯、卡利阿斯、克法洛斯）、攀附权贵（如伯里克利）、兜售伪知识、无视美善正义、鄙视道德信仰，向青年灌输一整套功利至上的成功学，崇尚唯物主义、相对主义、主观主义、个人主义，因而成为哲人苏格拉底极尽讽刺挖苦、口诛笔伐的直接对象。由于智术师们的原始作品绝大多数业已佚失，流传至今的只有幸被后世著作家引用的只言片语，这就使得智术师们的整体精神面貌变得扑朔迷离，甚至遭到各种人为的扭曲。

智术师开门办学、广揽生徒，口传心授的都是面向实践的经世之学。普罗塔戈拉坦承，自己所传授的学问旨在帮助学习者获得处理私人事务时所需的良好判断，使其打点家庭事务能做到井然有序，处理公共事务能从容应对、游刃有余。这种技艺毋宁是一种公民科学，即使受教育者成为良好的公民。在公共事务中，好公民意味着对人的自然本性具备通透的认识，对时机有精准的把握，要善于在公开场合表达自己的主张，透过娴熟的修辞技巧说服他人。因此，在智术师们看来，修辞学并非纯粹的语言艺术，而是旨在经纶国务的政治学术的一部分。普罗塔戈拉、色拉叙马霍斯、克里底亚等人还致力于不同法律制度和政体类型的比较研究，从中抽绎某些一般性的政治原理，为通过立法或变法改善政治生活的具体实践提供有益的参考。智术师们关于君主制、贵族制、民主制等孰优孰劣的讨论，成为自希罗多德、修昔底德、色诺芬，到柏拉图、亚里士多德以降西方政治理论反复辩难的重要问题之一。

智术师周游希腊各邦，眼界开阔，他们的视野渗透着极强的"泛希腊主义"：主张希腊人不应当仅仅局限于语言、赛会、神祇等文化上的共同体，还应该成为一个政治上的共同体。即希腊民族不仅是一个文化民族，更应是一个政治民族。波斯战后，希腊世界分崩离析、各自为政，大邦霸凌小邦，小邦依附大邦，城邦或城邦联盟之间彼此虎视眈眈；希腊世界干戈扰攘，生灵涂炭。应当通过怎样切实可行的途径消除纷争，实现希腊民族内部和解乃至长治久安，这成为以高尔吉亚为代表的智术师最为核心的政治关切。而正是在国势蒸蒸日上且奋发有为的雅典人身上，高尔吉亚看到了希腊世界实现政治一统进而确保内部和平的希望。

这种政治上的泛希腊主义，正是贯穿修昔底德战争叙事的轴心。修昔底德所关心的与其说是雅典帝国本身的成败，还不如说是希腊民族从文化民族向政治民族转型过程中将经历怎样的挫折。修昔底德不是以雅典人的视角审视战争本身，而是以希腊世界的眼光反思希腊人实现内部和平的现实途径。修昔底德本人曾先后问学于高尔吉亚、普罗狄科和安提丰，深受智术师智识尤其是修辞学传统的熏染。在其战争叙事中，修昔底德以当事者的口吻创作大量演说辞，其规模超过全书篇幅的四分之一，成为后世修辞学的范本。修昔底德坦言，这些演说辞并非如某些智术师前辈的演说那样图听众一时的愉悦亢奋，也不是通过知识付费教授给年轻人的生存技艺——比如在法庭讼辩中立于不败之地，在演讲比赛中蟾宫折桂，在民主政坛谋得一官半职……诸如此类在修昔底德眼里都不过是难登大雅之堂的"小道"。修昔底德正是要透过自己的著述，将修辞术提升为经纶国务、安邦定国的"大道"。在修昔底德看来，对于严肃的国务活动家而言，判分言辞好坏的标准不再是其结构匀称、对仗工整、措辞精妙、章句华美，而在于能否更为清晰地揭示真相、凝聚共识，从而有助于做出真正增进邦国福祉的英明决策。

修昔底德所揭示的政治世界的现实图景，正是哲人苏格拉底大加挞伐的对象。在苏格拉底眼里，被修昔底德标举为政治家典范的泰米斯托克利、伯里克利，不仅言行乏善可陈，甚至是城邦的腐蚀者和败坏者。他们无视公正、缺乏节制，兴建各种军事设施以满足雅典人的霸权嗜欲，通过琳琅满目的竞技赛会和文艺表演迎合雅典人不断膨胀的种种欲望。在他们的领导下，雅典人的身体变得强健，灵魂却日趋腐烂。与苏格拉底一脉相承，在奥古斯丁看来，帝国光鲜亮丽的外表下是一味追逐权力而养成的嗜血欲，物质繁荣背后是骄奢淫逸，以及继之而来的道德泯灭和信仰失落。目睹雅典帝国兵败如山倒，苏格拉底冷言相向，无动于衷；眼见罗马帝国危在旦夕，奥古斯丁更是漠然置之，甚至落井下石。

与苏格拉底、奥古斯丁分别从哲学和信仰角度俯瞰政治不同，马基雅维利赓续的正是修昔底德的学脉，从政治本身审视政治。马基雅维利一改修昔底德深沉委婉的戏剧笔法，以毫不掩饰的坦率笔调指出，对于"新君主"来说，被人畏惧比受人爱戴要安全得多，因为人在本性上见利忘义，他们冒犯自己爱戴的人比冒犯自己畏惧的人更少顾忌。对于政治人来说，拯救祖国永远优先于拯救灵魂，与亡国这样的大恶相比，一般的小恶不仅可以容忍，而且成为必要。霍布斯更是继往开来，指出权势欲并非道德上的罪过，而是人类在世生命的应有之义：无论是一人还是一国，知足常乐、安于现状，必然走向游惰涣散、不思进取，终致国势衰微。利维坦的建造，正是基于对这种权势欲的正视和因势利导，而不是对权势欲的贬抑甚至将其取消。大规模社会赖以维持自身的并非彼此间的仁慈，而是相互的恐惧。作为一种迫使大家畏惧的共同权力，利维坦正是一切和平与秩序的基本凭靠。

在西方精神传统中，与柏拉图一系的哲学思想传统相较，修昔底德一系的政治理论传统始终隐而不彰。由于缺乏柏拉图学脉的道德制高点，此一传统始终难登大雅之堂。对此，尼采的如下评论可谓振聋发聩：

> 我……始终不去附和学者中具有传统的、对**杂耍演员柏拉图**的惊叹。……就我看来，柏拉图把风格的所有形式弄得一团糟，由此他是风格的**第一个**颓废者……让我从一切柏拉图主义那里获得恢复，嗜好和疗养的，在任何时候是**修昔底德**。修昔底德，也许还有马基雅维利的《君主论》，由于他们的绝对意志，即毫不自欺，在现实中而非"理性"中、更非在"道德"中看待理性，它们与我自身最为相近……为了进入生活而受到文理中学的训练，而作为报酬，这个"受到经典教育的"青年人赢得的是希腊人那可怜的对于理想的粉饰。可没人能比修昔底德更彻底地治疗这种粉饰。……希腊哲学是希腊人本能的**颓废**；修昔底德是古代希腊人本能中那强大、严格和硬朗的事实性的伟大总结和最后呈现。面对现实的**勇气**最后区分了修昔底德和柏拉图这样的天性：柏拉图是现实面前的懦夫，——**所以他遁入理想**；修昔底德能**掌握自己**，所以他也能掌握事物……（《偶像的黄昏》，卫茂平译，华东师范大学出版社，2007年，第182—185页）

中国精神传统有着浓厚的道德人文主义底色，强调个体内在的精神修炼、德性涵养和自我节制，这与柏拉图—奥古斯丁一系的哲学思想之间有着某种天然的默契。而对修昔底德、马基雅维利、霍布斯这样的政治理论家，会表现出本能的"排异反应"。百年来中国人在面对西方时无法摆正心态或自如应对，不是陷入一厢情愿式的道德想象，就是在这种道德想象遭遇挫折后被莫名的道德义愤裹挟。而上述文明基因所导致的认知隔膜，可以说在其中发挥了关键作用。然而，迫在眉睫的时势正迫使我们主动克服上述认知隔膜。修昔底德的著作凌云健笔、力透纸背，他对于人类政治事务的深入洞察、他深沉委婉的政治教诲，能够帮助我们克服种种幻觉，节制漫无边际的"文人墨客"式的道德义愤，摆脱积习已久的"经济人"式的苟且短视，克服"科层官僚"式的鸡零狗碎，重新鼓起面对冷冰冰政治现实的阳刚之气。唯其如此，新世纪的中华民族才有望在政治上真正成熟起来。

是为修昔底德的路标！

2020年庚子孟秋

任军锋

上 编

# 学脉源流

# 霍布斯论修昔底德

任军锋　戴鹏飞 / 译

主标题为译者加。以下三篇文章皆出自霍布斯之手,是专门为英译修昔底德《伯罗奔尼撒战争史》撰写的。参见 David Grene ed., *Thucydides: The Peloponnesian War*（The Complete Hobbes Translation）, Chicago: University of Chicago Press, 1989。

# 修昔底德英译本献辞

致 尊敬的

巴斯骑士、哈德维克男爵以及德文郡伯爵

威廉·卡文迪许阁下

    尊敬的阁下,承蒙您的善意,使在下斗胆于这封书简一开篇向我那位业已仙逝的主人表达赤诚之心,在下这份辛劳之作不是呈给阁下,而是献给令尊大人的。决定将这份礼物进献给谁,在下绝不敢随性自为。承蒙令尊大人善待,在下才有时间精力完成这项工作。这份责任始终萦绕于怀,应该进献给谁在下也心知肚明。在下有幸服侍令尊大人多年,深知令尊大人对自由技艺(liberal arts)慷慨支持,真诚且不慕虚荣,无人能出其右;令尊的宅邸俨然一所大学。令尊大人的研究主要集中于那些最值得投入时间和精力的学问,诸如杰出人物、历史和公民科学;令尊研究学问不在自炫,而在修齐治平。令尊研究学问、增长见识,旨在获得智慧和能力、造福家邦。对此,令尊乐此不疲,不为党见所拘,不被野心所驱。于公于私,面对棘手的重大议题,令尊能力卓著、思维缜密、思路清晰、处惊不乱、不离正道。在下浅陋,不知令尊大人种种美德,究竟得自令尊终其一生的严于律己,抑或得益于令尊与生俱来的虚怀若谷。令尊慧眼识人,广结善缘,令尊看重的不是一个人的财运是否亨通,是否唯命是从,而是一个人自身的品质;令尊待人开诚布公,心怀坦荡,心无芥蒂,唯有正直和良知(NIL CONSCIRE)。对同类,令尊平等相待;对下人,令尊和蔼可亲,保持尊严,问心无愧,恰到好处。总之,尊荣与诚实,在其他人那里往往程度不一,于令尊身上却能完美统一。有鉴于此,在下特将这份绵薄之礼呈献令尊,擎香祝祷,念兹在兹。

在宗教敬拜仪式中,异教徒向诸神偶像敬献贡品。在这一世俗敬拜仪式(civil worship)中,在下将这份礼物,即修昔底德《历史》(即《伯罗奔尼撒战争史》。——译者)的英译本呈送阁下,译文或许有失雅致,不过在下勉力为之。阁下与令尊大人父子同道,令尊人品于阁下身上发荣滋长。绵薄之礼,若蒙承纳,悉列珍物,适时披览,幸甚幸甚!在下不揣冒昧,向阁下举荐修昔底德,非在于修氏出身王族,实乃出于其作品本身:书中充满对高贵之人的有益教诲,采取重大行动时,它能迷途指津。在下斟酌再三,阁下家系中英雄式的嘉言懿行比比皆是,但这部书仍将使您获益良多,尤其正值阁下年届成年,开始自立自为。曾几何时,荣耀与耻辱泾渭分明,一目了然;如今却混淆不明,唯有少数明辨之人幸得免遭蒙蔽。对此,自然无须在下赘言。最后,在下祈愿:愿上帝将他为您准备的、适合于您的美德赐予阁下,愿这些美德在此世与彼世都能为您带来至福。

*您最谦卑的仆人*

*托·霍布斯*

## 致 读 者

这部译作受到某些读者的批评,令本人肃然起敬。不过,在诸君的批评当中,某些连我自己也说不清道不明的东西,往往比任何单一的批评(无论怎样犀利或一针见血)都让人感觉不悦。这不光是我,我想许多人都会有此感觉,不过为了使这部译作更臻完美,在此恳请读者诸君给予公正评判。为此,我愿意首先向读者诸君简要介绍一下我承担这项工作的原委。一旦将译稿付梓,便听由诸君评判;由于这项工作的性质,赢得尊荣的希望可以说微乎其微。我深知,翻译本身的特性在于:如果翻得不好,会令译者颜面尽失;而如果翻得好,却不会给译者带来多少荣誉。

众所周知,在诸多古代知识领域,荷马之于诗歌,亚里士多德之于哲学,德摩斯提尼(Demosthenes)之于修辞学,高山仰止,后世实难望其项背,更别说超越。在他们当中,我们的修昔底德位列其中,且当之无愧,他的著述丝毫不比之前提及的作品逊色;许多人和我一样认定,修昔底德代表历史写作具有的极致。历史著述的首要职分在于:通过记述以往行动的知识,使读者获得教诲,增长才干。面对当下,谨慎行事;面对未来,能有先见之明。若仅就人类而言,再没有比我们的作者修昔底德更能自然且充分地发挥上述功用的了。不可否认,在修昔底德之后,出色的历史作品层出不穷,某些作品中穿插着机智的论辩,形式文雅,内容聪敏。但这些穿插的论辩与叙事的上下文毫不搭界,实际只是作者炫耀个人学识,而非出于历史本身之必要,且仅仅是叙事性的。而在某些历史作品中,著述家们也不乏出于隐秘目的和内省需要而做出某些微妙猜想的例子。但这绝非著史者该有的品质,在历史著述中,猜想必须持之有故,不可强行服务于作者的风格,甚或故弄玄虚。除非显而易见,猜想通常不可能坐实,这就需要叙事本身能够提示读者。但修昔底德不同,他行文中从不岔开话头,就道德或政治议题长篇大论,而只是通过人物外在行为折射其内心世界。修昔底德称得上最具政治头脑的史著作家(the most politic historiographer),理由如下:在叙事中,修昔底德采择事实,据以编排叙事次第,文字力透纸背;诚如普鲁塔克所言,修昔底德将听众变成观众。修昔底德让读者置身公民大会或长老会议辩论现场,使读者侧身喧嚣的市井,置身田间地头,处身金戈铁马的战场。一个有教养之人若能设身处地理解当时的人和事,他会从中获得怎样的教益!如今,我们若能仔细研读修昔底德的著作,必然获益良多。从修昔底德的叙事中汲取经验教训,切身体会历史当事者的喜怒哀乐与悲欢离合。

　　修昔底德著述的这些品质深深地吸引着我,使我油然而生同他做更深入交流的冲动,而这正是促使我翻译他的著作的原初动力。人们很容易陷入如下的错误:己所欲,强施于人,认为自己所好必为他人所喜,以喜好决定判断。同样,我也担心自己会陷入同一谬误,担心广大修昔底德的明智读者也因此受到影响。我也深知,在意大利和法国,修昔底德也备受推崇,但这并不能归功于相关译者。承蒙广大读者善待,关于修昔底德,我只想说,著述家文字明白晓畅,一以贯之,读者诸君不妨按图索骥,凭已见探察未见,但我发现意大利语和法语读者难以做到这一点。个中缘由或者说借口如下:两种译本依据的是劳伦提乌斯·瓦拉(Laurentius Valla)的拉丁文译本,其中存在不少错误,而瓦拉所依据的希腊文抄本并不如现通行于世的版本那么准确。爱德华六世时期,修昔底德著作英译是从法译本转译的,说实话,这个译本我翻过,可以说错谬百出,不堪卒读。有鉴于此,我决定依据埃米利乌斯·博塔(Aemilius Porta)的希腊文本直接翻译,同时吸收已有的版本、评注或其他可以参考的资料。我知道,尽管勉力为之,错谬在所难免,不过肯定少之又少。我已反复核对以确保万无一失,希望不会再有挂漏。译稿完成之后,我将其长期束之高阁,由于其他诸多缘由,与修昔底德交流的冲动戛然而止。

  我发现,在很大程度上,人们是带着与罗马人观看角斗比赛类似的心态阅读历史的。罗马人热衷角斗比赛,更多地出于嗜血欲,而非出于对角斗术的热爱。这样的读者人数众多,他们喜欢看到庞大的军队、血腥的战场、成千上万的战士抛尸沙场,而不是对峙双方的军队和城市采取何种方略实现既定目标。同样,我也发现,能够适应书中那些地名的人并不多,加之缺乏相应的地理知识,很难耐着性子把书读完，深入理解更是无从谈起，也很容易过目即忘。尤其麻烦的是，许多地名如今已经消失，因为当时在希腊和西西里这两个主要战场，每个城邦往往自成一体，不是参战的这一方，就是参战的另一方。

不过在我看来，上述前一种情形应该说丝毫不足为虑，对于修昔底德而言，只要有少数出类拔萃的读者就足够了，只有这些读者才能够做出评判，而且只有他们的评判才值得顾虑。至于由于对地名感到陌生而带来的阅读障碍，我认为并不难克服，只要参看古代希腊主要城邦国家的简明地图，这个困难便可迎刃而解。为此，有必要准备两幅地图：一幅希腊全图，一幅西西里全图。西西里全图由菲利普·克鲁维里乌斯（Philip Cluverius）绘制，如今很容易找到，我摹绘了一幅，附于译本第六卷开篇；至于希腊全图，目前尚未找到适用的。无论是托勒密绘制的地图还是之后的地图，都与修昔底德时代不相符合。修昔底德所提到的许多地方都无法在地图上找到相应位置，勉强找到的也与历史事实不相吻合。有鉴于此，我不得不尽我所能自己绘制一幅尽可能精确的希腊全图，为此，我主要参考了这些城邦国家在通行的现代地图上的地理方位。在绘制希腊全图过程中，只要修昔底德提到某一地名，我便尽可能在地图上将它们的位置标注出来，同时我还参考了斯特拉博、波桑尼阿斯（Pausanias）、希罗多德等伟大著述家的游记。说实话，我标注地图可以说慎之又慎，不仅对主要方位力求准确无误，其他方位的标注也力图做到一丝不苟，我还在地图上加了索引，指出我的标注不同于他人的缘由。有了这些地图，以及行文中在页眉处我认为必要的地方添加的简注，想必能够帮助那些训练有素且具备良好判断力的读者更好地阅读修昔底德，而这也是修昔底德在他的书一开篇所表达的心愿。无论如何，我终将这份劳动成果公之于众，冀望它能获得接纳。即便完全出于修昔底德著述的杰出品质，若蒙读者诸君承纳，在下将荣幸之至。

# 修昔底德的生平与著作

在阅读修昔底德《历史》过程中,我们会碰到多个名叫"修昔底德"的人。《历史》卷八提到一个法赛鲁人(Pharsalian)修昔底德,他是雅典在法赛鲁的利益代理人(public host,公使)。当时"四百人政府"摇摇欲坠,这位修昔底德恰巧在雅典,他奔走于雅典各派系之间,调解斡旋,使那些蓄势待发、虎视眈眈的各派势力保持冷静,从而避免了一场内战,防止城邦沦胥。另有一个修昔底德,他是雅典阿洛普乡(Alope)梅利西阿斯(Milesias)之子,普鲁塔克《平行列传·伯里克利传》中提到过此人;《历史》卷一提及修昔底德曾经指挥40艘战船征讨萨摩斯(Samos),事在伯罗奔尼撒战争爆发前24年,这与普鲁塔克提及的应该是同一个修昔底德。还有一个修昔底德,是雅典人阿克都司乡(Acherdus)阿里斯通(Ariston)之子,此人是一位诗人,不过他的诗作已散失。而作为历史学家的修昔底德,雅典人,是哈利穆乡(Halimus)的欧罗洛斯(Olorus,也拼作Orolus,欧若鲁斯)与海该西佩勒(Hegesypele)的儿子。其父亲的名字通常拼作Olorus,不过其墓碑上刻的是Orolus。不管怎样,它肯定出自色雷斯王族世系,并世代享此尊荣。西塞罗曾说(《论演说家》卷二),即便我们这位作者未曾留下这部《历史》,鉴于其显赫的出身,他也不会籍籍无名。据普鲁塔克《平行列传·喀蒙传》以及许多其他著述家确证,史著作家修昔底德是色雷斯王的后裔。由此可以断定,他与马拉松战役中击败波斯的雅典著名将领米泰亚德(Miltiades)属同一族系;另据考证,修昔底德的墓穴位于米泰亚德家族墓园。在雅典米利提德斯门(Melitides)附近,有一处名叫科埃拉(Coela)的地方,里面有一块叫喀蒙尼亚(Cimoniana)的墓园,属于米泰亚德家族,只有该家族过世的成员才能葬于此地,其中就有修昔底德的墓地,墓碑上铭文有:"哈利穆乡欧罗洛斯之子修昔底德"(THUCYDIDES OROLI HALIMUSIUS)。如今广为人知的事实是,米泰亚德是色雷斯王欧罗洛斯的后裔,国王的女儿嫁给了另一个米泰亚德,即雅典的米泰亚德的祖父,并且婚后育有子嗣。在马拉松战役中赢得辉煌胜利的米泰亚德继承了色雷斯的科尔尼松斯(Chersonnesus)的大宗财产和城池,米泰亚德也是色雷斯地区的统治者。修昔底德在色雷斯也有财产,他拥有大金矿,这在《历史》卷四有所提及。也有人说他的财富得自婚姻,他在色雷斯一个叫斯卡特-叙勒(Scapt-Hyle)的城市有妻室,不过从这桩婚姻不难看出,修昔底德在色雷斯叫谓树大根深,他的家族在那里必属望族。不过修昔底德与闻名遐迩的米泰亚德关系究竟有多密切,我们无从确证。也有人推测,修昔底德出自庇西斯特拉图家族(Pisistratus),这一猜测的唯一证据是修昔底德在书中对庇西斯特拉图家族的统治赞赏有加,而对哈摩狄阿斯(Harmodius)和阿里斯托斋吞

（Aristogeiton）颇有微词。修昔底德通过考证指出，雅典人误以为是哈摩狄阿斯和阿里斯托斋吞将雅典从僭政统治下解放出来。事实却是，刺杀僭主是由于私人情事引起的性嫉妒，两人的弑僭举动并未终结僭政，反而使僭政变得更加残暴，最终被拉凯戴蒙人（Lacedaemon）推翻。这一猜测并没有说服力，因此不如前一种推测那样被广为接受。

出身显赫家族，修昔底德在修辞学与哲学方面天赋异禀且学有所成。在哲学方面，他和伯里克利、苏格拉底都是阿那克萨戈拉（Anaxagoras）的门人。阿那克萨戈拉的思想让广大群众无从理解，因此他被扣上无神论者的帽子。任何人，只要不像他们那样沉迷于荒谬宗教，群众必然要将其诋为无神论者。阿那克萨戈拉最终因言获罪，并因此丧命。继阿那克萨戈拉之后，苏格拉底也遭遇类似的命运。因此，若阿那克萨戈拉的另一位门徒修昔底德也被视为无神论者，我们也不必大惊小怪，因为即便修昔底德不是无神论者，凭借自然理性的指引，他也能够发现异教徒宗教的虚幻与迷信，而这足以使他被群众目为无神论者。在《历史》好几处，修昔底德指出神谕的模棱两可，尽管他借助神谕确认他自己关于这场战争将持续多久的判断。修昔底德对尼西阿斯（Nicias）在宗教仪式方面过于死板不无微词，尼西阿斯最终葬送了雅典远征军，他自己也落得身首异处，雅典的帝国统治以及雅典人享有的自由，也因尼西阿斯的迷信被彻底葬送。而在另一处，修昔底德又对尼西阿斯的虔敬赞赏有加，充满敬意，说尼西阿斯是所有人当中最不该落此下场的人。

可见，在其著作中，修昔底德一方面表现得并不迷信，另一方面似乎又不是无神论者。

在修辞学方面，修昔底德曾师从安提丰（Antiphon）。在《历史》卷八，修昔底德说安提丰的演说才能有如神助，群众都对他的演说术心存畏惧。归隐赋闲之后，安提丰还为慕名而来的人提供指导，甚至应约替人捉刀代写演说辞。他还参与了那场旨在推翻民主政治的密谋，建立了"四百人政府"。后来，民主政治恢复，安提丰被判处死刑。据修昔底德记载，他的答辩辞是当时的一篇杰作。

毋庸置疑，师出这样一位修辞大师，修昔底德完全有能力成为一位政治煽动家，通过民众攫取巨大的权力。但他似乎对从政毫无兴趣，因为在当时，要想在不犯众怒的情况下对公共事务进行良好且有益的指导，是绝无可能的。人不为己，天诛地灭，每个人关心的首先是自己的权力，为达目的不择手段。有些人在公民大会上摇唇鼓舌，却被群众追捧为智慧而善良的公民，而这些人实际所做的却是将国家引向险境甚至推向灾难。要是有人提出温和、审慎的主张，那他就会被目为懦夫，不站在人民群众一边，甚至阴谋颠覆人民政权。因此不足为怪的是，多年来业已习以为常的丰裕使人们高度自恋，要想让他们在这方面有所节制有如登天。这种病态在民众身上比在个人身上表现得更为严重。当一个人反思自己的时候，他不会因为私下承认自己本可理直气壮实际却畏葸怯弱而羞愧难当。但在群众大会上就不一样了，诚惶诚恐、谨小慎微本是制定良好决策的基础，却被刻意回避，抑或不愿公开承认。这样,那些自认为无所不能的雅典人就被一群邪恶之人和谄媚之徒忽悠,他们被唆使采取那些注定要自我毁灭的行动。良善之人不敢吭声,更别说公开反对了,否则只能是自取其辱。修昔底德不参与这些人的勾当,也就免受他们的迫害,他远离公民大会,孑然一身、遗世独立、富足闲适,这为他的历史写作提供了条件。

对于城邦政体,显而易见,民主制是修昔底德所最不乐见的。他屡屡指出,煽动家们党同伐异、沽名钓誉,他们彼此攻讦,不惜以城邦公益为孤注;他们心怀叵测、表里不一、摇唇鼓舌、混淆视听,致使国家重大决策出尔反尔;不明就里的群众对谄媚者言听计从,致使一系列灾难性的疯狂举措纷纷出台,而谄媚者趁机攫取权力浑水摸鱼。但修昔底德也并未处处夸大少数人的权威,他指出,这些少数人中每个人都想成为头面人物,在民主政体下,每个人都不甘身居下位,都拼命地往上爬,致使内讧不断,政府瘫痪。修昔底德对那种由少数派与多数派混合而成的政府推崇备至;不过他更推崇庇西斯特拉图的僭主统治(且不论庇氏通过篡权成为僭主)和战争初期伯里克利的统治,这种统治表面上是民主制,但实质上是伯里克利治下的君主制。作为王族后裔,修昔底德似乎对君主制情有独钟。因此不足奇怪,修昔底德极少涉足政坛,转而观察记录那些管理城邦事务的人的所作所为。他的机智、勤勉、忠实,与其说源自他的财富、地位以及智慧,还不如说由于他天赋异禀。修昔底德之所以能够留下这么一部旷世杰作,在于他青年时期就聆听过历史学家希罗多德在公共场合朗诵自己的作品,这是当时以及之后几代人的时尚,这一经历使修昔底德产生超越希罗多德的本能冲动,希罗多德的故事曾使他潸然泪下。修昔底德对父亲欧罗洛斯说,希罗多德字字珠玑,感人肺腑。伯罗奔尼撒战争爆发前夕,修昔底德便强烈意识到,这场战争将为他的写作提供绝佳的素材,还没等到战争爆发,修昔底德便开始了他的历史写作。当时他写出来的还不是我们现在看到的完整作品,而只是对那些他所掌握的事件片段的评论或实录。但即便是这些评论,也比其他人写的历史更值得一读。《历史》卷八很可能就是修昔底德的初稿,其中既没有精美的演说辞,也缺乏之前七卷那恰如其分的行文转换。尽管修昔底德在战争初露端倪时就开始写作,但直到被放逐之后,他才开始润色、完善他的作品。

尽管在其财产所在地色雷斯沿岸隐居,修昔底德不能不挺身而出,共克时艰,这正是他不幸的开始。就在他隐居塔索斯(Thasos)的时候,拉凯戴蒙人伯拉西达(Brasidas)率军围攻雅典属邦安菲波里斯(Amphipolis),该城是位于色雷斯和马其顿之间的战略要地,距离塔索斯只有半天左右的航程。十万火急,雅典派驻安菲波里斯的将军向修昔底德紧急求救,而当时作为雅典将军之一,修昔底德有权就地征集军队,火速救援安菲波里斯。修昔底德立即奉命行事,但当他赶到时,安菲波里斯在前一天便已向斯巴达投降。修昔底德因此遭到放逐,指控者认为他贻误战机,或由于畏惧敌人而有意耽搁。鉴于救援已迟,修昔底德立即赶赴爱昂

（Eion），最终为雅典保住了爱昂，而伯拉西达在攻陷安菲波里斯后的第二天一大早就奔赴爱昂，试图攻陷此城。放逐修昔底德的主要推手据说是克里昂（Cleon），在当时的雅典政坛，克里昂以性格狂暴、媚俗从众闻名，他在普通群众中颇具人望。在危急时刻，群众缺乏远见，畏葸不前、鼠目寸光，这为那些假公济私的投机者造谣中伤、陷害忠良提供了可乘之机。

据普鲁塔克记载，修昔底德遭放逐后，就生活在上文提及的色雷斯的斯卡特-叙勒，尽管身在国外，修昔底德仍然关注着战争的后续进程。在《历史》卷五，修昔底德说，他密切关注战争双方，由于被放逐在外，他对斯巴达的关注丝毫不亚于对雅典的关注。其间，他对自己的历史著作做了润色，成稿就是我们今天看到的模样。从这次被放逐之后，修昔底德似乎再未回到过祖国雅典，目前为止还没有任何一位作者明确他死于何时、何地以及多大年纪。多数认为他死于流放期间；但也有一种说法，称在西西里远征惨败后，雅典曾颁布法令召回除庇西斯特拉图家族以外的所有被放逐者，修昔底德也应召回国，但后来在雅典被处死。不过这一说法并不可靠，除非这里所说的西西里惨败之后是指相当长时间之后，即伯罗奔尼撒战争结束之后，因为修昔底德自己并未提及回国之事，尽管他在卷五明确提到他活到整个战争结束。修昔底德说自己因安菲波里斯事件被流放20年，安菲波里斯沦陷发生在战争第八年，而整个战争总共持续了27年。在另一处，修昔底德还提到庇里尤斯港（Piraeus）与卫城之间的一段长城被拆毁,这是这次战争中雅典遭受的最后一击。那些说他死在雅典的人,他们猜测的依据是他的墓穴在雅典,但这一证据并不充分,因为有传闻说他死在国外,之后被秘密送回雅典安葬,或者像另外一些人所说,那儿只有他的墓碑,尸身并未葬于其中。在形形色色的揣测中,最为可靠的要算波桑尼阿斯的说法。在书中,波桑尼阿斯描绘了雅典的墓地:"欧诺比乌斯(Oenobius)为修昔底德所做的事值得称道:据说欧诺比乌斯促成颁布一项法令,允许修昔底德回国,但他在回国后便遭陷害,他的墓穴就在米利提德斯门附近。"据马塞林努斯(Marcellinus)说,修昔底德至少活过了75岁。如果与希罗多德同时代的荷拉尼库斯(Hellanicus)及革利乌斯(A. Gellius)的记载属实,修昔底德应该至少活到68岁。如果战争爆发那年他40岁,鉴于他必然活到战争结束,那么他肯定活过68岁或至少活到68岁。至于他是否留下子嗣,我们并不清楚。柏拉图在《美诺篇》(Meno)中提到米利西阿斯(Milesias)和斯特法努斯(Stephanus),说两人的父亲名叫修昔底德,此人出身显赫,但这位修昔底德显然是伯里克利的政敌修昔底德,他的两个儿子都叫米利西阿斯,据普鲁塔克《平行列传·喀蒙传》,这位修昔底德也是米泰亚德家族的成员。据马塞林努斯引述伯勒门(Polemon)的权威说法,修昔底德留有一子,不过从未有人提到过他的名字,只有一位博学之士发现一段残缺抄本有θοε……字样,他将其读作提莫修斯(Timotheus)。关于修昔底德本人,我们就说这么多。

接下来我们谈谈修昔底德的著作。这里需要强调两点：真相（truth）与修辞（elocution）。真相是历史的灵魂，而修辞则是历史的身体。只有修辞没有真相，历史便沦为假象，只有真相而无修辞，历史便无法给人以启迪。我们不妨看看修昔底德究竟是如何将两者结合起来的。至于修昔底德《历史》的可信性，我只能说：从未有人质疑过他。说实话，还没有人能够合理质疑修昔底德相关记述的真实性，他们从未提出证据怀疑修昔底德有意撒谎，抑或由于不了解真相而向壁虚造。修昔底德记述的并非发生在很久以前的事件，否则时代的久远会使他无法了解事实真相。鉴于他所处的地位和所拥有的财富，修昔底德完全有条件获得相关事件的可靠信息。他不辞辛劳，考证事情真相，趁相关当事者依然记忆犹新，不惜花费大量钱财搜集相关资料。他完全没有必要逢迎群众一时的嗜好，他著史也不是为了赢得同时代人们的喝彩，也不想合用于当代，他写作的目的在于垂诸久远，教导未来的人们，他要使自己的著作成为 KTHMA EΣ AEI（万世之瑰宝）。他绝不媚俗悦世，不会患得患失，也不会逢迎讨好。他原本可以在著作中痛斥雅典人，为他们的遭遇幸灾乐祸，因为雅典人简直罪有应得。但修昔底德丝毫没有将自己的愤懑情绪付诸笔端，一吐心中块垒。除了雅典民众，修昔底德也没有写下任何令雅典人蒙羞的事情，而且除非出于记述的必要，他绝不岔开话题。因此，修昔底德并不一味指责，而是通过描述雅典人自己的所作所为，揭示他们的出尔反尔、自相矛盾、自取其辱。总之，若是历史的真相能够通过描述呈现出来，那么修昔底德的《历史》堪称典范。无论是整体还是部分，修昔底德叙事连贯、简洁，而且极具说服力。

至于修辞，同样需要强调两点：方法（disposition / method）和风格（style）。关于修昔底德的方法，这里只需简要涉及一点足矣：在《历史》卷一，修昔底德在绪言中首先回顾了希腊城邦从摇篮时期到他着笔写作《历史》的生机勃勃的当代，接着他明确了战争爆发的表面和真实的原因。之后，修昔底德描述战争本身，严格按照时间顺序，依照年代先后记述，将每一年分为夏季和冬季。在叙述事件本身之前，他往往先摆出行动者的出发点和动机，或将其贯穿于在政治上举足轻重的人物发表的精致演说之中。而记述完事件之后，修昔底德又不失时机给出自己的评价，揭示其成败利害。修昔底德从不岔开话题，如哲学家那样一味公开说教。他只是将善行和劣迹的来龙去脉和盘托出，叙述本身秘而不宣的教诲，比单纯的说教要有效得多。

说到修昔底德的风格，这里不妨借用诸多古代著作家们的评论。在《论雅典人的荣耀》（*De gloria Athenienstum*）中，普鲁塔克写道："修昔底德总是致力于使他的听众变成身临其境的观众，使读者产生身临其境之感。派娄斯荒凉的海滩，德摩斯提尼如何整饬雅典军队，伯拉西达如何勉励桨手抢救遭搁浅的船舰，他在船舰上是如何爬上旋梯，防止船舰下沉，他如何受伤，最终晕倒在船舷上，斯巴达人如何在海上进行陆战，雅典人如何在陆上进行海战，在西西里战役中,海战陆战获胜几率持平。可以说,诸如此类,修昔底德和盘托出,令读者身临其境,感同身受,俨然置身刀光剑影的古代战场。"说到修昔底德文风的简洁明晰,西塞罗《演说家》(*Orator*)一书在对众多古希腊修辞学家评论基础上指出:"希罗多德和修昔底德尤其令人肃然起敬。尽管两人与我业已提及的色拉叙马霍斯(Thrasymachus)、高尔吉亚(Gorgias)、提奥多洛斯(Theodorus)等人属于同时代人,却丝毫没有沾染他们那种表面精细柔密、内里迂腐不堪的文气,他们的演说如同一条平静的小溪,悄无声息。而修昔底德却有如惊涛骇浪,战鼓声声,气势磅礴。正如提奥弗拉斯图斯(Theophrastus)所指出的,希罗多德和修昔底德让历史自身活力尽显,开诚布公,畅所欲言,叙事引人入胜,前所未见。"这些均得益于他们语言的厚重(gravity)与高贵(dignity)。在另一部著作《论演说家》(*De Oratore*)中,西塞罗这样写道:"就演说术而言,在我看来,修昔底德真可谓高山仰止。他言之有物,几乎每个词都能独立成句,他遣词造句妥帖严密,很难说究竟是他的用词更好地阐释了句意,还是句意烘托了用词。"修昔底德言简意赅,凌云健笔,于此可见一斑。最后,说到修昔底德文风的干净妥帖,这里不妨借用哈利卡纳索斯的狄奥尼修(Dionysius of Halicarnassus)的评论。此人是一位古希腊修辞学家,才具过人,激情四射,是这一方面再合适不过的权威,狄奥尼修这样写道:"修辞术中有一项至关重要的素养,少了它演说便乏善可陈。它是什么呢?就是语言的纯洁性,必须保持希腊语言的纯粹得体。无论是希罗多德还是修昔底德，在这方面都毫不含糊。希罗多德是爱奥尼亚方言的典范，而修昔底德则是阿提卡方言的典范。"对狄奥尼修来说，根本无须阅读两人的著作就能做出上述评价，可惜的是他却费尽心力，将他的全部天才耗费在修辞本身，而无视历史著作本身的价值。此外，我必须指出狄奥尼修对修昔底德的批评，我这里无须多嘴，妄下评论，还是留给读者们自己去判断。首先，狄奥尼修说："一个人若想写一部历史，他首先要选定一个高贵的主题，要让人乐意展卷阅读，在这方面，我认为希罗多德要比修昔底德做得更好，因为希罗多德不仅写了希腊人的历史，而且写了蛮族的历史，使它们不至于湮没无闻。而修昔底德只记录了一场战争，这场战争非但未给希腊人带来荣耀，反而使希腊人惨遭不幸。往事不堪回首，不值得后世子孙追忆。尽管主题糟糕透顶，修昔底德在书中对之却直言不讳：在这场战争中，许多城邦被完全毁灭，沦为废墟，这部分出自蛮族人之手，部分则是希腊人自己造成的。无数的流放，大规模的屠杀，真可谓前所未见，诸如此类不能不令读者心生嫌恶。与其记述希腊人内部惨烈可怖的灾难，还不如记述希腊人抵抗蛮族的壮举。可见，希罗多德在主题的选择上要比修昔底德高明得多。"

有鉴于此，如下论断似乎不无道理：致力于著史之人首先必备的能力在于游刃有余地把握主题，使后世读者能从中获得教益，我认为修昔底德在这方面要比希罗多德做得更好。对希罗多德来说，他笔下的那些事情的真相已然无法确证，那些故事只能取悦喜欢听传奇故事的读者，而无法满足意在探求真理的人们的心智。但修昔底德记述的只是一场战争，对于这场战争的来龙去脉，他了然于胸，他回顾历史上希腊遭遇的腥风血雨，发现这场战争是希腊人所经历的空前大战，很值得记述，后人不该忘记曾经降临在希腊人头上的这场灾难，他们应该知道事情的真相，因为逆境比顺境更能给人以教益，经历磨难要远比获得成功更能给人以启迪，希罗多德的主题固然高明，但修昔底德完全可以因为自己的主题感到欣然。

狄奥尼修还评论指出："著史者面临的第二项任务是要知道从何处开始，到哪里结束。在这方面希罗多德似乎比修昔底德考虑周到得多，他首先交代了波斯蛮子入侵希腊的原因，直至波斯蛮子遭到惩罚、报复而结束。而修昔底德是从希腊和平时期起笔的。作为一位希腊人和雅典人，实在不该如此；作为一位出身显赫的雅典人，他更不应该如此明目张胆地把战争责任归咎到自己的祖国雅典身上，其实他完全有理由为雅典辩护。修昔底德本不该从科西拉事件开始，而应从他的祖国雅典的诸多壮举着笔，即波斯战后所采取的一系列行动：尽管这些行动修昔底德在下文有所提及，但只是顺带提及，而不是正面交代。作为一位爱国者，修昔底德描述那些壮举时格外动情，他本应着力叙述拉凯戴蒙人如何出于妒忌和恐惧，寻找借口发动战争。然后再叙述科西拉事件、反麦加拉法令以及其他必须涉及的内容。在《历史》结尾处，修昔底德也犯了不少错误，他曾说自己亲历了整个战争,并承诺要将其完整记录下来,却在战争第21年的赛诺西马(Cynos-sema)海战处停笔。其实最好是将整个战争记述完整,并以所有被放逐的雅典人满怀敬意和感激从皮勒被召回雅典,雅典最终恢复自由结束。"

对此,我只能说,叙述伯罗奔尼撒战争,修昔底德无须将原因追溯更远,他着笔之处也无须考虑当时整个希腊的状况是好是坏。如果战争的导火线是雅典人引起的,尽管修昔底德作为雅典的爱国者,他还是应该秉笔直书,而不是遮遮掩掩、王顾左右,甚至讳莫如深,更不应当趁机转嫁责任。至于战前雅典的那些壮举,应当涉及,但只要简单提及即可,它们能够为后来的一系列事件提供些许提示。修昔底德叙述过程中并未偏袒任何一方,不是以爱国之士的身份而是以热爱真理者的身份写作,他的态度始终不偏不倚。至于他承诺要把整个战争写完,但事实上并未兑现,而之后的历史的确乏善可陈,对此修昔底德显然了然于胸。

我摘引狄奥尼修上述对修昔底德的两项指控,几乎是逐字逐句翻译过来的。其实,哈利卡纳索斯的狄奥尼修本可以更好地评价一部历史的特出之处,在如此短的篇幅里如此充满谬见,真可谓前所未见。他违背常识、自以为是、标新立异,在他看来,历史写作不是为了从中发现真理,而是为了悦人耳目,犹如创作歌曲——只要涉及自己国家的灾难和不幸,史家在写作过程中就可以刻意隐瞒,而对那些辉煌的壮举则大加褒扬。对史家来说,若只看重对祖国的情感,为取悦读者而王顾左右,把有损自己祖国荣誉的事件掩藏起来,这类写法实为大忌。这样的史家舞文弄墨，腹中却空空如也。修辞学家琉善（Lucien）在《如何撰写历史》一文中这样写道："历史撰述者在其著述过程中，应当超然于家邦之上，谨遵历史写作自身的法则，绝不屈从任何权威，秉笔直书，无须顾虑他人之喜好。"

狄奥尼修对修昔底德的第三个指控在于：修昔底德的历史撰述以时间为主线，而不是按照事件发生的顺序展开。修昔底德按照每年夏季和冬季递嬗的顺序记述，因此他有时在记述某次围攻、内讧、战役或其他事件时暂时放下原来的话头，转而叙述同时发生在别的地方的相关事件，只是在必须回到之前叙述的事件时，才接过原来的话头。狄奥尼修认为，这一做法会把读者思绪搞乱，致使他们无法达成清晰的理解。

狄奥尼修旨在取悦当代的听众，而修昔底德自己撰述历史却志不在此，他要使自己的作品作为万世之瑰宝垂诸后世，只有那些有充分闲暇的读者才能真正理解，因此，细心的读者都能清楚地认识到，没有比修昔底德的著史方式更恰当的了。修昔底德的处理方式更为自然，既然他的目的只是记述伯罗奔尼撒战争，通过上述方式他能将所有部分融为一体，使整部《历史》成为一个有机整体，而任何单独的记述都只能被当作这一整体的一部分来理解。正是通过这一别出心裁的处理方式，修昔底德将众多细小的历史片段整合起来，这样，他将整个伯罗奔尼撒战争以前所未有的方式呈现出来，局部与整体浑然一体，共同构成了一幅完整的伯罗奔尼撒战争画卷。

狄奥尼修对修昔底德的第四项指责针对的是《历史》卷一所采用的写作方法：修昔底德追溯早期希腊，直至他写作的年代，并记述了围绕科西拉和波提狄亚的争执，之后才谈到战争爆发的真正原因，即雅典势力的增长引起斯巴达人的恐惧与妒忌。

对于上述责难，这里不妨做如下回应：修昔底德确实只是简略提及古代希腊，除非对理解之后的历史有所裨益，否则不会涉及。因为如果缺乏对早期希腊的总体印象，许多历史很难理解。某些城邦及其习俗的起源不可能穿插在正文中，所以要么预先假定读者了然于胸，要么预先交代清楚，修昔底德首先交代了战争爆发的表面原因，之后才交代导致战争爆发的真正内在原因，因此狄奥尼修的指责实在可笑之至。毋庸置疑，无论战争的表面原因多么微不足道，史家也有责任将其交代清楚，其重要性丝毫不亚于记述战争本身。没有导火线，战争就无从爆发，而战争的导火线总是交战一方受到伤害或宣称受到伤害。记述导致战争的内在敌意却需要洞察力，史家不应该仅仅关注表面现象，还应关注那些内在动因，即由于另外一个国家变得强大而引起的对自己可能遭到伤害的恐惧感。有基本判断力的人都知道，好的史家对战争主要起因的考察，既要明确那些公开宣称的伤害，也要清楚深藏的妒忌。总之，在这一方面，修昔底德采用的方法如下："围绕科西拉的争执如何如何，围绕波提狄亚的争执如何如何"，两场争执彼此联系，"在这起事件中，雅典都被指控为施害者。即便拉凯戴蒙人并未因此对雅典宣战,但他们妒忌雅典势力的增长,害怕雅典人的野心带来的后果"。对此,我想修昔底德的处理方式是再清晰且自然不过的了。

狄奥尼修指出,修昔底德曾为15名骑手写过一篇葬礼演说,整个战争过程中都有类似的庄严仪式,这15名骑手据说是在雷提(Rheiti)河畔战死的。仅仅因此缘故,修昔底德以伯里克利之口发表国葬演说,伯氏当时还健在,之后不久便去世了。

按照雅典人的习惯,他们会为每场战争中首批战死者在雅典郊区举行庄严的葬礼。伯罗奔尼撒战争期间,这样的葬仪举不胜举。所以,记述这样的仪式再合适不过,它们可以说是广为人知,而且其形式也大同小异,所以恰当的做法是将第一场葬礼记述下来,至于那场葬礼涉及的死者的数量无关紧要,而且那场葬礼涉及的死者并非如狄奥尼修说的那么少。葬礼经常是在战士牺牲同年的冬天举行,所以在举行庄严的葬礼之前牺牲的战士肯定不在少数,他们都算是战争中的首批牺牲者。伯里克利是发表葬礼演说的当然人选,对此,狄奥尼修的怀疑简直是空穴来风。

狄奥尼修对修昔底德的另一项指控在于:修昔底德叙述雅典将军与弥洛斯人对话,雅典将军公开从雅典国家的权力意志出发,为雅典的侵略行径辩护,完全拒绝同他们谈论任何公平正义的问题,认为所谓公平正义与城邦的尊严背道而驰。

对此可以做如下解释:雅典将军的所作所为一如既往,

执行雅典民众要求他们做的，他们只能奉命行事，如果雅典人要求他们的将军无论如何要不惜一切代价征服弥洛斯，那么将军们便无权就岛民们的要求再行请示，而且这是完全可能的，这样，雅典将军根本无须与这些岛民争论自己是否应该奉命行事，问题已经不是他们是否要发起进攻，而是采取怎样的策略手段，而这才是这篇对话的核心。另外，狄奥尼修还对修昔底德百般挑剔，涉及具体内容和叙事次第，这里就没必要一一回应了。

至于修昔底德的措辞，狄奥尼修更是吹毛求疵，时而说他含混难解，时而又说他随性任意。读者诸君若有兴趣，不妨自己去读读狄奥尼修的批评吧！由于相关论述太过琐碎，在此不做赘述。确实，修昔底德的某些句子过长，但细心的读者读来并无晦涩之感，而且这样的长句并不多，这却是狄奥尼修所找到的最为突出的毛病。至于在其他地方，措辞晦涩恰恰是因为句子要表达的意思很丰富，其中有对人类激情的深沉思考，这种激情往往并不轻易流露出来，也不被经常论及，却在很大程度上左右着人们的公共讨论。若不能穿透这种激情并深入领会，那么就别想理解这些演说。马塞林努斯指出，修昔底德是有意含混不清的，一般人是无法理解他的。而且可能的情形是：聪明的作者就应当如此写作，尽管他的文字所有人都认得，但只有智慧之人才能领会。不过这种含混并非指对已然发生的事情叙述本身的含混，不是指对相关地点或战役描述的模糊不清，在所有这些方面，修昔底德可谓简洁明了，对此，上文引述过的普鲁塔克可以为证。但从人的气质性格及在重大事件中的表现看，对普通人的智性而言，修昔底德表达自己的想法时，措辞方面若不含糊其词是不可能的。修昔底德运用演说辞，描述诸如内讧之类的内容，让人费解，实属再正常不过，那只是因为人们无法穿透事物的本性，而不是由于表达本身费解。狄奥尼修还指出，修昔底德用词经常彼此对反，即修辞学家所谓的对照（antitheta），这确实是演说的一大弊端，但它恰恰能够反映人物的性格特征，对于对比式言说（comparative discourses），上述风格几乎是唯一的选项。

接着狄奥尼修指责修昔底德时而将名词动词化，时而将动词名词化，随意更改词的性、格、数，但修昔底德之所以如此，是想加强其风格的表现力，且并未因此犯语法错误。对此，还是听听马塞林努斯的评论吧，他说："尽管狄奥尼修是一位著名的修辞学家，但他指出修昔底德的所谓错误只能证明他的无知，要知道，修昔底德的这一做法代表了一种杰出的演说技巧。"

有人可能想知道狄奥尼修责难修昔底德究竟动机何在，因为他自己也承认，修昔底德一直被公认为史家之翘楚，无论是古代修辞家还是哲学家，都将修昔底德的著史体例奉为圭臬。狄奥尼修怀有怎样的动机我不清楚，但他从中会得到什么好处却一目了然。他对修昔底德之前的希罗多德推崇备至，而希罗多德是他的同乡，也是哈利卡纳索斯人。在狄奥尼修看来，他自己的史著与希罗多德不相上下，所以通过上述做法，他自己便可以跻身杰出史家行列。不过，众所周知，他的如意算盘打错了。关于哈利卡纳索斯的狄奥尼修对修昔底德的批评，就到此为止吧！

据说著名演说家德摩斯提尼曾将修昔底德著作手抄了8遍。修昔底德的著作备受推崇，即便在其修辞方面也不例外。修昔底德的演说辞并不适合法庭辩论，但对史著来说却恰到好处，他的演说更适合读者而不适合听众，演说一气呵成，没有停顿，浅显易懂，但容易被忽略，这是一切公共演说的通病。尽管书面语能够激发读者思考，但语词必须含蓄有力且言之有物。西塞罗认为修昔底德无法进入杰出辩护人的行列，这不无道理，但他依然对修昔底德著作中的演说辞赞赏有加，在《论演说家》中，西塞罗这样写道："那些伟大的演说家曾经从修昔底德那里学到些什么？不过我得承认，人们对他交口称赞，他是一位智慧、严谨、庄重的历史家，却不是一位杰出的决庭辩护律师，他是历史上那场战争的报告者，因此，假如修昔底德从未著史，因而名字并不那么广为人知，即便出身显赫，享有尊荣，他无论如何也算不上一位演说家。尽管修昔底德语句的庄重无人能及，那些蹩脚的词不成句的作者却往往以修昔底德的同俦自诩。"（《论演说家》卷二）在《论伟大的修辞家》(De Optimo Oratore)中，西塞罗写道："这里必须谈谈修昔底德，人们之所以为他的雄辩所折服，可谓其来有自。但修昔底德并不属于我们所谈论的那类演说家，因为，通过叙述来揭示事件的原委是一回事，而要控诉某人或为某人抗辩、洗脱罪名却是另外一回事。在历史著述中，吸引读者注意力是一回事，激发听众情绪又是另外一回事。"在《如何撰写历史》一书中，琉善反复以修昔底德为例，说明史家所必备的诸多品质。只要仔细读过琉善的论述，即不难发现修昔底德的影子，而琉善期待史家所应具备的诸多品质其实都是来自修昔底德的著作。最后，我们不妨借用尤斯图斯·利普修斯（Justus Lipsius）对修昔底德尤为中肯的赞美，在《论公民原则》（*De Doctrina Civili*）一书的注释中，利普修斯写道："虽然修昔底德著作讨论对象有限，也没有了不起的壮举，他却能力压那些内容丰富、主题宏大的著述家。修昔底德的著作充满庄重的修辞，词句简洁却意义深远，他的判断清明，时刻秘而不宣地教导、指引着人的生活与行动。他的演说，他的那些题外话，充满魔力。他是这样一位作者，读他越多，就越为他着迷，绝不会有乏味之感。后学只有波里比乌斯（Polybius）可以与他比肩。"

关于修昔底德的生平和著述，到此为止。

# 安提丰辩护辞

本文译自洛布丛书（Loeb Classical Library）K. J. Maibment译本，并依据希腊原文校勘。某些译名参考了陈钊、冯金朋、徐朗译注本，参见《古希腊演说辞全集：阿提卡演说家合辑》，吉林出版集团，2016年。特致谢忱。

安提丰，生于公元前480年前后，[1]卒于公元前411年，享年70岁。与修昔底德和苏格拉底这两位较年轻的同辈一样，安提丰见证了雅典帝国的迅速成长，以及短暂辉煌之后无法逆转的衰颓；和他们一样，安提丰同样受到同时代所释放出的精神和智识力量的巨大冲击，甚至在安提丰所生活的时代，这种精神和智识力量一度使雅典成为整个希腊文化的中心。关于安提丰的家世，我们知之甚少，他的祖父曾是庇西斯特拉图家族僭主统治的积极拥护者。[2]这一政治传统对他的成长影响深远，而他本人对僭主传统推崇有加。有人认为安提丰的父亲索菲鲁斯（Sophilus）是一名智者（智术

---

[1] 有关安提丰的生平，可参《伯罗奔尼撒战争史》8.68；伪普鲁塔克（[Plutarch]），《十演说家传》；菲洛斯特拉托斯（Philostratus），《诡辩家生平》I-15和弗提乌斯（Photius），《图书汇编》259。其中菲洛斯特拉托斯和弗提乌斯的记载出自伪普鲁塔克，后者借鉴了奥古斯都时代卡罗尼亚的卡尔西琉斯（Caecilius of Calacte）的作品。伪普鲁塔克、菲洛斯特拉托斯和弗提乌斯等古代著作家有时称其为演说家安提丰、诡辩家安提丰，有时则称悲剧诗人安提丰以及被"三十僭主"处死的安提丰，让读者感到无所适从。
[2] 参见《论变革》残篇1。

师),[1]这只能是无厘头的猜测,因为在雅典智者运动全盛时期到来之前,他的父亲已经垂垂老矣。此外,据说亚西比德(Alcibiades)是安提丰的学生,这显然是把安提丰与苏格拉底搞混了。不过,安提丰自己应该很早就对这场新文化运动即智者运动兴味盎然。这场新文化运动发端于公元前450年,即阿布德拉(Abdera)城邦的普罗塔戈拉(Protagoras)访问雅典那年,并在之后几代人的时间里得到蓬勃发展。与希庇亚斯(Hippias)和普罗迪科(Prodicus)这样的百科全书式的人物不同,安提丰全心致力于使有效言说化约为一套严整的规则体系。因此,安提丰与西西里人科拉克斯(Corax)、蒂西亚斯(Teisias)以及高尔吉亚更为接近。据说他撰写过一部《论技艺,或修辞学手册》,[2]倘若柏拉图的证据可靠。[3]据说安提丰在雅典开办过一所学校,那些力图在法庭或公民大会上力挫对手的人想必从他的阅历和研究中获益良多。

安提丰在演说术领域何时成名,我们不得而知。[4]不过可以断定,他在伯罗奔尼撒战争爆发之前便已崭露头角。而至关重要的一点是,安提丰为同时代人撰写法庭辩护辞或公

---

[1] [伪普鲁塔克],§2。
[2] 参见残篇,第308页。
[3] 柏拉图,《梅尼克齐努士》(*Menexenus*),236 A。
[4] 喜剧家柏拉图的《皮山大》(*Peisander* of Plato Comicus,[Plut.]§16)中说安提丰贪财,他因收取高额费用而声名狼藉。

民大会演说辞。作为首位演说辞撰写师（*λογογράφος*），[1]安提丰之后在雅典政坛的影响可谓既深且远，这引起了许多研究者的兴趣。无论是从所受熏陶还是个人倾向来说，安提丰都是民主制毅然决然的反对者。他的演说天赋总是力挺组织严密的少数人，不遗余力地削弱民众（Demos）的主导地位。在公元前411年发动那场短命的政变之前，有关寡头派的活动鲜为人知。不过显而易见的是，他们以实际行动支持雅典同盟诸邦反对民主派政权推行的对盟国的压榨政策，不遗余力揭露民主政府在管理国内事务方面的种种弊端。在业已散失的安提丰的演说辞中，有两篇意义非凡，即为同盟诸邦反抗雅典所做的辩护。[2]在那些流传下来的篇目中，《合唱队歌手死亡案辩护辞》（*On the Choreutes*）揭露了民主制下官员的腐败，《雅典人希罗德斯谋杀案辩护辞》（*On the Murder of the Herodes*）则试图为一位莱斯博斯（Lesbos）人被控谋杀雅典公民洗脱罪名。

正是在雅典远征西西里惨败之后的关键时刻，安提丰终于获得了一展身手的机会。公元前411年春，皮山大（Peisander）从萨摩斯军中回到雅典，并带回消息，即只要民主政府解散，亚西比德将确保波斯支持雅典对抗斯巴达。安提丰的计划得以实施，这场阴谋可谓天衣无缝。此时民

---

[1] [Plut.] §4, Diod. Ap. Clem. Alex. Strom. i. 365。
[2] 它们分别是《论萨摩色雷斯的贡赋》（*On the Tribute of Samothrace*）和《论林都斯的贡赋》（*On the Tribute of Lindus*），参见 *Minor Attic Orators*, pp.290-292。

主派陷入绝望，萨摩斯海军接受波斯条件，促使他们放弃了抵抗的念头。在未发生暴力流血事件的情况下，一个新的"四百人政府"和一个徒有虚名的"五千人大会"取代了原有的议事会和公民大会，雅典完全处于寡头派的统治之下。安提丰蓄谋已久力图达成的目标终得实现。然而他的成功注定只不过是过眼烟云。不仅皮山大及其盟友已然失去了对萨摩斯军队的控制权，"四百人政府"内部也出现了严重分歧，以安提丰为首的激进派与以忒拉墨涅（Theramenes）和阿里斯托克拉底（Aristocrates）为首的温和派内斗不断。终在公元前411年5月，激进派不得不向斯巴达求助。于是，由福里尼卡斯（Phrynichus）、安提丰以及其他十人组成的代表团离开雅典，前往斯巴达。这次求援的结果如何我们无从知晓，但当时的雅典民众满腔愤怒，在使团回国途中，福里尼卡斯遭到暗杀，"四百人政府"随之倒台。许多激进派分子纷纷逃命，其中只有三个人坚定不屈，安提丰即是其中之一。安提丰为此深感失望，痛心疾首，自己多年的努力付诸东流，而他不可能得到新的民主政府的宽宥，早已被视为政府最危险的敌人之一。尽管如此，当安提丰及其同伴在法庭上面对叛国罪指控时，[1] 他发表了一篇有史以来最为精彩的辩护辞。[2] 如今这篇辩护辞仅存残篇，但从中足以窥见：即

---

[1] 通过伪普卢塔克，议事会发布的安提丰死刑判决书得以存世，对阿奇波特勒姆斯（Archeptolemus）和欧诺马克勒斯（Onomacles）的审判和定罪的官方文书也得以存世。参见 *Minor Attic Orators*, pp.314-317。
[2] 修昔底德，8.68。

便在生命的最后时刻,修昔底德所赞叹的安提丰依然表现出精湛的演说才能和修辞技巧。[1]尽管安提丰力图为自己的所作所为辩护,但他最终仍然被判处死刑。"十一人委员会"(The Eleven)负责执行判决。他的尸体不得下葬,他的宅邸被夷为平地。

---

[1] 修昔底德,8.68。

# 雅典人希罗德斯谋杀案辩护辞

(前415年)

武淑冉 / 译　邝申达 / 校

## 导　言

古代批评家认为,《雅典人希罗德斯谋杀案辩护辞》是安提丰盛年最为杰出的作品之一,这篇辩辞成稿的具体时间已无从确证,但应该在公元前415年前后。我们知道,当莱斯博斯叛乱(前428—前427年)爆发时,演说者尚且年幼,而创作这一篇辩辞时,他已成年(参正文第74节):显而易见,雅典人远征西西里惨败的灾难尚未来临(第81节),这篇辩辞涉及的具体案情如下。

一个年轻富有的密提林人欧克西透斯(Euxitheus)[1]和一个雅典人希罗德斯在密提林(Mytilene)一起登船,前往色雷斯海岸的阿厄努斯(Aenus)。其中,希罗德斯可能是领受被征服土地的军事移民,他在镇压密提林叛乱后,定居于莱斯博斯。不幸的是,就在他们即将抵达莱斯博斯的时候,

---

[1] *Cf.* Sopater, ap. *Rhet. Graeci*, iv. 316.

遭遇了风暴,他们不得不快速驶向密提林附近的一个海岛,并停靠在其北岸的一个港口。其他船只也纷纷停靠。趁着避雨的机会,希罗德斯、欧克西透斯和其他同船者登上了一艘即将前往密提林的船,因为他们自己原来的船上没有船舱挡雨。之后在船上举行了一场宴饮。在宴饮过程中,希罗德斯暂时离船上岸,那时他已喝得酒醉醺醺。他登岸后,人们便再没有看到过他。希罗德斯失踪后,大家在附近四处寻找。同时,怀着希罗德斯可能自己返回密提林的希望,他们捎信回去。但两种方案均无果而终。最后,他们不得不放弃寻找希罗德斯下落的努力。同船其他人坐上原来的那艘船前往阿厄努斯。

接到希罗德斯失踪消息的亲属一口咬定希罗德斯是被蓄意谋杀的,并把指控矛头指向了欧克西透斯。希罗德斯离开那艘船令人颇为费解,所以船刚一抵达密提林,希罗德斯的亲属便自行上船搜查,他们在船上发现了血迹,但后来被证实是献祭时牺牲留下的。随后,希罗德斯的亲属将欧克西透斯的一位同船者[1]抓起来,并对其严刑拷打,但这个人始终坚持欧克西透斯在事发当晚一直待在船上。之后他们又从其主人那里购买了另一位同船奴隶,对其刑讯逼供。而在这个奴隶被拷问之前,他们又发现了一张便笺,据说这张便笺是欧克西透斯写给一个名叫吕西诺斯(Lycinus)者,上面说欧克西透斯已经把希罗德斯杀了。之后,他们对该奴隶严刑逼

---

[1] 参见本篇第29节相关注释。

供，后者屈打成招，说自己曾协助欧克西透斯杀害了希罗德斯。据这名奴隶交代，欧克西透斯用一块石头击打希罗德斯的头部，随后他们两人将尸体拖到一条小船上，由他自己一人划船，驶入深海，将尸体从船上抛入海里。由于这个奴隶承认自己参与了这起谋杀，所以希罗德斯的亲属便把奴隶作为共犯处死了。接着，他们依照当地法律或雅典"十一人委员会"程序，对欧克西透斯提出指控，要求获得逮捕欧克西透斯的授权令。依据该授权令，欧克西透斯被带至雅典，随后即被投入监狱等待审判，且没有保释资格。

在审判过程中，欧克西透斯为自己做了两项辩护：第一，这起案件应当作为谋杀案（$δίκη\ φόνου$）审理，而不应以邪恶罪（$κακουργία$）的罪名押送（$ἀπαγωγή$）；第二，起诉人指控他谋杀所提供的证据自相矛盾。与第二项辩护有关，他还分析了针对吕西诺斯的如下指控，说吕西诺斯收买了欧克西透斯，并指使他杀害了希罗德斯。与此同时，欧克西透斯还极力为自己的父亲恢复名誉，因为他的父亲在十几年前曾参与反雅典的密提林暴动，这在法庭上被控方作为口实。

这篇辩辞所揭示的最大疑点在于被告所提异议的有效性。被告提出的异议在于，原告以起诉恶人（$κακοῦργος$）的诉讼程序向陪审法庭（Heliastic court）提起诉讼，而不是按照谋杀犯（$φονεύς$）的程序向最高法院（Areopagus）提起诉讼。杀人案件普遍遵循的诉讼法律是谋杀法，这一法律自立法者德拉古（Draco）制定以降从未变更。关于相关的起诉程序，我们不难从《合唱队歌手死亡案辩护辞》[1]中知悉。这一起诉程序是：起诉人首先在王者执政官（βασιλεύς）那里将起诉登记在册（ἀπογράφεσθαι τὴν δίκην）；如果王者执政官同意受理，被告即在事实上被禁止踏入市场以及一切神庙，禁止其参加任何公共活动或社群宗教活动，为此，起诉人（πρόρρησις）会发布正式起诉书。任何被怀疑双手沾有血污的人，都将被禁止玷污公民同胞或神殿。随后，王者执政官会发传票，要求被告以及相关证人出庭。接着会举行预审（προδικασία）。在预审中，法庭会为原告、被告以及证人公开举行一个极为庄严的宣誓仪式，由盟誓官（ὁρκώτης）见证。山羊、公羊或公牛将被用来作为献祭牺牲。所有人都要将他们的手放在祭品上，并庄严宣誓，以他们自己、他们的家人、他们的族人的性命起誓（ἐξωλείαν αὑτοῖς καὶ γένει καὶ οἰκίᾳ ἐπαρώμενοι），[2]只陈述事实而不捏造假象，借以将当事人约束在尚存争议的案情之中。在起诉登记造册三个月内进行两轮预审，至第四个月，案件将被正式移送最高法院。在最高法院的审判过程中，被告和原告双方各陈述两轮，最终被定罪者将获死刑。不过，被告在第一轮陈述后，可以选择撤诉，法庭会判其流放。

显而易见，上述程序很难操作。而且，假如起诉人申请登记起诉许可时王者执政官剩余任职时间少于规定的三个月

---

[1] 参见《合唱队歌手死亡案辩护辞》导言。
[2] 即"以我自己、我的家人、我的族人的生命起誓"。

的话，审判会被无限期拖延，因为依照惯例，王者执政官不得将未了结的案子转手给其继任者，因此，整个审判程序将不得不延期，直至下一任王者执政官上任。但假如被告不是雅典公民怎么办？关于谋杀法的程序是否还有效？由于缺乏直接证据，整个案情扑朔迷离。谋杀法实质上是一项当地习惯法，它是古阿提卡人用以消除因其成员内部杀人案导致玷污的手段。为此，要想方设法避免被告与外人有任何接触。但是，如果谋杀犯与受害人不属于同一城邦，其犯罪行为将失去上述社会意义，而此案涉及的恰恰是外邦人对本邦人犯下的罪责，对于此案，谋杀法并不适用。

针对上述难题，需要有另一套程序作为预案（priori），尤其是随着帝国的扩张，雅典不得不明确盟邦公民与本邦公民之间的法律关系。本案中针对欧克西透斯的指控直接与此相关。被指控谋杀雅典公民的外邦人，或来自雅典盟邦的外邦人，将被视为"恶人"。邪恶罪一旦成立，被告即被逮捕并监禁，直至开庭审理。审理当天，被告被带至普通陪审法庭，并被作为"罪犯"（malefactor）加以审判，这里的犯罪特指谋杀。

在我看来，这样做是有道理的，原因在于：（1）在司法实践中，谋杀法的应用范围较为狭窄；（2）本案中的欧克西透斯明确指出，他作为"恶人"在陪审法庭受审，而不是作为谋杀犯在最高法院受审。但是，我们这里应当有意识地区分"指证"（ἔνδειξις）和"押送"（ἀπαrwrή）这两个词在其他谋杀案件中的用法。不难发现，其中贯穿着某种共通的法律原则，即便还缺乏某种稳定性。

此处有三个例证，（1）据吕西亚斯（Lysias）《反阿格拉图斯》(*In Agoratum*)，狄奥尼修（Dionysius）请三十人法庭传唤目击证人作证，将杀害其哥哥狄奥尼索多鲁斯（Dionysodorus）的阿格拉图斯（Agoratus）逮捕。在十一人法庭上，狄奥尼修进一步提供了指控阿格拉图斯的证据。但法庭不允许他自行逮捕阿格拉图斯，除非他将其当场抓获（ἐπ' αὐτοφώρῳ ληφθείς），才能作为正式指控的一部分。该案由陪审法庭审理，量刑是死刑。（2）据德摩斯提尼《反寡头》(*In Aristocratem*，第641节往后)，在详细描述了五种法庭审理形形色色杀人案的情形之后，提出在没有其他嫌疑人的情况下，还存在第六种起诉杀人犯的途径，其依据是押送法。如果罪犯在市政广场或神庙被发现的话，他会被逮捕羁押候审。如果被证实有罪，那么等待他的将是死刑。（3）据莱库尔戈斯（Lycurgus）《反列奥克拉忒斯》(*In Leocratem*，第112节)，福里尼卡斯的同伙逮捕并关押了谋杀普律尼科斯的罪犯。由于缺乏具体细节，我们不知道被告是以何种名义受到审判的，但该案显而易见仍然属于一起押送案。

起初，押送法仅适用于暴力犯罪，而且这些罪犯往往被当场抓获。出于司法需要，这些罪名被作为一个集合对待，即所谓的恶行（κακουργήματα）。窃贼、强盗、扒手、抢掠神庙者、诱拐儿童者，都是恶人。如果这些罪犯被当场发现（ἐπ' αὐτοφώρῳ），就会被逮捕。在多数情况下，他们将被"十一人委员会"直接判决。如果罪行情节恶劣，越出"十一人委员会"管辖权范围，那么，法庭将对罪犯进行羁押，直至陪审法庭对其做出判决。

显而易见，从吕西亚斯那里我们不难发现，被指控犯有谋杀罪的阿格拉图斯同样应当按照押送法来审理。然而，事实却是，将阿格拉图斯逮捕是由"十一人委员会"授权的，而只有在起诉人提供的证据上增加当场抓获的条款时，这一做法才具正当性，因此可以确定的是，在公元前5世纪末，如果罪犯被当场抓获，那么谋杀本身就可以被视为"恶行"。值得注意的是，尽管吕西亚斯辩辞第64节中提供了相反的陈述，但阿格拉图斯还是有一定的公民权的。起诉状中说他是"奴隶，且出身奴隶"不过是一种夸张的修辞。在之后的一段中，我们发现阿格拉图斯属于职业"诬告者"（συκοφάντης），曾因诬告被处高额罚金。由此可见，说他是"奴隶，且出身奴隶"显然不可信，因为没有奴隶可以以上述方式参与诉讼。

另一方面，德摩斯提尼提及的案件略有不同。确实，在某种意义上，罪犯的确是被当场抓获。罪犯身上的血污使其丧失踏入市场或任何神庙的权利，而只要他出现在上述场所即会被当场逮捕，但不是以"恶人"的罪名被捕，因为他不是在犯罪现场被抓获的，后者正是导致犯罪者丧失权利的直接原因。为此，押送罪成立的前提必须从别处寻找。因此，即便不太确定，但极有可能的情形是，如果在王者执政官面前被控谋杀的一方拒绝服从指控方旨在禁止其进出公共场所的正式起诉（πρόρρησις），可以适用押送罪。因此，我们只能从德摩斯提尼《反寡头》中，寻找关于这类押送罪的源头。大约在公元前4世纪中期，正式起诉便开始施行，该程序允许执政官无须经过任何预审程序即可适用押送法。事实上，这毋宁是一项权宜之计，因为在不久后即出现了替代谋杀法的更为快捷的替代性法律，可能是在公元前400年之后，因为在阿格拉图斯生活的年代，当场抓获依然是押送谋杀犯的前提。毫无疑问，新法律以其更广的适用范围很快便取代了旧有的押送法，后者将谋杀犯当恶人对待，且要求罪犯是被当场抓获的。

接下来的问题便是如何界定欧克西透斯被捕与阿格拉图斯被捕之间的关系。表面看来，两者似乎都是"恶人"。然而，在阿格拉图斯一案中，当场抓获是必要条件；而在欧克西透斯一案中，这一条件则并非必要。欧克西透斯是来自雅典属国莱斯博斯岛的外邦人（ξένος）；而阿格拉图斯住在雅典，享有一定的雅典公民权。显而易见的结论是，对雅典公民来说，只有在他们被当场抓获时，押送法才适用，而涉嫌谋杀案的外邦人却可能被作为"恶人"逮捕，即使他们未被现场抓获，因为押送是将嫌疑人带至法庭受审的唯一适用途径。

与欧克西透斯针对起诉程序所提异议有关的另一困难是第10节中的相关陈述，其中涉及的是赔偿案（τιμητός），即当被告被定罪时，法庭要在控辩双方各自提出的处罚要求之间做出量刑。第10节指出，惩罚将以支付罚金的形式完成。然而，这篇辩辞最后要求判处被告死刑（如第59节和71节）。

我们不能将第10节中欧克西透斯的话完全当成不实之辞。他和陪审团都清楚这起案件是否属于赔偿案。如果不是最后判决铁定死刑的话，欧克西透斯不可能天真到诱导其听众无视这一事实。他必定言为心声，而他的解释也意在于此。针对公民可能犯下的形形色色的谋杀罪，会有不同的专门法庭受理，同时依据罪行的严重程度施以不同的惩罚。但诸如此类的法庭并不适合审理涉及外邦人的案件，而陪审团审判所依循的押送法的替代程序经常取而代之，这就出现了不同类型的犯罪以相同的方式审理。由于针对不同罪行施以相同惩罚是不可能的，要克服上述困难，只有将所有由陪审法庭审理的谋杀案一并视为诉讼赔偿案（ἀγὼν τιμητός），后者将依据情节轻重定罪量刑。

在这篇辩辞后半部分，欧克西透斯陷入自相矛盾中。如果我们还记得的话，欧克西透斯在第10节坚持案件应移交最高法院，但在其后的辩护辞中，他却认为死刑惩罚是理所应当的。我们知道，在最高法院，死刑判决是唯一的处罚方式。为了证明法庭无权按照既定程序审理他的案子，欧克西透斯极力强调自己的案子仅仅向陪审团支付罚金便可了结，而起诉本身只是在确定是否施以死刑惩罚这一事实往往被他小心翼翼地搁置一旁。

由于涉及证据和押送的信息不完整，关于缴纳保释金的要求遭到拒绝的原因究竟为何，无法给出明确的解释。从第

17节可以明显看出，在某些案件中，被告人依法可以向法院提供担保人（ἐγγυηταί）。当然，很可能只有雅典公民才享有这项权利。当犯罪嫌疑人是外邦人时，"十一人委员会"很可能有权做出裁定，但前提是原告要有充分理由说明：如果被告获得开释，裁定将无法兑现，为此支付保释金的要求将会遭到拒绝。

## 提　纲

第1—7节：初步吁求公正的审判。

第8—19节：对原告的起诉程序提出异议。

（1）把被告当作"恶人"进行审理不合法。

（2）审判在错误的场合进行。

（3）这场审判被作为赔偿诉讼案审理。

（4）控辩双方进行宣誓（διωμοσία）。

（5）被告被剥夺了放弃申诉、选择流放的权利。

（6）支付保释金的要求被拒绝。

第20—24节：简要交代希罗德斯失踪案案情。

第25—28节：关于被告无辜的陈述，从中得出前提性结论。

第29节：起诉人私自搜集证据的尝试。

第30—41节：有关第一目击证人在刑讯逼供下所提供证据可信性的讨论。作为一名奴隶，他被迫承认自己曾帮助被告杀害希罗德斯。

第42—52节：有关第二目击证人所提供证据可信性的讨论。第二目击证人是自由人，他同样被起诉人严刑拷打，但他并未提供对被告不利的证据。围绕两位证人所提供证据相对可信性的辩论。

第53—56节：关于被告给吕西诺斯的便笺中承认其罪行的辩论，认为便笺是起诉人蓄意捏造的伪证。

第57—59节：关于被告并无谋杀希罗德斯的充分动机的相关证据。

第60—63节：关于对吕西诺斯相关指控的讨论。

第64—73节：让被告对希罗德斯的神秘失踪做出解释是不公正的。历史上的相似案例。

第74—80节：为被告的父亲辩护。欧克西透斯的父亲因参加过反雅典的密提林暴动而遭到起诉人的猛烈攻击。

第81—84节："天降征兆"，有关被告无辜的证据。

第85—96节：最后吁求法庭将被告当庭无罪释放，认为只有适用谋杀法该案才能得到公正审理。

## 正　文

[1]诸位尊敬的先生，本人心怀无限热忱，希望借助自己的言辞和阅历〔1〕的力量消弭正在遭受的不幸和苦难。然而

---

〔1〕"阅历"（τῶν πραγμάτων）特指法律的运作，它是从一个个具体经验（οὐ μὲν γάρ με ἔδει...ἐμπειρία）中归纳出来的。演说者的意思是，（转下页）

事实却是，不幸和苦难纷至沓来，而自己又拙于言辞，阅历尚浅。[2]莫须有的指控使身体备受摧残，阅历再丰于我何益；既然我是死是活取决于能否澄清事实真相，而我的不善言辞却使本案于我更加不利。[3]往者可鉴，讷于言辞之人即便说了实话也无法见信于人，由于他们未能把事实讲得令人信服，所以事实本身反而对他们不利；那些巧言令色之徒，却往往能够通过谎言颠倒黑白，凭借他们的谎言编织的所谓事实得以自保无虞。因此，对一个拙于辞令的被告而言，其命运与其说取决于事实真相和实际作为，还不如说更多取决于控告者的罗织。

[4]有鉴于此，尊敬的先生们，我不会像多数出庭人惯常那样提请诸位仔细听证，那样做恰恰表明那些人缺乏自信，想当然地认为诸君心存偏见；即便被告没有恳请，一个秉公办案的陪审团也会依照惯例专心聆听，因为原告也会得到陪审团同等对待。[5]不过，在此我略有请求，在辩护过程中，如本人言有所失，万望包涵，毕竟并非出于心有不恭，而仅源于少不经事；再者，假如我的陈述合乎情理，恳请诸位相信这是对事实的如实陈述，而不是精心编造的谎言。无辜无罪之人因不善言辞被判有罪，而罪大恶极之人却因能言善辩逍遥法外，世间最大的不公莫过于此；言辞失

---

（接上页）如果他在这些事情上不那么无知的话，他或许能有效反对指证和适用押送，后者意味着在审判前对被告严密看管，而不是依据最高法院适用谋杀法的常规程序规定。参见本篇导言。

误不过是唇舌之过，而行为过失却是意念之错。[6]除此之外，面临性命之虞的人难免有所闪失，他们在感怀自己命运的同时，还要雕琢言辞，因为最终的判决取决于机运而非人为。因此，身临险境之人未免寝食难安。[7]我发现，即便那些有着丰富的法庭辩论经验之人，面临危难也可能有失常态，而在没有性命之忧时，他们的辩才方能得到游刃有余的发挥。

尊敬的先生们，这便是我的请求；合乎人间的法律，也顺应神的法则，它既规定了我向你们承担的义务，又明确了我应得的权利。接下来我将逐一回应原告对本人的指控。

[8]首先，我要向诸位表明，原告将本人告上法庭的做法本身是非法且蛮横的。本人之所以这么说，并非意在规避人民法院的审判，而是因为我确信，在本案中本人是无辜的，并且坚信诸位将做出公正的裁决，即使诸位未做宣誓，而本案也未适用针对性法律，本人也心甘情愿地将自己的生死交由诸位定夺。万望诸君明了，本人绝非意在逃避审判，而是希望以原告肆心乖张无视法律的控告行径为证，揭露这一针对本人的控告本身的性质。

[9]首先，[1]既然本人被控有犯罪行为，而且是被当作杀人犯起诉的：对于这个国家的任何人，[2]这样的事情可以

---

[1] 关于此处及之后段落的意思，参见本篇导言。
[2] 这是一处有意的含混。"这个国家的任何人"（τῶν ἐν τῇ γῇ ταύτῃ）既可理解为雅典公民，又可理解为恰巧身在阿提卡的人。如果按照前一种理解，这一陈述为真，如果按照后一种理解，则陈述为假。

说前所未见。控告者举证说我所涉嫌的不是一般的犯罪，因此不得适用针对一般的盗窃和抢劫的法律，他们认为后两项罪名对本案都不适用。然而只要按照这一法律对我批捕，就恰恰意味着陪审团有充分理由将我无罪释放。[10]然而，他们却反驳称，谋杀也是一种犯罪，只不过情节更加恶劣而已。对此，我完全赞同，谋杀确实属于重罪；亵渎圣物、背叛城邦亦如此，但不同的罪行适用不同的法律。就本案来说，原告首先要求在市政广场（Agora）审理，但法律有明文规定，禁止在市政广场审理谋杀案。再者，虽然法律规定杀人者偿命，但原告却向本人提出了经济赔偿[1]要求。他们这样做绝非出于对我的善意，而意在满足他们的私利，他们这样做，实在无视死者的法定权利。在我下面的答辩中，他们的上述动机将昭然若揭。[2]

[11]其次，众所周知，法庭都是在公共场所审理谋杀案的，这样做的好处显而易见：既可避免陪审员和血案在身的谋杀犯同处，也可避免起诉人与谋杀犯同处。而唯独本案原告却妄图绕开这项法律。不仅如此，原告首先应当立下庄严且具有约束力的誓言，[3]以自己、亲人以及家人的性命起誓，仅就我被牵涉其中的这起谋杀案进行指控，旨在坐实这

---

[1] 关于"赔偿"（τίμησιν ποιεῖν）一词的解释，参见本篇导言。
[2] 这一承诺始终未能真正兑现。唯一对这一点集中讨论的是第79节。
[3] 就谋杀法而言，起诉人、被告以及证人要预先宣誓；在其他地方，类似的做法是预审，由原告、被告在执政官面前宣誓。这样的话，证人可得豁免。

起谋杀案；即便我罪行累累，只能以这起谋杀罪论处；即使善行多如羽翼，也不会因此而得宽宥。[12]然而，原告却置这一要求于不顾，视法律为己出，不惜凭空虚造。作为起诉人，你们却不做宣誓；那些证人在指证前，本应将手置于祭坛牺牲之上，立下同起诉人一样的誓言，然而，他们却未做任何宣誓便对我进行指控。而且，原告听信未宣誓证人的证词，竭力要求法庭判我谋杀罪名成立，而原告的违法行为已然破坏了那些证据的可靠性。是的，原告一厢情愿地认为，法庭应当将他们的违法行径作为比法律本身更高的权威。

[13]原告答辩说，如果我被判无罪的话，我将不等审判结果出来便已逃之夭夭，就好像原告违背我的意愿强行将我带至雅典。然而，如果从今以后我并不在意是否被禁止进入雅典，我将拥有平等的权利做出抉择：或者拒绝传唤出庭，并因此输掉这场官司；或者做完第一轮辩论就离开这里，而这是雅典赋予每个希腊人的权利。[1]然而，纯粹出于个人私利，原告为自己度身定做了一套法律，力图褫夺我作为希腊人所应当享有的权利。

---

[1] 原告声称，他们之所以选择适用押送法而非谋杀法，是因为据说只有这样才能防止被告偷梁换柱蒙混过关。而被告提出的反对理由有二：第一，原告声称，如果不是在被迫状态下，他不会触犯谋杀法，这格外牵强。事实上，他无须履行公民义务，因为他已经与雅典毫无干系了，这一反驳格外有力。第二，无论如何，要知道，触犯谋杀法的被告在审判之前或审判期间有权选择流放。当然，演说者很谨慎，他不想提醒法庭他是一个外邦人，因为同样是被控谋杀罪，外邦人与雅典公民不一定能够被一视同仁地对待。

[14]在我看来,尽人皆知的常理在于:适用这起案件的法律是所有法律中最权威、最公正的,它不仅是雅典最古老的律法,其内容与相关的罪行依然合拍。时间和经验将会向世人证明什么是不完美,而这项律法可谓良法之典范。因此,你们不应以起诉人的言辞为依据评判你们的法律的优劣,而是应当以法律为准绳,判断起诉人对案情的陈词是否真实合法。[1]

[15]因此,有关杀人案的法律是绝对的良法,之前从未有人胆敢对其做任何篡改。只有原告,胆大妄为之徒,冒充立法者,将良法推倒,代之以劣法;他们肆意践踏法律的行径意在将本人不明不白地置于死地。事实上,原告践踏法律的行为本身就是对我最为有利的证据,因为原告清楚地知道:一旦要求证人预先起誓,他们肯定找不到一个指控我的证人。

[16]而且,原告一点不像对这起案子成竹在胸,期待一判终审,而是为自己留有后手准备做进一步抗辩,这不是公然藐视法庭嘛!这样,即便我今天被当场无罪释放,对我也无所裨益;原告可以宣称,我是以普通嫌犯而非以谋杀嫌犯身份被开释的,假如原告赢了这场官司,依据谋杀罪指控,本人会被判处死刑。还有什么比这更阴险的吗?原告及

---

[1] 这段话在《合唱队歌手死亡案辩护辞》第2节(参见本篇第87—89节,以及《合唱队歌手死亡案辩护辞》第3—4节)中再次出现,在《教义要点》(*Loci Communes*)中也屡见不鲜,其真实性毋庸置疑。

其同谋只需一次性说服法庭，他们的图谋便可得逞。而本人即便这次被判无罪，仍会陷入与先前类似的险境。

[17] 尊敬的先生们，我再次提醒诸位，本人被拘押是有史以来最有辱法律的事件。依照法律，我已提供三位担保人，原告却不遗余力阻止我这样做。迄今为止，没有哪个外邦人在愿意提供担保人的情况下依然遭到拘禁。更何况，相关法律同样适用于罪犯典狱。[1] 而且，既然雅典有一项普惠性法律，为什么唯独将我一人排除在外，使我遭受被关押的厄运？[18] 个中原因在于这样做对起诉人可谓大有好处：首先，只要被拘押，我便无法亲自料理私人事务，这势必使我无法为应付官司做充分准备；其次，我将遭受肉体痛苦，也正因顾虑这点，我的朋友会替指控者作伪证，而不是替被告着想说出真相；[2] 最后，这样也将使我和我的族人终身蒙羞。

[19] 以上就是本人所面临的恶劣境遇，本人被迫放弃应当享有的诸多权利，[3] 而这些权利正是贵邦法律和正义所赋予我的权利。然而，尽管面临种种不利，尽管很难即刻驳倒这些精心罗织的指控，毕竟它完全在意料之外，但我会竭

---

[1] 即"十一人委员会"，他们是负责对恶人进行指证的官员，并在审判期间负责看守嫌犯。

[2] 显而易见，这里的意思是：墙倒众人推（the rats will leave a sinking ship）。

[3] 从一位（失传）辩辞的作者对 Ἕλος ∑ωϑείς（《拯救赫罗斯》）的解读中推测，演说者本人名叫"Ἕλο"（赫罗斯），这篇失传辩辞被标为 A 和 N，置于演说辞之前。

尽全力为自己辩白。

[20]尊敬的先生们，我乘船从密提林出发，恰巧与希罗德斯同船，而根据原告的指控，希罗德斯是被我谋杀的。船驶往阿厄努斯，我要去探望当时住在那里的父亲，而希罗德斯准备向色雷斯人送还一批奴隶。[1]因此，同船的还有他将送还的奴隶以及即将支付赎金的色雷斯人。在此我想请我的证人到庭作证。

【证　词】

[21]这就是此次出航我们各自的缘由。航行中我们遭遇风暴，迫使临时停靠在麦提姆那（Methymna）辖下的一处港口，另一艘船正好也停泊于此，而希罗德斯换乘的正是这艘船，原告认定希罗德斯正是在这艘船上遇害的。

这里我们不妨从头捋一捋事件的经过：事件的发生纯属偶然，绝非出自我本人的预谋。没有任何证据证明是我要求希罗德斯同船出行的。事实恰恰相反，我当时出海完全是因为个人事务。[22]显而易见，我前往阿厄努斯也是有充分理由的。临时停船靠岸也是迫不得已，绝非预先谋划。我们的船临时停靠后，换乘也是不得已而为之，绝非提前设计。原来的那艘船没有甲板，雨又连绵不绝，我们不得不更换一艘有甲板的船只。我要请证人出庭向诸位证明以上陈述属实。

---

[1] 可能是指那些被其亲属赎回的战俘。奇怪的是，竟然没有人对其中任何一个色雷斯人提出怀疑，而色雷斯人有充分的犯罪动机。

【证　词】

［23］登上另一艘船后，我们开怀畅饮。希罗德斯在这期间离船，之后便杳无音信，而我那天晚上一宿都未离船。第二天，大家发现希罗德斯失踪，于是，我和其他人焦急万分，四处寻找他的下落。兹事体大，我要求派人前往密提林报信，也就是说，派人捎信回去正是我提议的。［24］但当时其他同船乘客包括希罗德斯的同伴都不愿主动请缨，情急之下，我差遣我的随从回去报信。试想，谁会派自己的人前去传达一个于己不利的消息？后来，无论是在密提林还是其他地方，都未发现希罗德斯的任何踪迹。随着天气转晴、风浪渐息，其他停靠船只纷纷出海，我也随船离开了。我想请证人出庭向法庭证实我的陈述属实。

【证　词】

［25］事实就是这样，据此可以得出结论如下：首先，从希罗德斯失踪到我航往阿厄努斯，尽管本案原告当时已经知悉关于希罗德斯失踪的消息，但这期间并没有任何人指控过我，否则，我是断然无法离开临时停靠地的。当时的事实真相远比原告的指控更具说服力，而且当时我依然在岛上。在我离开那里继续接下来的航程后，原告才暗中罗织罪状，提出指控，试图将我置于死地。

［26］在他们编造的情节中，希罗德斯是在岸上被杀的，说是我用石头猛砸受害者头部，使其当场毙命，但我根本没有离开过那艘船呀。虽然原告显得对整个案情了如指掌，关于希罗德斯究竟如何失踪，他们却给不出令人信服的说法。

显而易见，这起谋杀案有可能发生在港口附近。一方面，希罗德斯酒醉醺醺；另一方面，他离船时间正值星夜。当时他很可能行动不灵便，即便有其他人想带他远离港口也不可能做到。[27]尽管我们花了两天时间在港口及其周边四处寻找他的下落，但并未找到任何目击者、任何血迹以及其他任何有关他的蛛丝马迹。尽管我有证人证实案发期间我从未离开过那艘船，[1]但姑且接受原告编造的所谓情节，我会对之做进一步分析。即便如原告假想的案发时我离开过那艘船，但希罗德斯既然并未离开海岸太远，人们不可能在他失踪后始终未找到他的任何踪迹。

[28]然而，据原告说希罗德斯是被从船上抛入海里的。但究竟是从哪艘船上抛下去的？显而易见，这艘船肯定是港口里停泊的某一艘，但为什么这艘船没有被指认出来？如果一具死尸在夜黑风高的晚上被装上船然后进入深海并从船上被抛掷入海里，那么我们就有望从这艘船上找到某些蛛丝马迹。原告宣称在希罗德斯醉酒后离开的那艘船上找到了证据，但他们同时又不承认希罗德斯是在这艘船上遇害，他们也没有找到据称把希罗德斯抛入大海的那艘船，也没有找到与之相关的任何线索。我想请出证人向法庭证实有关陈述属实。

---

[1] 这些"证据"下文未再提及。如果在本段末提及它便显得费解，因为没有进一步的证据。演说者很可能在暗指原告证人，后者坚持认为欧克西透斯整晚都在船上。参见第42节。

**【证　词】**

［29］我继续乘船航往阿厄努斯的同时，我之前与希罗德斯在上面一起喝酒的那艘船则回到密提林。[1]原告首先对那艘船进行了彻底的搜查。当他们在船上发现血迹时，[2]便一口咬定希罗德斯正是在这艘船上遇害的。但这一推论很快就被推翻了，因为船上的血迹是祭祀过程中宰杀动物牺牲时留下的。于是，原告放弃了这条线索，转而将同船的两个人抓起来严刑拷打。[3]［30］第一个被当场拷问的人没有提供任何不利于我的线索，几天后他们又对另一位刑讯逼供，其间

---

[1] 韦尔（Weil）的补充是对的。希罗德斯和欧克西透斯整个晚上待在一艘开往密提林的船上。风暴过后，乘客纷纷回到各自的船上。
[2] τὸ αἷμα（血迹，参 τῶν προβάτων，那些牛的），前述证据中业已提及。类似的还有 τοὺς ἀνθρώπους（那些人），原告的起诉书中已有所提及。
[3] 整篇辩辞对原告两位证人证词的引述颇为费解，相关段落分别是第29节、第42节、第49节和第52节。其中第49节明确说两位证人中一位是奴隶，另一位是自由人，而后者不可能是希腊人，因为他遭到原告的严刑拷打。而第29节又说，两位证人同为返航船只上的船员，希罗德斯和欧克西透斯正是在这艘船上避雨的，风暴过后，他们继续乘船前往密提林，船在密提林一靠岸，希罗德斯的亲属立即登船将欧克西透斯囚禁。第52节也有类似的说法，说风暴过后，欧克西透斯换乘了另一艘船，前往阿厄努斯，而其他人继续航往密提林。然而第42节的说法却比较麻烦，在这段中，关于那位自由人证人，欧克西透斯这样说："他与我同乘一艘船，我们始终在一起。"这一说法的字面意思应该是：从密提林到阿厄努斯，他一直与欧克西透斯同船航行。针对这一前后矛盾的说法，似乎只有一种解释：在第42节，欧克西透斯一定是有意歪曲事实，因为要使这位证人的证词对自己更有利，必须强调证人对自己的行踪了如指掌。如果这样，那么说此人接受了欧克西透斯的贿赂也不是没有可能。那么问题来了，他是否就是第24节中所提到的那个随从（ἀκόλουθος）？欧克西透斯正是将他遣回密提林，而在密提林，他被希罗德斯的家属囚禁。

原告一直在场，在他们的威逼利诱下，此人提供了构陷我的假口供。我想请证人出庭作证。

### 【证　词】

[31] 诸君所听到的那些关于滞留时间的证词是证人遭受严刑拷打而被迫提供的；现在诸位应该注意到严刑审问的实质是什么。被拷打的奴隶显然被许诺能够获得人身自由：原告肯定夸口说自己有能力使这名奴隶获得解放。很可能出于这两方面的动机，那名奴隶才答应做出那些不利于本人的伪证：既想获得人身自由，又想立即摆脱被拷打的痛苦。[32] 无须多言，众所周知，处于严刑拷打下的证人往往会做出有利于刑讯逼供一方的口供，极力迎合他们的目的。而对奴隶而言，这正是使自己获得解放的绝佳时机，尤其当被诬陷者恰好不在场的时候更是这样。如果本人同样威胁奴隶若说假话将遭惩罚，肯定会阻止原告对本人的构陷。原告自始至终对如何展开调查才对自己最为有利可谓心知肚明。

[33] 所以，只要证人认为能从诬告中获得好处，便会一口咬定某一说法；而一旦意识到自己难逃厄运时，便会立即转而暴露实情，承认正是由于原告威逼利诱才作伪证。[34] 然而，无论是他起先不遗余力提供伪证，还是之后真心悔过供出真相，对他来说都于事无补。原告将这名奴隶强行带走，用其口供给本人把罪名罗织好之后便将其灭口，[1]这种做法真

---

[1] 需要注意的是，证人是一位被起诉人购买的奴隶。参前注，以及本篇第47节开首。

可谓匪夷所思。按照常理，提供案情线索者若是自由人，理应给予赏金以资鼓励；若是奴隶则应当使其获得人身自由。然而，原告却以死亡作为酬劳，将该奴隶处死，尽管当时我的朋友们要求原告在我回来之前不要处死他。[35]显而易见，原告真正想要的不是这名奴隶，而是他的供词；假如这名奴隶还活着，我会以相同的方式对其进行拷问，想必到时原告要面对他们当初对我的构陷。不过奴隶已死，他的死不仅使我无法还原真相，反而使伪证大行其道，谎言被信以为真，清者无法自清。我想请证人出庭证明上述属实。

### 【证　词】

[36]在我看来，原告若真想将本人治罪，就应该把证人带至法庭，将我治罪毕竟是他们起诉的关键。他们不是把证人处死，而是让他本人到庭用其屈打成招提供的证言与我当面对质。如果那样，我倒想知道，原告将采纳他当初的供词还是后来的陈述？认为我实施了谋杀还是未实施谋杀？究竟哪个陈述更为可信？[37]如果我们采用概率分析的话，显然关于我本人不是凶手的证词更可信。出于自身利益考量，那名奴隶显然是在撒谎，而当他发现伪证将为其招致灭顶之灾时，他便会道出实情，以求苟全性命。然而，没有人能够为奴隶陈述的真实性作证，而我是唯一可证明他后来的陈述真实可信的人，但遗憾的是，我当时恰恰不在场。但是总会有人对其最初的伪证深信不疑，谣言被当成真相，将来也没有任何戳穿它的可能。[38]在通常情况下，往往是受害者会将证人灭口，而在这起案件中，恰恰是力图发现真相

的原告将奴隶灭口,他们除掉的人恰恰是那个为指控我提供证词的人。假如我除掉他,或拒绝将他交给起诉方,或想方设法阻挠调查,他们肯定会将此作为指控我的确凿证据,作为指证我谋杀的强有力证据。所以,尽管我的朋友们提出疑异,但原告依然拒绝配合调查,这一事实本身恰恰有力地说明,原告对我的指控纯属诬陷。[1]

[39]另外,原告声称,那名奴隶在被拷打后承认协助我行凶,其实他并没有那样说,他实际的陈述是:他与我和希罗德斯一起下了船,在我杀害希罗德斯后,搭手和我一起将尸体抬到船上,之后将其抛入茫茫大海。[40]现在让我们从头至尾把事件前前后后捋一捋:实际情形是,在被用刑之前,面对威胁,这名奴隶矢口否认我与这起案件有任何牵连。而一旦开始用刑,他便屈打成招,为了结束可怖的刑罚,他编造了于我不利的伪证。[41]拷问结束后,这名奴隶便不再断言我参与了行凶;事实上,到最后他和我一样都成为不公正的牺牲品:他这样做绝非出于对我的善意,根本不是,因为他是在作伪证指控我。唉!真相并未让他回头是岸:他将最初的伪证当作事实真相。

[42]接下来我们再看另外一个证人。[2]此人与我同船

---

[1] 类似的辩驳可参《继母》(*Stepmother*)第11节和《合唱队歌手死亡案辩护辞》第27节。
[2] 即第49节的"自由人"(ὁ δὲ ἐλεύθερος)。既然他受到严刑拷打,那么他肯定不是希腊人。有关两位证人证词的进一步细节,可参本篇第29节相关注释。

出行，他一直陪我左右，始终未曾离开过那艘船。这名证人遭受了类似的刑讯逼供，他说那名奴隶开始和最后的两种说法均属事实，因为他自己自始至终认为我是无辜的。与此同时，他坚称，刑讯逼供威胁之下的口供与真相无关，而是屈打成招的结果。这明显自相矛盾嘛！第一位证人声称我在离船后杀害了希罗德斯，他只是帮助我清理现场，而第二位证人则坚称我从未离开过那艘船。[43]可见，整个案情对我有利，我怎么想自己也不会蠢到如下地步：先策划一场没有任何知情者的谋杀案（毕竟这对我自己可谓生死攸关），而在犯案后又主动编造目击者和共犯。[44]按照原告的说法，希罗德斯被谋杀的地点是在距海边和船只不远的地方。一个人在遭受另一个人袭击时，他竟然不知道大声呼救从而引起岸上或船上人的注意？要知道，声音在夜晚时的传播距离远大于白昼，在海滩上的传播效果远胜于城区。[1]更何况，希罗德斯离船时，其他乘客并未入睡。

[45]而且，据说希罗德斯是在岸上遇害的，之后尸体被装船；但在岸上和船上均未发现任何现场痕迹或留下任何血迹，尽管整个案发过程是在晚上。诸君能否想象，在那种情形下，一个人竟然如此泰然自若、气定神闲，从容将岸上

---

[1] 如果手稿解读可信，本句将是起诉人对被告质疑的反驳。但"概括性的"（καὶ μήν）使这一解释变得可疑。鉴于手稿中对极常见的词语频繁错抄的情况，由于不懂而将生僻词 γεγωνεῖν 错抄为 γε ἀγνοεῖν（并不知晓）的可能性不大，更有可能是由于疏忽导致 γε ἀκούειν 一词被错置。

和船上的犯罪痕迹清除净尽？这种事情即便在白天也是无法做到的呀。请问各位判官先生，这可能吗？

[46]有一点我想提请诸位特别注意，万望陪审团原谅我反复强调这一点，毕竟我本人身临险境，只有你们正确裁断，我才有望免于危难；而一旦法庭遭到误导，我将万劫不复。我再强调一遍：各位陪审先生切莫忘记，是原告处死了目击证人，他们想方设法防止证人出庭，致使我回来后没有机会对证人进行讯问，尽管我这样做实际上对原告有利。[1] [47]然而事实却是，原告并未这样做，而是将该奴隶买走并自作主张将其处死，未经任何官方程序，且这名奴隶是否参与行凶也尚未认定。他们本应拘禁该奴隶，或将其移交给我的朋友们看管，或将其交给雅典官方，等待法庭做出裁决。但原告却擅自将这名奴隶认定为凶犯并将其处死。而在未经雅典人民法庭裁决的情况下，[2]甚至雅典的盟邦也无权

---

[1] 如果这一陈述真实可信，那么当他被欧克西透斯拷问时便会坚持原来的说法，这样起诉人在法庭上就会夸大事实。

[2] 这一点有铭文为证。雅典与某些盟邦的关系法保存了下来。从流传下来的法令看，盟邦（σύμμαχοι）只对有限的民事案件享有司法管辖权，刑事案件则要全部移交雅典法庭审理。这样，厄勒特里亚法令（Erythraean Decree）(*I. G.* i². 10ff) 规定，所有涉及死刑的叛国案件必须在雅典审理；卡尔西基斯法令（Chalcidian Decree）(*I.G.* i2.39) 规定，由地方法官审查（εὔθυναι）的案件以及流放、死刑或剥夺公民权（ἀτιμία）的案件同样也要在雅典审理；米洛斯法令（Milesian Decree）(*I.G.* i2.22) 则规定，只允许当地法庭审理涉及100德拉克马以下罚金的案件。

不过不要忘了，尽管欧克西透斯涉嫌的这起官司的审理是在雅典，但这一选择不一定与刑事案件审理从密提林移至雅典法庭有关。该法令肯定业已存在，但存世铭文显示，只有在涉案双方当事人都来自（转下页）

做出死刑判决。尽管原告要求陪审团对其口供做出鉴别,但原告却自行给该奴隶定罪。[48]即便是奴隶谋杀了自己的主人且被当场擒获,受害人的亲属也无权将凶手处死,而要遵照城邦的古老法律,将其移交当局处置。如果奴隶有权指证自由人犯了谋杀罪,主人要求为其奴隶被杀讨回公道,那么法庭对谋杀自由人的判决与对谋杀奴隶的判决就应当一视同仁。[1]这样说来,涉事奴隶就应当受到公开审判,而不是由原告在未经任何听证程序的情况下不明不白地处死。可见,应该受到审判的是原告而不是我本人。而今却是我被告上法庭,这是何等冤屈!

[49]诸位判官先生,请再看看两位遭到刑讯逼供的证人提供的证词,从中我们能得出公平合理的结论吗?那名奴隶给出两份供词:一份指证我有罪,另一份又承认我无罪。而那位自由人虽然也遭到刑讯逼供,却未提供任何不利于我的供词。[50]与奴隶不同,人身自由对自由人毫无诱惑力,因此第二位证人对真相坚定不移。当然,与那名奴隶一样,他也明白如何做于己有利,只要他说出起诉人所期待的证

---

(接上页)盟邦的情况下才适用该法令。尽管缺乏明确证据,很可能的情形是:希罗德斯并非莱斯博斯本地人,也不是迁徙至莱斯博斯领受征服土地的雅典公民。若果真如此,我们完全有理由猜想,该案审判无论如何是要在雅典进行。参本篇导言。

[1] 即(1)这名奴隶在法庭上本来是作为证人的;(2)将别人家的奴隶处死属于刑事犯罪;(3)任何犯此罪行的人都可被以谋杀罪起诉。第(2)显然是对事实的蓄意歪曲,因为涉案奴隶通过购买行为已经属于起诉方(第47节);因此,第(3)也就失去了说服力。

词，酷刑便可停止。我们究竟应该采信哪位证人的说法？是那个始终如一的证人呢，还是那个前后自相矛盾、随意翻供的证人？同样面对刑讯逼供，为什么始终如一者比前后自相矛盾者更值得信赖？

[51] 就那名奴隶的供词来看，一半对原告有利，一半对被告有利：他肯定的部分于原告有利，否认的部分于我有利（同样，若将两位证人的证词综而观之：一个认定我无罪，一个咬定我有罪）[1]。显而易见，若案情陷入两可，被告应当处于比原告更有利的地位，这应当与如下惯例是一致的：陪审团判决投票若最终表决票数相等，则认定被告胜诉。

[52] 诸位判官先生，这就是原告通过刑讯逼供获得的所谓证词，他们自信满满断然认定我就是杀人凶手。如果我真的良心有亏，如果我确实是戴罪之身，那么我完全有理由寻找机会将这两位证人藏匿起来，要么将他们一同带至阿厄努斯，要么派船将他们送到内陆去，[2] 绝不可能放任掌握真相者出来指证我。

[53] 原告还声称，他们在船上找到了我准备寄给吕西诺斯的便笺，上面明确说我杀了希罗德斯。试想，如果送信人是我的作案同伙的话，那我又有何必要写便笺呢？作为凶

---

[1] 显而易见，此处增补是后世读者所为，他认为论辩需要更进一步。此处语法结构缜密规整，但推理本身漏洞百出：B自始至终矢口否认，而A如上文所示，前半段承认，后半段却承认，因此，A不能被用来驳倒B。
[2] 即前往小亚细亚（Asia Minor）。

手之一，他本人必然能将事件的原委当面讲清楚，完全没有必要向他隐瞒什么嘛；只有存在某些不便向送信人透露的信息的情况下，才有必要以书信的方式传递信息。[54]如果要说的内容很多，只能通过书面形式，毕竟送信人不可能一下记住那么多内容，但这张便笺上只有一句极为简短的话，即"那个家伙挂了"，而且，别忘了，便条上的内容与那名奴隶被逼供提供的证词彼此矛盾。那名奴隶的证词说他自己杀害了希罗德斯，[1]而便笺上却说我是杀人凶手。[55]那么，我们该相信哪一个？原告是在第二次登船搜查时才发现那个便笺的，而不是第一次上船搜查时发现的，因为第一次搜查时他们尚未想出这个鬼点子。只有当第一个证人遭受严刑拷打仍未提供他们想要的证词后，原告才会想到将那便笺放到船上，贼喊捉贼，将其作为控告我的所谓证据。后来发现便笺上的内容与严刑逼供下的第二位证人的证词彼此矛盾时，他们便骑虎难下。[56]显而易见，假如原告从一开始认定他们能够不费吹灰之力便可诱导那名奴隶作伪证，他们肯定不会进一步伪造那个便笺了。我请求法庭允许我请出我的证人证实以上陈述。

### 【证　词】

[57]说我谋杀希罗德斯！动机何在？我们彼此间前世无冤后世无仇，原告竟然声称我杀人的动机意在还人情。但谁会为了施惠于友而使自己沦为凶手？我敢说没有这样的

---

[1] 演说者忘记他曾在其他地方否认过这一点。

人。只有那些心怀深仇大恨之人才会铤而走险，并且由于蓄谋已久，必定留下大量证据。我说过，我自己与希罗德斯素无过节，彼此和和气气。[58]那么，是否存在这样的可能：我出于对希罗德斯取我性命的恐惧而先下手为强呢？这样的动机确实会驱使一个人铤而走险，但我从未担心过他会杀我。难道我行凶意在图财害命？显然不是。希罗德斯身无分文。[59]在我看来，与其说我图财害命，还不如说原告为图钱财而谋害于我更合情理。比起原告及希罗德斯家属控告我蓄意谋杀，我的亲属倒更应将他们的图财害命之举告上法庭。我有确切的证据可证明，原告欲借凭空罗织罪状，将我置于死地。

[60]我向陪审团保证，我本人绝无谋杀希罗德斯的任何动机。但我要向你们明确的是，我和吕西诺斯都是清白的，原告对我们的指控极其荒谬。我向诸位保证，吕西诺斯对于希罗德斯的态度与我本人完全一致，他完全没有必要为了钱财而害人性命；他也没有面临非得杀死希罗德斯才能规避的危险。[61]而且，以下事实最为有力地说明吕西诺斯根本没有谋杀希罗德斯的任何动机：即便他与希罗德斯之间有什么陈年旧账，他完全可以以自己生命面临威胁为由将希罗德斯告上法庭，寻求法庭的法律救济，将希罗德斯绳之以法。指证罪犯，吕西诺斯将一举两得：既可实现个人企图，又可获得城邦的感激。然而吕西诺斯没有这样做：他甚至没有任何指控希罗德斯的打算。匪夷所思的是，他居然放弃了将希罗德斯告上法庭这一更具荣耀感的举动，转而指使我杀

害希罗德斯。我想请我的证人出庭就上述事实作证。[1]

## 【证　词】

[62] 我们不妨想一想，吕西诺斯本可针对希罗德斯采取法律手段，但他却采取了对我和他自己都非常危险的方案：即杀害希罗德斯，而不担心一旦此事败露，我将被逐出城邦，他自己也将失去作为自由人的基本权利，被剥夺一切作为人所必须拥有的神圣和珍贵的东西。

退一步讲，不妨暂且接受原告的立场，不妨和原告一样承认吕西诺斯确实巴望着希罗德斯死，但由此就能做出结论说他不愿自己动手，所以才找到我充当他的杀手吗？[63] 他出钱，我出力，他是雇主，我替他卖命？原告把我当什么人啦？不，事实却是，我本人可以说富甲一方，而吕西诺斯却不名一文。相反的事情倒更加符合常理：我雇他杀人的概率远大于他雇我杀人的概率；他曾因7米纳的债务而面临入

---

[1] 紧跟"他的危害"（ὁ κίνδυνος αὐτῷ）字样出现的是红字"证人"（ΜΑΡΤΥΡΕΣ），这使多数版本学家很自然地想到，其中介绍证人的惯例之一被有意省去。但缺漏处仍有许多发挥想象的空间。如果"καίτοι καλλίων γε ἦν ὁ κίνδυνος αὐτῷ"构成一个完整的句子，可以说晦涩难解且歧义丛生。"危害"（κίνδυνος）一词可能指的是上隔六行所说的大危害（κινδύνῳ μεγάλῳ），意为"L通过起诉H，将H置于险境"，这句的要旨在于"通过合法方式威胁H的生命比直接谋杀H更可取"；另一方面，也可能指在起诉H的过程中，L所冒的风险，即因为可能败诉而引起的罚金，那样的话演说者会说，"对L而言，与其冒险谋杀H，还不如冒着败诉的危险将其告上法庭"。在上述两种意涵中，后一种更加可信。但安提丰并不惯于以简笔代晦涩；很难相信一个以"αὐτῷ"作结的句子是出自他之手。

狱，自己无力缴纳罚金，最终依靠朋友接济才免于牢狱之灾。事实上，这再清楚不过地表明，我与吕西诺斯之间的关系究竟怎样，我们之间尚未亲密到我可以为他两肋插刀的地步。简直不可想象，当初他面临入狱时我连7米纳都不曾借他，如今会冒着生命危险替他杀人。

[64]我已竭尽所能向各位表明我和吕西诺斯均属无辜。然而，原告喋喋不休念叨希罗德斯失踪，这是事实，诸君的确希望得到合理的解释。如果诸君希望从我这里得到答案的话，我也只能靠揣测，这样的凭空揣测估计你们也在行，我们都对这起案件一头雾水；而如果想要了解真相的话，原告可以审问真正的凶手，想必后者会给出满意的答案。[65]我所能给出的最充分的回答是：我是清白的；而真正的凶手肯定能够揭开真相，或至少可以给出一个令人信服的揣测。对真正的凶手来说，他们实施犯罪之前便已编造出埋由了；[1]而对无辜者来说，对自己无法理解之事无论如何也想不出合理的解释。我敢断言，诸君之中若有人恰巧被问及自己所不知之事，只能一脸蒙；即便人家要求你说说看，也定会感到手足无措。[66]所以，请不要用那些连你们自己都感到为难的问题来考验我好吧。当然，你们大可不必仅凭我的合理揣测便将我无罪释放。我能充分证明自己的无辜，不在于我发现了希罗德斯失踪或死亡的线索，而是我根本就没有杀害希罗德斯的任何动机。

---

[1] 即罪犯首先要做的事情就是嫁祸于人。

[67]据我所知,从前也有过类似案件。当被害人或凶手无迹可寻时,他们的同伴就要做替罪羊,这太不公正了。迄今为止,许多人因他人所犯下的罪行遭到指控,不及真相水落石出便丢了性命。[68]举例来说,时至今日,杀害贵城邦公民埃菲阿尔特(Ephialtes)[1]的凶手依然逍遥法外;假如其同伴供不出真凶,就得自己顶罪,这太不公平了。而且,杀害埃菲阿尔特的凶手并未为避免罪行暴露而毁尸灭迹,不像我,据说我是独自一人策划谋杀,之后找人一起毁尸灭迹。

[69]还有另外一起前不久发生的案件,一名不满12岁的奴隶试图谋害其主人。他在主人哀嚎时逃跑,慌张间把凶器落在了现场,而如果他当时镇静自若临危不乱的话,那么这家的其他奴隶全都得遭殃。[2]人们做梦也想不到他有如此胆量。最终他被捉住,之后便坦白了自己的罪行。

你们的同盟财务官(Hellenotamiae)曾像现在的我一样,被错误地指控盗用公款。[3]愤怒遮蔽了人们的理智,以

---

[1] 这起谋杀案发生在45年前(即公元前461年上半年)。埃菲阿尔特是一位激进派分子,公元前462年,他伙同伯里克利发动了一场针对最高法院高层人士的暴力袭击。正是这起事件导致埃菲阿尔特遭到暗杀。据亚里士多德,塔纳格拉(Tanagra)的阿里司托狄科斯(Aristodicus)在埃菲阿尔特政敌们的指使下暗杀了埃菲阿尔特,这一说法基本可信,因为安提丰此处的意思是这起谋杀案依然是一起悬案。参见Ἀθ. Πολ. xxv. 5, Diod. xi. 77.6, Plut. *Per*. 10。
[2] 即奴隶的家庭。
[3] 关于这一事件更进一步的细节,我们不得而知。同盟财务官有十人,负责管理整个提洛同盟的资金。

致除一人之外,其他财务官全部被处死。后来真相终于浮出水面。[70]据说幸存者的名字叫作索昔阿斯(Sosias),他当时已被判处死刑,但尚未执行。与此同时,那笔款项遗失的线索也已水落石出。雅典人将索昔阿斯从"十一人委员会"[1]手中解救出来,而其他人却已含冤而死。[71]想必诸位判官中年长一点的依然记得此案,而像我一样年纪轻点的也对此事有所耳闻。

因此,明智的做法还是把真相交给时间去检验。或许,希罗德斯之死的真相在不久的将来同样会大白于天下。所以,万望诸君搁置愤怒和成见,不可仓促间再制造又一起冤案。仔细权衡,慎思明辨,还来得及。[72]愤怒和成见是正确判断的大敌,愤怒者不可能做出正确裁断,因为愤怒破坏了他的判断力。尊敬的先生们,斗转星移,时光荏苒,时间有着神奇的魔力,它能使人的判断力避免为激情左右,它能使真相水落石出。

[73]别忘了,本人从诸君那里配得的是同情,而非惩罚。作恶者应受惩处,含冤者应受怜悯。想必诸君一定不会眼睁睁看着原告想置我于死地的邪恶动机得逞,你们有能力还我正义,救我于危难。暂缓判决,诸君仍能够避免原告力图强加给你们的判决。匆促之间必然无从做出周全的判断。

[74]我还要为我的父亲辩护;作为慈父,他袒护我再

---

[1] 在公民大会上,控告必须以弹劾($εἰσαγγελία$)的形式提出。"十一人委员会"负责执行判决。

自然不过。父亲年齿远长于我,他看着我长大;而我年纪轻轻,对他的往事知之甚少。假如今天我和原告换个位置,变成我起诉原告,而我提供的证据并非确切事实而只是道听途说,那么原告定会暴跳如雷,说自己遭到非人对待。[75]然而,身为人子,我将尽我所能为父亲申辩,澄清那些你们所听到的针对我父亲的不实指控。或许我这样的努力终属徒劳,但我还是不揣浅陋,甘愿冒险一试,捍卫父亲一生清誉令名。

[76]在密提林叛乱之前,〔1〕我父亲用自己的实际行动表明对雅典利益的忠诚。然而,当整个城市的人被一小撮别有用心者煽动并一哄而上时,〔2〕父亲才被迫加入反叛者的行列,尽管再也不能以原来的方式向你们展现忠心,但父亲对你们的一片赤诚始终未变。对父亲来说,离开密提林绝非易事,孩子、财产令他举步维艰。与此同时,只要他身在密提林,他就无从表达异议。[77]你们惩处了反叛头目,而我的父亲并未位列其中。你们赦免了其余的密提林人,允许他们一仍其旧。〔3〕而我的父亲一直谨言慎行,

---

〔1〕密提林反叛雅典大约发生在10年前,即公元前428年。
〔2〕即使将"你的决议"($τῆς\ ὑμετέρας\ γνώμης$)与"犯罪"($ἥμαρτε$)一词放在一起,其意思也应该是:"你期待从他们那儿有所收获,却最终一无所获。"类似这样的表达还有:"共犯"($συνεξαμαρτεῖν$)需要与"犯罪"($ἥμαρτε$)彼此平衡,隔两行之后重复出现的"决议"($γνώμη$)格外抢眼。
〔3〕见修昔底德《伯罗奔尼撒战争史》3.50。密提林城墙被雅典人拆除,海军被雅典收编,除了麦提姆那,整个岛上的土地被雅典殖民者瓜分。当地居民继续耕种自己原有的土地,但要向雅典殖民者缴纳固定租金。

安守本分。只要职责所在,不管是在密提林还是雅典,父亲都尽心竭力;他经常出资组建合唱队,按时足额缴纳各种税款。[1][78]即便久居阿厄努斯,父亲对雅典从来尽忠职守,[2]父亲从未像许多人那样申领其他城邦的公民权,他们中有很多人进入内陆与你们的敌国同流合污,而其他城邦与雅典则有诉讼协定;[3]父亲久居阿厄努斯,这并不

---

[1] 此处提到的合唱队肯定是属于当地的,他们参加密提林人的节日表演。"雅典派捐"类似于 τέλη(港口税?)。韦德-格里(Wade-Gery)教授曾向我指出,1/20(εἰκοστή)可能指的是5%的税金,它取代了公元前413年早期征收的贡款(《伯罗奔尼撒战争史》7.28)。这样看来,这篇辩护辞发表的时间肯定是在公元前413年春季到秋季,当时正值雅典惊闻西西里远征军全军覆没。

[2] 也有可能是密提林。

[3] 铭文此处有明显的残损。(1)第78节第四行的"一些"(τοὺς μὲν)没有与之对应的"另一些"(τοὺς δὲ)。(2)本段字面意思并不是很清楚。特别契约(σύμβολα)(1.6)通常针对的是不同城邦公民之间的私人商业纠纷。关于这类条约,有两个残片存世:雅典—瑟里斯(Athens-Phaselis)(*I. G.* i². 16ff.)和雅典—密提林(Athens-Mytilene)(*I.G.* i². 60ff.)。在第一个残片中,提到了另一份条约,即雅典—希俄斯(Athens-Chios)。不过可以确定,按照现有的铭文来解,其中有一段提及此类协定尚未扩展至敌对国。

研究者还提出各种各样的修正意见。弗兰克尔(A. Fraenkel)和维拉莫维茨(Wilamowitz)对铭义空白处内容提出一项大胆猜测,即遗失部分文字应是"在城里分散驻扎的盟军"(τοὺς δ' ἐς πόλιν συμμαχίδα διοικιζομένους)或与之类似的内容。而对此存疑者称,"依据条约判决的关于你们的案件"(καὶ δίκας ἀπὸ συμβόλων ὑμῖν δικαζομένους)是多余的,因为契约(σύμβολα)已然存在于雅典和密提林之间。瑞斯克(Reiskes)猜测的"那些"(τοὺς δὲ)更为合理。现在,我们不妨来两相对比:一方是欧克西透斯的父亲,他是雅典治下密提林城邦的忠实公民;另一方是十年前参加莱斯博斯叛乱的密提林人,叛乱平定后这些密提林人要么居住在波斯人控制下的亚洲海岸城镇,他们对雅典人心存不满;要么继续留在莱斯博斯,他们针对新近成为受领征服土地主人的雅典人提起一系列没完没了的诉讼。

意味着他试图逃脱雅典法庭的管辖。父亲与诸君一样，对那些以控告为业的起诉人深恶痛绝。

［79］父亲被迫参与整个城市的反叛，这绝非他的主观意愿，不能成为对他施加个别惩罚的理由。当时的错误之举如今都在每个密提林人的记忆中。密提林本来欣欣向荣，如今却民生艰困，眼睁睁看着城邦受制于人。请诸君切勿轻信那些针对我父亲的子虚乌有的恶意中伤。他们之所以处心积虑地诽谤我们父子，无非意在图财害命；不幸的是，那些图谋他人财物者却经常能够侥幸得逞；我的父亲年事已高，无法向我施以援手，而我年纪尚轻，无法替他讨回公道。［80］我这里请求诸君帮帮我：诸君不可纵容任意控告者的牟利之举大行其道。如果原告得逞，这无疑会使被诬陷者不敢再与他们对簿公堂，而是寻求庭外私了；而一旦他们发现控告只会为自己招致恶名，诸君将获得本应属于你们的令誉和尊严。请支持我，向正义施以援手！

［81］关于这起案件的各种揣测和人证物证都摆在诸君面前了，但在判决之前，各位一定不可忽视天降的朕兆。[1] 不管危急时刻还是和平时期，神示都是诸君在处理城邦事务中的向导；［82］而神意也是我们在处理私人事务中的良师益友。诸君想必无须被提醒，假如许多双手沾满血污或其他

---

[1] 类似这样的驳论能够出现在法庭之上，本身就表明，就像因赫尔墨斯石像（Hermae）被破坏引起群众性歇斯底里那样，当时的雅典人根本就不是人们通常认为的那样的理性主义者。

污秽之人与正义之人同登一艘船，他们将会同归于尽。[1]有些人即便暂时侥幸得以保命，他们也会因那些恶棍的劣行身临险境。而且，他们站在祭坛旁就会暴露其不洁，因为他们妨碍正常的祭仪。[83]但在我身上，情况却不是这样。我们一船人旅途愉快至极，我途中参与的每一场祭祀活动都相当顺利。我认为上述事实再恰当不过地证明，控告者针对我的指控纯属无稽之谈。请证人出庭为我的以上陈述作证。

【证　词】

[84]另外，各位尊敬的陪审员，我深知，假如证人指认我在船上时或献祭期间出现了什么不祥之兆，原告肯定会大做文章，并当庭出示，认定那些朕兆是我犯罪的最有力证据。然而，朕兆却与他们的指控截然相反。证人提供的证据确证了我的陈述，而否定了他们的指控。朕兆使你们无法采信证人的证言。在原告看来，你们只能相信他们自己的陈述，而其他人所提供的事实只不过是主观臆断而已，他们用臆断混淆事实。

[85]尊敬的先生们，我已就印象中原告对我的指控逐一做了辩驳。本人认为，诸君真的应当将我无罪释放。判我无罪本身就是你们遵守法律和誓言的证明，因为你们之前即已声言要严格遵照法律办案。既然我被指控的犯罪可以依法

---

[1] 这不免让人联想起埃斯库罗斯（Aeschylus）在《继母》第602行及往后几行中的说法：ἢ γὰρ ξυνεισβὰς πλοῖον εὐσεβὴς ἀνὴρ ναύταισι θερμοῖς καὶ πανουργίᾳ τινὶ ὄλωλεν ἀνδρῶν σὺν θεοπτύστῳ γένει（虔敬之人登上船，同船的却是一帮暴虐的水手，一个阴谋终使他与那帮渎神者同归于尽）。

审理，逮捕我所依据的法律便不适用本案。[1]如果由此导致两场官司，那么责任在原告，而不在本人。假如居心险恶的原告意在将两场官司强加于我，那么我不能想象秉持正义的诸君会在第一场官司中便早早地判我死罪。[86]尊敬的先生们，万勿草率断案，时间能够为寻求真相者赢得主动。尊敬的先生们，我向来认为：尽管这类案件应遵照法律做出裁决，但也应在法律允许的范围内，尽可能反复澄清事实，唯有如此，案情才能清晰明了。反复审理有助于澄清事实，还原真相，防止冤狱。[87]在审理杀人案的过程中，一旦被告遭受冤屈，正义和事实也无能为力。[2]一旦我被判死罪，即便我并非凶手，与此案毫无干系，我也不得不遵守法律，服从判决。没有人会因确信自己无辜而胆敢无视法庭判决，也没有人因为自己干了坏事而胆敢无视法律。尽管判决违背事实，

---

[1] 在最高法院，这起案件只能作为谋杀案审理，这是演说者坚持的又一理由。"我被逮捕所依据的相关法律"肯定是审理恶人的法（νόμοι τῶν κακούργων），它为邪恶罪明确规定了押送的范围。

[2] 第87—89节内容与《合唱队歌手死亡案辩护辞》第3—6节内容大同小异。显而易见，这是《教义要点》的句子，诉状代写者（λογόγραφος）经常将其挪用到其他语境。参见《雅典人希罗德斯谋杀案辩护辞》第14节及后文，《合唱队歌手死亡案辩护辞》第2节，《继母》第12节及后文，《雅典人希罗德斯谋杀案辩护辞》第38节及后文，《合唱队歌手死亡案辩护辞》第27节，安多齐德斯（Andocides）《论秘仪》（*Mysteries*）第1、6、7、9节注。本段强调谋杀案属于重罪，一旦裁决则不可推翻，这在大部分谋杀案辩辞（φονικοὶ λόγοι）中很常见。然而，此处的文字略显粗拙。这里的"谋杀案"（第87节开首）并非指当时的审判，而是作为欧克西透斯希望接下来审理此案的最高法院的指证（ἔνδειξις）。在第87节第三行，"你们"（ὑμεῖς）一词的词义与第90节同一词的词义相同。

他也必须服从判决，尤其在无人能为受害者伸冤的情况下。[1]
[88]事实上，与整个谋杀案有关的所有法律、誓言、献祭、宣言的一整套程序与普通案件的程序有着根本差异，[2]因为相关事实及其认定至关重要，这是整起案件的核心。事实认定清楚的话，则意味着受害人的冤屈得到伸张，而一旦使无辜者遭陷害，会是一个致命错误，是对神明和法律的亵渎。[89]陪审员做出一项错误的判决，其危害远甚于起诉人提起一场错误的诉讼，因为起诉人的控告不可能自动生效，而是依赖于在座诸君的最终裁决。如果在座诸君做出错误的裁决，责任就完全在你们自己，没有人替诸位背黑锅。

[90]那么，诸君如何才能做出正确的裁断呢？这就要求起诉人只有在进行例行宣誓后才能提起诉讼，同时允许我在法庭上就控告本身进行答辩。你们如何才能做到呢？那就是立即将我无罪释放。即便这样，我也不会逃脱诸君裁断：因为你们还将是下一轮审判的法官。[3]如果你们现在将我释放，并不影响你们下一轮对我的处置，而这次你们一旦判我死刑，之后就没有任何补救的余地了。

---

[1] 演说者这里指杀死自己奴隶的主人，奴隶没有亲属为其提起诉讼。参见《合唱队歌手死亡案辩护辞》第4节和第5节。对现代读者来说，第87节的整个论证颇为费解，但需要注意的是，在雅典，谋杀案被告在宣判前始终可以选择自愿流放，因此，演说者说"无视法庭判决"是可以理解的。
[2] 见本篇导言。
[3] 只有从一般意义上才能这么说。该陪审团由普通民众（Heliasts）组成；而最高法院由前执政官组成，审理刑事案件。欧克西透斯是外邦人，他说"你们"（ὑμεῖς），意指"你们雅典人"。

[91]假如你们难以避免过错,与其不公正地将我处死,还不如现在不公正地将我无罪释放,后者只不过是一个小小的失误,而前者却可能铸成大错。因此,诸君在做出裁决前务必慎之又慎,因为决定一旦做出将覆水难收。如果对一项失误尚有重新考量余地的话,不管这一失误是偏见私心导致的,还是事实认定不清造成的,这样的失误都不算严重,因为回心转意之后依然能够做出正确裁断。而一旦某一失误没有任何回旋余地,那么无论是回心转意还是承认错误都只能雪上加霜。你们其中有一些人已经对先前主张将我判处死刑心存内疚,但是,当诸君为自己偏听偏信深感懊悔时,那些蓄意误导你们的人才罪该万死。

[92]此外,无心之过情有可原,包藏祸心则罪不容赦。诸位判官先生,无心之过实出偶然,包藏祸心纯属居心不良。蓄谋已久然后一举付诸实施,还有比这更居心不良的吗?而且,通过错误投票取人性命与雇凶杀人一样,都是犯罪。

[93]诸君想想看,假如我身负血债、问心有愧,我肯定不会来雅典自投罗网。而我之所以依然来雅典,只因我相信正义。对于一个问心无愧、敬奉神明的人而言,正义是他的坚强后盾。当此之时,肉体已经放弃抗争,救赎全赖灵魂,只要问心无愧,灵魂随时准备战斗。良知是问心有愧者的大敌,在身体尚未倦怠之前,精神业已溃败,因为随时感到大祸临头。站在诸君面前,本人问心无愧。

[94]毋庸置疑,原告对我的指控纯属恶意栽赃,还能期望他们做什么呢?人们期待诸君嫉恶如仇、奉公执法。假

如诸君听我一言,先前的错误尚能补救,若发现不对,第二次庭审尽管惩罚我好啦。假如你们遂了原告的心意,就会覆水难收、回天乏术。今天原告催促法庭尽快做出裁断,如此,法律便丧失了从容回旋的余地,匆忙结案的代价是牺牲了慎重周全。请诸位慎重对待这起案子,延迟裁决为上,[1]尊重事实真相,容后裁决。

[95]对一个面临谋杀指控的人来说,伪证极易大行其道。如果各位判官坚持立即宣布死刑,被告便永远失去了为自己昭雪的机会。而一旦被告身首异处,他的朋友们也不会为他讨回公道,即便他们有意,人已死,又有何益?[96]尊敬的判官先生们,先放过我吧!在刑事法庭之上,起诉人在起诉我之前会依照惯例庄严宣誓,到时你们完全可以依律裁断。如果不幸被判有罪,我也不会对判决有任何抱怨。

以上便是我的请求。敬奉神明的诸君重任在肩,相信你们不会剥夺我的正当权利,对此,我心知肚明,我的性命与你们的誓言紧密相连。本着敬畏法庭的精神,我再次恳请暂时将本人无罪释放。

---

[1] 显而易见,"τῶν μαρτύρων"(证人)是由一位后世读者所加的一处不甚明智的注释。这位读者认为,为了与"τῆς δίκης"(案件)一词呼应,需要加属格。

# 合唱队歌手死亡案辩护辞

(前412年)

赵佳玲/译　赵元/校

## 导　言

关于《合唱队歌手死亡案辩护辞》(以下简称《合唱队歌手》)成篇时间,历来众说纷纭、莫衷一是。从文本本身提供的证据看,其发表时间时值秋季,上年4月安提丰发表过一篇针对一位名叫菲利努斯(Philinus)的弹劾辞;不过两篇演说辞发表的年份尚有争议。一方面,我们有《指控菲利努斯》的残篇,出自安提丰之手,其中有"将全部忒特($\vartheta\tilde{\eta}\tau\varepsilon\varsigma$,即雇工,属雅典自由民中的第四也是最低等级。——译者)编成重装步兵($\delta\pi\lambda\iota\tau\eta\varsigma$)"这样的表述,研究者认为上述做法只有在公元前413年远征西西里惨败后雅典国内士气消沉时才被提上日程。因此,《指控菲利努斯》的发表时间一般确定在公元前412年,而《合唱队歌手》则发表于同年年末,这一点不难从该辩护辞本身的政治色彩中窥见;有人认为,发表演说者显然属于寡头派,他因数月前揭露民主政府官员中普遍存在的贪赃枉法和营私舞弊行为而遭到政敌的报复；他使民主派和民主政治信誉扫地的一系列举措很有可能发生在公元前411年寡头政变的前一年。不过这些论据并未令人完全信服。首先，《指控菲利努斯》残篇提供的证据并不充分。即便我们对残存的只言片语的语境忽略不计，修昔底德对公元前413年底至公元前412年初雅典国内状况的描绘非常清楚地表明，不仅重步兵兵源困乏，而且海军桡手也非常短缺。[1]说起来可能令人难以置信，在当时的处境中，想必会有人提议将传统属于舰队的兵源整编入重装步兵。与这篇演说辞的风格相比，将这篇演说辞的时间定在公元前412年，其证据在于措辞更为严谨的《雅典人希罗德斯谋杀案辩护辞》（以下简称《希罗德斯》），其中缺少了高尔吉亚和老一代修辞学家显见的矫揉造作。不过晚近人们关注更多的是另一种完全不同的断代证据。[2]《合唱队歌手》中明确提及雅典历法，提及只有到公元前5世纪最后25年才使用的闰年系统，这说明该篇演说辞极有可能发表于公元前419年，即在《希罗德斯》之前。在此我们无法细究，概括言之如下：《合唱队歌手》第44—45节中有两个时间证据：（a）在王者执政官就职未满51天，即梅塔基特尼昂月（Metageitnion）的第21日，阿提卡历的第二个月，演说者在王者执政官面前被正式指控犯有杀人罪；（b）他是

---

[1]《伯罗奔尼撒战争史》8.1.2，"无法看到……足够的船只"。
[2] 参见梅里特（B. D. Meritt），*The Athenian Calendar in the Fifth Century*, pp. 121, 122。

当年首届议事会主席团（Prytany）的首任轮执主席，因有人向王者执政官指控他犯有杀人罪，他不得不在任期届满两天之前被迫辞职。公元前5世纪后期，每年首届轮执团任期为37天，而演说者肯定已任满35天；由此可以得到如下等式：首届主席团任期的第35天相当于梅塔基特尼昂月的第21日（Prytany I. 35=Metageitnion 21），也就是说，每届轮执团就任的第一天正值赫卡图姆巴昂月的第16日（Prytany I. 1=Hecatombaeon 16）。于是，鉴于自然年和议事会年极少重合，该届议事会在该自然年伊始前的16天就职实属惯例。但仍可注意的是这16天的差异始于哪一年。据碑铭证据，[1]只有公元前419年与此相符。考虑到《合唱队歌手》和《希罗德斯》在风格上的明显差异，上述结论实难令人满意。但有充分数据显示，阿提卡历的系统差异得到充分证实，除非我们试图随意调整《合唱队歌手》抄本中包含的历史数据，否则只能认可上述相对靠前的日期。在无法提出进一步证据的情况下，我们不妨暂时认定《合唱队歌手》发表于公元前419年秋。

与《希罗德斯》相比，《合唱队歌手》用词细腻，掷地有声，但整个论辩却略显逊色。《合唱队歌手》所涉及的论题要复杂得多，陪审团对案情成竹在胸，无须赘言；有关死

---

[1] 梅里特的记载基于 I. G. i². 324 提供的数据，即一块残损碑铭详细记载了在前426—前422年间，城邦从帕拉斯雅典娜（Athena Polias）、胜利女神雅典娜（Athena Nicê）、赫尔墨斯及"其他神明"那里的所借款项。

者狄奥多图斯（Diodotus）案情的描述戛然而止。另外，有证据显示，现存篇章的结尾部分并不完整，现有演说辞中被一笔带过的某些重要事实显然已经散失。下面是依据演说辞中提供的信息，对导致本案的前期事件所做的重构。

公元前419年初，一名无法具名的雅典人，可能属于公元前411年寡头政变后短暂上台的反民主派，他发现法官助理伙同其他三人——阿姆佩利努斯（Ampelinus）、阿里斯提昂（Aristion）以及菲利努斯正蓄谋贪墨国帑。于是，他立即到议事会（Boulê）面前弹劾这四人，此案件定于4月的最后一周听审。与此同时，这个雅典人被选为塔尔格里亚节（Thargelia）的演出执事，该节日在5月1日举办，节日的重头戏是男童合唱比赛。演出执事招募了一支合唱队，并在自己家中腾出一个房间作为训练场地；由于他将主要精力投入到准备即将到来的诉讼，因而无法亲自过问男童们的训练，便将其全权委托给自己的女婿法诺斯特拉图斯（Phanostratus）及另外三个人。直至节日来临前的一周左右，一切按部就班。然而，当歌队中一个名叫狄奥多图斯的男童服了某种据说旨在改善嗓音的药剂，麻烦就来了。男童服用后当场毙命，之后发现药中有毒。

目击者都认为狄奥多图斯的死纯属偶然。这时，距离菲利努斯及其同伙受审仅有三天，他们灵机一动，一不做二不休，索性化被动为主动。于是他们给男童的兄长菲罗克拉底（Philocrates）施加压力，唆使他立即到王者执政官那里控告演出执事犯有杀人罪。除非此案已审结，否则这项指控将使演出执事无法出入公共场合,这样他将无法完成上述对他们的弹劾程序。但菲利努斯等人却忽略了一个事实,即杀人案必须由同一位王者执政官进行三次预审,而且要公示三个月。当时正值4月的最后一个星期,时任王者执政官将于6月21日届满。他在所剩任期内不可能完成三次预审,因而拒绝登记此案。

不过这四人并未善罢甘休。他们撺掇菲罗克拉底不失时机来到高等法庭(Heliastic court),公开指控演出执事应对自己弟弟的死负责,他这样做的目的并不清楚,或许只是为了再努力一把使演出执事名誉扫地,从而阻止他继续其弹劾指控。这肯定不是他第二次面临谋杀指控,仅仅出庭并不能解决问题。演出执事向法庭指出菲罗克拉底如此诋毁他的原因;次日,其他四人如期接受审讯,菲罗克拉底再次出庭,他再次指控——极有可能在即将听审这四人的陪审团面前——演出执事犯有杀人罪,后者因此无权提起诉讼,为此,他向演出执事提出要求审问案件的目击证人,要求演出执事交出自己的奴仆以接受拷问。菲罗克拉底本来可以不依不饶,但他却中途偃旗息鼓;四人接受庭审,最终被处以巨额罚金。

审讯尚未结束,菲罗克拉底便改了口。他为自己的行为向当事人致歉,进而要求与当事人和解,他这样做的动机不难发现。他不仅和菲利努斯及其同伙勾肩搭背(从他乐意为此四人驱遣这一点便昭然若揭),而且他在其他场合也曾有过类似的劣迹;显而易见,与一个无情揭露官员腐败的人保持友好关系正是他的利益所在。演出执事同意和解，此后一月左右的时间里大家相安无事。然而，到7月7日，演出执事当上了议事会议员，7月至8月间进入议事主席团（Prytanis）。其间，他注意到，至少有包括税务官（Poristae）、公产交易员（Practores）、收款员（Poletae）三位财政委员会委员伙同其助手有组织有预谋地盗用他们掌握的公款，而且还有包括菲罗克拉底在内的一些无官职平民也从中捞取好处。演出执事立即报告议事会，要求彻查此事。

而那些被告发者也行动迅速。据演出执事指控，菲罗克拉底接受巨额贿赂，重开狄奥多图斯之死案；但他或许根本不需要撺掇。菲罗克拉底来到新任王者执政官面前，这次他的控告很快被登记在册。按照惯例，法庭传令随之而来，要求演出执事在此案了结之前，不得与外界接触。8月10日，尽管他依然是议事主席团成员，但必须向议事会提出辞职，退出公共生活。然而，菲罗克拉底的攻击为时已晚，法庭集中审理，调查他们的劣行。最终，犯罪嫌疑人受审并获罪。

当然，此判决并未撤销对演出执事的指控。在必要的前期聆讯之后，演出执事必须在同年11月出庭作证，可能是在帕拉狄乌姆区法院。[1] 安提丰为他撰写辩护辞；这里刊出的是两篇演说辞中的第一篇。尽管最终的判决不得而知，但演出执事脱罪的可能性极大。

---

[1] 参见《四联篇》导读（Gen. Introd. to Tetr.），第42页。

还有一个问题：菲罗克拉底以什么罪名指控演出执事？与此相关的证据可在辩护辞第16、17和19节中找到，陈述如下：(i)[16]原告宣称，因为我主持的活动致使狄奥多图斯死亡，因此我要为此事负责，但我发誓，我并没有亲手或授意杀害他；(ii)[17]原告为了完成指控而进一步援引另一原则，即凡是吩咐男童喝毒药，或是强迫他喝，或是给他毒药喝的人，都应负承担责任；(iii)[19]但在此案中，原告自己一开始即承认，男童的死并非蓄意谋杀所致。首先从(i)来看：蓄谋杀人与亲手杀人截然对立，因此，演出执事在某种意义上被指控为狄奥多图斯之死的主谋。另外，从(iii)发现，原告提出的指控并非故意杀人罪；即使指控该罪名是蓄谋杀人罪之一，那也是非出本愿的蓄意谋杀罪。因此，这里表达的谋划不同于安提丰在第一篇演说辞即《以毒杀罪诉继母》中所指的"蓄谋"（βουλευσις）。我们看到这种"蓄意"简洁明了、清晰易见且极易理解。企图谋杀C的A收买了B去执行致使C死亡的行为。B可能知道或不知道此行为会导致该后果。无论是哪一种情况，A与B必须共同承担责任，这早已是公认的法律原则。尽管我们没有根据假设，在驳斥《以毒杀罪诉继母》时，并无必要区分主谋与从犯性质上的差异：两者都同样犯有谋杀罪，起诉人自始至终认定继母实施了杀人罪。辩护辞对该起非出本愿的杀人案也做了同样的分析。倘若A怂恿B实施导致C意外死亡的行为，那么A与B同样犯有杀人罪。很明显，这一法律原则被援引来指证演出执事对狄奥多图斯之死难辞其咎。这里同样很可疑的是在谋划

安提丰辩护辞 | 89

和行动之间是否存在显而易见的区分。原告似乎力图证实被告非故意杀人，这与先前的演说辞中继子指认继母犯有杀人罪如出一辙。无论怎样，我们不妨推测狄奥多图斯死于某人在演出执事一般性属意下的故意行为。例如，法诺斯特拉图斯得到指令，为了改善男童的嗓音，特地要求男童喝了某种混合药剂。至此，案情已足够清楚。但第17节中有一难题（前文ⅱ），据说，原告指证演出执事有罪，理由是导致男童死亡的责任应由命令、强迫或给他喝毒药的人承担。这就意味着他们指控的是被告应承担直接而非间接责任；而演出执事反驳如下：即便事实如控告人所述，但事发之时他甚至不在现场。这一辩白或许可以从原告所用的模糊措辞及玩弄辞藻的自然本能上看出。事实上，被告被控给了法诺斯特拉图斯某些一般性指令，这些指令经再次解释后被实施，从而导致第三人意外死亡，因此不难想象，原告在其控告辞中认定被告应负直接而非间接责任。狄奥多图斯已死，而且是中毒而死。他被强迫喝下毒药。究竟是谁迫使他喝的毒药？是被告，因为被告下达指令，即想方设法改善男童的嗓音。可别忘了，菲罗克拉底受人指使提起控诉，由于证据不足，因而不得不强词夺理；演出执事确实与他弟弟的死有间接关联，但法庭对演出执事是否应承担责任越游移不定，对演出执事越有利。

## 提　纲

第1—6节：序言。有关处理谋杀罪法律的完善，公正判决的重要性，判决的不可更改性。这些开篇段落大部分由惯用语句构成，与《希罗德斯》类似。

第7—9节：原告并未局限于法庭指控。引入无关议题有失公平。

第10—13节：陈述导致男童狄奥多图斯之死的相关案情。

第14—19节：驳论直接的指控。被告通过举证说明给男童喝药时自己并不在场。

第20—24节：陈述菲罗克拉底首次试图向王者执政官申请登记该起杀人罪指控。解释其与即将开审的涉及阿里斯提昂、菲利努斯和阿姆佩利努斯三人的案件之间的关系。菲罗克拉底拒绝接受被告要求提取狄奥多图斯死亡目击证人及其被拷问奴仆的口供。

第25—26节：关于从证人那里得出真相的最可靠办法的离题话。被告人的要求使原告利用上述办法成为可能。

第27—32节：证人一致作证被告清白。这一证据得到充分论述。

第33—40节：菲罗克拉底提出更进一步的证据细节，指控演出执事犯有杀人罪，以期阻止演出执事继续对阿里斯提昂及另外两人的指控。

第41—46节：反驳对王者执政官拒绝登记此案是因为他受到被告撺掇的相关指控。

第47—51节：菲罗克拉底针对演出执事的第二次指控被成功登记的原因。辩护辞戛然而止，没有常见的尾声。

# 正 文

[1]先生们,人生在世,真正的幸福意味着拥有不受威胁的生活,而这正是我们擎香祝祷梦寐以求的。但或许我们祈祷的是:假如我们不得不面对危险,那么我扪心自问,拥有一种纯洁的良知至少可以聊表慰藉,在我看来这也是人间至福。纵使遭遇飞来横祸,皆非吾之罪愆,也不必自责:天意如此,我奈何天。

[2]在我看来,适用此案的法律可谓公正无碍,令人肃然起敬,它不仅是这个国家最古老的见证,亦始终是具体案件量刑的依据;良法最真实的表现就是,如时间和经验一样,向人们揭示什么是不完美的。因此,我们不能仅凭原告的说辞判断法律的良窳:我们必须以法律为准绳鉴别原告讲辞对案件的解释是否正当合法。[1]

[3]今天的诉讼首先牵涉本人,作为被告,我身临险境。尽管如此,在我们看来,诸位作为此案的裁判官,事涉人命,公正为要,神明在上,天光可鉴。此乃诸位职责所系,也是为诸位自身所系。此类案件只能一次结案,[2]若被告遭遇误判,即便正义和事实也无能为力。[4]一旦诸位宣布被告有罪,即使被告并非真凶或根本未涉此案,他也不得不听候发落。法律禁止他进入城邦、寺庙,禁止他

---

〔1〕 互参《雅典人希罗德斯谋杀案辩护辞》第14节。
〔2〕 互参同上,第87—89节。

参与城邦赛会和祭仪等古老创制，对此，他也只能默默承受，听天由命。法律效力至高无上，即便主人杀死自己的奴隶且无人替死者伸冤，杀人者也会出于对神法和人法的畏惧而自我净化，远离那些法律规定的禁地，以期避祸消灾。[5]众人将生活寄托于希望，如若亵渎冒犯神明，将使自己丧失希望，也就失去作为人的最高福祉。没有人胆敢因确信自己无辜而无视法庭判决，而如果他扪心自问确有其罪，那就更加不敢违背法律。即使受害者并不想追究，他也不得不服从违背事实的判决，或者依照案情要求，尊重事实本身。[6]法律、誓言、献祭、布告乃至所有与谋杀案有关的诉讼程序与其他案件大相径庭，因为这类案件至关重要的一点是对事实的正确认定。对事实的正确认定意味着替受害人讨回公道；而使无辜者蒙冤则无异于冒犯神明和法律的罪愆。原告的指控并不能自证被告有罪；指控是否可信最终将取决于坐在审判席的诸位。如若做出错误的裁决，诸位将无法将自己的过错委诸他人，借以逃避责任。

[7]先生们，我对待辩诉的态度与原告的起诉态度迥然不同。原告从自己的立场出发，宣称其行为意在履行神意，维护正义；然实则只是借一纸起诉状进行恶意诽谤，对人类正义的践踏，莫此为甚。他们的目的并不在于揭露我被怀疑所犯之罪，将我流放，罪当其罚，他们的目的在于中伤我这个全然无辜者。[8]对此，我认为自己的首要任务是在法庭上反驳那些针对本人的指控，澄清事实真相。随后，若诸位

认为必要，我将对其余的指控做出反驳，[1]从而使我自证清白，扭转于我不利之局，使原告因自己的无耻行径而得到应有的惩罚。[9]先生们，这是一件多么不可思议的事情：如若本人开罪于城邦，原告便获得机会，既报复了敌人，也服务于城邦，但无论我是否担任演出执事，他们当中没有一个人能够证明我做过任何有害于人民之事。[2]而在今天的审判中，他们指控我犯有谋杀罪，依照法律要求，他们必须就这一指控在法庭上举证，[3]他们处心积虑罗织罪名，使我在公共生活中身败名裂。如果城邦因此受到伤害，他们所做的不是力图补救，而是不断指控；对他们来说，只要自己能够从中渔利，即便国家受损也在所不惜。[10]显而易见，他们根本不配因那些针对我的指控而得到人们的感激或信任。如果此案确系一起冤案，国家并不会因此而受益，而原告却赢得了人们的感激。虽然原告拒绝在法庭上围绕案情本身就事论事，但他们根本不足为据。我与诸位感同身受，只有与案件直接相关的事实才能使你们判处一个人有罪或无罪，因为只有如此才符合神明与正义。为此，我会首先从陈述那些直接关涉案情的事实开始。

---

[1] 这一承诺并未兑现，但在第33节往后篇章却对原告的一般品行做了揭露。
[2] 据说这里依据的是对演说者的审查结果，当时他在6月到来之前已被选为议事会成员。所有地方法官在正式就职前必须接受对他们任职资格的审查。
[3] 互参《雅典人希罗德斯谋杀案辩护辞》第11节。那里更明确地阐述了审判前控辩双方的誓词正是为了预防无端指控的。

[11] 当我被任命为塔尔格里亚节[1]的演出执事（χορηγός）时，潘塔克勒斯（Pantacles）[2]被安排担任节日抒情诗人（διδάσκαλον，根据LSJ，此处指的是诗剧的培训老师、出品人。——译者），刻克洛普斯部落（Cecropid）和我所属的厄瑞克透斯（Erechtheïd）部落分在一组，我夙兴夜寐，恪尽职守。起初我在自己家中腾出最为合用的房间作为排练室，这是我在担任狄奥尼索斯酒神节（Dionysia）[3]演出执事时使用过的房间。接着，我招募了一支最出色的合唱队，没有强迫任何人缴纳任何罚金，没有勒索任何人提供押金，[4]也没有因此与任何人结怨。一切都那么尽善尽美，彼此称心遂愿。我确定标准，提出要求，而孩子们的父母则毫不犹豫地欣然把孩子送来。

[12] 在男童们集中后一段时间，我本人无法得空亲自

---

[1] "演出执事"作为公共职务之一，是城邦强加给富裕公民的公共职责。演出执事必须为年内众多节日之一招募并训练歌队。此处提到的旨在纪念阿波罗的塔尔格里亚节于每年的塔尔里昂月（5月）的第六日和第七日举办，其庆典形式是从十个部落里遴选的男童合唱队两两一组比赛。
[2] 记载这一时期演出捐助活动的一块碑铭提到的一位名叫潘塔克勒斯的抒情诗人或许就是此人（*I. G.* i². 771）。阿里斯托芬戏谑过一位名叫潘塔克勒斯者，此人曾在泛雅典娜节游行过程中因佩戴头盔陷入麻烦而格外尴尬（《蛙》，第1036行，公元前405年首演），但并不能确定此人就是本篇提到的这位诗人。
[3] 即大狄奥尼索斯酒神节，于每年的3月举行，庆祝活动有游行、男童合唱比赛、悲喜剧演出。演说者以前也曾为节日庆典排练过合唱队。
[4] 演出执事有权对那些没有恰当理由而不让孩子参加演出的父母处以罚金。文中提到的"押金"应该是指那些找到理由未让孩子参加合唱队的父母按规定缴纳的。若这些父母的理由缺乏说服力，则相关押金会被没收。

照应合唱队，当时我碰巧忙于应付针对阿里斯提昂和菲利努斯的案子，[1]在我对他们提出弹劾之后的一段时间里，我精心准备，因为在议事会与雅典公众面前必须秉持正义，举止得体。由于我自己忙于此事，于是便把照应歌队的事宜委托给法诺斯特拉图斯，他和本案原告属于同一德莫，也是我的亲戚（我的女婿），我千叮咛万嘱咐，务必尽心竭力。[13]除法诺斯特拉图斯外，我还安排了另外两个人：一个是阿美尼阿斯（Ameinias），来自厄瑞克透斯部落，此人忠实可靠，他曾在多个节日庆典中负责招募和管理歌队；另一位是……（阙文。——译者），也来自刻克洛普斯部落，也是本部落负责歌队招募方面的"老司机"。还有第四位，名叫菲利普斯（Philippus），专门负责置办抒情诗人和上述三人所需之物。总之，我想方设法使孩子们得到最好的照顾，不必因为我忙而缺这少那。

[14]这就是我作为演出执事所做的安排。如果发现我为了给自己开罪而有任何不实之词，原告完全可以在下一轮发言中针对任何疑点进行反驳。先生们，事情的原委如上，在场诸君许多人对其中的详情心知肚明，宣誓仪式主持人的声音依然回响耳畔，相信诸君会注意我的辩护；提请诸君注意本人对誓言敬畏有加，我深知，要说服诸君相信本人无罪，唯一途径就是澄清事实。

[15]接下来，我要首先向诸君举证，本人并未指使或

---

[1] 有关挪用公款的详情，参本篇第35节。

强迫男童喝毒药，也未将药水亲手交给他喝，甚至也未在目击现场。我说这些事实并不是为了给自己洗脱罪名，而将责任委诸旁人，绝不，除非那人是命运主宰。可以想见，这并非命运之神第一次使一个人撒手人寰。你我均无法阻止命运之神兑现我们每个人的命定之数……[1]

## 【目击证人】

[16] 先生们，本人保证，事实认定确凿，务请诸君以事实为依据，判断原告与本人在宣誓后所举证何者更符合事实，更接近之前的誓言。[2] 原告一口咬定，既然狄奥多图斯死在本人发起的活动过程中，那么我就应当为此事负责，[3] 但我敢发誓，本人并未设计或属意谋害男童。

[17] 为了达到目的，原告还援引了一项原则，即凡是吩咐、强迫或给男童喝毒药者，均应为他的死承担责任。而本人也会援引同一原则自证清白：因为我既没有吩咐男童喝毒药，也没有强迫他喝毒药，更没有给他提供毒药。甚而至于比原告更进一步，本人根本没有在现场目击男童喝毒药。倘使原告认为吩咐男童喝毒药是犯罪，那本人便是无辜的，因为我没有要他喝。如果原告认为为男童提供毒药者应承担责任，那本人便无须担责，因为我没有给男童提供任何毒药。

[18] 对我们每个人来说，控告与撒谎，对有意为之者，

---

[1] 这里有脱漏。互参《雅典人希罗德斯谋杀案辩护辞》第61节。
[2] 关于控辩双方誓言，互参同上，第11节。
[3] 本篇第19节详细论述谋杀与"蓄意致死"的区别。

简直易如反掌。但在本人看来，无中生有，嫁祸于人，即便原告凭借自己的伶牙俐齿也无法做到。兹事体大，它关涉到何为正义、何为真相。诚然，如果是蓄意谋杀，秘密执行且没有目击证人，那么真相的确定只能根据原告和被告的举证；对双方各自的陈述必须慎思明辨，不放过任何疑点，最终的判决必然要凭借推理而不是实情。[19]但在此案中，原告自己一开始就承认，男童的死亡并非出于预谋或策划，其次，事情的经过在大庭广众之下，许多人，包括成人、小孩、自由人和奴隶，都亲眼目睹了事件的全过程，他们完全能够指证罪犯，还无辜者以清白。[1]

[20]先生们，这里有必要提请诸君注意原告行为背后的动机和采用的方式。从一开始，他们对我的所作所为与我对待他们就大相径庭。[21]就在死者葬礼当天，菲罗克拉底突然出现在民众法庭，[2]指控我强迫当时作为合唱队队员之一的他的弟弟喝了毒药，致其死亡。之后，我本人在法庭上做了答辩。我向陪审团指出，菲罗克拉底无权凭其在法庭上莫须有的指控而在法律上阻挠我的另一桩起诉案件，这桩案件是第二天和第三天就要开庭的针对阿里斯揭昂和菲利努斯的，因为后者正是菲罗克拉底指控我的唯一理由。[22]但我已经指出，这一臭名昭著的指控实属赤裸裸的诬陷实非

---

[1] 现存希腊文版本第19节包括一个复杂从句，由于缺乏主动词，因而未形成一个完整的语法结构。在"定罪"一词之前，字首的"在哪里"被忘记了。
[2] 即由普通民众法庭审判。

难事，当时在场的目击证人很多，其中有自由人、奴隶、老人和小孩，总共有50多人，他们目击了男童喝药的全部经过，对实情可谓心知肚明。

［23］我不仅在法庭上做了上述答辩，还当场针对菲罗克拉底提出挑战，第二天我在同一陪审团面前再次提出。让他带上他想带的任何证人，多多益善。他可以找那些当时在事发现场的目击证人（我可以一一具名），他尽管向他们盘问好啦！他尽管以适当的方式盘问自由人，既出于他们自己的利益也出于维护正义，这些证人会如实举证。至于奴隶，如果他觉得他们信得过，尽管去盘问好啦；否则本人愿意把自己的家奴叫出来让他尽管拷问，若他想拷问别人的奴隶，我可以在征得其主人的许可后将其交给他盘问。［24］这就是我在法庭上对他提出的挑战。包括陪审员和众多旁听者当时亲眼目睹了这一切。但原告当时未做回应，而且此后一直拒不接受。他们深知，上述提议不仅不能给他们提供本人被怀疑犯罪的证据，反而会向法庭暴露他们的指控毫无根据，实属不公不义。

［25］先生们，大家无须提醒便知，强制是人类生活中最能立竿见影的力量，当涉案各方的权利得到有效保障，当证据确凿，目击者中既有奴隶也有自由人，从而向自由人施加压力，迫使其宣誓或立约，这对他们而言是最为庄严和有效的强制。对奴隶则需要采取其他方式以使其吐露真相，即便他们要为此付出生命代价也在所不惜，与未来不得不遭受

的命运相比，眼下的强制对他们更加有效。[1]

［26］正是在这一点上，我要向原告提出质疑。对俗世之人来说，有必要想方设法发现事实真相；对此，我们责无旁贷。作为本案被告，被指控的嫌疑犯，本人愿意积极配合原告公正裁断；但自称受害方的原告却拒绝为他们遭受的所谓损害举证。［27］假如他们提出上述举证要求，而我拒绝提供目击证人，拒绝按他们的要求交出自己的奴隶，或由于害怕而不接受任何盘查，他们定会宣称上述事实本身就足以证明他们对我的指控已然成立。然而事实却是，是我主动提出请求，而原告却规避调查。因此，可以断定，上述事实已经足以反证他们对我的指控纯属诬陷。

［28］先生们，我可以明确地向诸位保证，如果在场的证人做出了有利原告而于本人不利的口供，原告便会变本加厉，并说这些于本人不利的证据是确凿无疑的。然而，这些证人却证明本人所说属实，而原告的指控纯属子虚乌有，因此，原告便竭力主张证人的证词不可信。在原告看来，如果我自己的陈述没有目击证人的支持，那么你们就应当采信他们的陈述，而那些他们反对的陈述则是假的。［29］奇怪的是，若证人的证词于原告有利便是真实可

---

[1] 这个句子难度很大，其字面意思是："迫在眉睫的强制比即将到来的强制影响更大。"这里所要表达的意思似乎是：他们正在遭受的拷打迫使其招供，即便他们因自己的招供而必然要被处死。这里用的"必然"一词有两种彼此存在细微差别的含义：（1）被拷问的必然，即迫使一个人除了说实话而外别无选择；（2）被处死的必然性。

信的，而于我有利便不足信。如果事发现场没有目击证人，而我硬是提供证人，或者假如我无法提供真实的目击证人，那么足以证明原告的陈述比我的举证更加可信。但是原告承认事发现场确有目击证人，而我提供了证人。众所周知，我和我提供的所有证人自始至终没有改变任何口供。还有什么比这更能澄清事实真相呢？［30］如果只是纯粹的事实陈述而没有证人证词的支持，那么该陈述便很容易因缺乏证据而遭到批驳；如果证人出庭作证，其证词与要求证人出庭作证一方的认定相冲突，那么诉讼的另一方可以根据需要提出反驳。［31］在本案中，呈现在诸君面前的是一份合乎情理的案情陈述，证据确凿，事实认定明确。此外还有两点至关重要：首先，从原告自己和我本人的陈述中可以看出，原告的行为纯属诬告（τούτους... ἐξελεγχομένους）；其次，原告和我本人的陈述证明我是清白无辜的。［32］我时刻准备接受有关他们针对我本人的指控的刑事调查（ἐθέλοντος ἐλέγχεσθαι ἐμοῦ περὶ ὧν ᾑτιῶντο οὗτοι，原文意为我愿意就他们指控我的事情接受质询。——译者），而他们却拒绝相关调查取证，这无疑清楚地印证了我的清白，同时坐实了原告指控的非正义性和虚假性。假如我把原告的举证与我本人提供的证人的证词两相参照，我还有必要寻找其他证据以自证清白吗？

［33］先生们，我认为摆在诸君面前的事实和证据已足以使我脱罪。诸君心知肚明，本案原告在法庭上的指控与本人毫无瓜葛。不过为了使诸位对案情有更进一步的了解，我

不得不多说几句。必须指出的是，那些控告我的人可以说是最为鲁莽草率的伪证者（ἐπιορκοτάτους）、目无神祇的狂徒，他们不仅使我本人感到厌恶，在座诸君以及拨冗旁听的同胞公民也无不对他们深恶痛绝。

[34] 在男童死亡的那天以及入殓的第二天，即便原告自己也未曾想到指控我在此案中承担刑事责任，事实上，他们与我坦诚相见，交谈如常。[1] 但就在死者葬礼后的第三天，他们却在我的政敌的蛊惑下对我提出指控，要求对我实行强制隔离。[2] 究竟是谁撺掇他们出此狠招呢？究竟是什么动机促使那些人与他们沆瀣一气呢？这里有必要帮助在座诸君澄清其中的某些疑窦。

[35] 我当时正准备起诉阿里斯提昂、菲利努斯、阿姆佩利努斯以及法官秘书（ὑπογραμματέως），他们合谋贪墨国帑，对此，我已经向议事会提出弹劾案。就该案案情本身来看，他们若想脱罪可以说毫无希望。他们的犯罪情节非常恶劣。情急之下，他们便使出了阴招，撺掇本案原告对我提出指控，同时要求对我实行强制隔离，这样他们以自己就可以彻底逃脱罪责。[36] 法律规定：若某人被指控犯有杀

---

[1] 此处的否定句充分表现了"会面与交谈"的力量。其言外之意当然是，如果原告认为被告有罪，他们将避免与他的一切接触，以免受到被告"凶杀罪"的牵连。互参 *Tetr. I. a.* 10。
[2] "禁令生效"是"传令"的直接后果。嫌疑凶手必须隔离，直到被宣判无罪或得到被害人亲属的原谅。互参《雅典人希罗德斯谋杀案辩护辞》导言。

人罪且正式立案，强制隔离便立即生效。假如我本人被强制隔离，便无法继续诉讼，而一旦我作为弹劾方和负有举证之责的当事人中断起诉，四人团伙将不费吹灰之力得以脱罪。他们即便有严重的危害城邦之举，也会逍遥法外。说实话，菲利努斯及其同伙以如此伎俩构陷他人，本人绝非第一个受害者。他们曾经以同样的手段构陷过吕西斯特拉图斯（Lysistratus），相信诸君对该案记忆犹新。[1]

[37] 在死者葬礼后的第二天，原告便迫不及待且不遗余力地提出指控，而当时死者的房间还未及净化，必要的仪式还未举行。他们处心积虑专挑四人团伙成员之一被讯问的那一天，从而使我无法继续指控他们中的任何一个人，无法出庭举证他们的犯罪事实。[38] 然而事与愿违，王者执政官向他们宣读了有关法规，说自己的任期所剩无多，无法将此案登记造册并发布必要的传票（writs, οὐκ ἐγχωροίη ἀπογράψασθαι，此句希腊文原意为不再有起诉某人的余裕。——译者），[2] 因此，我把这场阴谋的幕后指使告上法庭，一一举证他们的罪行，诸位知道他们应当为自己的行为承担罚金的额度。然而，本案原告未及兑现自己给金主的承诺，便摇身一变跑到我和我的朋友面前请求和解，并主动提出要弥补自己的过错。[39] 我接受了朋友们的建议，在卫

---

[1] 有关吕西斯特拉图斯没有进一步的资料。
[2] "传唤"即令状，指传唤原告和被告提供的目击证人。

城[1]上当着证人的面公开宣布与他们和解,证人们还在雅典娜神庙附近举行了仪式。之后,大家和好如初,在神庙、市政广场、彼此的私家宅邸等地见面时无话不谈。[40]事情发展的最高点是在议事会的议事大厅里——天哪!简直难以置信!——就是站在诸位面前的菲罗克拉底自己当着议事会成员的面走上讲坛主动与我攀谈,他把手搭在我的肩上,我们彼此称呼对方的名字。此时此刻,议事会成员面对如下情景肯定会惊诧莫名:要求对我进行强行隔离的正是前一天还与我亲切交谈的那个人。[2]

[41]先生们,本人此刻欲提请大家注意:诸位不妨回顾一下,不仅可凭借举证者的证据所证实的事实,即便仅凭诸君自己对原告所作所为的了解,也足以断定我所讲的属实。首先,原告指责王者执政官拒绝登记之举是本人指使的结果。[42]但这样的指责本身就说明了他们的指控充满不实之词,搬起石头砸自己的脚。假如案件被登记在册,王者执政官必须在接下来的三个月内举行三轮预审,只到第四轮才如今天这样正式进入当庭审理环节。然而该位王者执政官的任期只剩下两个月,即塔尔格里昂月和斯基罗孚里昂

---

[1] 据沙伊贝(Scheibe)推测,"在狄波利埃亚节上"实际应是"在卫城上",因为哈尔伯克提昂引用的"狄波利埃亚"一词在该篇演说辞中已经出现过。"狄波利埃亚节"(互参 *Tetr. I. δ. 8*)是一个古老的节日,于每年6月的第一个礼拜在卫城举行,以纪念宙斯。该节日的日期符合本篇演说语境,但实际上根据演说辞最后一部分明显的缺失之处可推测,哈尔伯克提昂是转引自某篇业已失传的文章。
[2] 菲罗克拉底立场突转,因为他发觉演出执事已经对其行为了如指掌。

月（Scirophorion）。[1] 所以，显而易见，现任王者执政官不可能在其任期内当庭审理此案，他也不能将一起杀人案留给下一任，在雅典历史上从未有此先例。对在任王者执政官来说，他既不能当庭审理此案，也无法将其移交给继任者，因此他也没有理由破例登记此案。[43] 实际上，显而易见，王者执政官并未剥夺原告的权利；但菲罗克拉底却无理取闹，百般叨扰负责提交职司报告[2]的其他官员（ἑτέρους τῶν ὑπευθύνων，直译为其他必须向公众提交述职报告的人［即官员］。——译者）。但是，当该王者执政官提交其职司报告时，菲罗克拉底并未提出任何申诉，没有像其之前所指责的那样，认为该王者执政官行事专横跋扈。还有什么证据比这更能清楚地表明菲罗克拉底并未遭受我本人或王者执政官的损害？

[44] 另外，自现任王者执政官任职至今，从赫卡图姆巴昂月（Hecatombaeon）的第一天算起，有整整30天，[3] 他们可以在此期间的任意一天申请登记此案，但他们却并未这样做。同样，他们也可以从梅塔基特尼昂月的第一天开始，

---

[1] 时间大致与导言中给出的一致。现任王者执政官将于6月21日卸任，而菲罗克拉底企图在4月的最后一个礼拜登记其指控。塔尔格里昂月和斯基罗孚里昂月是阿提卡历的最后两个月。
[2] 通常在其卸任前夕，官员的职司报告要提交两部分内容，一是对其在任期间的账目的公开审查，二是对其任期内一般行为的审查。还有一项相关的审查，即在赴任前就其是否称职进行审查。
[3] 赫卡图姆巴昂月是官方阿提卡历的第一个月，从6月22日起至7月21日，接下来是梅塔基特尼昂月。

在之后任何一天申请登记,然而他们也没有去做,而是眼看着第二个月的20多天白白流逝。他们本可以在现任执政官的任期内申请登记,却在那50多天里依然无所作为。[1][45]按照惯例,在某一执政官任期内没有足够时间申请登记的案件,可以在下任执政官就职后立即申请登记。然而,既然原告深谙相关法律,他们知道我是议事会成员且参与议事——议事厅里设有议事之神宙斯和雅典娜的神坛,议事会成员进入议事厅时都要向神坛祈祷。作为议事会成员之一,我自当和其他成员一样祈祷。我和他们一起进入其他圣域,鞠躬如仪,擎香祭祷。不仅如此,我还担任首届议事会主席团成员,其中两天除外;[2]我曾代表至高无上的人民奉献牺牲,呈奉祭品;公开进行动议表决;在牵涉大局的关键公共问题上发表自己的主张。[46]原告在雅典,对此应该看在眼里;他们申请登记一旦获得通过,便能阻止我上述种种行为。尽管如此,他们认为时机未到而未做。假如他们真的有冤情,出于对自己和城邦负责的态度,他们也应当记忆犹新,以纾心中块垒。但他们为什么未申请登记呢?个中缘由与他们与我和好时一样,他们当初之所以与我和解,因为在他们眼

---

[1]"50多天"似乎是夸张的修辞手法,有关其作用及其与紧接着有关演说辞日期的段落之间的关系,参见本篇演说导言。
[2]议事会由十个部门组成,每个部门代表一个部落。每个部门轮流担任主席团,并在主席团任期内(一年的十分之一)主持议事会和公民大会。主席团接受其中一员即主持的领导,主持人经抽签产生。他有权在公民大会提出动议投票。演出执事在其主席团任职期间,是当然的主持人。

里，我并不是凶手。同理，他们迟迟不申请登记也是出于同一缘由，他们心里清楚，本人并非凶手，也与男童的死无关，甚或与此案毫无瓜葛。

[47]谁会如此泯灭良知、藐视法律？他们力图说服你们相信那些连他们自己都不信的所谓事实，他们要求你们宣判连他们自己都深知其清白无辜者有罪。一般人借助事实佐证自己的判断，而他们却用判断歪曲事实。[48]即便我没有任何申辩，没有提供任何举证，若只是向诸君提示如下事实便足矣：原告接受贿赂对我提出控告并要求限制我的人身自由。而在接受贿赂之前，他们经常与我来往，跟我聊天，诸位业已掌握的事实已足以使本人脱罪，完全可以据此认定原告极度伪善，实为缺乏任何虔敬之心的流氓。[49]仅仅从税务官、公产交易员、收款员及其秘书那里获得30米纳的贿赂，就让原告奋不顾身，任意栽赃陷害，在法庭上混淆视听，亵渎誓言却毫无内疚。他们将我逐出议事会，不顾如此庄严的宣誓，把我告上法庭。[1]一切的一切，皆因本人在议事会主席团供职期间掌握了他们的贪墨丑行，并拟在议事会上对他们进行弹劾，提议应针对他们展开调查，且一查到底。[50]事实却是，原告自己、那些与他们有幕后交易的人，以及那些帮其储藏赃款的同谋极力用金钱怂恿他们干坏事。[2]

---

[1] 有关解释，参见本篇演说辞导言。
[2] 显而易见，在对收款员等人的调查过程中发现，他们承诺若菲罗克拉底控告被告谋杀罪成立，即可得到30米纳的现金。这些钱先由第三方代管，事成之后立即支付给菲罗克拉底。

如今，事实已经昭然若揭，原告即使想抵赖也无法做到。真可谓得势短暂曾拥有，消失殆尽一瞬间。

［51］看来，没有什么法庭是他们不敢以谎言亵渎的，没有什么誓言会使他们因破坏而感到内疚。这些目无神明的人渣！他们明明知道诸君从来都是我们国家最为善良公正的法官，却依然在你们面前混淆视听、瞒天过海，甚至不惜将自己的庄严宣誓完全抛诸脑后。[1]

---

[1] 结尾段落重复、没有尾声，这说明此篇演说辞属于残篇。

# 吕西亚斯演说辞

聂渡洛/译  张 源/校

本文译自洛布丛书 W. R. M. Lamb 译本,以希腊文为底本,同时参考 W. R. M. Lamb 的英译。

吕西亚斯（前458—前380年），生于雅典，祖籍叙拉古。据传，他在父亲去世后，前往位于南意大利的雅典殖民城邦图里伊（Thurii），开始致力于修辞学研究。公元前413年，雅典远征西西里惨败后，吕西亚斯与其兄弟玻勒马霍斯（Polemachus）等人被图里伊城驱逐，迁往阿提卡。玻勒马霍斯住在雅典，而吕西亚斯定居庇里尤斯港。他们继承了父亲的盾牌作坊。两人都是民主制的拥趸，玻勒马霍斯在公元前404年"三十僭主"专政时期被杀，而吕西亚斯得以幸免。吕西亚斯存世作品中有一部针对"三十僭主"之一的埃拉托斯提尼（Eratosthenes）的政治演说辞，大部分作品属于法庭辩辞。吕西亚斯大部分的作品已经散失，存世演说作品完整的有30余部。柏拉图《理想国》开篇的对话场景即在吕西亚斯的家里，吕西亚斯在场，其父克法洛斯（Cephalus）和兄弟玻勒马霍斯还直接参与了对话。

# 为波利斯特拉图斯辩护

(前410年)

## 导 言

雅典在远征西西里失败之后陷入混乱与不安,这引发了寡头革命。随后,雅典处在"四百人政府"的统治之下;公民大会被削弱成了由选定的五千位公民组成的议事会,且会议的召开与否也都在"四百人"的掌控之下(前411年)。四个月之后,尤卑亚(Euboea)叛离雅典,粮草供应随后也被切断了。但是第二年,雅典舰队在基兹库斯(Cyzicus)附近的普罗庞提斯(Propontis)海(今天的马尔马拉海。——译者)大败斯巴达人和波斯人。雅典的寡头政权逐渐信誉扫地,原来的民主制得以恢复。波利斯特拉图斯(Polystratus)这位长者,在本篇演讲中得到了自己的一个儿子的辩护。他在"四百人政府"统治时期曾经被任命为征募"五千人大会"的登记官,行事温和,并且在整个过程中都能避免自己的主观意愿,登记的人员数达到了9000人。而在议会任职8天之后他就去了尤卑亚的厄勒特里亚(Eretria),在那里他参加了那场直接导致寡头政治垮台的海战。回到雅典之后,在寡头政权曾担任职务一直是波利斯特拉图斯的心头之患,就是由于这个原因,加之他公开反对民主,因此遭到起诉。在第一轮审判中,波利斯特拉图斯被判处高额罚金。据说他缴纳了这笔罚金,致使他穷困潦倒倾家荡产。公元前410年左右,他又再次遭到起诉,理由与第一次一样。如果这次审判再次认定他有罪的话,他便无力缴纳罚金,为此他和自己的三个儿子都将被剥夺雅典公民权。波利斯特拉图斯的长子站出来为父亲辩护,演说辞本身缺乏条理、风格僵硬,看上去似乎出自一位年轻人之手,或者是其家人的急就章。但这篇讲辞也有可能出自吕西亚斯之手,吕西亚斯在这起事件之后没几年便开始了其作为职业辩辞写手的生涯。本篇演说之所以文辞欠佳,想必是由于吕西亚斯不得不迁就涉世未深的当事人的要求。

## 正　文

[1]在我看来,你们不应当对"四百人"这个名字感到愤怒,而是应该对他们当中有些人的行为感到愤怒。有些人心怀叵测别有居心,但是还有些人并未损害城邦,也未伤害你们中的任何人。他们秉公职守,不忮不求。本案被告波利斯特拉图斯就是其中之一。[2]他之所以被所在的德莫选为代表,因为他在面对德莫和你们时都能做到不偏不倚。如今却有人状告他对你们不忠,尽管他是得到了自己所在德莫的认可的,毕竟只有本德莫成员才最有资格判断一个人的品行。[3]为什么他当初选择了拥护寡头政权？难道他的年纪还允

许他成为你们心目中的演说家而扬名立万吗？难道一个处于他这个年纪的人还有体力伤害你们吗？你们看看他现在的年纪，对他来说，阻止别人这样做恐怕更合他这个年纪吧。[4]当然，如果一个人因为过去的恶行而被剥夺公民权（πολιτεία）进而支持变更政体，他可能会因为以往的劣迹而一逞个人之私欲。但这个人并没有为了本人的一己之私或自己的子女而站在你们的对立面。他的子女有一个住在西西里，其他的住在庇奥提亚（Boeotia），因此如果他试图改变政体，与其子女们的利益并无关系。[5]原告指控他曾在寡头政权中身居数职，但没有人能够指出他有渎职行为。在我看来，在上述情境下犯错的倒不是他这样的人，而是那些尽管身居之职寥寥，却未能为城邦利益恪尽职守的人。真正背叛城邦的不是那些忠于职守之人，而是那些玩忽职守的人。[6]首先，作为厄罗普斯（Oropus，阿提卡北方沿海一区。——译者）的地方官员，在同僚们纷纷背离职守的情况下，他既没有背叛你们也未试图建立新的政体。那些人溜之大吉，逃避罪责，而他自信本来清者自清，却横遭惩罚！[7]真正有罪之人用贿金堵上了起诉人的嘴，使自己逃脱惩罚，而那些没有油水可捞的人，却被控有罪。对那些曾在议事会中提出动议者和无所作为者，他们不加区分一概控告。本案被告未曾针对你们的民主制提出过任何动议。[8]在我看来，这样的人不应当被如此对待，因为他们在忠于你们的同时，也未引起寡头政权的敌意。那些公开反对寡头政权的人要么遭到流放，要么命丧黄泉。即便有人有意出于你们的利益反对寡头政权，恐惧和被屠杀者的下场也令他们望而却步。[9]因此，大多数人会心灰意冷，因为那些反对者要么被流放，要么被处决，他们使那些唯命是从、唯唯诺诺者身居高位，使你们无法轻易变更政体。那些忠于你们的人反倒遭到惩罚，这实在有失公允。[10]那些未能最大限度地捍卫你们民主制的最大利益的人，和那些在过去70年里对民主制言听计从却在8天里推翻民主制的人被同等对待，真可谓匪夷所思！有些人一生无恶不作，却用钱买通原告，在审计官面前冒充好人；而那些踏实做事诚实做人的，却被当成了恶棍。

[11]在先前的指控中，在众多针对我父亲的不实指控中，原告指控说他与福里尼卡斯彼此勾结。任何人，只要愿意听我把话说完，就能知道我们家的确与福里尼卡斯有亲戚关系，不过上述指控显然纯属空穴来风。事实却是，他们从小到大一直没有什么来往。福里尼卡斯生活窘困，在乡下靠牧羊为生，而我的父亲却是在城里接受教育的。[12]父亲成年后开始经营自己的农场，而福里尼卡斯却进城沦落为一名职业的恶意控告人（συκοφάντης），所以两人在品格上真可谓格格不入。当福里尼卡斯需要缴纳一笔罚金时，我的父亲并未施以援手，足可见两人并非朋友关系。不能因为父亲与福里尼卡斯是同乡就遭到惩罚。[13]要是那样的话，你们也会因为与他同属一个城邦而承担罪责。在你们投票将公共事务都转交给"五千人大会"的时候，我父亲担任注册官（καταλογεύς），并登记人数达9000人之多，还有谁比他更忠于人民的吗？他这么做是为了避免与自己所代表的乡民发生

冲突，才将那些有意愿者都登记入册，如果其中某些人有残疾，他也是出于好意。可以想见，真正动摇民主制的，不是那些想要将更多人纳入公民册籍的人，而是那些试图减少纳入册籍者人数的人。[14]我父亲并不愿意向寡头政权起誓或担任注册官，是他们以罚款或惩罚相要挟，他才不得不这样做的。父亲被迫宣誓就职，在议事会任职仅8天之后，他便乘船去了厄勒特里亚。此后他参与了一系列海战，毫不畏惧，光荣负伤回国。就在这当口，国内发生了寡头革命。尽管父亲并未提出过任何针对民主制的动议，在议事会里任职也只有短短8天，却被迫缴纳高额罚金，而那些公然反对你们且自始至终担任官职的人却免于被追究。[15]我并不是嫉妒他们，只是为我们自己的遭际而鸣不平。某些被认定有罪的人，通过与那些摇身一变转而支持民主政府的人的关系而得到宽宥，其他有罪之人则通过贿赂控告人而被从轻处罚。还有比我们的处境更糟的吗？[16]他们指控"四百人"为罪犯，但正是你们自己听信他们，将政府移交给"五千人大会"的呀！如果连你们中间的许多人都能被说动，那么说动"四百人"不就更易如反掌了吗？真正有罪的不是这些被蛊惑的人，而是那些欺骗你们自毁自伤的人。被告在许多方面对你们可谓忠诚不贰，其中之一在于如下事实：如果当初他存心要通过暴动推翻民主的话，那他绝不可能在议事会任职8天后便乘船离去。[17]有些人可能会说，他乘船离去是迫不及待地想去敛财，就像有些人去拦路抢劫或敲诈勒索一样，但没有人能够指认我的父亲染指过你们的财产。不，没有人发现他有任何以权谋私的行为，而当初那些指控者却根本没有表现出对民主制度的一丁点儿忠诚，也没有给予民主制任何形式的支持。如今，民主制才是自身最忠实的朋友。他们名义上在支持你们，实际却完全出于自保。[18]家父被判处那么一大笔罚金，诸位审判员先生千万别觉得奇怪。他们发现家父孤立无援，便指控我们父子，将父亲定罪。在这起案件中，即便有人能够提供有利于我父亲的证言，他也会慑于控告人的淫威，同时控告者也会出于恐惧而作伪证。[19]那些公然染指你们财富的人，却因为他们的朋友的帮助而得到你们的宽宥，然而致力于人民事业的我们和我们清白无辜的父亲，却未得到你们一丝同情，这是怎样的世道，先生们！假如有外邦人伸手向你们要钱，或者给予你们恩惠，你们想必会满足他们的要求。难道你们会拒绝我们吗？毕竟我们是和你们一样拥有公民权的人啊！[20]假如有违背你们政府的行为或者不当动议，需要担责的不应当是那些不在场的人，因为你们将那些在场的人也宽宥了。假如我们中的某位公民用馊主意欺骗了你们，担责的不应当是你们，而是那些欺骗者。[21]那些推翻民主政治的人早早使自己脱罪，继而逃之夭夭以逃避惩罚，而那些罪行较轻者，出于对你们和控告者的恐惧，选择外出征战而非待在家里，以图平息你们的愤怒，并打动控告者。[22]而我的父亲并未对你们有过任何损害，并且在事后立即投案，当时你们对事情的前因后果仍然记忆犹新，而他自己也是最佳的目击证人。他坚信自己的无辜，相信清者自清，法庭会还自己以清白。我可以向你们保证，家父是民主政治的拥护者。[23]首先，父亲所代表的乡民同胞以他们的切身体会作证，他尽忠职守、廉洁奉公。其次，他本可以将自己的财产隐匿起来，不给你们提供任何帮助，事实却是，他愿意让你们了解他的财产状况，这样即使他想作恶也无手段，因为他必须缴纳特别税并履行公职。此外，父亲还鼓励我们为城邦事业尽心竭力。[24]他把我送到西西里，而不是……（阙文）如果不是军队遭遇了危险，骑兵们是知道我之为人的。随着西西里远征全军覆没，我逃到了卡塔那（Catana）。我将那里作为根据地，继续矢志不渝阻击敌人，我还从战利品中拿出30多米纳献给雅典娜女神，其余的用来替被关押的雅典战俘赎身。[25]当卡塔那人逼迫我在他们的骑兵营服役时，我不得不从命。我在作战时勇往直前，我在骑兵和步兵中的表现，可以说人尽皆知、交口称赞。在此，有请我的证人出庭。

【证　词】

[26]各位判官先生，你们已经听了证人证词。关于我对于民主政治的态度，想必诸位已经了如指掌。一个叙拉古人许下誓言客居卡塔那，他已经准备好兑现诺言，走乡串户，征召士兵。我立刻站起来表示反对他，并向提丢斯（Tydeus）做了汇报，后者召集公民大会，发表了数场演讲。对此，我有证人可以作证。

【证　词】

[27]关于我父亲的信，是他托人寄给我的，里面的内容对你们的民主是有利还是不利呢？在信里，父亲谈到我们

城邦的内政，说如果西西里远征进展顺利，我就应当回到雅典。显而易见的是，诸君的利益与人民的利益高度一致，假如父亲对城邦存有二心的话，他是不会写这封信的。

［28］至于我的小兄弟，我这里要向各位明确他对你们的态度。那批返回雅典的流亡者给我们制造了横祸，他们不仅大肆破坏，并且在突袭中将你们赶出要塞（即公元前413年斯巴达在雅典北部狄凯里亚建立的要塞。——译者）。就在这时，我的小兄弟从骑兵营中冲出，杀死了其中一人。对此，我可以提供当时在场的目击证人。

【证　词】

［29］关于我的长兄，他的战友对他可以说非常了解，他平易近人，你们当中若有人在赫勒斯庞（Hellespont）和列昂（Leon）与他并肩战斗过，肯定对他很熟悉。大哥，请站到这里来。

【证　词】

［30］凭着以上提到的品行，为什么我们却没有从你们那里得到奖赏？那些人在诸位面前恶意中伤我的父亲，致使我们家破人亡，这难道是合乎情理的吗？我们为城邦呕心沥血，难道就得到如此回报吗？不，这太不公平了吧！设若我父亲没有遭到恶意中伤，就凭现有的贡献，也足以使我们全家安全无虞。［31］我们期待的善意并非你们金钱上的补偿，我们的期待在于：当我们身陷困境，我们可以抗辩并得到应有的补偿。对于任何为你们的事业做出贡献的人，你们都应当一视同仁地予以奖赏，因此，本案不仅关涉到我们，而且

直接影响到将来人们是否会支持你们的事业。[32]不要让人们耳熟能详且最为邪恶的谚语一再重演：记仇者多，感恩者寡。假如损害你的人比帮助你的人更能得到青睐，那么还有谁愿意对你矢志不渝忠诚不贰？诸位判官先生，[33]你们即将做出的判决关系到我们的人身，而不是我们的地产。因为只要享有安宁，我们的财富和父亲经营农场的技艺就有用武之地。但如果敌人入侵，我们的这些财产都会全部丧失。这就是我们为什么对你们忠诚不贰的原因。我们深知自己已经无力支付罚金，而我们为你们所做的贡献足以使我们得到补偿。[34]各位判官先生，我们发现有些人将自己的孩子带到厅堂，哭天抢地，以期得到你们的垂怜，如果自己被剥夺公民权，孩子将来该如何立身？你们往往会看在孩子的面上，饶恕父亲的罪行，而这些孩子将来长大对城邦是利是害还是未知数。但我们的情况与此不同，我们为你们的事业尽心竭力，而我们的父亲也未干出任何违法的事。因此，你们完全有理由宽宥那些已做出确定贡献者，而非那些其未来依然待定者。[35]我们的状况与其他人不同，其他人借助孩子换取你们的怜悯，但我们在为父亲和我们自己求取你们的同情，祈求你们不要剥夺我们享有的公民权，不要让我们沦为没有邦国之人，权当看在我们年事已高的父亲和我们自己的分儿上。假如你们用一个不公正的裁决毁了我们的生活，不能为你们和城邦效命，父亲苟活于世还有何乐？我们弟兄彼此相伴还有何意义？今天我们父子三人恳请你们给我们更多为城邦效命的机会。[36]我们以你们视若至宝的儿子的名义恳请你们，看在他们的面上宽宥我们，假如你们当中有人与我们或我们的父亲同龄，请怜悯我们，宽宥我们。千万别让你们的判决剥夺我们为城邦效命的机会。对城邦的敌人来说，使我们陷入危境正是他们所乐见的，对此我们可以凭靠自己的努力最终化险为夷。然而，在你们面前，我们很可能无法改变厄运，这实在是可怕的命运的捉弄。

# 反 斐 伦

(前403年)

## 导 言

与《为曼提色乌斯辩护》(*In Defence of Mantitheus at His Scrutiny*)和《反厄凡德洛斯》(*On the Scrutiny of Evandros*)一样,《反斐伦》也是涉及一个人选任公职前的职前审查($δοκιμάζειν$,本篇是就任议事会议员)而提出的控诉。所谓职前审查是指对一个人的生活和品行进行正式审查。因为选举是抽签进行的,这项审查对城邦来说便至关重要,并且反对者有权决定指控的内容。这起控诉是由议事会听审的,原告是议事会议员。他的控诉基于三点:斐伦(Philon)自始至终是一个不称职的公民,他完全没有参与公元前403年寡头派与民主派斗争的任何一方;他作为外国人定居在阿提卡北端的厄罗普斯,在雅典危难关头,他极尽搜刮之能事;他的母亲对他心存芥蒂,这是他不孝的证据。

对于第一点,斐伦的辩解是,如果在内战中保持中立的态度是一种犯罪的话,那么应当有相应的法律予以支持。对方的反击是,之所以没有针对这种犯罪的法律,是因为这种罪行是常人所无法想象的。既然在古老的梭伦法令中没有提到这种关于中立的罪行,我们必须认为这条法律要么是在漫漫时光中遗失了,或是被淡忘了,或是被完全废除了。

这篇演说似乎是在恢复民主制(前403年)之后不久发表的。演说行文严肃有力,丝毫不为对方反驳的强弱所动。论点都有具体的事例予以支持,紧接着还有一些精到的评论。演说中多处人为的雕琢痕迹表明,该演说辞是吕西亚斯作为职业写手早期的作品。

## 正 文

[1]诸位议员,我完全没料到斐伦会厚颜无耻到这种地步,他居然有脸接受职前审查。由于他不仅仅在一个方面,而是在诸多事情上厚颜无耻;[2]由于我在宣誓就职的时候发誓一定凡事为城邦考虑,发誓一旦发现有经过抽签上任却不适合担任公职的人,一定检举揭发。基于以上诸多原因,我要在这里控告斐伦。我不是为了报私仇,也不是为了展示公共演讲能力而一定要发言。我很清楚他的罪行,我的誓言要求我这么做。[3]你们会发现,这场对决是不公平的,因为我了解的事情远不能囊括他的所作所为。即便我未能全力控诉他,他也不会因此而侥幸,他会因为我目前的控诉受到应有的谴责。[4]我对他的所作所为尽管不尽了解——叙述因此可能会不完全——但这已足以说明他的罪恶本性。我会请你们当中比我更擅长演讲的人继续揭发,他的恶行远比我揭露的严重。让他们补充我漏掉的部分,以此控告斐伦,因

为你们不能仅仅依靠我所说的来判断他是一个什么样的人。

［5］我要说的是，只有在座的诸君不仅拥有公民权，而且对我们的关切念兹在兹。只有在座的诸君真正关切城邦祸福，因为诸君与城邦休戚与共。［6］但是对某些人来说，尽管他们生为城邦公民，却抱着如下想法：生计所在即为家邦。显然他们会为一己私利牺牲城邦公益，因为在他们心目中，自己的财产而非城邦才是自己的家邦。［7］我要揭发的是，斐伦将个人安危置于公共安全之上，他认为自己应当过安逸的生活，而不是和其他公民一起为国分忧。

［8］在座诸君，国难当前，这个人和许多公民一道，被"三十僭主"流放，他一度隐居乡下，但是当那些人从流放地皮勒（Phyle）返回庇里尤斯港后，不仅那些来自乡下的人，还有那些从外乡来的人都聚集起来，有些人去到城中，有些人去到庇里尤斯港，每个人都尽其所能挽救国家，而斐伦的所作所为却与其他公民相反。［9］他带着细软避居国外。在厄罗普斯，他缴纳了外乡人居住税，并在一名庇护人的名下讨生活。他宁愿寄居他乡，也不愿与我们一起承担公民责任。看到那些从皮勒返回的人改变立场，一些公民竞相仿效，但斐伦却无动于衷，即便锦上添花的事他也不愿做，而是选择在一切尘埃落定后回来，不在城邦危难时承担自己的责任。斐伦没有去庇里尤斯，也没有参军入伍。［10］试问，如果他在看到我们成功的时候便胆敢叛离我们，那么如果我们失败了，他又会做出什么事来？那些因为个人的不幸而未能与城邦共患难的人，我们应当宽厚待之，因为没有人会甘愿受

难。[11]但是那些故意做出此事的人则罪不可恕，因为他们不是出于被迫无奈，而是主观故意。以下是人类处理犯罪行为的通例：对于那些有能力避免犯罪的人来说，我们理应义愤填膺；而对于那些贫穷或者身体孱弱的人，我们应当予以宽恕，因为他们不是主观故意进行犯罪的。[12]因此，斐伦不应得到宽恕，因为他并没有因为身体孱弱从而无法忍受困苦，这大家都有目共睹。他也并非因为没有钱财而无法缴纳公费。他是这么一个有能力的人，诸君可以想象，此人有多恶劣。诸君完全有理由憎恨这样一个人。[13]如果在职前调查的时候否决此人，诸君不会招来任何人的仇视。显而易见，斐伦已经两边都背叛了。那些居住在城里的人不应视其为朋友，因为当他们处境艰险的时候，斐伦并未与他们共患难；那些占领庇里尤斯港的人也不应视其为朋友，因为斐伦不愿与他们同去，这时他又声称自己是城里人。[14]如果有任何人与斐伦同流合污，如果他们控制了城市——但愿这种事永远不会发生——那么就让他占据议事会议席好啦。

斐伦在庇护人名下寄居厄罗普斯，他生活优渥，未参与庇里尤斯港与城中两派的任何一方，以上是我首先提出的指控。为了证明所说属实，有请证人。

## 【证　词】

[15]我们现在就等着斐伦说自己身体有恙无法协助庇里尤斯港一党，正像其他许多公民那样因为无法亲力亲为，自己主动自掏腰包为你们一派提供了资金，或者为本德莫同胞提供武器。[16]为了使他没机会欺瞒诸君，我接下

来要逐一澄清，因为我不可能再回过头来揭发他。请传阿卡奈（Acharnae，雅典重要德莫之一，位于雅典城北部7英里。——译者）德莫的狄奥提慕斯（Diotimus）和那些与斐伦一道捐钱购买武器的德莫成员。

**【狄奥提慕斯及其他人的证词】**

[17]这个人没有考虑如何在城邦遭遇危机的时候提供帮助，反而谋划怎么乘人之危、趁火打劫。他以厄罗普斯为据点，有时独自一人，有时带着那些以你们的不幸为幸事的人在城外转悠，[18]当他遇到年纪大些的公民的时候（这些公民留在德莫中，生活窘困，虽然有心支持你们的民主制度，但是因为年事已高、有心无力），他就趁火打劫、捞取油水，对他来说，与其放过他们，不如趁机发点小财。那些受害者不可能都来控告他，其理由和他们无法为国分忧的理由是一样的。[19]但是，此人一再乘人之危，当初是趁火打劫、敛取横财，如今又试图在你们对他进行技能型职前审查的过程中蒙混过关。即便只有一位受害人出庭作证，也务请诸君严肃对待，申斥斐伦，他竟敢谋取那些生活窘困的人的财产。而其他人却会怜悯他们，向他们伸出援手。请传唤证人。

**【证　词】**

[20]因此，在我看来，你们对他的看法与他身边的人对他的看法不应当有所不同。事实情况就是这样，即使他没有犯过其他罪行，他也应当因为上述理由而无法通过职前审查。现在我要转述斐伦母亲生前指控他的话，仅仅从她临终前对后事所做的安排，诸君就能轻易地从他如何对待自己的母亲

中认清此人。[21]她去世前居然对此人毫不信任,没有将自己的后事托付给他,而是交给了安提法内斯(Antiphanes),尽管此人与她并没有血缘关系。她给他3个米纳用于丧葬,而把自己的儿子晾在一边。很明显,她很了解自己的儿子,虽然血脉相连,但是在她死后他是绝不可能为她安排必要仪式的。[22]一个母亲掂量自己的孩子的所作所为往往基于情感,而不是逻辑,她在被自己的孩子伤害的时候也会心怀宽容,得到一点小小恩惠也会为之感动不已。如果他的母亲知道自己死后亲生儿子会趁机捞取好处,那么诸君将如何看待此人?[23]如果一个人对自己的至亲都能做出这种事来,不难想象对陌生人他又会做什么。为了证明以上所说属实,请当初接受斐伦母亲遗赠并将她安葬的安提法内斯出庭作证。

【证 言】

[24]看来,诸君找不到任何理由通过此人的职前审查。难道他没有犯过什么错?事实上,他对自己的祖国犯下了滔天罪行。或许诸君认为他还有救?我以为,让他先改变对城邦的一贯作为,先用善行弥补之前的过错,然后再看他是否有资格供职议事会吧。更好的办法是在一个人做了好事之后奖赏他,因为在我看来,如果一个人犯了错却不受到惩罚,反而因为他未来意欲做的事情而受到褒奖,这实在太滑稽了。[25]当人们看到荣誉对所有人没有差等,这样公民会向好吗?难道这是斐伦通过审查的理由吗?但是,这样做的危险在于,如果好人看到罪犯与他们一样受到礼遇,那么好人肯定会停止做好事,因为他们会认为那些视恶如善的人也

会忘记好人的善行。[26]而且，诸君想必明白，如果一个人抛弃满是我们人民的城池、军舰或者军营于不顾，那么他应当受到最严厉的惩罚。而斐伦背叛了整座城市，却想要逃避惩罚，甚至想沽名钓誉。任何一个像他这样公开出卖自由的人，都应当受到审判，而不是冠冕堂皇坐在议事会里。他应当被贬为奴，或处以最严厉的惩罚。

[27]据说，斐伦辩解道，如果在那场危机中不在场反倒成了一种罪行的话，那么与其他犯罪行为一样，应当有法可依。他没想到的是，之所以缺乏相关法律条文，是因为此类罪行过于严重。有哪位演说家或立法家（νομοθέτης）会想到一个公民居然会犯如此严重的罪行？[28]我认为，如果一个人在城邦本身并无危险，而在与其他城邦开战时擅离职守，自应有法律来制裁这一严重的罪行。但是，如果一个人在城邦自身受到威胁的情况下居然擅离职守，估计并没有一种法律裁断这种罪行。人们如果相信公民中居然有人会犯这样的罪行，那么相关的法律早就会通过的。[29]如果诸君一面奖赏那些超越自己本分襄助民主制度的外乡人，却对斐伦听之任之，即便不加以更严厉的惩罚，至少也应当剥夺他的任职资格。斐伦离弃自己的城邦，违背自己的职责，诸君若视而不见，颜面何在！[30]诸君切不可忘记，礼敬善待城邦者，羞辱伤害城邦者。荣誉和耻辱的认定，与其说是为了现在的公民，还不如说是指向未来的公民，这样，人们就会主动不遗余力向好，断掉干坏事的念想。[31]另外，请诸君想想：鉴于斐伦以自己的行动背叛了祖先的神灵，诸君

还会认为此人会遵守任何誓言吗?鉴于此人对自己祖国的自由毫不挂心,他会励精图治于城邦事务吗?斐伦连公开的约定都不能恪守,他能够保守什么样的秘密?此人毫无勇气面对危险,他又怎么能够超越那些尽职尽责的人,获得进入议事会这一殊荣呢?他视我们全体公民如敝屣,如果诸君还让他通过职前审查的话,实在是匪夷所思。[32]我发现今天有些人眼见无法说动我,转而试图帮助斐伦向诸君求情。但是在你们遭遇危险和重大困难的时候,当城邦政体岌岌可危的时候,当大家不单单是为议会职位而是为自由斗争的时候,这些人却没有请求他帮助你们和整个城邦,也没见他们请求他不要叛离祖国与议事会。胜利全赖其他人的贡献,虽然他没有半点功劳,现在却声称有权进入议事会。[33]各位先生,如果这次任职资格遭到否决,斐伦是毫无理由抱怨的,因为今天让他蒙羞的人不是你们,而是他自己,他过去的所作所为使自己颜面尽失,当时他不愿与诸君一道共赴国难,现在却忙不迭地前来抢风头,想要凭借抽签获取公职。

[34]我的陈述已经够充分的了,虽然还有很多尚未提及,但我坚信,即便没有那些证据,诸君也会做出对城邦最为有利的决断。关于议事会任职资格,诸君只需身边的证据便已足够,公民品格将使各位做出明断。斐伦的所作所为真是前所未见,与民主制度水火不容。

# 反安多齐德斯

(前 399 年)

## 导 言

《反安多齐德斯》(*Against Andocides*)这篇演讲发表于公元前399年,是针对安多齐德斯的法庭指控,可能是指控者在听说或读到他(后来以《论秘仪》为题流传至今)的辩辞后发表的一本小册子。安多齐德斯的指控者暴露了明显的缺陷和错误,这对于熟读古代演说家作品的读者来说一看便知:篇章结构布局混乱,对重要事实的处理含混草率,以及借助复杂句式掩盖其主题把握方面的欠缺。基于此,目前研究者一致认为,本篇演说辞的作者不可能是吕西亚斯本人。演说明确指出安多齐德斯犯有不虔敬之罪,演讲者还说自己在过去16年中历尽不幸,但还是挺了过来,这毋宁在昭示上天对安多齐德斯的诅咒,演说行文突兀,技巧拙劣,指出安多齐德斯对自己的控告者色弗西乌斯(Cephisius)的指控是有道理的,由此我们可以得出如下结论:这篇演说出自一位狂热的信徒之手,而且作者声称自己是一位秘仪祭司的曾孙,此人的偏见在安多齐德斯娴熟的辩护演说蛊惑下更为变本加厉。

公元前415年夏初,雅典人已做好远征西西里的最后准备,正当他们兴高采烈之时,一夜之间各家宅院门口的赫尔墨斯石像全部遭到损毁,全城的人顿时陷入恐慌。更加雪上加霜的是,城内谣言四起,风闻居然有人在家中戏仿全希腊最为神圣的祭祀仪式——厄琉息斯秘仪(Ἐλευσίνια Μυστήρια)。在之后的案件调查中,许多人遭到逮捕,安多齐德斯也是其中之一。他主动告发了一些同伙,前提是自己获得赦免,而公民大会以法令的形式保证了这一要求。他的供词似乎承认自己不敬赫尔墨斯神,但他否认自己与破坏石像案有关。然而,在伊索提米德斯(Isotimides)的提议下,一项新的法令得以通过,凡是承认犯了不虔敬之罪的人不得进入市场和神庙。安多齐德斯本人也在该法令所涉惩罚对象之列,他离开雅典,开始了长达13年的流亡生涯。其间,他先后在马其顿、塞浦路斯、萨摩斯等地做起了木材等生意。公元前411年,雅典寡头派掌权期间,安多齐德斯返回雅典,结果却因为他在萨摩斯期间支持民主派而遭到关押。随着寡头政权垮台,安多齐德斯回到塞浦路斯,在那里,他与萨拉米斯王俄瓦格拉斯(Evagoras)发生争执。公元前410年,他再次返回雅典,欲借助自己当年在萨摩斯对民主派的支持重新开始在雅典生活。但事与愿违,他又开始四处漂泊,足迹遍及西西里、意大利、伯罗奔尼撒、色萨利、达达尼尔、爱奥尼亚和塞浦路斯,其间他似乎赚了很多钱。公元前402年,雅典人与斯巴达人签订大赦协定,他又一次回到雅典。他获得的公民权年限只有3年,其间,他除了在议事会和法庭发表演讲之外，为城邦事务呕心沥血。公元前399年，他的政敌再次控告他不虔敬，指控他不顾"伊索提米德斯禁令"，擅自参加厄琉息斯大秘仪。不过他的辩护最终使自己得到赦免。

这篇演说辞缺乏明晰性、严谨性，以及真正的法庭辩论所具有的那种机智。演说者带有强烈的敌对情绪，演说辞首先讲述了一则对不虔敬行为严厉惩罚的故事，其中将近一半已经散失。故事讲述的是一个人由于在献祭中欺瞒厄琉息斯女神而遭到惩罚，因此眼看着丰富的食物摆在面前却被迫挨饿云云。所以，要对不虔敬行为仔细甄别，严惩不贷。如果安多齐德斯得到赦免，他就有可能在秘仪所任职，这会让全希腊舆论哗然，而他在希腊各地所惹的麻烦可谓众所周知。别忘了伯里克利当年的如下告诫：虽然成文法可以废除，但是关涉宗教活动的不成文法对不虔敬行为的严惩依然有效。安多齐德斯寡廉鲜耻，宣称自己是赫尔墨斯石像神圣性的捍卫者。他曾经对自己的罪行供认不讳，他的罪行对自己祖国宗教的危害是不言而喻的。然而他不畏天罚，云游四方，但是上天却将他推上正义的审判庭。此人在国内国外，生活凄惨，显然他的罪行已经使神人共愤。如今，他又想僭取公职，声称自己有很多提案，但这些提案全都无关宏旨。他并没有真正为城邦做过任何有益的事情，他只为自己精打细算。想想他对秘仪犯下的亵渎之罪以及加诸在他身上的诅咒吧。为了净化城邦、平息神怒，我们必须坚定地惩罚这个卑劣的罪犯。

# 正　文

[1] ……（阙文）他把自己的马拴在神庙的门把手上，好像是要把它作为献礼，但是第二天晚上，他又偷偷地把马牵走了。后来此人被活活饿死，很惨。虽然他的桌子上摆满了好吃的，但小麦面包和大麦饼却散发出一股令人作呕的气味，使他无法下咽。[2] 我们很多人都听祭司讲过这个故事。[3] 因此，我觉得有必要回顾一下被告安多齐德斯当年的供述，不仅他的朋友应当为他的行为和供词受死，他自己也应负连带责任而受死。

在这类案件上，你们将投票决定，切不可对安多齐德斯表现出任何怜悯或者同情，因为你们知道，那两位女神（即德米特尔与珀耳塞福涅）对亵渎者睚眦必报，因此，任何人都应该想到同样的事情也会发生在自己身上。[4] 试想，如果诸君判决安多齐德斯毫发无损地从法庭离开，继而参选执政官，最后经过抽签当选王者执政官，之后我们会看到他将按照祖宗的传统代表你们举行祭祀，献上祭品，有时是在厄琉息斯秘仪所，有时是在厄琉息斯的神庙。他将主持秘仪庆祝仪式，防止有人亵渎秘仪，尤其是破坏圣仪的不虔敬行为。[5] 想想看，当参加秘仪的人们看到王者执政官，想到他以往的不虔敬行为，他们将做何感想？其他前来参加庆祝的希腊人（无论他们是香客还是游客）又会怎么想？[6] 安多齐德斯由于自己的不虔敬行为在希腊世界可谓家喻户晓，因为那些做出如此举动的人，无论动机好坏，必定众人皆知。而且，在外游历期间，他引起很多城邦人们的恶感：诸如在西西里、意大利、伯罗奔尼撒、色萨利、达达尼尔、爱奥尼亚与塞浦路斯，除了叙拉古的狄奥尼修，只要是他打过交道的，他都极力奉承。[7]狄奥尼修要么是因为尤其幸运，要么是他的才智远在其他君主之上，在所有和安多齐德斯打过交道的人中，狄奥尼修是唯一一位没有被安多齐德斯欺骗的君主。安多齐德斯这种人有一种特殊的才能，对敌人无所伤害，对朋友却极尽伤害之能事。因此，我以宙斯的名义起誓，如果诸君对安多齐德斯有任何不顾正义的偏私之举，都逃不过全体希腊人的注视。

[8]这是诸君不得不做出决定的时刻。诸位雅典公民想必很清楚，在安多齐德斯和祖宗之法之间只能非此即彼，两者必择其一，要么废除法律，要么除掉此人。[9]此人胆大妄为，莫此为甚，居然胆敢宣称涉及其行为的法令已被废除，声称自己可以自由进出广场和神庙……（阙文），甚至今天他还涉足雅典人的议事会所。[10]而据说伯里克利曾提醒过，针对不虔敬者，不仅适用成文法，同时也适用未成文法，即厄琉息斯祭司家族尤莫皮代（Eumolpidae）家族阐述的那种圣法。至今还没有人有权废除或胆敢公然反对它，我们也无从得知这种法律的制定者。在该法的制定者看来，渎神者不仅要向人赎罪，同时也要向神灵赎罪。[11]安多齐德斯无视神灵，无视捍卫神明免遭亵渎的人们，他回城不满10天，就到王者执政官那里起诉有人不虔敬。居然是这位安多齐德斯来起诉，他本人不仅犯有前科，而且（请务必

注意)起诉阿奇普斯(Archippus)亵渎家庭之神赫尔墨斯。阿奇普斯为自己做了辩解,声称他家的赫尔墨斯神像完好无损,并未如别处的石像那样遭到损坏。[12]为了远离官司的烦扰,阿奇普斯选择破财消灾,最终被无罪释放。好啦,既然安多齐德斯曾以不虔敬控告他人,那么正义和虔敬同样可以要求其他人控告他。

[13]安多齐德斯想必会反驳说,如果揭发者遭到重罚,而被揭发者却保有充分的公民权,且与诸君一样享有特权,这是不合理的。不,实际上他这不是在为自己辩护,而是在控告他人。错在那些决定召回流放者的人,他们和那些被流放者一样犯了不虔敬之罪。如果掌握至高权威的诸君竟敢欺瞒神灵,阻挠神罚,那么有罪的就不是那些人了。当你们可以通过惩罚罪犯澄清自己的时候,就别让同样的指控影响到你们。[14]此外,那些被安多齐德斯揭发的同伙否认曾戏仿秘仪,但安多齐德斯自己却承认确有此事。在战神山这座神圣且公正的法庭上,任何人只要承认自己的罪行,就将被处决;如果他对指控有异议,就需要拿出证据,其中许多人最终被证实无罪。对于否认罪行者和承认罪行者,诸君应当区别对待。在我看来,如下做法真可谓匪夷所思:[15]如果一个人对另一个人造成伤害,无论伤害的是头部、面部,还是双手、双脚,那么根据最高法院的法律,他应当被驱逐出受害者所在的城邦。如果他擅自返回,将被起诉并判处死刑。但是如果有人以同样的方式损坏了神像,诸君难道不应当阻止此人进入神殿,对擅自闯入者难道不应当严惩吗?!

对于那些你们将来可能会在他们的手上受到善待或虐待的人予以警惕,是正当的,也是值得推崇的。[16]据说,许多希腊人将那些在雅典有玷污神灵之举者逐出神庙。但是对于诸君来说,作为这种罪过的受害者,对自己的既定法律却如同外邦人一样漠然视之![17]与米洛斯的狄阿格拉斯(Diagoras)相比,安多齐德斯在不虔敬方面真可谓有过之而无不及。狄阿格拉斯曾对另一城邦的神圣仪式和庆典在口头上大放厥词,而安多齐德斯却是在行动上亵渎自己城邦的仪式和庆典。与外邦人对我们神圣仪式的冒犯相比,诸君身为雅典人应当对本邦人的此类行为更加愤怒。因为前者毕竟是外邦人的冒犯,而后者堪称祸起萧墙。[18]既然诸君对那些逃亡在外的罪犯警惕有加,悬赏1塔兰特白银捉拿他们或要他们的人头,那么就不应当使这个已自投罗网的罪犯逃之夭夭。否则,在全希腊人眼里,诸君所进行的这场审判只不过是在作秀而不是在惩罚罪犯。[19]安多齐德斯已经向全希腊人挑明,他自己不敬奉神明。他购买船只乘帆远航,不是为自己的所作所为而感到害怕,而是再清楚不过地表明此人对自己的罪过心安理得。但是神灵却将他遣返,使他回来接受我的控诉并受到惩罚。[20]我希望他受到应有的惩罚,对此我绝不会感到意外。神灵的惩罚并不是即时的,众多迹象表明,很多人在自己犯下不虔敬之罪后很久才受到应有的惩罚,他们的后代也会为自己先祖的过错而受到惩罚。与此同时,神灵也会向罪愆者降下恐慌与危险,使他们许多人巴不得早点死去,以摆脱痛苦。最终,神灵在使他们深受折磨之后结束了他们的生命。

[21]让我们从他亵渎神灵的那一刻起,检视一番安多齐德斯本人的生命轨迹吧,看看还有没有其他人能够与他匹敌。犯罪之后,他被带上法庭,缴纳罚金,被投入监狱,他自己提议的惩罚是:如果自己不能交出侍从,他愿意坐牢。[22]他深知自己不可能交出此人,因为此人已经因我们面前这个人及其罪行而被处决了,他之所以供出侍从是为了避免后者揭发自己。在他看来,与其交钱倒不如坐牢对自己更有利,并且对两种处罚都心存侥幸,这难道不是某位神灵破坏了他的理性?[23]然而,他为此坐牢近一年。在收押期间,他告发了自己的亲戚和朋友,因为有人向他保证,如果告发属实,将获得无罪释放。如此缺乏人性,出卖朋友,以求苟安,这样的人难道不是狼心狗肺吗?[24]他出卖了那些对于自己来说最重要的人,由于他的告发属实,他因此得到释放,同时诸君表决通过禁令,禁止他进入广场与神庙,即使是遭到政敌陷害,也无法改变此项禁令。[25]雅典有史以来从未有过如此重的处罚。但这又是公正的,毕竟还没有人曾经犯过这样的罪行。我们应将这一切归功于神灵或者仅仅是机缘吗?[26]后来他乘船去了塞浦路斯南端的季提昂(Citium),因卷入一场叛乱被国王收监入狱。他惊恐万状,不仅面临死亡,而且还要遭受日复一日酷刑的折磨,他每天都有被砍断四肢的危险。[27]他最终逃离此地,在"四百人政府"统治期间(前411年6—9月)回到雅典,这真是神灵给他的恩典,他竟然健忘到选择返回他曾对

之犯下滔天罪行的人们当中。回到雅典后,他再次被囚禁,遭受折磨,但最终未经审判便被释放,逃过一劫。[28]之后他乘船驶往塞浦路斯王尤阿格拉斯(Euagoras)那里,再次因为犯罪而遭到监禁,他再一次得以逃离。这位雅典的出亡者,逃离自己的城邦,在任何地方立足未稳便迅速逃离!这样的人生还有什么乐趣可言,终日经受痛苦折磨,没有半晌安宁。[29]他回到雅典,当时正值民主政权恢复,他试图贿赂议事会主席团(πρυτάνεις),以图在雅典久居。但诸君将他逐出城邦,从而向神灵表明诸君曾投票通过的法令的权威。[30]此后,无论民主城邦、寡头城邦还是僭主城邦都不愿意接纳此人。自从犯下不敬之罪后,他整日四处游荡,宁肯相信陌生人,也不愿接触任何熟人,因为他伤害过那些他熟悉的人。最近一次回到雅典后,他同时面临着两项指控。[31]他身扛枷锁,财产也因自己所犯下的罪行大幅缩水。在政敌和诉讼人的敲诈勒索下,他的生活简直一团糟!神灵在上,给予他生命不是为了维护他,而是为了惩罚他过去犯下的不敬之罪。[32]如今,安多齐德斯总算自投罗网,听凭诸君发落,不是因为他坚信自己无罪,而是神灵迫使他前来的。众所周知,安多齐德斯犯下渎神罪行,却一次次化险为夷;但是,神明在上,无论年长年幼,都不要对神灵失去信心。若得享自由,哪怕只活半生,也比安多齐德斯那样受尽折磨却格外长寿强得多。

[33]就是这么一个人居然想担任公职,真是无耻至极。他公开发表演说,提出指控,认为某些当选官员不合格;他

出席议事会会议，参加围绕献祭、游行、祷祝以及占卜的讨论。而诸君若被此人蒙蔽，诸神将如之何？陪审诸君若对此人的所作所为视而不见，那也别指望诸神会视若无睹。[34]此人有前科在身，却不甘默默无闻地为国效力，他自己以罪犯告发者自居。为了攫取权力，他绞尽脑汁，不择手段，将诸位曾对他所作所为表现出的仁慈宽宏抛诸脑后。如今，显而易见，此人又来试探诸君的底线，但等待他的将是及时的惩罚。

[35] 不过安多齐德斯会拿出新的理由，这里有必要提醒诸君此人会做出怎样的辩解，以便诸君兼听则明，做出更好的判断。他声称自己为城邦做了如此之多的善事，他的告发为城邦解除了当时的恐慌与混乱。但当初谁又是动乱的始作俑者呢？[36] 难道不是安多齐德斯自己一手造成的吗？动乱既已发生，在获得赦免承诺的前提下，他主动交代了许多犯罪事实，难道我们还要对他的告发行为感恩戴德吗？如果这样的话，是否诸君应该对那场动乱负责，因为正是诸君力图将渎神者绳之以法。当然不是，恰恰相反，给城邦制造动乱的正是安多齐德斯，使城邦恢复秩序的是诸君。

[37] 安多齐德斯为自己辩解说，旨在恢复民主制的和平和大赦协定（前403年）同样适用于包括他在内的所有雅典人。他认为用该协定作为挡箭牌，诸君多数人因担心违反该协定便会赦免他。[38] 因此，我这里需要明确的是，安多齐德斯与该协定根本扯不上任何关系。我敢断言，无论是诸君与斯巴达签订的协定，还是庇里尤斯港一派与城里一派

签订的协定,都与他没有丝毫关系。我们中间从来没有人犯过像安多齐德斯那样的罪行,甚或类似的罪行,而他却试图为自己开脱。[39]显而易见,引起城邦内讧的当然不是他,雅典内部达成和解之前,也未在协议条款里考虑他。协定和誓言并不是为了一个人而签订或做出的,而是为了我们整个城邦,包括城里人和庇里尤斯港的人。危难时刻,我们若记挂着已经离开雅典的安多齐德斯,想着怎么替他洗白罪名,那就真是滑天下之大稽![40]有人可能会说,斯巴达人在协定中对安多齐德斯有所照顾,因为他们从他那里获得了好处。但是诸君对他也要照顾吗?你们要回报他什么呢?是他因为诸君或为了城邦的利益赴汤蹈火?[41]他的辩护毫无说服力,雅典人,不要再被他蒙蔽了。安多齐德斯为自己的罪行受到惩罚,这不会破坏协定,而如果有人因公共的不幸遭到惩罚,那才会破坏协定。

[42]或许安多齐德斯会反过来指控科菲斯乌斯(Cephisius),他自会言之凿凿,所谓真相必须得到伸张云云。但是,你们不能在一项判决中既惩罚原告又惩罚被告。现在正值对此人做出公正裁决的时刻。至于科菲斯乌斯,自有做出公正裁决的时候,到时他会向我们每个人陈述明白。且不可因对另一个人心存怨愤而赦免正站在你们面前的这个罪犯。

[43]不过,安多齐德斯可能会说,自己是告发者,如果诸君惩罚他的话,将来就不会有人再到诸君面前告发罪行了。但是安多齐德斯已经因其主动揭发获得了奖励,他保住

了自己的命,而其他人却因此丧生。他能活下来,应归功于诸君,而他自己却是他目前艰难危险处境的源头,因为是他践踏了律法和促使他成为告密者的赦免法令。[44]不要纵容告密者的犯罪行为,罪行昭昭,日月可鉴,惩罚犯罪者,其势难违。所有告发者,在他们令人不齿的行为被宣判有罪之后,都在实质上告发他们自己。他们至少意识到了一点,那就是不应妨害那些他们伤害过的人,他们深知,只有身在异国他乡,他们才会被认为是有着完全公民权的雅典人。而当他们在雅典的时候,在那些受到他们伤害的公民眼里,这些人就是十恶不赦的渎神犯。[45]他们之中除安多齐德斯外,另一位罪大恶极的罪犯要数巴特拉库斯(Batrachus),他在"三十僭主"统治时期(前404—前403年)成为告发者,尽管他和厄琉息斯党人一样都受到与斯巴达和平和大赦协定的保护,但他还是因为害怕被他伤害过的你们,逃往别的城市定居。可是,犯下渎神罪的安多齐德斯却心安理得地进出神庙,他的罪行要比巴特拉库斯对人类的伤害严重得多。可见,与巴特拉库斯相比,安多齐德斯要邪恶得多,如果诸君赦免他,他心中肯定会窃喜不已。

[46]诸君赦免安多齐德斯,理由何在?因为他是一个勇敢的战士?但是他从来没有远离城邦随军征战,无论是在羊河海战(The Battle of Aegospotami)前还是战后,他既未当过骑兵,也没有当过步兵,既没有担任过三层桨战舰指挥,也未担任过海军将军,尽管当时他已年届不惑。[47]而其他流亡者至少还跟诸君在达达尼尔海峡并肩战斗过。还

记得你们如何帮助自己和城邦摆脱那么深重的战争灾难吗？许多人备尝艰辛，公家私人耗资无数，因为这场战争，诸君眼见多少勇敢的城邦公民殒命疆场。[48]这一切，安多齐德斯均未曾经历，他也没有为拯救城邦贡献一分一毫。尽管他犯下诸多渎神行径，如今却声称自己有权担任城邦公职。他财大气粗，与王者为伴，与僭主为友，他自我吹嘘，他摸透了诸君的脾性，[49]但他到底做出过什么贡献，令他如此理直气壮？他明知整个城邦处在水深火热之中，他拥有船只，却没有自告奋勇站出来帮助城邦运输谷物。而那些外邦人，即便是外邦人，也帮着雅典运进谷物。但是你，安多齐德斯，你到底做了什么？你解救了什么危难？你对城邦的哺育做了怎样的回报？……（阙文）

[50]雅典人啊，请想想安多齐德斯的所作所为，也想想那些被许多人尊奉并为你们带来无限荣耀的秘仪庆典。对于他的恶行，诸君或许见多不怪，有些麻木不仁。但务请诸君思量此人的所作所为，想必就能做出更好的判断。[51]他穿上仪袍，在那些无权参与的人面前戏仿秘仪，他口吐禁言，毁坏我们用以崇拜、献祭、祷告的神像。这就是为何男女祭司面朝西边诅咒他，按照祖上的礼制抖动紫色的仪袍。他已对自己犯下的罪行供认不讳。[52]而且，由于他触犯诸君制定的法律，被作为不洁之人禁止出入神庙，但他无视禁令，公然进入我们的城邦。他在祭坛上献祭，却毫无资格。他曾亵渎神灵，如今却公然进入神庙。他进入厄琉息斯秘仪所（Ἐλευσίνιον），甚至在圣水中行净手礼。[53]是可

忍，孰不可忍？谁人，无论是沾亲带故者还是城邦公民，胆敢公然通过展示神圣恩典亵渎神明？因此，敬请诸君今天不妨仔细思量，惩罚乃至处决安多齐德斯。清洁城邦，使城邦免于玷污，涤除罪孽，消除诅咒，安多齐德斯应首先受到惩罚。

[54] 最后，我要论及祭司扎克拉斯（Zacoras）之子狄奥克利（Diocles），后者属于我们祖父一辈，他曾针对一位麦加拉人所犯下的渎神案给出自己的看法。其他人都主张无须审判直接处死这位麦加拉人，但是狄奥克利却建议对他进行审判：一方面出于教育人的目的，使那些前来旁听的人成为更明智的人；另一方面则是为了神灵。他提请诸君在前往法庭之前，在家里扪心自问，仔细权衡一下犯了渎神罪的人应当受到怎样的惩罚。[55] 雅典人啊，你们万万不可被安多齐德斯蛊惑。此人的不敬之罪，诸君耳闻目睹，昭然若揭。想必他会恳求诸君，诸君切不可为恻隐之心所动，因为真正值得诸君怜悯的人应是那些遭受不公之人，而非那些罪有应得之人。

# 反阿格拉图斯

（前399年）

## 导 言

阿格拉图斯出身微贱，却想方设法出人头地，但是他未获得充分公民权，由于他宣称在刺杀"四百人政府"成员之一福里尼卡斯这件事上有功，便俨然以城邦公民自居。在接下来的7年中，他操着邪恶的告密者的营生，尤其是在公元前404年，忒拉墨涅牵头与斯巴达签订丧权辱国的和平条约后，阿格拉图斯受命于"三十僭主"政权，控告那些反对斯巴达苛刻条件的公民，只因为这些人妨碍了"三十僭主"的计划。"三十僭主"与阿格拉图斯策划的阴谋是：首先控告阿格拉图斯等人密谋破坏和平条约，之后阿格拉图斯屈于"三十僭主"的威慑供出他的同伙，从而保全自己的性命。控告阿格拉图斯的是色奥克利图斯（Theocritus），议事会下至庇里尤斯港，欲将阿格拉图斯绳之以法。他躲在穆尼奇亚（Munichia）的阿尔忒弥斯神庙避难。朋友们或涉事者力劝阿格拉图斯和他们一道从海上逃走，遭到阿格拉图斯的婉拒，同时却供出了这些人，其中还包括一些将军和指挥官。阿格拉图斯和那些被告发者被投入监狱，雅典和斯巴达的和平条约迅速达成。

之后雅典很快落入"三十僭主"的强权统治,那些被收押者遭到审判,不是按照他们被逮捕时的议事会法令规定在两千人法庭审判,而是在"三十僭主"操纵下的法庭受审。除了阿格拉图斯,其他人都被判处死刑,而阿格拉图斯被判处流放。公元前404年年底,阿格拉图斯加入了以皮勒为据点的色拉叙布鲁斯(Thrasybulus)麾下的民主派。但从那时起直至后来他回到雅典,阿格拉图斯与该民主派并无往来。五六年后,民主制在雅典得以恢复,应该是在公元前399年,也就是苏格拉底受到审判那一年,阿格拉图斯被控告杀害了狄奥尼索多鲁斯,后者是"三十僭主"政权的受害者之一,可能是被阿格拉图斯告发并最终被处决的将军和指挥官中的一位。控告阿格拉图斯的是狄奥尼索多鲁斯的亲戚和他的妹夫,而逮捕令上的名字是狄奥尼索多鲁斯的兄弟狄奥尼修。

历史地看,本篇演说与起诉埃拉托斯提尼那篇类似;但不同点在于,本篇作者旨在为亲戚复仇,因此这篇演说的历史指涉只是附带性的、次要的,其主要目标在于纾解私人恩怨。那场"谋杀"已经过去很久,而且民主制恢复后还发布了特赦令,之所以还有控告阿格拉图斯的机会,是由于另一起类似的案件:涉事人是墨涅斯特拉图斯(Menestratus),与阿格拉图斯一样,此人也曾是"三十僭主"政权的帮凶,即便过去很长时间,此人还是被人民法庭处决了。突然逮捕阿格拉图斯,似乎只是因为他没有完全的公民权。但即便如此,"十一人委员会"还是坚持在逮捕令上加上"现场抓捕"

('ἐπ' αὐτοφώρῳ')字样。可见，控告本身需要为自己的行动正名，即阿格拉图斯向人民法庭供出了犯罪同伙，最终导致他自己被抓了现行。我们来看看吕西亚斯是如何处理上述明显的难点的，其中格外有趣。

演说的前半部分详细而生动地描述了阿格拉图斯作为"三十僭主"政权帮凶的种种行为，在未提供充分证据的情况下，演说将城邦的所有灾难都归咎于阿格拉图斯的危险举动。这一部分旨在强调狄奥尼索多鲁斯的悲惨结局及其同伙的遭际，以及阿格拉图斯在有机会逃走的情况下选择留下来告发同伙的明显事实。结论指出：作为告发行为的代价，阿格拉图斯罪有应得。

后半部分主要是争辩，而在一般案件中，争辩很少超过论断。作者反驳了对方的论点，即其所作所为都是被逼迫的；随后攻击了阿格拉图斯的个人品质，包括他谎称自己参加了刺杀福里尼卡斯的行动；接着申述经过如此长的时间之后追诉阿格拉图斯的合法性，以及控告者声称阿格拉图斯"被抓现行"因此并不受赦免令之保护。另外，演说者采用一种明显的诡辩术，称雅典和斯巴达之间达成的赦免协议并不适用某一方的两个人之间。最后，演说者强烈呼吁对"三十僭主"及其帮凶群起而诛之，缅怀那些受害者。

## 正　文

[1]各位陪审员先生，诸君当为那些死去的人伸冤，因

为他们曾是你们的民主制的拥护者，而本人更是义不容辞，因为狄奥尼索多鲁斯是我的亲戚，也是我的妹夫。所以与诸君一样，我对被告阿格拉图斯同样极其反感。由于他的所作所为，我今天有充分理由视其为寇仇，天公在上，诸君应当对他施以严惩。[2]他在"三十僭主"政权时期陷害我的妹夫狄奥尼索多鲁斯以及其他诸君即将听到其名讳的民主制的拥趸，他们因阿格拉图斯的告发而丧命。阿格拉图斯的所作所为不仅深深地伤害了我和受害者的亲属，而且在我看来也伤害了整个城邦，因为他使那么多杰出人士命丧九泉。[3]因此，审判员先生们，我认为我们所有人有权竭尽所能为受害者伸冤，这也符合神意。我相信，这样做实为神人所乐见。诸位先生，你们应当从头到尾听听整个事件的原委，[4]这样就能明白：第一，你们的民主制度是被谁以及以何种方式被颠覆的；第二，那些人是如何被阿格拉图斯出卖的；第三，他们在临刑前夕又给了我们怎样的警示。如果诸君了解整个事件的原委，那么判决阿格拉图斯死刑就为神人所乐见。在此，我想向诸君尽可能言简意赅地讲述一下整个事件的来龙去脉。

[5]羊河海战，雅典舰队全军覆没，雅典城内物资困乏，斯巴达人的舰队不久便开进庇里尤斯港，雅典与斯巴达的和谈也迅速提上日程。[6]与此同时，雅典城内图谋推翻政权的阴谋也在紧锣密鼓地进行。他们终于等到了按照自己心愿组建政府的千载良机，[7]此时唯一的障碍正是那些民主派领袖、将军以及指挥官。他们想方设法、不遗余力清除

这些人，从而为自己扫清障碍。他们首先将矛头指向反斯巴达的民主派演说家克雷奥丰（Cleophon），其方式如下：[8]在有关和谈问题的公民大会上，当斯巴达代表团提出斯巴达的议和条件，要求将长城墙体高度拆至10斯塔迪亚，雅典人啊，当时你们表示难以接受，拒绝了这一要求。克雷奥丰代表你们所有人站起来反对，认为斯巴达人的条件绝对不能接受。[9]之后，正在阴谋推翻民主制度的忒拉墨涅站起来说，如果你们选举他为全权大使与斯巴达商讨议和之事的话，他不但能够确保长城无虞，而且能避免任何丧权辱国的条件，他甚至吹嘘自己能够免除对斯巴达业已做出的让步。[10]你们相信了忒拉墨涅，并选举他为全权大使。然而，就是此人在上一年的当选将军之前的职前审查中未能通过，因为诸君当时认定他对雅典的民主制度不忠诚。[11]就这样，忒拉墨涅出使斯巴达，并在那里逗留了很久。其间雅典正遭围困，雅典人处境危在旦夕，由于战争和围困，人们的生活必需品极度困乏。忒拉墨涅一拖再拖，目的就是要让你们尽可能陷入绝望，这样你们就不得不接受他带回的任何议和条件。[12]那些待在城里并蓄意颠覆民主制的人，对克雷奥丰提出控告，公开的理由是他在夜间修整期间没有回到营地，但事实上却是因为克雷奥丰和你们一样反对拆毁长城。他们为审判他设置了特别法庭，那些寡头政制的拥趸纷纷来到法庭，要求将克雷奥丰判处死刑。[13]忒拉墨涅后来从斯巴达返回雅典。一些将军和指挥官，其中包括斯特罗比齐德斯（Strombichides）与狄奥尼索多鲁斯，还有某些以他们之后的行动证明支持你们的公民们,他们走到忒拉墨涅面前,向他提出强烈抗议。[14]他为我们带回来的和平究竟是怎样的和平,仅凭经验也知道那是什么货色,我们失去了众多优秀的公民,就连我们自己也被"三十僭主"政权流放。而斯巴达最终强加给雅典的和平条件是,长城被全部拆除。忒拉墨涅非但没有为雅典挽回失去的权益,雅典还被迫交出全部舰队,拆毁庇里尤斯港周边的城墙。[15]他们心里清楚,所谓的和平实际上只不过是民主制的解体,他们并不打算给民主制以活路。拆毁城墙,他们毫无怜悯之心;雅典人将舰队交给斯巴达人,他们没有丝毫惋惜。[16]与诸君不同,他们心如磐石,他们的最终目标就是要颠覆民主制度。正如某些人所宣称的,他们并不缺乏缔造和平的意愿,而只是想为雅典人争取更好的和平。他们相信自己可以做到,并且如果没有阿格拉图斯从中作梗的话,他们或许就得偿所愿。[17]忒拉墨涅和其他那些密谋反对你们的人知道,有人反对颠覆民主制度,坚决捍卫自由。于是忒拉墨涅等人决定在召集公民大会讨论和平事宜之前对这些人进行指控,这样一来他们在大会上就不敢公然捍卫雅典人的权益了。我这里可以告诉诸位:忒拉墨涅等人设了一个局,[18]他们说服这位阿格拉图斯告发将军和指挥官们。雅典人啊,这不是因为他是他们的共谋,在我看来,在这么重要的事情上,他们才没有那么愚蠢,因为找不到同伙而把阿格拉图斯这样一个奴隶出身的家伙作为忠实可靠的朋友来对待,他们只是觉得他作为一个告密者对他们有用而已。他们想让他显得是被迫的,而不是自愿,这样一来,他的告发看上去就更为可信。[19]但是在我看来,诸君从业已发生的事情不难看出,阿格拉图斯的告发是自愿的。他们将"俄拉弗斯提克图斯(Elaphostictus)之子"色奥克利图斯安插进"五百人议事会",这位色奥克利图斯正是阿格拉图斯的密友。早在"三十僭主"掌权之前,"五百人议事会"就已经腐败不堪,[20]他们渴望建立寡头政府,其证据在于如下事实:"五百人议事会"中多数成员在"三十僭主"政权主导下的议事会中获得连任。我之所以向诸位讲这些,只是想让诸君知道议事会颁布的法令完全是个局,并非出于对诸位的忠诚,而是意在颠覆雅典的民主制度,这样便可认清他们的本来面目。[21]色奥克利图斯进入议事会,向议员们秘密告发某些人正在合谋颠覆刚刚建立的新政权。但是,他拒绝说出那些人的名字,他说自己和那些人一样有誓言在身,其他人可以交代那些人的名字,但他绝对不能。[22]如果此举不是出于刻意安排,那么议事会为何没有迫使色奥克利图斯说出他们的名字,而是让他做了一场匿名告发?议会通过了如下逮捕阿格拉图斯的决议:

## 【决 议】

[23]当决议通过之后,一些议事会成员就被派往庇里尤斯港缉拿阿格拉图斯。他们碰巧在广场上发现了他,并预备将其逮捕,这时尼西阿斯与尼克墨涅斯(Nicomenes)等人正好也在场,他们觉得城邦正值危急存亡之秋,于是出面阻止逮捕阿格拉图斯。他们反对剥夺阿格拉图斯的人

身自由，并做出担保，主动要求由他们自己将他带到议事会。[24]负责抓捕的议事会成员记下了那些提供担保并阻挠逮捕的人的名字，便回城里去了。阿格拉图斯和他的担保人在穆尼奇亚的神坛边坐下，开始商讨下一步怎么办。担保人和其他人决定要尽快送阿格拉图斯离开。他们找来两艘船，请求他无论如何赶紧逃离雅典，[25]并说当风声渐消后会与他一起离开，他们认为，要是他被带到议事会的话，他很可能遭到刑讯逼供（βασανιζόμενος），被迫供出那些被怀疑在城内作乱的雅典人的名字[26]。这就是他们为阿格拉图斯所做的，他们准备了船只，并且已经准备同他一起逃脱，但是阿格拉图斯拒绝了他们的建议。阿格拉图斯，要不是你事先与叛乱分子串通一气，诸如他们承诺你自己不会受到任何伤害，否则为什么船只都已经准备好，担保人也准备与你同行，你却不走了呢？而可能的情形是：议事会尚未将你缉拿归案。[27]的确，你的处境并不比你的同伙好：首先，他们都是雅典人，因此他们不必害怕受到刑讯逼供。其次，他们准备和你一起从海上离开雅典，是因为他们觉得，与其放任你陷害那么多善良公民，还不如索性将你带离雅典。但对你来说，如果你留在雅典则很可能遭到刑讯逼供，而且你也不想离开雅典。[28]种种迹象表明，与他们相比，选择离开对你自己更为有利，除非你得到另外的保证。你装作自己被逼无奈，但事实上你却陷害了很多善良公民，你完全是有意为之。为了证明整个事件如上述所言是有预谋的，我可以提供证人，而且议事会的决议也对你极为不利。

**【证人、决议】**

[29]当这个决议被通过的时候,议事会代表来到穆尼奇亚,阿格拉图斯主动从神坛边站了起来,他现在说自己是被强行带走的。[30]当他被带到议事会的时候,阿格拉图斯先供出以下诸人的名字:首先是担保人,其次是统领和指挥官,还有一些别的公民。这就是整起案件的开端。他告发其他人,我认为他自己会辩称:即便他不主动交代,我也会控告他。现在你回答我。

**【讯　问】**

[31]诸位审判员先生,他们想要他提供更多人的名字。议事会决心将此事查个水落石出,他们认为阿格拉图斯并未完全交代。最终,阿格拉图斯在没有受到胁迫的情况下主动交代了所有参与者的名字。[32]在穆尼奇亚剧场举行的公民大会上,他们将他带到现场,一些人格外担心他会告发那些统帅和指挥官。而对其他人来说,他向议事会供出的名单已经足够。回答我,阿格拉图斯,你一定不会否认你在雅典众目睽睽之下所做的事情吧。

**【讯　问】**

[33]他自己承认了。但大会秘书将向各位朗读公民大会决议。

**【决　议】**

在我看来,诸君想必很清楚,阿格拉图斯在议事和公民大会告发了那些人,他就是杀害他们的凶手。我想进一步强调的是，阿格拉图斯应当对城邦遭遇的所有动乱负责，他不值得任何人同情。[34]就在那些被他告发的人遭到逮捕囚禁的同时，莱山德（Lysander）率领的斯巴达舰队开进了你们的海港，雅典的军舰被迫交给斯巴达人，长城被拆毁，"三十僭主"上台，雅典从此大难临头。[35]"三十僭主"掌权后，他们立刻将那些人交给议事会审判，而公民大会却决议审判应该交给一个"两千人的法庭"。请读决议。

## 【决　议】

[36]如果他们由专门法庭审判的话，肯定会被无罪释放。当时，所有人均已意识到城邦正处在危难之中，但此时人们都深感回天乏术。最终，他们交由"三十僭主"所操纵的议事会审判。这次审判的程序众所周知。[37]"三十僭主"就坐在现在主席团所坐的地方。他们面前摆了两张桌子，他们必须将自己的选票放到桌子上，是记名投票，而不是将选票放入罐子里的不记名投票，认为被告有罪的选票放置在"三十僭主"座位面前的桌子上：谁还敢救他们？[38]总之，所有议事会受审的被告发者均被判处死刑。他们没有放过任何一个人，除了这位阿格拉图斯。他们只留了一条命，他是唯一的"受益者"。我这里要为诸位念一下死者名单，这样诸位就能了解有多少人死在这个人的手上。

## 【死者名单】

[39]先生们，死刑判决宣布后，他们被押赴刑场，执行死刑。他们每个人都叫他们的姐妹、母亲、妻室以及其他

女眷来到狱中,临死之前见最后一面,做最后的告别。[40]尤其是狄奥尼索多鲁斯,他派人把我的妹妹即他的妻子叫到监狱。一接到消息,妹妹便立刻前往,身着一袭黑袍,……(阙文)[41]依照惯例,这是在丈夫深陷绝境时妻子的着装。当着我妹妹的面,狄奥尼索多鲁斯交代了身后事。他说阿格拉图斯正是杀死他的凶手,[42]要求我和他的弟弟狄奥尼修以及他所有的朋友替他报仇。当时我妹妹已经怀有身孕,他叮嘱她说,如果生的是男孩,等孩子长大后,务必告诉他正是阿格拉图斯害死了他的父亲,让他为乃父报仇。这一切都是事实,有请证人出庭。

【证 言】

[43]雅典人啊,由于阿格拉图斯的告发,这些人命丧九泉。想必诸君心知肚明,就在"三十僭主"处决他们之后,雅典城内一片肃杀,灾难接踵而至,而此人正是这一切灾难的罪魁,因为他就是杀害他们的凶手。[44]雅典遭遇大难,实在不堪回首,但现在回顾却是必须的。诸位判官先生,此时此刻,诸君想必清楚阿格拉图斯到底值不值得同情!诸君深知那些被带离萨拉米斯的公民们的品行,他们的人数,以及他们是如何被"三十僭主"杀害的。诸君知道大批厄琉息斯人也被殃及。[45]诸君想必也记得,那些因为私人恩怨而被逮捕入狱的雅典人,他们并未对城邦有什么伤害,却遭遇如此不光彩的下场。他们中间有些人留下年迈的父母无人照顾,这些老人都期待儿子能够为自己养老送终。有些人留下未出阁的姐妹,有的人留下了年纪尚小需要照顾

的孩子。[46]先生们，想必诸位能够想见这些人对被告有着怎么样的感受，如果他们能够对此人做出判决的话，他们会怎么投票？他们被这个人剥夺了人生中最美好的东西。另外，诸位想必记得长城被拆毁、舰船被敌人没收、武器被销毁的情景，还有斯巴达人占领卫城的情景。此时雅典一败涂地，我们的城邦遭遇陆沉，变得微不足道。[47]除此之外，诸君失去了私产，一夜之间，你们被"三十僭主"赶出故土。先生们，目睹这种种灾难，这些忠诚的雅典公民坚决反对与斯巴达签订城下之盟。[48]但是你，阿格拉图斯，在他们准备共纾国难之时，却告发说他们阴谋推翻民主制度，致使他们殒命图圄。你就是城邦所有灾难的罪魁祸首。因此，诸君切记个人和城邦遭受的不幸，对造成这一切的罪魁施以报复。

[49]我在想，先生们，阿格拉图斯胆大包天，到底会怎样为自己辩护。他一定会极力表明自己并未告发这些人，因此自己并非他们的死因，但他绝对不会得逞。[50]首先，无论是议事会还是公民大会通过的决议，都对他不利，其中明明白白写着"那些被阿格拉图斯告发的人"；其次，"三十僭主"对他的赦免判决明确说，"只要他的交代属实"。请宣读一下相关文件。

## 【决议、判决】

[51]看来，阿格拉图斯不可能否认自己的告发行为。这样，他就必须要表明自己的告发是正义的，理由是他发现那些人正在实施危害你们民主制度的行为。但我怀疑他是否

会这么做。因为如果那些被阿格拉图斯陷害的人对雅典人民犯了什么罪的话，"三十僭主"绝不会因为民主制被颠覆而感到恐惧，他们也不会为了支持人民而处决这些人。在我看来，他们的选择会恰恰相反。

［52］可能阿格拉图斯会声称他的所作所为都是被逼无奈。但先生们，在本人看来，当一个人对你们干出如此罄竹难书的罪恶时，即使是被迫，你们仍然有责任保护自己。而且，切不可忘记，在被带到议事会之前，坐在穆尼奇亚祭坛的时候，他是有机会安全逃脱的，船只都准备好了，担保人也准备跟他一起走。［53］如果你，阿格拉图斯，当时被说服，愿意跟你的朋友一起走的话，无论自愿还是被迫，你就不可能陷害那么多雅典人了。但事实上，在某些人的利诱之下，你知道只要交代出那些将领和指挥官的名字，你就会得偿所愿，钵满盆盈。因此，我找不到任何对你仁慈的理由，而那些被你陷害的人也未从你那里获得任何仁慈。［54］塔索斯的希庇亚斯（Hippias of Thasos），库里乌姆的色诺芬（Xenophon of Curium），他们都出于与你一样的缘故受到了审判，他们都被处死。色诺芬是被折磨至死的，而希庇亚斯是被直接处决的。他们在"三十僭主"眼里并没什么利用价值，尽管两人并未陷害过任何雅典人！而阿格拉图斯却被"三十僭主"放过了，因为在他们眼里，此人用处甚大。

［55］听说，阿格拉图斯企图将部分告发的罪责推给墨涅斯特拉图斯。但事实却是，墨涅斯特拉图斯正是被阿格拉

图斯告发而遭到逮捕并监禁的呀。安姆斐忒罗普的哈格诺多鲁斯（Hagnodotus of Amphitrope）与墨涅斯特拉图斯同属一个德莫，他是"三十僭主"之一克里底亚的亲戚。在穆尼奇亚剧场举行的公民大会上，阿格拉图斯一方面试图救墨涅斯特拉图斯一命，另一方面通过告发将尽可能多的人置于死地，他把墨涅斯特拉图斯带到了公民大会，前提是公民大会答应赦免他。当时的决议如下。

## 【决 议】

[56] 该决议一通过，墨涅斯特拉图斯便成了一名告密者，他主动告发了许多其他公民。当然，"三十僭主"放了他一条命，他和站在诸位面前的阿格拉图斯一样得到豁免，他的告发被认为是真的。此事过去这么久，你们才将他作为谋杀犯推上法庭审判。判他死刑天经地义，把他交给刽子手，装上拉肢架，施以重刑，至死方休。[57] 如果墨涅斯特拉图斯被处决，那么阿格拉图斯也应当被处死。既然是阿格拉图斯告发墨涅斯特拉图斯，因此应该对后者的死负责，而那些被墨涅斯塔拉图斯告发的人，他们的死难道不应当由那个使墨涅斯塔拉图斯身陷无奈境地的人承担罪责吗？

[58] 我发现，考莱斯的阿里斯托芬（Aristophanes of Cholleis）的作为与阿格拉图斯可谓大相径庭：[1] 阿里斯托芬

---

[1] 考莱斯位于伊米托斯山（Hymettus）南麓一区。本段的主旨是：即便阿里斯托芬因为阿格拉图斯的出卖面临死刑判决，他也没有为了保全自己出卖他人。

当时是阿格拉图斯的担保人之一，替他准备了船只，并且准备跟他一起登船逃离。阿格拉图斯，你要是当时被救走的话，就不会有那么多雅典人被你陷害，你也就不会使自己面临如此险境了。[59]但是，你居然胆敢告发自己的救命恩人，致使他和其他担保人被处死。有些人想看到阿里斯托芬受到酷刑折磨，因为他不是一个纯粹的雅典人，于是他们说服公民大会通过了如下决议。

## 【决　议】

[60]在这之后，当时的掌权者到阿里斯托芬那里，要求他告发其他人，从而保全自己。他们提醒阿里斯托芬说，法庭对外籍人士的判决格外重。但阿里斯托芬严词拒绝。他有很强的责任感，无论是对那些被囚禁的人，还是对雅典人，他宁愿赴死也不会做告密者，使他人遭不白之冤。[61]阿里斯托芬这么正直的一个人，阿格拉图斯，你却令他命丧黄泉。你并不掌握不利于那些受害者的任何证据，却仅仅因为一口承诺的引诱，即如果你出卖他们，自己就会在政权中分得一杯羹，于是你真的将那么多优秀的雅典公民出卖。

[62]诸位陪审先生，我想请你们知悉那些被阿格拉图斯出卖的是一些怎样的优秀人士。如果只是仅仅数位，不妨将他们一一罗列，但是因为人数实在太多，我只能做简单概括。他们中有人屡屡担任将军，对城邦功勋卓著；[63]另有人身居要职，担任三层桨战舰舰长，屡受城邦嘉奖。有些人幸免于难，尽管他们被这个人出卖，命悬一线，端赖命运和神明的眷顾，他们死里逃生，免受刑狱之灾。他们业已从

流亡地皮勒返回，得到应有的尊敬。

［64］这些就是被阿格拉图斯出卖或被迫逃离雅典历经流亡之苦的人们。请不要忘了，阿格拉图斯出身奴隶家庭，这样想必你们知道危害国家的是怎么样一个人。此人的父亲叫尤马勒斯（Eumares），后者是尼柯克里（Nicocles）和安提克里（Anticles）的共有财产。有请证人。

【证　词】

［65］先生们，被告有三兄弟，大哥在西西里战场被发现与敌人私通款曲，拉马卡斯（Lamachus）命令将他处以极刑。二哥从雅典偷运了一名奴隶到科林斯，在那里他因企图拐卖一名女奴被抓，遭到监禁，最终被处决。［66］三哥因偷窃衣物被斐尼皮德斯（Phaenippides）当场抓获，此人的审判正是由诸位主持的，他被判处死刑，并处以极刑。想必即便阿格拉图斯本人也不会否认我所说的上述事实吧。有请证人。

【证　词】

［67］先生们，阿格拉图斯兄弟罪恶昭彰，罄竹难书。他所做的种种诬告，种种弹压和告发，就不必我在这里一一罗列了。总之，无论是在公民大会上还是法庭上，诸君已经对他的诬告行为提出指控，判处他1000德拉克马的罚金。［68］事实确凿，证据充分。就他这么个德性，竟然引诱玷污良家妇女，被人当场捉奸。通奸无疑是死罪。为了证实上述属实，有请证人。

【证　词】

［69］难道诸君没有责任定他的罪吗？如果他的每位兄

弟其罪当诛的话，阿格拉图斯也是死罪无疑，因为他对城邦、对你们每一位都罪行累累，而且依照雅典法律，他犯下的每一件罪行都应当判处死刑。

[70]先生们，阿格拉图斯或许会说，自己在"四百人政府"统治时期刺杀了福里尼卡斯，雅典人为此赋予他公民权，他这是在瞒天过海啊！这纯属谎言，先生们！此事纯属子虚乌有，刺杀福里尼卡斯不是他，所谓雅典人授予他公民权更是毫无根据。[71]刺杀福里尼卡斯是卡里敦的色拉叙布鲁斯（Thrasybulus of Calydon）和麦加拉的阿波罗多鲁斯（Apollodorus of Megara）合谋搞的。那会儿福里尼卡斯正在外面散步，色拉叙布鲁斯一拳将福里尼卡斯打倒在地，而阿波罗多鲁斯并没有碰他。当时路人一片喧嚣，两人迅速逃离现场。而阿格拉图斯并未参与，且毫不知情，他当时根本就不在现场。为表彰刺杀者的事迹，雅典人通过了一项决议。该决议可以证明上述均属事实。

【决 议】

[72]该决议清楚表明，刺杀福里尼卡斯的绝非阿格拉图斯。决议上也找不到"阿格拉图斯此后成为雅典公民"这样的字样，而关于色拉叙布鲁斯的决议上却有类似的字样。如果当时刺杀福里尼卡斯的真是他，那么决议上面一定会明确他获得了雅典公民权，就像同一块铭板上有关于色拉叙布鲁斯和阿波罗多鲁斯获得公民权的字样，尽管有人试图通过贿赂保人将自己的名字作为"施惠人"（εὐεργέτης）插进铭文。这里出示的这份决议可以证明上述属实。

## 【决 议】

[73] 先生们，被告如此目中无人，虽然他不是雅典公民，却堂而皇之地进出法庭和公民大会，提出各种指控，公然在自己名字后面加上"来自阿那居拉（Anagyra，位于安提卡西海岸。——译者）德莫"。另外，我这里还有一条颇具说服力的证据证明刺杀福里尼卡斯的并非阿格拉图斯，后者认为自己因刺杀成功获得公民权。福里尼卡斯建立"四百人政府"，在他死后，"四百人"中大多流亡境外。[74] 诸君难道会相信：完全由当初"四百人政府"成员组成的"三十僭主"和议事会，当他们抓到刺杀福里尼卡斯的凶手时，会轻飘飘放过他呢，还是要为福里尼卡斯和他们自己遭受的流亡之苦惩罚他呢？[75] 他们当然会惩罚他。正如我指出的，如果他佯装自己杀了福里尼卡斯（而他实际上并没有），那他的行为肯定是有罪的。阿格拉图斯，如果你为自己辩护并且声称自己杀了福里尼卡斯的话，那么很清楚，你之所以能够逃脱"三十僭主"的惩罚，是因为你对雅典人犯下了更大的罪行。如果你没有对雅典人犯下不可饶恕的罪过，你就不可能让大家相信，你在杀害了福里尼卡斯的同时，却被"三十僭主"放过了。如果你真的刺杀了福里尼卡斯，却被"三十僭主"放过，这根本无法让人相信，除非你对雅典人犯下了不可饶恕的滔天罪行。[76] 如果他坚称是他自己刺杀了福里尼卡斯，请记住我说过的，让他因为自己的罪行而受到惩罚。而如果他未这样坚称，那么我们倒要问问，他究竟是怎么获得雅典公民权的。如果他没法说清楚，

那么就要惩罚他，他居然冒充雅典公民进出法庭和公民大会，诬告那么多人。

［77］据说阿格拉图斯打算为自己辩解说他当时去了皮勒，而且同那里的民主党人一道从皮勒返回雅典，这完全是此人的辩护骗术。而我这里要澄清的事实是这样的：他确实去了皮勒，但谁会做出比这更邪恶的举动呢？他知道在皮勒的那些流亡者中有些人正是被他出卖过的，他居然恬不知耻去和他们会合。［78］他们一发现他，就把他径直带到那个经常处决海盗和抢劫犯的地方，准备将他就地正法。但安尼图斯（Anytus）将军说他们不能这么做，因为当时还不是惩罚某些敌人的时候，还是不要轻举妄动为好。等他们结束流亡返回雅典后，再惩罚敌人不迟。［79］这样一来，安尼图斯的这一番话使此人在皮勒逃过一劫，因为当时疲于自保，公推安尼图斯将军做头领是必要的。而且还有一点值得注意，当时没有任何人愿意跟此人共用餐桌和帐篷，指挥官也没有指派他在自己的部落中担任队长（$ταξίαρχος$）。根本没有人敢与他说话，因为在他们眼里，此人不洁。有请当时的指挥官出庭。

【证　词】

［80］雅典两派媾和，来自庇里尤斯港的一派列队进入卫城雅典娜神庙，由埃西摩斯（Aesimus）带队。阿格拉图斯再次表现得胆大妄为，他全副武装，混入重装步兵队伍。［81］当队伍接近城门，步兵即将入城时，埃西摩斯发现了阿格拉图斯，于是上前抢过他的盾牌，掼在地上，冲他喊

道："去死吧！你个杀人犯，有何资格混入前往雅典娜神庙的队伍！"就这样，他被埃西摩斯赶走了，有证人能够证明我上述属实。

【证　词】

[82] 先生们，这就是阿格拉图斯在皮勒和庇里尤斯与重装步兵之间发生的纠葛。由于众所周知他是一个杀人犯，所以没人跟他说话，安尼图斯让他逃过一劫。如果阿格拉图斯将自己去皮勒的事作为自我辩护的理由，诸位不妨确认一下安尼图斯是否在大家准备处决他的时候曾出手阻止，埃西摩斯是否抢夺他的盾牌，并禁止他进入游行的队伍。

[83] 诸君切莫接受他的借口，也不要接受他有可能提出的如下辩解：说什么事情已经过去那么久了，惩罚无益。对于这样的犯罪来说，我不认为需要考虑什么时效。事实上，我觉得，无论控诉是即时还是事后，被告都应该证明自己没有干那些被指控的事情。[84] 因此，他要么表明自己没有陷害那些人，要么证明那些人正在干危害雅典人民的事情，自己告发他们是正义的。不过他早该受到惩罚，我们行动晚了，这段日子也算他白赚了，而那些被他告发的人却命丧九泉。

[85] 据说他打算利用逮捕令中的"实施犯罪过程中"的措辞来为自己辩护。这在我看来实在是荒唐可笑。如果逮捕令中没有"实施犯罪过程中"这样的字样，他就会束手就擒吗？是不是有了这样的措辞，他才得以逃脱？[86] 在我看来，是专管刑狱的"十一人委员会"签发的逮捕令，根本

未采纳阿格拉图斯喋喋不休的辩解,他们及时要求负责执行逮捕任务的狄奥尼修在逮捕令上加上"实施犯罪过程中"这样的措辞,这完全是应该的嘛。阿格拉图斯先是在"五百人政府",之后在全体雅典人面前大肆告发,其中不少人因此丧命,他正是杀死这些人的凶手。[87]阿格拉图斯,你真的觉得"实施犯罪过程中"这样的措辞只适用于那些用刀剑击杀人的案件吗?要是这样的话,没有人为那些被你告发的人的死负责,因为没有人用刀剑割开他们的喉咙;相反,他们是在被你揭发后遇害的。难道不是"实施犯罪过程中"被抓获的人正是导致他们死亡的罪魁吗?这个人不是实施告发的你又能是谁呢?因此,显而易见,你正是杀人凶手,而且在"实施犯罪过程中"被抓获。

[88]我猜他还会引用誓言和协定,他会争辩说,我们控告他,本身违背了当时庇里尤斯港一派与雅典城内一派达成的誓约。他如果这么说,实际上就表明了他是一个杀人犯。他抛出誓言、协约、时效、"实施犯罪过程中"等等为自己辩解,但实际上这些都无法为他胜诉增加任何信心。[89]诸位陪审先生,请不要相信此人的狡辩,阿格拉图斯必须就如下问题给予正面回答:他没有告发别人吗?那些被他告发的人还健在吗?无论如何,誓言和协定根本无法改变我们对他的看法。誓言是雅典城内一派与庇里尤斯港一派双方达成的。[90]假如我们在庇里尤斯逗留期间阿格拉图斯在城里,那么这份协定对他还有一些价值。但事实上,他当时是在庇里尤斯,狄奥尼修和我还有其他想找他算账的人也

在那里。而同在庇里尤斯的人之间并没有任何誓约。

[91] 无论如何，在我看来，阿格拉图斯死几次都不为过。他声称自己已经被人民授予公民权，但他伤害的恰恰是他称之为父亲的人民，他无耻地背叛的正是那些努力让城邦更强大的人们。如果一个人暴打自己生身父亲，剥夺其基本生活必需品，或抢夺养父的财产，那么根据关于虐待的法律，这样的人当然应被处以死刑。

[92] 先生们，为那些被告发的死者伸冤，诸君责无旁贷。他们临死前便把复仇的重任放在我们和他们的亲友肩上了，杀人犯阿格拉图斯理应为他们的死负责，我们必须想尽一切办法对他施以应有的惩罚。假如他们为城邦和你们的民主制度做出了显见的贡献，那么诸君便是他们的亲朋好友，落在诸君肩上的责任并不亚于我们这些人。倘若让阿格拉图斯逍遥法外，则既不虔敬也不合法。[93] 立即行动起来吧，雅典人！在那些人被杀害的时候，由于情势所迫诸君爱莫能助，无能为力，但如今诸君有能力惩罚凶手。千万别铸成大错啊，雅典人！如果诸君赦免了阿格拉图斯，那么各位就不只是赦免了他，你们这样做等于在遣责你们的支持者。[94] 如果你们赦免了这起案件的元凶，就等于认定那些人的死是应该的。那些人原本将伸冤的希望寄托在诸君身上，可诸君却跟"三十僭主"同流合污、沆瀣一气，他们的命运如此悲惨！[95] 凭奥林波斯的神明起誓，诸位陪审先生，不要被任何花言巧语和手段蒙蔽了双眼，让那些为你们做出巨大贡献的人遭受不白之冤，而杀害他们的正是"三十僭主"和阿

格拉图斯。前事不忘，后事之师，任何危害城邦，致使我们的亲人亡命九泉的元凶，都该受到应有的惩罚。从当时通过的决议，到告发行为的事实，桩桩件件均已摆在诸君面前，阿格拉图斯就是那个应该为他们的死负责的元凶。

［96］再者，诸君理应投票反对"三十僭主"，应当为那些被"三十僭主"判处死刑的人伸冤，控诉那些与"三十僭主"沆瀣一气的家伙。被"三十僭主"处决的那些人，他们是诸君的盟友，应当为他们伸冤。若有人本希望铲除那些人，提出赦免阿格拉图斯，那么他应当被告上法庭。［97］设若诸君投票反对"三十僭主"，那么就说明诸君首先与敌人划清了界限，随之而来的是诸君为自己的盟友伸了冤，最终诸君将昭告全天下，正义和虔敬得以伸张。

# 反尼科马库斯

（前399年）

## 导 言

公元前411年，"四百人议事会"被解散，雅典政权交给一个由"五千人"组成的机构，该政权的立场处在寡头制与民主制之间。一个立法委员会受命修订宪法：其中很重要的一项工作就是在之前的木板或石柱上重新誊写梭伦旧法，填补那些因为磨损而湮没的字迹，统一措辞、罚款金额以及其他事项，使之与后来的新法以及当前的适用并行不悖。希波战争期间，这项工作似乎在民主雅典从未中断。"三十僭主"统治期间，这项工作被搁置。公元前403年，泰萨美诺斯（Teisamenus）提出决议案，这项工作才得以恢复。在前一时期（前410—前404年），尼科马库斯（Nicomachus）在立法委员会里或在委员会的下属机构担任誊写官，负责誊写关于世俗事务的法律。据说，虽然他的任期只有四个月，但是他实际上任职的时间却长达六年。他的公民权及任职资格遭到质疑，不过控告者关于他低微出身的指控并不完全站得住脚。公元前403年，雅典恢复民主政体，尼科马库斯受命重操旧业，不过这次他的工作是修改有关宗教仪式的法律。"三十僭主"统治期间,尼科马库斯遭到流放,因此在民主政体恢复后,他备享赞誉。本篇演说控告他逾越了规定的一个月任期,且在四年之后即公元前399年受到指控,该指控涉及此前他本应在公元前404年结束六年任期却未离任,而这次他故技重演,贪位恋栈。10位听证官（λογισταί）负责听审,他们的职责是调查特别行政人员的人事工作。

《反尼科马库斯》(*Against Nicomachus*)是吕西亚斯的代表作之一,但对尼科马库斯的指控很难说有特别强的说服力。演说首先指出被告的父亲是一名城邦奴隶。后来尼科马库斯被带到自己所属的部族（φρατρία）,从小官吏一直做到长官。他被任命为法律"眷写官",并连续任职六年,且未向听证官提交任何述职材料,这属于渎职行为,对城邦极为有害。如果尼科马库斯试图诋毁原告,说后者与寡头派有染,那么这不仅是恶意诋毁,而是为了帮助寡头派除掉他们的反对者克雷奥丰,不惜伪造法律——他自己是十足的寡头派——时在公元前405年。尼科马库斯在"三十僭主"统治时期的低调姿态,并不能为他蓄意行罪开脱。尼科马库斯反驳原告说对方拒绝依照他拟定的新律进行新的祭祀活动,属于不敬行为。但是尼科马库斯增加祭祀开销,无视梭伦法令中关于祭祀的祖制,致使城邦财政不堪重负,导致了在财政部门支持下的某些肆无忌惮的没收行为。尼科马库斯理应被处以死刑,以儆效尤。尼科马库斯无德无能,祖上亦无荫德,罪不容赦。对他委以重任乃人民所犯的重大错误。原告已经拒绝了尼科马库斯朋友们的求情，法庭应当秉公办案。

我们没有充分证据认定这篇不是吕西亚斯的作品。想必吕西亚斯会感到不适，因为演说所指控的人跟他自己一样出身微贱，但能力超凡、品格笃定，虽然屡经雅典时局动荡，终得保身。

## 正　文

[1] 诸位陪审员，有些人在受审时被怀疑有罪，但是由于他们祖先的德行和他们自己的善行而得到诸君的宽宥。只要他们表明自己为城邦做了好事，诸君就采信被告的自辩。不过要做到公正，同时听听原告的指控也是必要的，只要原告能够将被告犯下的累累罪行公之于众。[2] 尼科马库斯的父亲如何成为城邦奴隶，尼科马库斯本人年轻时所干的营生，何时被准入部族（clan，部落次级建制，通常按照出生地确定。——译者），真是说来话长。他担任法律誊写官（τῶν νόμων ἀναγραφεύς）期间对城邦犯下的种种恶行，真是路人皆知。依照规定，他担任梭伦法令誊写官任期只有四个月，可是他僭越梭伦作为立法者的位置，将自己的任期从四个月延长至六年，其间接受贿赂，对法律任意增删。[3] 如今我们面临的处境是，雅典的法律皆出自此人之手，控辩双方在法庭提出相反的律条，他们都声称这些法律出自尼科马库斯之手。执政官对他判处罚款并将他移交法庭，他却拒

绝供出那些被他篡改的法律,是可忍,孰不可忍?城邦业已深陷泥潭,他却依然尸位素餐,围绕他的任职资格,从未举行过听证。[4]看看,诸位先生,尼科马库斯非但未因自己的所作所为遭到惩罚,反而换了岗位,故技重演,变本加厉:首先,本来三十天的誊写官任期,他却霸占四年之久;其次,本来对负责誊写的律条文本的处理权限有明确限制,但他却使自己凌驾于法典之上,对律条动手动脚,真是前所未闻;他的任职资格也未经听证,真是绝无仅有。[5]本来依照规定,议事会主席或公民大会主席都要定期述职,但是你,尼科马库斯,四年了,你连一次述职都未曾做过。你,独树一帜,任职那么长时间,也不举行听证,无视相关决议,漠视法律。你,对法条任意增删,真是胆大妄为,将城邦视为己有,而你本是城邦公仆![6]陪审诸君,切记尼科马库斯的出身,切记他对城邦犯下的可耻罪行,惩罚他!既然诸君未能对他一罪一罚,不妨对他数罪并罚。

[7]先生们,想必尼科马库斯由于理屈词穷反咬我一口,但我提请诸位,在我不得不为自己辩护而无法同时指控他作伪证的情况下,不妨采信此人关于我个人生平的描绘。如果他正巧胆敢重复他在议事会上提出的指控,说既然我曾在"四百人政府"中任职,诸君应该心中有数,那些做出这种断言的人会将四百人发展成四千人,对于那些当时尚未成年也不在城里居住的人来说,这样的诽谤可谓用心险恶。[8]事实却是,我与"四百人政府"毫无瓜葛,甚至也不在五千人的大名单之中。这种攻击在我看来实在用心险恶。曾

经在一起私人契约案件中，我和这起案件一样拿出他犯罪的充分证据，他当时主动认罪，放弃自辩。如今在这起事关城邦公益的案件中，他却试图通过控告我而逃避惩罚。

[9] 令人震惊的是，尼科马库斯，这个公然与人民为敌的人，居然试图不择手段激起对他人的仇恨。听我一言，诸位陪审先生，采信对诸如尼科马库斯这样的人的控告是正义的，他们彼时颠覆民主，此时却以民主派自居。[10] 羊河海战，雅典海军覆没，内乱继之而起。克雷奥丰指责议事会，声称议事会参与了寡头派阴谋，未能为城邦分忧。塞福西亚的萨提鲁斯（Satyrus of Cephisia），议事会成员之一，说服议事会逮捕克雷奥丰，并移交法庭。[11] 那些意欲除掉克雷奥丰的人为了确保法庭判他死刑，转而请求尼科马库斯出示一项法律，要求寡头派主导的议事会作为助理法官一同参与审判。这个穷凶极恶之徒，居然公开为这起阴谋背书，在判决当天，他出示了那项法律。[12] 诸位陪审先生，想必有人对克雷奥丰还有其他指控，但如今有关各方一致认为：正是那些试图颠覆民主制的人更想除掉他。萨提鲁斯和克雷蒙（Chremon）都曾是"三十僭主"成员，他们之所以指控克雷奥丰，并非因为他们为你们感到愤怒，而是他们通过除掉克雷奥丰，可以公然与你们为敌了。[13] 经由尼科马库斯出示的法条，他们目的得逞。先生们，凭良心讲，即便诸君之中有人认为克雷奥丰绝非一位合格公民，即便在寡头派统治下被处死的人中不乏些许恶人，但仅凭这些受害者本身，诸君也应该对"三十僭主"心存愤怒，因为僭主们杀

人不是因为这些人真的犯了什么罪,而是出于他们的党派动机。[14]因此,如果尼科马库斯试图为自己辩护,诸位不妨切记:他于政变正在酝酿的关键时刻出示法律,成为那些力图颠覆民主的人的帮凶。正是因为他,由萨提鲁斯和克雷蒙主导的议事会作为助理法官参与法庭的审理,斯特罗比齐德斯、卡利阿德斯(Calliades)及众多忠贞的公民都被判处死刑。

[15]尼科马库斯装作民主派,其目的无非是要逃脱法律的制裁,苟全性命,他想借助流放表明自己是民主之友,如果我知道这些,我是不会提及上述事项的。我发现,其他那些阴谋颠覆民主制度的人,他们要么被处死、被流放,要么被剥夺公民权,[16]因此,他不可能以遭到流放为据说明自己拥护民主制。虽然他是你们遭到流放的帮凶,但他得以返回雅典端赖诸君和人民所赐。如果诸君对他并非出己所愿而所做的事表示感激,却对他的故意犯罪却不予追究,实在是匪夷所思。

[17]据说,尼科马库斯指控我因取消祭献牺牲而犯了渎神罪。如果我是那个把誊写法典的工作弄成制定法律,那么,对于尼科马库斯的上述指控,本人只能虚心接受。但事实却是,我只是主张他应该遵守既定的普遍适用的法典。如果认为我应当按照既定法律关于牺牲的具体规定从事献祭,因而指控我犯了渎神罪,对此,我感到震惊——他居然没有意识到自己同时是在指控整个城邦,因为这些规定是诸君通过决议授权的。尼科马库斯,如果你连这都觉得无法理解,

那你肯定会认定过去那些依照祖宗之法进行祭祀的人简直罪大恶极吧。[18] 但是，诸位陪审员先生，在敬神这件事情上，我们无须向尼科马库斯讨教，而是应当向我们的先辈学习。我们的祖先依照先人的惯例举行祭祀，他们将这个希腊最伟大繁荣的城邦传到我们手里，我们应当和他们一样，严格依照祖制祭祀，不为别的，单单是为了祭祀仪式本身所带来的好运，我们也要如此。[19] 还会有谁比我更虔敬呢？我请求：祭祀首先应当依循祖制；其次，祭祀的目的在于促进城邦公益；最后，祭祀应当遵守民主立法，而且在城邦财力所能承担的范围之内。但是你，尼科马库斯，你的所作所为恰恰与此背道而驰：你设定的开销远远超过规定额度，无谓地增加城邦财政在这方面的负担，导致传统祭祀资金紧缺。[20] 比如说，依照惯例，去年某些祭祀活动需要的开销高达3塔兰特。绝不能说城邦财力无法承担，因为要不是尼科马库斯新立了一些开销超过6塔兰特的祭祀活动，凭雅典的财力进行传统的祭祀，可以说绰绰有余，而且还能为城邦留下3塔兰特的盈余。为了证实上述属实，有请证人出庭。

## 【证　词】

[21] 诸位陪审先生，试想，设若我们依法办事，那些祭祀就全都能够举行；但假如我们按照此人抄录在石柱上的条款行事的话，很多祭祀仪式都没办法举行了。尼科马库斯这个无耻之徒四处招摇，声称自己作为誊写官，恪尽虔敬之责，绝不损公肥私，还卖乖说自己的工作如果让诸君不悦的

话，尽管将其废除。看见没有，此人想通过这种方式显得自己很无辜。但是就是这么一个人，两年内白白消耗12塔兰特，[22]每年让城邦损失6塔兰特。他不是不知道城邦财政拮据，每年我们被迫要向斯巴达人支付赔款，要向庇奥提亚人（Boeotian）支付2塔兰特，我们的船只需要维护，城墙急需修缮。他也不是不知道，只要经费充足，议事会在正常情况下不会误入歧途；而一旦财政吃紧，它就接受种种弹劾案，没收公民财产，被那些蛊惑民众的演说家操弄于股掌之间。[23]先生们，千万不要对那些在议事会中担任公职的人心生怨怒，真正承担责任的应该是那些使城邦陷入如此境地的人。那些想方设法盗取城邦财政的人，正密切关注这起针对尼科马库斯的诉讼，假如诸君对他不予惩罚，这些人将更加肆无忌惮。而如果诸君对他予以严惩，其他人将引以为戒，不敢效尤，而被告求仁得仁又何怨。[24]诸位陪审先生，这次判决对其他人来说是一次以儆效尤的案例，他们以后想必不敢干损害城邦的勾当。对坏人的惩罚即是对好人的鼓励。在雅典人中，还有谁比尼科马库斯更应当伏法？对城邦而言，还有谁比他更加害多利少？[25]作为法典誊写官，既涉及神事也涉及俗事，他一并损害。诸君业已处决了许多盗取公产的犯罪分子，如果说这些被处决的人对城邦的危害还只是暂时性的，而尼科马库斯接受贿赂，篡改法律，这对我们城邦的危害却是恒久性的。

[26]赦免此人，理据何在？难道是因为他大敌当前奋不顾身，无论海战还是陆战都冲锋在前？事实却是，就在

雅典人海上出征的时候，尼科马库斯却龟缩在后方篡改梭伦律法。难道是因为他为城邦捐输私财，共纾国难？事实却恰恰相反，此人非但一毛不拔，反而趁火打劫，损公肥私。难道是因为他祖上荣显？［27］过去的确有人因为祖上的荫功得以宽宥。但是如果此人纯属咎由自取，死有余辜，仅凭他祖上也该被卖为奴隶。或者如果现在将他赦免，难道他将来会感恩图报？但此人却是一个永远不记取恩德的人。［28］他从奴隶跃升为公民，从一文不名到腰缠万贯，以一个小职员的身份僭取立法者的尊位！对此，诸君也无法免责。你们的祖辈将梭伦、泰米斯托克利与伯里克利奉为立法者，因为他们相信法律的优劣与立法者的品格紧密相连，而你们却选择莫卡尼翁（Mechanion）的儿子泰萨美诺斯、尼科马库斯以及其他低等官员作为立法者。虽然诸君意识到公共事务正在受到这类人渣的破坏，却依然给予他们信任。［29］尤其糟糕的是，虽然按照法律规定，一个人在同一位置不能连续任职，但你们却允许他连任，并且长期掌管要务。你们任命尼科马库斯为雅典古老仪典的誊写官，但是他的父辈在城邦根本没有一席之地。［30］这样做导致的结果便是，这个本来应当被人民审判的人却干起了颠覆人民的勾当。今天就是纠正错误的时候，对这类人的恶行不能再听之任之了。不要只是私下里谴责这些人的罪过，他们罪有应得，理应严惩不贷。

［31］关于这起案件我已经说得够多了。但是我还想对那些来为他求情的人多说两句。尼科马库斯的朋友中有些甚

至身居要职，他们想为他求情，使他免于惩罚。在我看来，其中一些人应当先想着如何保全自己，而不是为罪犯辩护。[32]诸位陪审先生，这实在是咄咄怪事，在尼科马库斯是一个独立的行为主体的时候，在他并未受到城邦亏待的时候，他们当初不去请求他停止危害城邦，如今却试图说服诸君宽赦此人，尽管有那么多人深受其害，他们却要求你们违背正义。[33]因此，诸君不妨拿出和这些人营救自己朋友同样的热情，对城邦的敌人予以严惩，让他们真正领会到什么叫秉公执法。请仔细思量，那些为尼科马库斯求情的人，他们为城邦所做的贡献，与这个人对城邦的危害真是不可同日而语，因此诸君有责任对罪犯予以严惩而不是如这些人请求的那样放他一马。[34]另外，诸君须知，这些人在其他案子上也有同样的举动，但都被法庭拒绝。他们来到法庭可谓别有用心，目的在于改变诸君的裁决。他们试图混淆视听、蒙混过关，以图将来能够为所欲为。[35]我们切勿被他们的花言巧语误导。恳请诸位以一贯的精神，既能嫉恶如仇，也能通过审判惩罚那些妄图破坏法律的人。只有这样，一切公共事务方能在法律的框架下运行。

下 编

# 问题视域

# 霍布斯的修昔底德\*
## 塔西佗主义、国家理性与霍布斯的转捩点

在修昔底德的传承史上,霍布斯对修昔底德的英译似乎并不构成不可或缺的一环。在此之前已刊行于世的修昔底德译本包括:1452年劳伦提乌斯·瓦拉(Laurentius Valla)的修昔底德著作拉丁译本,1514年塞西尔(Claude de Seyssel)的修昔底德法译本,1550年剑桥大学的托马斯·尼科尔斯(Thomas Nicolls)的修昔底德英译本。不过,尼科尔斯英译本是从塞西尔的法译本转译而来,塞西尔的法译本又是从瓦拉的拉丁译本转译而来,[1]而瓦拉的拉丁译本所依据的希腊语底本已经遗失。由于塞西尔本人并

---

[1] 关于修昔底德的译本和评注,参见Marianne Pade, "Thucydides", Virginia Brown, James Hankins, and Robert A. Kaster eds., *Catalogus Translationum et Commentariorum: Mediaeval and Renaissance Latin Translations and Commentaries*, Vol. 8, Washington, DC: Catholic University of America Press, 2003。

\* 作者:韩潮,同济大学人文学院教授。

不通希腊文,他的法译本更多倚重的是瓦拉的拉丁译本和当时流亡法国的希腊语教师拜占庭人雅努斯·拉斯卡里斯(Janus Lascaris)的拉丁译本。不过拉斯卡里斯的拉丁译本今天也已经遗失。尼科尔斯的英译本是经过第三重转译的结果,其精确程度必定大打折扣。

霍布斯在其英译本前言里就对尼科尔斯英译本表达过不满,他认为该译本在表达上过于含混,不够精确。而霍布斯本人自幼修习希腊语,青年时代曾英译过欧里庇得斯的《美狄亚》,晚年则完成了荷马史诗的英译。相较于尼科尔斯的英译本,霍布斯的修昔底德译本总体上是相当精确的。后世的编辑者如霍布斯英文著作集的编者莫尔斯沃斯(Molesworth),霍布斯修昔底德英译本的两位编者——著名古典学家大卫·格林(David Grene)和理查德·施拉特(Richard Schlatter),都对霍氏译本给予高度肯定。[1]格林甚至认为,霍布斯的译本是"有史以来最伟大的英译本"。在他看来,由于语言本身的发展,很少有译本能够超越时间的限制,只有少数译本可以成为独立的经典,保持永恒的魅力。诸如查普曼(George Chapman)对荷马史诗的英译、劳伦斯(T. E. Laurence)对《奥德赛》的英译以及霍布斯对修昔底德《伯罗奔尼撒战争史》的英译(以下简称《伯

---

[1] R. Schlatter, "Introduction to *Hobbes's Thucydides*" in R. Schlatter ed., *Hobbes's Thucydides*, New Brunswick, N.J.: Rutgers University Press, 1975, xvii.

史》)。[1]

霍布斯译本之所以能够成为经典,不仅在于霍布斯译本语言上的精确性,而且正如格林所指出的,霍布斯领会并传达了修昔底德文本的精神实质。瓦拉的修昔底德拉丁译本,主要基于某种纯粹的语文学兴趣(加之他的恩主尼古拉五世试图为教会争夺人文主义话语权);塞西尔的法译本则带有明确的现实政治关怀:塞西尔借助修昔底德的历史框架,将当时的威尼斯和法兰西比作雅典和斯巴达,在他看来,无论在军事上还是在文化上,两者都存在着惊人的相似。[2] 但类比本身并不会有助于把握修昔底德文本所要传达的精神内核。

霍布斯对修昔底德的英译和研究显然不是基于语文学兴趣。在霍布斯看来,修昔底德可以称得上是"有史以来最具政治头脑的史著作家"[3]。时至今日,已有学者从各方面指出霍布斯政治学说与修昔底德历史著述之间的内在关联。但是,在所有的类比、分析和重构之前,有一个基本问题却有待解决:即便在霍布斯的人性观察和修昔底德的人性洞察之间存在着某种联系,即便霍布斯力图将修昔底德的史学转化为某种公民科学,但是从政治史中发掘政治哲学教诲绝非

---

[1] Thomas Hobbes, *The Peloponnesian War / Thucydides: The Complete Hobbes Translation*, Chicago: University of Chicago Press, 1989, xv-xvi.
[2] Rebecca Boone, "Claude de Seyssel's Translations of Ancient Historians", *Journal of the History of Ideas* 61.4, 2000, p.570.
[3] R. Schlatter ed., *Hobbes's Thucydides*, p.7.

顺理成章。正如列奥·施特劳斯（Leo Strauss）所指出的，霍布斯的哲学和历史其实是走在两条道路上："从霍布斯为《伯罗奔尼撒战争史》英译本撰写的引言中，我们可以发现，哲学与历史，云泥殊路，截然不同……哲学为人们的正确行为提供准则"，而历史则"揭示准则是如何被人遵循或如何被人无视的"。[1]

哲学何以能够从历史中汲取教诲？在施特劳斯看来，在于"霍布斯接触到了政治哲学在16世纪向历史的系统转向，以及整个哲学本身在16世纪向历史所作的系统转向"。[2] 霍布斯在《修昔底德的生平与著作》一文的结尾处引述利普修斯作为其历史观的权威，施特劳斯据此发现霍布斯与16世纪历史转向存在密切关联。不过，施特劳斯未能注意到的是，上述历史转向的动力并非源自对修昔底德的阅读，而是来自对另一位罗马史家塔西佗的阅读，而利普修斯可以被视为塔西佗在这一时期的代言者。20世纪90年代以降的西方早期现代政治思想史研究，往往将这一阶段的政治思想称为"塔西佗主义"（Tacitism）。[3] 施特劳斯指出，上述历史哲学转向在培根那里表现得最为充分，这一点业已得到晚近相关

---

[1] Leo Strauss, *The Political Philosophy of Hobbes*, Chicago: University of Chicago Press, 1963, pp.79-80；列奥·施特劳斯，《霍布斯的政治哲学》，申彤译，译林出版社，2003年，第95页。译文有更动。
[2] 列奥·施特劳斯，《霍布斯的政治哲学》，第99页。
[3] Peter Burke, "Tacitism, Scepticism, and Reason of State", J H. Burns ed., *The Cambridge History of Political Thought 1450—1700*, Cambridge: Cambridge University Press, 1994.

研究的佐证；[1]不过，施特劳斯这部早期著作并未将马基雅维利纳入讨论范畴，这一点施特劳斯本人也意识到了。不过需要指出的是，被施特劳斯忽视的关键问题在于：**如何理解16世纪的历史思想？这是一个决定性的关节点，在这一关节点上，并不存在普泛意义上的所谓"政治哲学在16世纪向历史的系统转向"，而是沿着塔西佗的线索铺展开来的政治史学建构，后者对于我们理解霍布斯对修昔底德的阅读才是至关重要的。**

## 一 霍布斯的塔西佗主义与修昔底德

霍布斯早年经历过人文主义的阶段，其间他致力于研究古典文献和人文学科，并未特别关注纯哲学或自然科学。最能体现霍布斯当时理智兴趣的证据是，德比郡的哈德维克图书馆保存着一份17世纪20年代末由霍布斯拟定的书单，这份书单的作者包括波特若（Giovanni Botero）、利普修斯、康岑（Adam Contzen）、马基雅维利、圭恰迪尼、博丹以及格劳修斯等，他们属于"新人文主义"的代表。[2]而这批16

---

[1] 理查德·塔克，《哲学与治术》，韩潮译，译林出版社，2015年，第33—71页。

[2] James Jay Hamilton, "Hobbes's Study and the Hardwick Library", *Journal of the History of Philosophy* 16, 1978, pp. 445-453；另，晚近研究表明，图书馆中几乎所有藏书都是霍布斯出于自己的兴趣而购买的，参见Talaska, Richard, *The Hardwick Library and Hobbes's Early Intellectual Development*, Charlottesville: Philosophy Documentation Centre, 2006。

世纪最为知名的新人文主义学者往往被归于"塔西佗主义"之列。

因此,霍布斯也深受这股"塔西佗主义"风潮的影响。一个明显的标志是,1620年出版的匿名著述《闲暇集》(*Horae Subsecivae*)中有一篇名为《论塔西佗的开篇》("A Discourse upon the Beginning of Tacitus")的文章,据说这篇长文的作者正是霍布斯。1934年,施特劳斯在查斯沃斯发现了14篇手稿,他推测这可能是霍布斯的著作,随即推荐给剑桥出版社,但很快被告知说这14篇手稿其实出于匿名著述《闲暇集》。但吊诡的是,晚近学界的研究尤其是雷诺兹(Noel Reynolds)的研究发现,《闲暇集》中不包括在查斯沃斯手稿里的3篇却很可能出自霍布斯的手笔(他们的方法之一是借用计算机工具,通过与霍布斯英语著述的字频类比统计验证其真实性,[1] 有意思的是,他们还证明了培根的部分晚期作品也出自霍布斯的手笔)。而这其中和本文主题密切相关的《论塔西佗的开篇》,恰好可以佐证霍布斯很可能经历了一个塔西佗主义的阶段。

---

[1] Thomas Hobbes, *Three Discourses: A Critical Modern Edition of Newly Identified Work of the Young Hobbes*, Chicago: University of Chicago Press, 1997, pp.10-19; 应当指出的是,雷诺兹和萨克森豪森(A. W. Saxonhouse)的研究并没有得到霍布斯研究界的广泛认同,这可能因为字频类比统计的方法本身就存在着诸多疑点。不过,反对者也承认,《论塔西佗的开篇》一文不同程度上存在着霍布斯的某些痕迹。参见 N. Malcolm, *Reason of State, Propaganda, and the Thirty Years' War: An Unknown Translation by Thomas Hobbes*, New York: Oxford University Press, 2007, p.7。

大致来说，塔西佗主义与马基雅维利主义的基本倾向和分析方法都极为相似，由于马基雅维利受到道德和宗教责难，欧洲知识界转而投向塔西佗著述。在这一时期的塔西佗主义文献里，《编年史》第一卷到第六卷关于提比略皇帝的段落尤其得到推崇，评注者往往将其与色诺芬的《居鲁士教育》相提并论。这并不在于提比略代表了理想的君主，而是因为提比略代表了政治诈术的典范。[1] 圭恰迪尼曾经说，塔西佗教暴君如何做暴君，教他们的臣民如何在暴君的统治下乖乖做人，这几乎是马基雅维利《君主论》另一种形式的表达。

霍布斯的这篇短论也有类似的特征，在形式上这篇短论是对塔西佗《编年史》第一卷前四节逐字逐句的疏解，这种文体本身就是塔西佗主义经常采用的政治评注文体（据彼得·伯克统计，1580—1700年，整个欧洲共有超过100部对塔西佗著作的评注问世，其中大部分是政治性的评注）。[2] 霍布斯从中选择的前四节是塔西佗追溯奥古斯都在罗马建立起个人权威、致使罗马古风丧失殆尽的阶段，霍布斯对这一段落的疏解带有非常强烈的马基雅维利式的语调。比如，在他谈论奥古斯都时，往往径直使用"新君主"一词解释奥古斯都的所作所为；他在评论奥古斯都放弃三

---

[1] Burke, 1994, p.487.
[2] 关于塔西佗主义的传播，参见Peter Burke, "Tacitism, Scepticism and Reason of State"；以及理查德·塔克《哲学与治术》第二章。

巨头的头衔，声称自己只不过是一个普通的执政官，只要有保护普通人民的保民官权力时指出，"新君主应当避免采用这种给臣民带来伤痛、招致仇恨嫉妒的权威性名称"；在解释奥古斯都之所以使用保民官的称谓时，霍布斯使用了与马基雅维利《君主论》里极其相似的表达，"新君主不可能让所有人感到满意"。[1] 更为重要的是，在这篇短论里霍布斯极其推崇典型的国家理性主义式的欺骗和掩饰的治理技术，他认为，提比略在所有人中最擅长掩饰罪恶，而奥古斯都同样对此谙熟于胸，因为，"根据不同的时间、地域和人物采取相适应的手段，用温和的言谈和恰当的借口去掩饰自身的情感和目的，这是政府的首要技术（the chief art of goverment）"。[2]

霍布斯的塔西佗主义作品还不止于此。马尔科姆（Noel Malcolm）的研究发现，1626年的一部明显带有国家理性主义色彩的宣传小册子《高卢—不列颠—巴塔维亚的次要密政》（*Altera secretissima instructio gallo-brittano-batava*）的翻译者正是霍布斯。这篇小册子中有一句格外引人注目的话：

> Quae causa tantae mutationis? ubi nunc promissa? Ne quaere; causa suprema, causa causarum, RATIO STATUS
> 为什么会有如此巨大的变化？他的承诺去了哪

---

[1] Hobbes, *Three Discourses*, pp.43, 44; 最先指出这一点的是理查德·塔克。
[2] Ibid., p.57.

里？——最大的理由，理由的理由，国家的理性。[1]

尽管在霍布斯后来出版的著述里几乎看不到塔西佗的踪迹，而且，除了霍布斯分析英国内战的著作《狴希莫》之外，我们几乎也看不到他与国家理性主义的太多牵连。公允地说，在修昔底德英译本出版之后，似乎霍布斯就已经完全摆脱国家理性主义的惯常思维方法，但我们还是应当承认，40岁之前的霍布斯更为接近"国家理性主义"的传统。

不过，鉴于霍布斯的修昔底德译著刚好处于两个阶段之间，我们应当如何理解这部作品？修昔底德是塔西佗的另一个化身？抑或，修昔底德恰恰包含着塔西佗所不具备的另一面？

应当指出的是，很多学者都曾注意到修昔底德与塔西佗之间的相似性。塔西佗研究权威学者罗纳德·塞姆（Ronald Syme）就曾有过一则意味深长的评价，在他看来，对塔西佗而言，修昔底德才是"这个幻灭的编年史家的先驱"。[2] 事实上，塞姆的观点可以说其源有自，绝非一时之见。从影响史来看，16世纪修昔底德的传播和翻译的确与塔西佗有着不同程度的牵连。

首先，16世纪修昔底德法译者阿伯兰库（D'Ablancourt）

---

[1] N. Malcolm, 2007, pp.144-145.
[2] R. Syme, "Thucydides", in A. R. Birley ed., *Roman Papers*, Vol. 6, Oxford: Clarendon Press, 1991, p.84.

在他的《伯罗奔尼撒战争史》"译者前言"里就曾提到修昔底德和塔西佗之间的相似性。他指出，"塔西佗，可以称之为拉丁的修昔底德，就好比修昔底德是希腊的塔西佗"。[1] 正如霍布斯在他的译本前言《致读者》中指出的那样，在霍布斯的译本问世之前，修昔底德就已经在法国人和意大利人那里广为人知。[2] 不过给予霍布斯更多影响的不是法国人，而是当时与英国知识界交往密切的威尼斯知识群体。

事实上，也是这一时期前后，在霍布斯与之交往的威尼斯共和主义团体和荷兰共和主义团体里，修昔底德开始取代塔西佗的位置。因为，在威尼斯的共和主义者看来，塔西佗过于关注僭政，往往为僭主所用，而修昔底德则不然，修昔底德可以为共和国的安全和国家利益提供指导。[3] 霍金奇（Kinch Hoekstra）甚至认为，应当仿照意大利学者托范宁（Giuseppe Toffanin）对"红色塔西佗主义"和"黑色塔西佗主义"的区分，将威尼斯的共和主义式修昔底德称为"红色修昔底德"，而将霍布斯即将开创的英国修昔底德传统称为

---

[1] P. Payen, "The Reception of Thucydides in Eighteenth-and Nineteenth-Century France", Christine Lee and N. Morley eds., *A Handbook to the Reception of Thucydides*, Oxford: Wiley Blackwell, 2014, p.159.

[2] R. Schlatter ed., *Hobbes's Thucydides*, p.8.

[3] K. Hoekstra, "Thucydides and the Bellicose Beginnings of Modern Political Theory", in K. Harloe and N. Morley eds., *Thucydides and the Modern World: Reception, Reinterpretation and Influence from the Renaissance to the Present*, Cambridge: Cambridge University Press, 2012, pp.30-32；另见 J. J. Sullivan, "Hobbes and His Contemporaries", in *A Handbook to the Reception of Thucydides*, 2014, pp.242-244。

"黑色修昔底德"。[1]

而霍布斯之所以远离威尼斯的修昔底德传统，很可能是因为他受到了另一个"黑色修昔底德"的阐释者利普修斯的影响。利普修斯在他的《论公民原则》里将塔西佗与修昔底德并论，在他看来，拉丁史学家首推塔西佗，而希腊史学家的翘楚正是修昔底德。[2]考虑到利普修斯在16世纪欧洲"文人共和国"中的巨大影响力，16世纪欧洲学界对修昔底德的兴趣在很大程度上得益于利普修斯的推动。可以说，通过利普修斯，塔西佗的史学趣味被延伸至修昔底德。

在为修昔底德英译本撰写的《修昔底德的生平与著作》一文中，霍布斯正好引述了一段利普修斯对修昔底德的评价：

> 最后，我们不妨借用尤斯图斯·利普修斯（Justus Lipsius）对修昔底德尤为中肯的赞美，在《论公民原则》（De Doctrina Civili）一书的注释中，利普修斯写道："虽然修昔底德著作讨论对象有限，也没有了不起的壮举，他却能力压那些内容丰富、主题宏大的著述家。修昔底德的著作充满庄重的修辞，词句简洁却意义

---

[1] K.Hoekstra，2012, p.32；托范宁主张，存在两种对立的塔西佗主义，一种是支持共和政体的"红色塔西佗主义"，一种是主张国家理性和现实政治的"黑色塔西佗主义"，参见Burke, 1994, p.484。
[2] J. Lipsius, *Politica: Six Books of Politics or Political Instruction*, The Hague: Uitgeverij Van Gorcum, 2004, pp.732-734；另见K. Hoekstra, "Thucydides and the Bellicose Beginnings of Modern Political Theory"。

深远，他的判断清明，时刻秘而不宣地教导、指引着人的生活与行动。他的演说，他的那些题外话，充满魔力。他是这样一位作者，读他越多，就越为他着迷，绝不会有乏味之感。"[1]

霍布斯显然受到利普修斯对修昔底德评论的影响，因为就在同一篇文章中，霍布斯自己也采用了与利普修斯类似的表述，在他看来，"修昔底德的记述本身就足以隐秘地教导读者"，[2] 这种所谓"隐秘的教诲"是利普修斯这一代国家理性派的新人文主义者的惯常用语，一般而言这是属于塔西佗著述的特质，而利普修斯显然是将塔西佗主义的国家心术（arcana imperii）运用到了修昔底德身上。

利普修斯《论公民原则》一书属于文艺复兴时期常见的那种摘句体论著（Commonplace Books），摘引古典作家的只言片语连缀成一组箴言体格式的教诲。而《论公民原则》中涉及修昔底德的引文和条目则非常典型地体现了利普修斯对修昔底德的国家理性主义阐释。比如，在论及人性彻底的不可信任时，引用了《伯史》卷三中的一段，"所有人在天性上都是容易犯错的、容易作恶的，无论在私人生活方面还是在城邦生活方面，都是这样。任何法律都不可能加以阻止"

---

[1] R. Schlatter ed., *Hobbes's Thucydides*, p.27；中译引自本书"上编"之《霍布斯论修昔底德》。
[2] Ibid., p.18.

（3.45.3）；在表达对平民道德的怀疑时，引用"对人民而言，所有的克制都只是一种拙劣无能的表现，审慎和周虑只不过代表行动迟缓，而鲁莽和迅疾却代表着勇敢和男子气"（3.82.4）；同时却又通过修昔底德表示，"愚钝人统治的国家要比聪明人统治的国家更好"（3.37.3）；在彻底否认统治正当性时，引用"对被统治者来说，一切现存的政府都是难以忍受的"（1.77.5）；然而却又从利害的角度否认一切变革现存统治的必要性："即便现存的习惯和法律是不好的，但审慎的人却认为，最好不要变革现存的习惯和法律"（6.18.7）；在肯定战争中的欺骗行为时，借用修昔底德表明，"战争中的偷袭行为是值得表彰的，因为它误导了敌人，却给本方带来巨大的利益"（5.9.5）；当然，最为显明的一条是在论及正义和利益的关系时，引用《伯史》中欧斐摩斯（Euphemus）的一段话，"对于统治者和统治的城邦来说，一切合乎其利益的就都是正义的"（6.85.1）。[1]

利普修斯含混的一面是他的技能主义（technicism）所致，[2]因为在国家理性主义的传统中，并不存在绝对的原则可言，在不同的处境下使用不同的方法，甚至使用不同的道

---

[1] Lipsius, 2004, pp.329, 407, 357, 699, 429, 643, 321.
[2] "技能主义"系佩里·安德森对马基雅维利的批评，此处借用以形容国家理性主义的一般倾向，参见 P. Anderson, *Lineages of the Absolutist State* (Verso World History Series), London: Verso Books, 2013. pp.166, 168；中译参佩里·安德森，《绝对主义国家的系谱》，刘北成、龚晓庄译，上海人民出版社，2001年，第167页。

德论证为其行为辩护本来就是其"审慎性"的一部分。利普修斯在相距不远的两处引用了"密提林论辩"的双方采取的对立立场：一处主张不应宽大密提林人，因为，"有三种碍于政府治理的东西，它们分别是同情、谄媚和宽和"（3.40.3）；而前述主张"所有人在天性上都是容易犯错的、容易作恶的"，因此更应宽大为怀（3.45.3）。[1] 对此，我们不应感到意外，因为它本来就是国家理性主义的典型特征之一。

另一方面，也应当承认，利普修斯的《论公民原则》还是马基雅维利主义和反马基雅维利主义的某种混合体，他行文中对修昔底德的引用也是如此。很难说哪一种倾向才是利普修斯的真实主张，比如，他引用《伯史》中斯巴达王伯拉西达的话，"欺骗比公开运用暴力更加可耻"（4.86.6），[2] 似乎表明了他对欺骗的道德态度。但是就在此处的上下文，他所引用的另外两段李维的引文却明显是另一种不同的立场，这两段语出李维《建城以来史》第九卷的话分别是这样的："人们总是用表面的正义来行骗"；"背信弃义的人总会找到理由来解释他们背信弃义的行为"。这不由得令人产生疑问，利普修斯引述伯拉西达的话，意在提醒读者欺骗所要面临的道德风险，而不是指责欺骗在道德上的不当。

利普修斯道德暧昧性的最为显著的标志在于他所主张

---

[1] Lipsius, 2004, pp.331, 329.

[2] Lipsius, 2004, p.335.

的所谓"混合的审慎"（mixed prudence），在利普修斯那里，"混合的审慎"几乎成了"国家理性"隐晦的代名词。利普修斯之所以称之为"混合的审慎"，是因为他试图融合西塞罗所说的良知（honesta）和利益（utilia），将二者结合为一体。为此，他还为此提出了一个近于狡猾的辩护："勾兑的酒还是酒，有微许欺骗的审慎还是审慎。"[1]

利普修斯的说法当然不能算一个有效的论证，但是撇开其效力不谈，核心的问题仍然在于"混合的审慎"中不可避免地包含的道德暧昧性：一方面，利普修斯式的混合等于承认欺骗的不可或缺性，甚至等于承认某些欺骗在道德上是正当的；另一方面，由于不得不承认某些欺骗在道德上还是不正当的，这就变相认可了欺骗所不得不面临的道德风险。

而正是由于存在着某种道德风险，国家理性学说才采取了"隐秘教诲"的说法。由公开的马基雅维利主义回归到承认"国家心术"的隐秘性，几乎是这一代国家理性主义者的共同立场。当霍布斯的修昔底德解释继承了这个隐秘教诲的说法时，他在某种意义上就已经成为这一传统的一部分。但是，与利普修斯不同，霍布斯处于这一传统的边缘，他只是承袭了这一传统中的部分成分，并对其加以利用和转化，进而成就了另一番宏大的智识事业。而利普修斯则是传统人文主义者最后的代表，他们只能在道德暧昧性的限界内徘徊：即一方面承认国家理性的巨大现实效力，另一方面却不甘于

---

[1] 利普修斯区分了三种审慎，参见 Lipsius, 2004, p.203。

沉溺在这个没有道德原则可言的现实中。而这最后一代的传统人文主义者，其意义就在于这种难以回避的暧昧性。

但霍布斯却属于新时代。可以说，霍布斯的使命之一就在于克服这个国家理性主义的道德暧昧态度。尽管"国家理性"的文化对青年霍布斯的影响是显而易见的，他对修昔底德的理解大体上也是属于"国家理性"文化的一部分。但是，真正值得注意的是，霍布斯的"国家理性主义阶段"随着修昔底德英译本的问世而告结束。霍布斯在《致读者》部分指出，"这部译著完成之后，在我身边保存了很长一段时间；由于某种原因，与外界交流的想法暂时停下了"。[1] 由此我们可以推断，尽管霍布斯的修昔底德译著出版于1629年，但其酝酿乃至完成的时间要早得多，很可能是在撰写《论塔西佗的开篇》和翻译《高卢—不列颠—巴塔维亚的次要密政》之间的一段时间。因此，这部译著不可避免地带有"国家理性主义"的潜台词和观察视角。不过这里的问题在于：**修昔底德英译本的问世为什么意味着霍布斯的国家理性主义阶段的结束？**

## 二 霍布斯的修昔底德：顶点与终结

施特劳斯曾经指出，"霍布斯对修昔底德《伯罗奔尼撒

---

[1] R. Schlatter ed., *Hobbes's Thucydides*, p.8.

战争史》的翻译，是他的人文主义时期的顶点与终结"，[1]但是他并没有明确霍布斯的人文主义阶段何以结束于对修昔底德的翻译。如果霍布斯对修昔底德的阅读仅仅是对塔西佗的阅读的延续，那么何以这个过程却以对修昔底德的翻译而告终？

当然，施特劳斯没有将霍布斯的人文主义阶段当作马基雅维利和塔西佗主义的延续，在他看来，重要的是霍布斯处于16世纪"对历史的哲学化运用"的转向之中。施特劳斯认为，霍布斯明确意识到哲学和历史的根本性差异，"从霍布斯为《伯罗奔尼撒战争史》英译本撰写的引言中，我们可以发现，哲学与历史，云泥殊路，截然不同……哲学为人们的正确行为提供准则"，而历史则"揭示准则是如何被人遵循或如何被人无视的"，为此，施特劳斯引用了霍布斯在《修昔底德的生平与著作》里的一段话：

> 修昔底德从不岔开话题，如哲学家那样一味公开说教。他只是将善行和劣迹的来龙去脉和盘托出，叙述本身秘而不宣的教诲，比单纯的说教要有效得多。[2]

---

[1] 列奥·施特劳斯，《霍布斯的政治哲学》，第53页；另见K. Hoekstra, "*Hobbes's Thucydides*", in *The Oxford Handbook of Hobbes*, A. P. Martinish and K. Hoekstra eds., Oxford: Oxford University Press, 2016, p.548。

[2] R. Schlatter ed., *Hobbes's Thucydides*, p.18；中译引自本书"上编"之《霍布斯论修昔底德》。

然而，修昔底德的这段文字除了表明历史和哲学的区别之外，更有一些施特劳斯未能揭示的意涵，就在修昔底德英译本《致读者》中，霍布斯还说过一段与此段极其相似的话：

> 修昔底德……行文中从不岔开话头，就道德或政治议题长篇大论，而只是通过人物外在行为折射其内心世界。修昔底德称得上最具政治头脑的史著作家。[1]

这一段文字实际上构成了对修昔底德是"最具政治头脑的史著作家"的断言的解释。这里重要的是，霍布斯认为，修昔底德的美德不仅在于不加说教，而且还在于，他并不试图进入人物的内心世界，不试图揣测人物的行为动机，凭此修昔底德才称得上是"最具政治头脑的史著作家"。尽管这段文字可能是对普鲁塔克所说的"修昔底德把听众变成了观众"的敷衍，但霍布斯赋予的深意远非普鲁塔克所能及。在霍布斯看来，哲学家的道德说教和历史学家对人物动机的揣测是同一种缺点。问题是，如果前一种代表着哲学家的观点，那么后一种的代表又所指为何？

在《致读者》中的上述断言之前，霍布斯还写道：

> 而在某些历史作品中，著述家们也不乏出于隐秘目

---

[1] R. Schlatter ed., *Hobbes's Thucydides*, p.7.

的和内省需要而做出某些微妙的猜想。但这绝非著史者该有的品质，在历史著述中，猜想必须持之有故，不可强行服务于作者的风格，甚或故弄玄虚。除非显而易见，猜想通常不可能坐实，这就需要叙事本身能够提示读者。[1]

在笔者看来，霍布斯此处对之前的撰史者的批评显然指向的是塔西佗，塔西佗的史撰风格尤以反讽和揣测人物动机著称，以至于他对于提比略的叙述多有嫌恶。正如一位研究者指出的那样，"在塔西佗的《编年史》中，对人物行为邪恶动机及其虚伪、阴暗目的的揭露可谓比比皆是，而与此相比，塔西佗几乎从没有在任何一处提到过提比略行为的良好动机"。[2] 当然，这几乎也是后世所有塔西佗主义的特征，由于关注狡诈和诡计，国家理性主义者的历史评论往往流于阴谋论或对人物动机的揣测。

施特劳斯误将这一段与博丹对历史研究中目的匮乏的批评混为一谈。[3] 史撰中的人物动机与历史研究的本身目的截然不同，实际上，在霍布斯看来，对人物动机的揣测与哲学家的道德说教其实并无不同！塔西佗与西塞罗并无不同！马基雅维利与那些道德主义批评者也无不同！如果说后者代表

---

[1] R. Schlatter ed., *Hobbes's Thucydides*, p.7.
[2] I. S. Ryberg, "Tacitus' Art of Innuendo", *TAPA* 73, 1942, pp.383-404.
[3] 列奥·施特劳斯，《霍布斯的政治哲学》，第102—103页。

了一种强烈的、规范性的道德倾向，那么前者也带有强烈的道德情绪。只要去揣测历史中人物的动机，就一定会陷入一种道德情绪之中，只不过这种道德情绪是一种失败的道德情绪，一种怀疑主义的道德情绪。

霍布斯虽然没有点明他的批评指向，但是他很明显流露出对这一倾向的不满。笔者认为，霍布斯的不满情绪来自他对塔西佗的阅读，而将塔西佗与修昔底德加以比照尤其加深了霍布斯的这个判断。修昔底德真正卓然不群的气质在于，尽管与塔西佗一样对这个现实政治的世界感到幻灭，但是他绝没有将阴谋论和对人物动机的揣测强行加入到对历史的理解中去。因此，在最严格的意义上，修昔底德只能算作某种意义上的"现实主义者"，而不在那种纠结于阴谋论取向的"国家理性"传统之列。

这当然不是说在修昔底德那里就彻底没有动机问题，只是他对人物的动机不加揣测，而是通过人物的言辞和行动的张力使其自行呈现，修昔底德的晦涩风格正与此相关。对此，霍布斯早有洞见。就在《修昔底德的生平与著作》一文中，他对哈利卡纳索斯的狄奥尼修和马塞林努斯之间关于修昔底德风格问题的传统争论做了回应。[1] 从中不难发现，霍布斯并非只是在风格问题上为修昔底德辩护，他实际上关注

---

[1] 关于狄奥尼修和马塞林努斯之间围绕修昔底德晦涩风格问题的争论，参见 T. Burns, "Marcellinus' Life of Thucydides, Translated, with an Introductory Essay", *Interpretation: A Journal of Political Philosophy* 38, 2010, pp.3-25。

的是修昔底德对复杂人性的洞察：

> 至于在其他地方，措辞晦涩恰恰是因为句子要表达的意思很丰富，其中有对人类激情的深沉思考，这种激情往往并不轻易流露出来，也不被经常论及，却在很大程度上左右着人们的公共讨论。若不能穿透这种激情并深入领会，那么就别想理解这些演说。马塞林努斯指出，修昔底德是有意含混不清的，一般人是无法理解他的。而且可能的情形是：聪明的作者就应当如此写作，尽管他的文字所有人都认得，但只有智慧之人才能领会。不过这种含混并非指对已然发生的事情叙述本身的含混，不是指对相关地点或战役描述的模糊不清，在所有这些方面，修昔底德可谓简洁明了，对此，上文引述过的普鲁塔克可以为证。但从人的气质性格及在重大事件中的表现看，对普通人的智性而言，修昔底德表达自己的想法时，措辞方面若不含糊其词是不可能的。修昔底德运用演说辞，描述诸如内讧之类的内容，让人费解，实属再正常不过，那只是因为人们无法穿透事物的本性，而不是由于表达本身费解。[1]

霍布斯对修昔底德晦涩风格的诠释基本上采取了马塞林

---

[1] R. Schlatter ed., *Hobbes's Thucydides*, p.25；中译引自本书"上编"之《霍布斯论修昔底德》。

努斯的立场，但是他比马塞林努斯更为丰富。针对狄奥尼修对修昔底德晦涩风格的指责，马塞林努斯强调修昔底德的晦涩风格乃有意为之，他刻意选择了一种崇高却晦涩的、品达式的文字风格，以免障目于大众。[1]而在霍布斯看来，支配修昔底德的晦涩风格的根本原因在于：人性的动机和人类的激情本身就很复杂，充满各种粉饰，历史叙述中的人物出现言与行之间的矛盾，实际上是再正常不过的事情。因此，要从一个历史事件追溯到人物的某个确定动机几乎是不可能的。[2]在霍布斯看来，修昔底德正是体会到了这一点，才有意识地保持了人物言辞的复杂和矛盾，正如《致读者》中所指出的，修昔底德式的历史叙述不仅是要保持言辞本身的复杂和张力，而且归根结底是"让读者自己从言辞的叙述中找寻人物真正确定的动机"。[3]

狄奥尼修针对修昔底德有关战争原因的揭示提出责难，他认为修昔底德没有必要追溯战争的近因或者说借口，而应当直接说出战争爆发的真正原因。的确，关于战争的近因和远因、借口和真正起因的区分，显而易见涉及历史动机问题，在这一问题上，修昔底德没有完全排除战争的近因和借口。从霍布斯为修昔底德的辩护来看，霍布斯并未排斥借口在战争爆发中的作用，对此，霍布斯写道：

---

[1] T. Burns, 2010, p.19.
[2] N. Morley, *Thucydides and the Idea of History*, London: I. B. Tauris, 2013, p.108.
[3] R. Schlatter ed., *Hobbes's Thucydides*, p.7.

修昔底德首先交代了战争爆发的表面原因，之后才交代导致战争爆发的真正内在原因，因此狄奥尼修的指责实在可笑之至。毋庸置疑，无论战争的表面原因多么微不足道，史家也有责任将其交代清楚，其重要性丝毫不亚于记述战争本身。没有导火线，战争就无从爆发，而战争的导火线总是交战一方受到伤害或宣称受到伤害。导致战争的内在敌意却需要洞察力，史家不应该仅仅关注表面现象，应该关注那些内在动因，即由于另外一个国家变得强大而引起的对自己可能遭到伤害的恐惧感。有基本判断力的人都知道，好的史家对战争主要起因的考察，既要明确那些公开宣称的伤害，也要清楚深藏的妒忌。总之，在这一方面，修昔底德采用的方法如下："围绕科西拉的争执如何如何，围绕波提狄亚的争执如何如何"，两场争执彼此联系，"在这起事件中，雅典都被指控为施害者。即便拉凯戴蒙人并未因此对雅典宣战，但他们妒忌雅典势力的增长，害怕雅典人的野心带来的后果"。对此，我想修昔底德的处理方式是再清晰且自然不过的了。[1]

霍布斯为修昔底德所做的辩护看上去令人费解，因为他一方面明确肯定修昔底德对战争真正原因的洞察，并且认为

---

[1] R. Schlatter ed., *Hobbes's Thucydides*, pp.23-24；中译引自本书"上编"之《霍布斯论修昔底德》。

内在而非表面的原因才是真正优秀的史家应当关注的对象；但另一方面霍布斯也认为，战争的借口或者说近因对修昔底德来说也是重要的，没有借口，战争不会爆发。

国家理性学派在这个问题上通常所持有的立场与霍布斯近似，他们一方面认为，"先发制人"（preemption）是战争爆发的根本原因；另一方面，他们也认为，应当将这些实际的真正的原因隐藏和掩饰起来。[1]因此，借口实际上是战争真实原因的掩饰。霍布斯并非不同意这一点，他接受了国家理性学派的诸多前提。但其中的一个微妙区别在于：**霍布斯并不赞赏掩饰和欺骗的技巧**。同样，在战争起因问题上，修昔底德与国家理性学派的区别在于：修昔底德并不主张将战争真实原因掩盖起来，修昔底德更愿意将战争的近因和远因、借口和实际起因并置在一起，并保持其张力，而这正是修昔底德文本中著名的言和行之间对立的一部分。修昔底德并没有提供掩饰的技巧，而只是将表面和实际、言和行的紧张关系暴露在读者面前。[2]显而易见，霍布斯对修昔底德这种更为"自然"的表现方式赞赏有加。

从某种意义上说，正是这种作为修昔底德风格典型特征的对照法导致修昔底德在风格上的晦涩。[3]诸如"我们

---

[1] N. Malcolm, 2007, p.113.
[2] 参见 A. Parry, *Logos and Ergon in Thucydides*, Cambridge, Mass.: Harvard University Press, 1957。
[3] A. Parry, "Thucydides' Use of Abstract Language", *Yale French Studies* 45, 1970, p.6.

爱好美丽的东西,但是没有因此而至于奢侈;我们爱好智慧,但是没有因此而至于柔弱"(2.6.40)这样,词和词之间形成互相对反(word against word,霍布斯语)的状态,[1]事实上构成了一种奇特的张力架构:一方面,这样的修辞首先建立了某种平衡,之后这种平衡则被打破,美丽和智慧敌不过奢侈与柔弱;另一方面,这样的修辞被强行纳入某种平衡结构,即美丽隐藏着奢侈化的风险,而智慧则隐藏着柔弱化的风险。正如亚当·帕里(Adam Parry)所指出的,这种修辞技巧源自修昔底德看待事物的方法,修昔底德正是从言与行对立的角度去看待人类事物的。[2]

霍布斯对修昔底德风格的辩护与此可谓异曲同工。在霍布斯看来,修昔底德文本中那种被修辞学家所称为的对照法,尽管在一般情况下用于日常演说并不恰当,却是对比话语(comparative discourses)唯一可能的风格。[3]紧承上文引述的为修昔底德晦涩风格辩护的段落,霍布斯所谓的"对比话语",正是指前述人类的内在激情以及经过掩饰的话语之间的对比。对霍布斯来说,风格学的对照绝不仅仅是风格学问题,在风格的背后是修昔底德对人类激情的洞察以及由

---

[1] R. Schlatter ed., *Hobbes's Thucydides*, p.25.
[2] A. Parry, 1970, p.9;帕里指出,"爱好美丽"(*philokaloume*)一词在现实中的实际指向正是伯里克利时期兴建帕特农神庙,伯里克利的政敌正是因其耗费巨资而对其大加指责,而"柔弱"则暗指雅典重装步兵远逊斯巴达的事实。
[3] R. Schlatter ed., *Hobbes's Thucydides*, p.25.

此导致的"对比话语"。从某种意义上看,战争的近因和远因、借口和实际起因也是这种对比话语的一部分。

修昔底德的"对照法"不同于利普修斯式的"混合的审慎";基于道德风险而采取的掩饰方法和隐秘教诲,也绝不同于由表面与实际、言与行的紧张关系自行传达出的不言之教。因此,尽管利普修斯和霍布斯都使用"隐秘地教导和指引一个人的生活和行动""记述本身就足以隐秘地教导读者"之类的表达,但并不表明他们在同一种意义上使用"隐秘"这样的概念。利普修斯对修昔底德的理解仍旧是塔西佗式的,而霍布斯的理解却发现了修昔底德和塔西佗的不同之处。

因此,如果说,"隐秘的教诲"是利普修斯这一代国家理性派的新人文主义者的惯常用语,那么,霍布斯毋宁是改造了这一语汇。霍布斯所承袭的是修昔底德那里表面与实际、言与行之间的紧张关系,这种紧张关系毋宁是一种分裂的态度,但分裂却不同于暧昧,正好比,承认欺骗和掩饰的存在与推崇欺骗和掩饰的技巧并不是一回事。霍布斯在这一点上更近于修昔底德而不是国家理性学派。尽管在《论塔西佗的开篇》中,霍布斯与国家理性学派更为接近,但是当他抛弃国家理性主义之后,欺骗和掩饰就为霍布斯所抵触,甚至成为霍布斯新学说的根本大敌。霍布斯的学说开诚布公,如果说马基雅维利在某种意义上更像狐狸,那么霍布斯更像一头威武且坦诚的雄狮。

## 三 《狌希莫》中的修昔底德

尽管我们不能说霍布斯后期的思考是对国家理性学说的系统回应，但是霍布斯后来的诸多学说都隐含着与国家理性学说千丝万缕的联系，其中既有糅合的成分也有批评的成分。

在霍布斯的晚期著述里，既有在一定程度上中性化且化身为所有现代国家的国家竞争策略中某些"政府治理的技术"（art of government）的内容，比如反对懒散、避免奢侈、鼓励积累，甚至包括由国家主导的慈善和福利政策（《利维坦》第30章），[1] 也有他的历史著述《狌希莫》（*Behemoth*），后者可以说是国家理性学说影响下的重要产物。

《狌希莫》的写作留下了一个疑难：**它究竟是《利维坦》中哲学理论的个案研究，还是早期霍布斯的人文主义旨趣，尤其是他近四十年前翻译修昔底德《伯罗奔尼撒战争史》的延续？**

霍布斯重拾历史写作，肯定与他早年的人文主义阶段有关，但我们很难认为，他的《狌希莫》是对四十年前翻译的修昔底德著述的模仿。首先，《狌希莫》的体例采取的是对话体，因此严格说来只是一部"关于英国内战的对话"，这决定了它在风格上与修昔底德的写作方式相去甚远；其次，《狌希莫》显然是一部充满"成见"的史述，霍布斯在其中

---

[1] 另，关于成熟时期的霍布斯思想与国家理性主义的关联，参见N. Malcolm, 2007, pp.114-123。

流露出的立场可谓显而易见。与此形成对比的是，霍布斯早年在《修昔底德的生平与著作》一文中，对那种不偏不倚的史述立场备加推崇，霍布斯严厉批评狄奥尼修对修昔底德未能站在雅典立场上著述的指责：

> 对史家来说，若只看重对祖国的情感，为取悦读者而王顾左右，把有损自己祖国荣誉的事件掩藏起来，这类写法实为大忌。这样的史家舞文弄墨，腹中却空空如也。修辞学家琉善（Lucien）在《如何撰写历史》一文中这样写道："历史撰述者在其著述过程中，应当超然于家邦之上，谨遵历史写作自身的法则，绝不屈从任何权威，秉笔直书，无须顾虑他人之喜好。"[1]

霍布斯的《狴希莫》无论如何也不能算作一种"超然于家邦之上"的写作，由于他描述的是一场内战，如果采用修昔底德的史述态度，那么霍布斯就应当对内战各方一视同仁，但霍布斯显然没有这样做。而从霍布斯笔下的两个对话者身份来看，对话者A更像是那场内战的亲历者，对话者B则更像是一位缺乏历史经验、一无所知的学徒，而整部对话都可以看作卷入事件之中的对话者A给予置身事件之外的对话者B的历史教诲。曾经秉持的那种"记述本身就足以隐秘

---

[1] R. Schlatter ed., *Hobbes's Thucydides*, p.22；中译引自本书"上编"之《霍布斯论修昔底德》。

地教导读者"的冷静态度已经荡然无存。

究竟是什么力量促使霍布斯从一位冷静史述的推崇者转变为一位近乎偏执的"保皇派史学家"？这恐怕首先要归因于修昔底德。在晚年的拉丁文诗体《自传》中，霍布斯曾这样评价修昔底德：

> 对修昔底德我情有独钟，
> 他说民主制实在愚不可及，
> 王国远胜共和国，
> 我要向英国人举荐修昔底德，
> 他是演说家的导师。[1]

根据这段霍布斯的晚年自述，他早年之所以翻译引介修昔底德，是因为修昔底德能够使英国人认识到，民主制是一种愚蠢的制度，而君主制要远远胜过共和制。[2]在《修昔底德的生平与著作》一文中，霍布斯就曾指出，"民主制是修昔底德所最不乐见的……他更推崇庇西斯特拉图的僭主统治（且不论庇氏通过篡权成为僭主）和战争初期伯里克利的统治，这种统治表面上是民主制，但实质上是伯里克利治下的君主制"，他甚至推断"作为王族后裔，修昔底德似乎对君

---

[1] Hobbes, "Hobbes' Verse Autobiography", in Thomas Hobbes, *Leviathan*, E. Curley ed., Indianapolis: Hackett Publishing Company, 1994, lvi.
[2] 霍布斯并没有明确区分共和制和民主制，他在《雉希莫》中甚至称西塞罗和亚里士多德为民主派。

主制情有独钟"。[1]因此，从某种意义上说，修昔底德《伯罗奔尼撒战争史》正是霍布斯倾向君主制的源头之一。

这一点可以从《狑希莫》对内战起因的分析中找到证据。对话开始之初，两位对话者从恶魔山（Devil's Mountain）俯瞰众生，回顾战争起因，对话者B提出疑问，为什么查理拥有6万装备精良的军队，却失去了其主权者的位置？对话者A完全没有审查国王方面的过失，只是说国王方面没有足够的金钱应对困境，而更多地将战争的主要责任归咎于两个对象，即腐化了的人民，以及造成人民腐化的蛊惑者（seducer）。对话者A所举出的七类蛊惑者中只有第四类涉及政府类型，他们是下议院那些熟读古希腊罗马经典的人士，这些经典以自由之名鼓吹民众政府，将国王称为僭主，他们格外热衷自己所代表的政府类型。不过，对话者A同时指出，这些人尽管人数不多，但由于他们能言善辩，总能够影响其他人，[2]他们能够蛊惑民众以变革政体。

另外，"蛊惑"一词本身就是意味深长，而且与民主政治的运行机制密切相关。有研究者指出，该词曾经在霍布斯翻译的《伯罗奔尼撒战争史》"弥洛斯对话"一节出现，雅典人在私下里对弥洛斯人说，"你们害怕我们蛊惑你们的民众"。[3]霍布斯对民主制的理解绝非就是多数人的统治，他

---

[1] R. Schlatter ed., *Hobbes's Thucydides*, pp.13-14; 中译引自本书"上编"之《霍布斯论修昔底德》。
[2] Hobbes, *Behemoth*, 3.
[3] T. Mastnak ed., *Hobbes's Behemoth: Religion and Democracy*, Luton: Andrews UK Ltd., 2012, pp.301-346.

深受修昔底德有关雅典民主制运行机制叙述的影响。前文有述，霍布斯很早就注意到修昔底德关于伯里克利统治的如下著名论断：雅典"名义上是民主制，实际上是君主制"，霍布斯对此倍加赞赏，且反复引用。在后来的理论性著述《论公民》和《法的原理》等文本中，霍布斯多次转引修昔底德的这一命题。在《法的原理》中，霍布斯提到，"民主制大体上无非是演说家的寡头制，还间或是某一个演说家的君主制"；而在《论公民》中，霍布斯指出，"在民众（popular）统治下，有多少个谄媚民众的演说家，就会有多少个尼禄"。[1]

霍布斯尤其关注修昔底德笔下的演说家在民主政治中起到的作用，他发现，正是演说家放大了民众的自爱心理，并且使之极端化，最终达成对民众的操控。对此，霍布斯给出一种类似于群众心理学的解释：

> 自恋……这种病态在民众身上比在个人身上表现得更为严重。当一个人反思自己的时候，他不会因为私下承认自己本可理直气壮实际却畏葸怯弱而羞愧难当。但在群众大会上就不一样了，诚惶诚恐、谨小慎微本是制定良好决策的基础，却被刻意回避，抑或不愿公开承认。这样，那些自认为无所不能的雅典人就被一群邪恶之人和谄媚之徒忽悠，他们被唆使采取那些注定要自我

---

[1] 相关研究参见T. Mastnak, "Godly Democracy", 载前引书。

毁灭的行动。良善之人不敢吭声,更别说公开反对了,否则只能是自取其辱。[1]

通过修昔底德,霍布斯认识到民众领袖和大众意见之间的相互为用对于民主政治的运转至关重要。这一观点可以说贯穿《狴希莫》始终。在《狴希莫》中,霍布斯借对话者之口指出,"至高权力(the power of the mighty)的基础在于人民的意见(opinion)和信仰",[2]这与四十年前的《修昔底德的生平与著作》一文中霍布斯对雅典民众的描述如出一辙。在那里,霍布斯指出,对人民而言,他们的意见就是他们的权力(power)。不过霍布斯的意思显然不是说至高权力的正当性基础是人民的意见和信仰,而是说民主政治的运行机制就是如何操控人民的意见和信仰,即所谓的意见就是权力。

在《狴希莫》的献辞中,霍布斯指出:"内战的诱因就潜藏在某些关于神圣事务和政治事务的意见里。"我们有理由相信,在霍布斯对英国内战原因的考察中,占核心地位的正是一种受到修昔底德影响的"蛊惑性民主政治"的政治分析方法。

如果说霍布斯的君主制偏爱源自修昔底德的教诲,恐怕有失武断。毕竟,经过四十年的理论积淀,霍布斯已经建立

---

[1] R. Schlatter ed., *Hobbes's Thucydides*, p.13;中译引自本书"上编"之《霍布斯论修昔底德》。
[2] Hobbes, *Behemoth*, 16.

起某种不可能仅从修昔底德的史述中参得的理论态度。《狌希莫》中有一些出自《利维坦》的结论,这几乎是毫无疑问的。比如对话者A说,"如果有不止一个主权者,那么就根本不会存在什么政府",[1]这不可能来自修昔底德。然而问题的关键在于:**如何理解《利维坦》和《狌希莫》之间的关系?政治史是否只是对政治理论的个案运用?政治史是否只是对政治理论的有效补充?政治史中是否存在着政治理论无法涵摄的例外,也就是说,是否《狌希莫》只不过是霍布斯偶一为之的政治批判?而《利维坦》与《狌希莫》之间是否蕴含着内在义理上的关联?**总之,历史与逻辑的重合几乎是不可能的,英国内战的历史也不可能完全是《利维坦》中战争状态论述的逻辑重演,我们总可以在《狌希莫》中发现某些与《利维坦》论证逻辑相悖的评论,例如,关于克伦威尔是否应当享有统治权,便是一个令霍布斯感到棘手的问题。

晚近学者塔克(Richard Tuck)和马尔科姆等人的研究发现,《狌希莫》中保留了霍布斯早年写作《论塔西佗的开篇》时的若干想法。尤其值得注意的是,霍布斯对克伦威尔的描述与他对奥古斯都的描述有着惊人的相似,在《狌希莫》中,霍布斯索性将克伦威尔与奥古斯都相提并论。[2]这进一步印证了《论塔西佗的开篇》一文的作者正是霍布斯,

---

[1] Hobbes, *Behemoth*, 77.
[2] Richard Tuck, "Hobbes and Tacitus", in *Hobbes and History*, G. A. J. Rodgers and Tom Sorrell eds., London: Routledge Press, 2000, p.108.

还给我们提出了如下问题，**霍布斯在多大程度上依然是一位国家理性主义者？**《狴希莫》中罗列了大量长老会和国会方面的包括各种骗术在内的政治技巧，而对克伦威尔的描绘则时常跳脱政治立场，转而赞叹克伦威尔高明的政治手腕。这种塔西佗主义式的态度究竟意味着什么？笔者认为，马尔科姆在这一问题上的判断是正确的，在他看来，"如果克伦威尔的审慎行动的故事有什么教益可言，那仅仅是为了展现审慎的一般性功能，而绝非像塔西佗主义者所主张的那样，提供了一系列诡计和操练"，塔西佗主义对霍布斯来说的确是相当重要的，"但这仅仅意味着塔西佗主义指出了问题所在，而霍布斯却提供了与塔西佗主义不同的解决方案"。[1]

正如前文指出的，霍布斯通过修昔底德告别国家理性主义，承认欺骗和掩饰的存在，并不等于推崇欺骗和掩饰的技巧。《狴希莫》中提出的国家理性问题表明，这一问题对于成熟时期乃至晚年的霍布斯仍然存在。尽管霍布斯并未在实践上摆脱与国家理性的牵连，但他仍有意识地保持与国家理性学说的微妙区分，他主张摒弃国家理性学说试图通过欺骗和掩饰以弥合言、行之间对立的努力，从而保持行为的表面与实际、言与行之间的紧张关系，后者最终将通过自然状态和公民社会的区分被融入到霍布斯的国家理论中。

---

[1] N. Malcolm, "Behemoth Latinus: Adam Ebert, Tacitism and Hobbes", in *Filozofski vestnik* 24（2）, 2003, p.120.

# 古典政治哲学视野下的政治史学

## 施特劳斯论修昔底德[1]

修昔底德被视为正统史家的典范。近代以来，修昔底德更是被视为"科学的历史学家"（scientific historian）的开山者。[2]然而，在施特劳斯看来，修昔底德既不是传统意义上的历史学家，也不是"科学的历史学家"，而是一位有着

---

[1] 本文主要评析列奥·施特劳斯《城邦与人》一书中的第三章《论修昔底德〈伯罗奔尼撒人和雅典人的战争〉》，见 Leo Strauss, "On Thucydides' War of the Peloponnesians and the Athenians", *The City and Man*, ch. III, Chicago: University of Chicago Press, 1964。施特劳斯称修昔底德的著作标题是《伯罗奔尼撒人和雅典人的战争》。为方便起见，笔者按照约定俗成的书名称其为《伯罗奔尼撒战争史》，下文所引修昔底德著作，随文标注章节号；中译本参考修昔底德，《伯罗奔尼撒战争史》，谢德风译，商务印书馆，1960年；《伯罗奔尼撒战争史》，徐松岩译注，上海人民出版社，2017年；英译本参考 R. B. Strassler ed., *The Landmark Thucydides*, New York: Free Press, 1996；希腊文本参考洛布版希英对照本，*Thucydides: History of the Peloponnesian War*, trs. by C. F. Smith, Cambridge, Mass.: Harvard University Press, 1980。

[2] Leo Strauss, *The City and Man*, p.141.

\* 作者：黄俊松，中山大学博雅学院讲师。

"哲学头脑的历史学家"（philosophic historian），[1]他所开创的政治史学与柏拉图、亚里士多德的古典政治哲学在根本性问题上可以相通互补，而他的品位和思想足以与柏拉图、亚里士多德的品位和思想比肩。[2]

## 一 修昔底德是何种意义上的历史学家？

在施特劳斯看来，修昔底德并不是现代意义上的"科学的历史学家"，他和后者的区别主要体现在如下三个方面：

> 首先，修昔底德将自己严格限制在军事史和外交史，至多是政治史的领域；虽然他没有忽略"经济因素"，但他对其所言极少；他几乎没有谈及有关文化、宗教或智识的历史。其次，他的著作意在成为一切时代的财富，而科学的历史学家们都不会武断地宣称自己的著作是"最终的定论"。第三，修昔底德并不是仅仅叙述和解释行动、援引官方文件，他还插入了各种角色（actors）的演说辞，那些演说辞乃出自他自己的手笔。[3]

---

[1] Leo Strauss, *The City and Man*, p.236.
[2] Ibid., pp.141, 146, 236.
[3] Ibid., pp.141-142.

如果结合莫米利亚诺（Arnaldo Momigliano）的相关论断，则不难发现修昔底德的史学其实并不那么"科学"。在统计完希罗多德和修昔底德所使用的传世文献以及考古资料情况的基础之上，莫米利亚诺得出结论说：虽然在某种意义上，修昔底德要比希罗多德更可信，但是，修昔底德和希罗多德一样，认为自己所见和所听来的东西要比书面记录更重要，"他的历史很少是根据书面证据写成的"，"我们认为最保险的历史研究方法在修昔底德看来只是第二位的"。[1]其次，修昔底德"从政治生活的角度来看待生活，从政治历史的角度来看待历史，他甚至连瘟疫……都要检验一下其政治后果"。[2]再次，修昔底德重视"现在"，认为理解了现在就能理解一切时代。[3]最后，"修昔底德的读者都会承认他的有些演说辞看上去并不真实……，各个演说结构类似，这给那些把演说当成忠实记录的人也造成了更多的困难"。[4]

显而易见，修昔底德并非现代意义上的"科学的历史学家"，因此，我们不妨将他视为前现代意义上的历史学家。然而，在施特劳斯看来，这一称谓也同样可疑。因为，与希罗多德不同，修昔底德从未以历史学家自居，且并不认为自

---

[1] 莫米利亚诺，《现代史学的古典基础》，冯洁音译，华东师范大学出版社，2009年，第54—55页。莫米利亚诺，《论古代与近代的历史学》，晏绍祥译，北京大学出版社，2015年，第164页。
[2] 莫米利亚诺，《现代史学的古典基础》，第52页。
[3] 同上。
[4] 同上书，第53页。

己的著作属于历史著作,在《伯罗奔尼撒战争史》中,他甚至对"历史"(historia)一词只字未提。[1]

在亚里士多德看来,历史学家描述已经发生的事情,而诗人则描述可能发生的事情,"因此,诗要比史学更哲学、更严肃,因为诗描述的是普遍事物,而史学则描述独特的事物",施特劳斯由此认为,"诗介于史学和哲学之间:史学和哲学处于相对立的两极;史学完全是非哲学的或前哲学的;它处理各种个别的事物(各种个别的人,个别的城邦,个别的王国或帝国,个别的同盟);而哲学则按照种类来处理种类,史学甚至不会像诗那样让我们在各种个别事物中以及通过那些个别事物来发现种类"。[2]但施特劳斯进一步指出,"在修昔底德所叙述的个别事件中,并且通过那些个别事件,他的确让我们看到了普遍的东西"。[3]因此,**修昔底德并不是亚里士多德意义上的历史学家**。而细心的读者也不难发现,修昔底德虽然记录的是独特的、个别的事件,但正如修昔底德自己所说,"但是如果那些渴求获得关于过去的正确知识以便有助于理解未来——因为在人类事物的进程中,未来即使不是过去的重演,它也必定与过去极为类似——的研究者们判定我的著作是有用的,那么我也就心满意足了……,我的著作是一切时代的财富"(1.22.4),"只要人的

---

[1] Leo Strauss, *The City and Man*, p.143.
[2] Ibid., p.142.
[3] Ibid., p.143.

自然（nature）不变，这种灾殃现在发生了，将来永远也会发生"（3.82.2）。由此可见，他所记录的独特事件中蕴藏着普遍的、永恒的事物，或者可以反过来说，"人的永久的和普遍的自然是它所记录的行为、言辞和思想的根基"，[1]在这个意义上，施特劳斯认为，**修昔底德可以说是一位"有着哲学头脑的历史学家"**。

## 二 政治哲学与政治史学

在《城邦与人》第三章《论修昔底德〈伯罗奔尼撒人和雅典人的战争〉》中，第一小节"政治哲学与政治史学"和最后一小节"政治史学与政治哲学"的标题即点明了修昔底德史学的性质。如果我们把这两小节结合起来看，则不难发现施特劳斯对修昔底德的总体看法。

在第一小节中，施特劳斯首先描述了修昔底德的史学和政治哲学的区别，他说：

> 从亚里士多德和柏拉图再到修昔底德，我们似乎进入了一个完全不同的世界。这个世界不再是政治哲学的世界，它不再寻索最佳政制……。翻开修昔底德的著作，我们会立即陷入空前激烈的政治生活，内战与外战的血腥斗争，命悬一线，生死存亡。修昔底德从政治生

---

[1] Leo Strauss, *The City and Man*, p.228.

活的本来面目观察政治生活；他并没有试图超越政治生活本身；他没有高高在上，而是置身其中；他按照政治生活的本来面目严肃对待政治生活；他眼中只有活生生的城邦、政治家、海陆军将领、城邦公民以及那些不同于城邦奠基者和立法者的民众煽动家；他描绘政治生活的波澜壮阔、险象环生甚至阴险狡诈……。他不仅借助城邦公民或政治家的立场看待政治事务，而且沿用了他们的视野。[1]

这可以说是对《伯罗奔尼撒战争史》全书主旨和修昔底德史学特征的精彩概括。施特劳斯接着说道，修昔底德"不只是一个政治人（political man），我们不妨延续惯常的做法将修昔底德视为历史学家，从而修昔底德与政治人区分开来"。[2] 施特劳斯发现了修昔底德的超越之处。在之后的缜密论证的基础上，施特劳斯指出：

> 修昔底德不是一个仅仅属于特定城邦的政治人，作为历史学家，他不属于任何城邦。而且，他是一位这样的历史学家，即他能够根据明确把握到的普遍事物观察特殊事物……。因此，他的思想与柏拉图和亚里士多德并非大异其趣。他并不怎么关注那些原初性原则，后者

---

[1] Leo Strauss, *The City and Man*, pp.139-140.
[2] Ibid., p.140.

是哲学家们念兹在兹的主题,也就是说,我们完全有必要超越修昔底德而走向那些哲学家;但这并不意味着修昔底德与哲学家是对立的。[1]

修昔底德的政治史学的特征在于:其视野既囿于却又不囿于政治事务,就其著述的题材而言,修昔底德类似于亚里士多德意义上的历史学家,但就其思想的最终指向而言,修昔底德与亚里士多德、柏拉图并无二致。

在施特劳斯看来,修昔底德的政治史学还可以补充柏拉图、亚里士多德的政治哲学。修昔底德的主题是他所知道的最大的战争、最大的"运动",而《理想国》以及《政治学》中所描述的最好城邦则处在和平和静止状态。在《理想国》的续篇《蒂迈欧》中,苏格拉底非常渴望看到"处于运动中"也就是战争中的最佳城邦,但是他感到自己无法描述那样的城邦:

> 哲学家描述的最佳城邦需要某种补充,后者却是哲学家自己所无法提供的。这种城邦避免了一切必须与难以意料的城邦、不知何时何地与无法预料的人们打交道而带来的偶然性(参见《理想国》499c8-d1)。战争只能是发生在特定城邦之间,而且是在不同群体,在那些有着不同时机的人们领导之下。苏格拉底似乎需要修昔

---

[1] Leo Strauss, *The City and Man*, p.236.

底德的帮助，后者能够补充或完善政治哲学。[1]

在《城邦与人》最后，施特劳斯曾总结指出，修昔底德的史学和政治哲学的区别在于："修昔底德并没有上升到古典政治哲学的高度，因为他更关心'对我们来说是第一性'（first for us）的事物，而不是'自然就是第一性'（first by nature）的事物。"[2]"对我们来说第一性的事物"便是指政治，而"自然就是第一性的事物"则是指哲学。虽然修昔底德的政治史学指向古典政治哲学，但是他并没有把古典政治哲学的主题作为自己的主题，修昔底德与古典政治哲学家保持着一定的距离。

施特劳斯进一步强调政治史学对于古典政治哲学的补充或预备性的意义："哲学便是从'对我们来说是第一性的事物'上升到'自然就是第一性的事物'。这种上升要求，在充分理解'对我们来说是第一性的事物'之前，必须对上升之前的状态有充分的把握。"[3]修昔底德的史学正是展现了古典政治哲学"上升之前的样子"。在《城邦与人》的导言中，施特劳斯强调指出，古典政治哲学或政治科学区别于现代政治哲学或政治科学的关键在于：古典政治哲学或政治科学的首要出发点是有关政治事务的常识性知识（common sense

---

[1] Leo Strauss, *The City and Man*, p.140.
[2] Ibid., p.239.
[3] Ibid., p.240.

understanding)。[1]所谓的常识性知识就是指公民和政治家的知识，即民众的意见或党派的偏见。古典政治哲学的知识是从常识性知识上升而来，但不能脱离常识。修昔底德的政治史学以某种不可超越且无可比拟的方式呈现了古典政治哲学或政治科学的开端，因此，"寻求某种有关政治事务的常识性知识首先将我们引向亚里士多德的《政治学》，最终又把我们引向修昔底德的《伯罗奔尼撒人和雅典人的战争》（即《伯罗奔尼撒战争史》）"。[2]

## 三 修昔底德的沉默与言辞

施特劳斯指出，修昔底德的政治史学与古典政治哲学既有关联，也有区别。施特劳斯通过某些关键论证，帮助我们打开了理解修昔底德的新路向。

首先，修昔底德的战争叙事往往会有所省略或者沉默：由于某些省略，读者通常会认为他有失全面，由于在某些方面的沉默，致使读者无从得知他的结论或评价究竟是什么。[3]其次，由于修昔底德的题材聚焦于政治事务，而他

---

[1] Leo Strauss, *The City and Man*, pp.11-12.
[2] Ibid., p.240.《城邦与人》主要分为四部分：导言、论亚里士多德《政治学》、论柏拉图《理想国》、论修昔底德《伯罗奔尼撒人和雅典人的战争》。
[3] 恰如莫米利亚诺所言，"任何试图从修昔底德关于伯罗奔尼撒战争的一般解释中推断出他尊敬尼西亚斯（Nicias）和鄙视克莱翁（Cleon）的人，都注定是浪费时间"，参见《论古代与近代的历史学》，第168页。

采用的视野的正是城邦或城邦公民的视野，那么读者将如何发现修昔底德著述的超越性或普遍性呢？最后，修昔底德行文中穿插大量演说辞，这种做法留给读者的疑问便是：**那些演说辞所表达的观点与修昔底德本人的主张有着怎样的联系？**

针对修昔底德的省略，施特劳斯提醒我们注意修昔底德本人的问题意识，以及在修昔底德那里什么才是最为重要的，只有这样，"我们就不会为修昔底德对经济和文化事件不置一词而深感惊讶，后者在他眼里并没有如下事件来得重要：比如，一场战役过后，哪方军队占据战场；由于埋葬己方的阵亡将士乃最为神圣的义务；被迫放弃战场的军队不得不恳请敌方准许他们去收集尸体，为此他们不得不正式承认失败；这也是为什么占据战场如此重要的深层原因。修昔底德之所以只字未提'公元前425年［雅典盟邦］被迫缴纳双倍或三倍贡金'这一事实——现代史家认为这是'他叙述中最为明显的一处疏漏'——在于如下事实，即无论是对修昔底德还是雅典盟邦来说，交付贡金本身就是对自由的损害，这要比贡金的数量更为重要。"[1]

至于修昔底德的沉默，施特劳斯援引霍布斯的说法，指出，历史家与哲学家的区别恰恰在于：历史家本人并不会明确说出自己的教诲，他只会通过叙事来传达，"如果修昔底德如霍布斯提示性评论的那样谨小慎微，那么我们不

---

[1] Leo Strauss, *The City and Man*, pp.153-154.

得不承认，要想确定修昔底德要传达的真正教诲，似乎是不可能的"。[1] 比如，鉴于"弥洛斯对话"中雅典人所宣扬的"强权政治"，读者便有理由认为修昔底德支持雅典帝国主义，这样的解释有其正当的理由，毕竟修昔底德未对这场对话进行评判。但是，在修昔底德对米卡列苏斯城（Mycalessus）遭遇屠城的叙述中（7.29-30），我们却不难发现他的笔端流露出的对受害者的深切同情，修昔底德表现出了超越"强权政治"的人道思想。然而，"若问在强权政治与人道思想之间如何能做到彼此协调，修昔底德不会提供明确答案"。[2]

为此，施特劳斯建议读者不妨从修昔底德自己所做的第一个明确评判出发。修昔底德的第一个明确评判大意是说，伯罗奔尼撒人和雅典人之间的战争要比早先的战争更大，无论是在交战双方的力量上，战争所波及的范围上（1.1），还是战争所带来的灾难（1.23.1-2），这场与修昔底德同时代的战争，即"现在的"战争，要比任何古代战争影响更为深远。为了证明这一论断，修昔底德必须证明"古代人的虚弱"。古代战争往往是那些诗人和散文家尤其是荷马的素材，正是由于荷马的描述，人们才坚信特洛伊战争不可超越。[3] 为了证明伯罗奔尼撒战争的至高无上，修昔底德必须质疑荷

---

[1] Leo Strauss, *The City and Man*, p.145.
[2] Ibid.
[3] Ibid., p.154.

马的权威。在修昔底德看来,伯罗奔尼撒战争时期希腊人正处在巅峰时刻,修昔底德似在暗示自己将超越荷马。修昔底德在其著作导言中,通过描述从古代到现代的变迁,"首先证明了伯罗奔尼撒战争超过所有前代的战争(1.1-19),然后说自己的记述优于所有先贤的记述(1.20-22)。修昔底德不仅关心战争本身,而且关注自己的叙事(*logos*)"。[1]

施特劳斯指出,修昔底德的第一个明确评判就是伯罗奔尼撒战争是最大的一场战争,然而这一结论却并不那么新奇,因为,"一切参战者都会认为自己所参与的战争是最大的战争"(1.21.2),也就是说,"人们偏向于认为他们所从事的每一次战争,也就是每一次现在的战争,都是最大的战争"。因此,"修昔底德认为伯罗奔尼撒战争至高无上这一大胆论断便与上述那种自然的偏见没什么两样,因而也就算不上冒犯。不过,那些在许多时候被认为是偏见的论断,在伯罗奔尼撒战争问题上,却是显而易见的真理……"[2]

施特劳斯发现,修昔底德将"现在的"伯罗奔尼撒战争说成是最高的、普遍的和绝对的战争,这是通过证明古代人的虚弱而得出的论断。然而,修昔底德所追溯到的古代不仅仅是传统意义上的古代。在修昔底德看来,战争是一种运动,和平是一种静止,"不是作为某种形式的运动与静止交互作用的运动导致了古代的贫穷、虚弱和野蛮,也不是作为

---

[1] Leo Strauss, *The City and Man*, p.158.
[2] Ibid., p.162.

某种形式的运动和静止交互作用的静止,才导致现在的财富、力量和希腊特性",[1]修昔底德"将自己的关于那场战争之普遍性的看法,与一种关于远古时代(不同于人们传统意义上那种最古老的古代——参1.4开始),即关于原初事物(the simply first things)的看法结合起来"。[2]这里的"原初事物"是指运动、静止以及运动与静止的交互作用,它们不仅存在于古代,而且存在于一切时代,它们是哲学的主题。可见,修昔底德已然上升到哲学层面的普遍原则。为此,施特劳斯强调指出,修昔底德虽然未将这些原则和盘托出,但他在具体叙事的字里行间传达了这些原则。

关于哲学意义上的普遍原则或普遍事物,修昔底德始终三缄其口,对此,施特劳斯指出,"在简洁有力地表达有关那些普遍事物的陈述方面,那些演说辞又是如此丰富,他似乎在诱导读者将那些陈述视为他在自我表达。这一诱惑变得几乎不可抗拒,当那些发言者在表达主张时,智慧之人或正直之士似乎无法反驳那些观点"。[3]这里当然涉及修昔底德之所以创作演说辞的意图。在施特劳斯看来,演说辞非但不会破坏修昔底德的沉默,反而只会加强他的沉默。因为,正如不能把柏拉图对话中的人物的发言等同于柏拉图本人的观点,我们也不能把修昔底德笔下人物的演说辞等同于修昔底

---

[1] Leo Strauss, *The City and Man*, p.160.
[2] Ibid., p.155.
[3] Ibid., p.144.

德本人的言辞，修昔底德全面展示了各种内容上互不相同甚至针锋相对的演说辞，但又没有对它们做出明确的评判，这就已经表明了他和那些演说辞保持着一定的距离。虽然修昔底德著述题材聚焦于政治事务，但作为历史家的修昔底德已经表明了自己的超越性所在。修昔底德笔下人物的演说辞虽然涉及诸多普遍事物，但就其本质而言依然是政治性的言辞，修昔底德虽然对那些演说辞保持了沉默，但在总体上却表露出他的超政治性：

> 他笔下的那些人物的演说辞具有双重意义上的倾向性。它们面对的是特定的情境或困境，它们的出发点是战争中的城邦或斗争中的党派的一方或另一方的立场。修昔底德的叙述纠正了这种倾向性：修昔底德的言辞在这双重意义上做到了不偏不倚。修昔底德做到了周而不比，毕竟他讨论的是整个战争。通过把那些政治演说与真实且全面的言辞结成一体，修昔底德呈现出政治演说辞与真实言辞之间的根本区别。政治演说辞并不服务于揭示真理本身这一目的；一切政治演说都服务于特定的政治目的，它试图通过催促或劝阻、控告或开脱、赞扬或谴责、恳求或拒绝来达成其目的。因此，这样的演说辞往往充斥着赞扬或谴责，而修昔底德自己的言辞则是有所保留的。[1]

---

[1] Leo Strauss, *The City and Man*, p.166.

修昔底德叙事中依据情境穿插各种演说辞，而他自己的言辞却潜藏在这些演说辞之中，他的总体教诲就寄托在那些特定的演说辞中。而且，修昔底德的言辞或教诲并未脱离人们的意见或偏见。由于修昔底德笔下人物的演说辞展示的是特定的时间、特定的个人或城邦所表达的立场和主张，修昔底德对这些立场主张可谓心知肚明，修昔底德坦承自己会尽可能按照实际情境需要安排演说辞（1.22.1）。然而，正由于那些演说辞本身出自修昔底德的手笔，这就难免使读者认为那些演说辞实际上表达的是修昔底德本人的主张。对此，施特劳斯指出，这两种情况完全可以相容：一方面要留意那些演说辞本身所传达的主张，但另一方面也要留意修昔底德本人的看法：

> 没有人竟然会说，那些实际演说者的开篇语词与修昔底德所编定的演说辞的开篇措辞完全一致。例如，这部著作的第一篇演说辞以"正义的（正当的）"开篇，第二篇演说辞则是对第一篇的回应，它以"必然的（强迫的）"开篇。这两个开篇措辞合在一起所暗示的思想便是正当（right）与必然（necessity）的关系问题，是正当与强迫（compulsion）之间的差别、紧张甚至对立的问题，虽然这并非那两篇演说辞的主题，却是修昔底德自己的思想。这一思想并不大引人注目，如此微妙，却是理解两篇演说辞上下文的关键。这两个开篇措辞透

露出修昔底德对伯罗奔尼撒战争的看法。[1]

最后,施特劳斯提醒我们注意,修昔底德对事件和人物的评判也并非一成不变,修昔底德描述的是伯罗奔尼撒战争的进程,而在描述这一进程时,修昔底德的思想也呈现出了某种转化(conversion),[2]从和平或静止的视角转换到战争或运动视角,从斯巴达的视角转换到雅典的视角,从城邦的视角转换到个人的视角,从局部的视角转换到整体的视角……如果能够注意到修昔底德视角的转变,那么,所谓强

---

[1] Leo Strauss, *The City and Man*, p.174. 施特劳斯随后在第五小节"正义"(*Dike*,或译正当)、第六小节"必然"(*Ananke*,或译强迫、被迫)中讨论正义与必然的关系问题,这涉及修昔底德如何看待伯罗奔尼撒战争爆发的原因,不在本文的探讨范围内,但需要注意施特劳斯对正义和必然的论述方式。在他看来,战争最真实却最少被提及的原因是雅典人迫使斯巴达人发动了战争,战争公开宣称的原因却并非真正的原因是雅典和科林斯在有关科基拉和波提狄亚事件上的争端,前者涉及必然或强迫,后者涉及正义或正当,二者不可互换或等同。但施特劳斯同时强调指出,"但这并不意味着正当似乎属于纯粹现象的领域(the sphere of mere seeming),而只有强迫才属于存在的领域(the sphere of being),也不意味着正当与强迫完全对立"(p.182)。以科基拉事件为例,施特劳斯说:"当人们研究修昔底德对那些公开宣称的原因的记述时,就会注意到它们与最真实的原因一样'真实',而且它们事实上只不过是后者的一部分,或可以说是最关键的一部分。战争最真实的原因是由于雅典人日益强大,引起了斯巴达人的恐惧,迫使斯巴达人发动了战争。然而雅典人的各项行动,至少是针对科基拉的行动,也使得他们更加强大,或者至少预期他们将会比之前更加强大。"(pp.174-175)由此可见,施特劳斯对于战争表面原因和真实原因之关系的论述,与古典政治哲学从意见或偏见和常识出发上升到知识有着同样的路径。

[2] Ibid., p.162.

权政治和人道思想之间的所谓矛盾,便可迎刃而解。[1]对于相关人物的评判,施特劳斯指出:

> 我们应当切记,修昔底德会在两种不同的立场之间刻意游移,表现在他对同一议题不同看法之间刻意保持两可的态度,比如他对雅典人刺杀僭主的事件的态度。他对高贵的斯巴达人伯拉西达的公正和善意给予了高度赞扬(4.81),而紧接着他又断定伯拉西达之所以极力反对斯巴达与雅典媾和,在于他欲从自己的胜利中获得荣誉(5.16.1)。第一个评判出自一位俯瞰整个战争的作者;第二个评判则表明主和派尤其是斯巴达主和派对伯拉西达的看法。[2]

## 四 城邦与人:斯巴达与雅典、斯巴达人与雅典人

在《城邦与人》第三章,施特劳斯对比了伯罗奔尼撒战争的两大主角——斯巴达和雅典或斯巴达人和雅典人各自的性格特征。总体来说,斯巴达人对应着和平或静止,保守或传统,节制和虔敬,而雅典人则对应着战争或运动,进步或革新,大胆和狂傲(hybris)。就城邦本身而言,斯巴达似乎更值得赞扬。斯巴达的政制以稳定著称,到修昔底德的时

---

[1] Leo Strauss, *The City and Man*, pp.231-232.
[2] Ibid., pp.162-163.

代，斯巴达政制已经维持了400余年，斯巴达稳定的政制塑造了斯巴达人虔敬、节制，以及谨慎、迟缓的性格特征，修昔底德在其著作的开篇和结尾处都在提醒读者注意斯巴达的力量与其政制之间的内在关联。[1]斯巴达人的节制和虔敬与雅典人的大胆和狂傲形成了鲜明对照（1.70）。在对科基拉内讧的描述中（3.80-82），修昔底德揭示了大胆和狂傲所引起的堕落，内讧似乎就是"人为的瘟疫"，它所导致的堕落与自然瘟疫所造成的堕落类似，都会使得人们彻底抛弃传统的节制和虔敬，从而变得无法无天。[2]在伯里克利的葬礼演说和雅典人在弥洛斯的发言中，读者不难看出雅典人典型的大胆和狂傲，[3]而在修昔底德的叙述中，紧接着葬礼演说的恰恰是瘟疫中雅典人的表现，紧接着弥洛斯对话的便是雅典人远征西西里以及全军覆没。可见，修昔底德字里行间对雅典的批评是显而易见的。

如果从城邦转向个人层面上，修昔底德对雅典则充满悲悯和同情。施特劳斯写道："正如伯里克利在葬礼演说中借助华丽的辞藻宣称，与其他城邦相比，雅典给予每个人发挥优雅才艺、自我潜能、真正个性的机会，从而使他们作为城邦公民远在其他城邦的公民之上。"[4]从修昔底德的战争叙事中，细心的读者不难发现，雅典政坛可谓群星闪耀，

---

[1] Leo Strauss, *The City and Man*, p.146.
[2] Ibid., pp.147-148.
[3] Ibid., p.152.
[4] Ibid., p.193.

从泰米斯托克利到伯里克利再到阿尔基比阿德，他们天赋异禀、卓尔不群，他们似乎凌驾于城邦之上。而斯巴达除伯拉西达外鲜有类似雅典的出类拔萃之辈。为此，施特劳斯写道：

> 与历史上的雅典和雅典人的恐惧相比，斯巴达得益于其体制，因而更少受到杰出人物或潜在僭主的威胁。泰米斯托克利或许一度被视为雅典城邦的威胁；但波桑尼阿斯从来未对斯巴达构成挑战。泰米斯托克利也未被迫返回雅典；他置身雅典城邦之外；因为他的权力在很大程度上源自他的自然禀赋（nature），这种天才不同于法律习俗（nomos），也不同于其他任何可传授的知识；他过人的禀赋（他的"天才"）使他在任何地方都能大显身手，无论是在希腊还是在波斯；另一方面，波桑尼阿斯在自然禀赋方面却大为逊色，修昔底德只字未提他有什么自然禀赋，他的权力得益于法律，他的德行在于斯巴达严格的纪律，而他一旦离开斯巴达，便什么都不是。同雅典相比，斯巴达或许是更杰出的城邦；但在自然禀赋方面，在个人能力方面，雅典远在斯巴达之上。[1]

施特劳斯同时指出，无论雅典人还是斯巴达人，他们之

---

[1] Leo Strauss, *The City and Man*, p.212.

中都不乏另类，比如雅典人尼西阿斯和克里昂，他们倒更像斯巴达人而不是雅典人，尤其是尼西阿斯；[1]再比如斯巴达人伯拉西达，此人倒更像是雅典人而不是斯巴达人（4.81，84.2，108.2-3）。

尽管雅典天才辈出，但他们往往对城邦构成潜在威胁，因此，从城邦角度来看，这些出类拔萃之辈往往被视为"负资产"。在修昔底德的叙述中，杰出个人确实对于城邦构成威胁，尤其是阿尔基比阿德。但修昔底德一再指出，雅典人如果信任阿尔基比阿德，如果阿尔基比阿德未被迫流亡进而叛国，那么西西里远征本来是有成功的希望的。[2]而雅典人之所以不信任阿尔基比阿德，在于西西里远征前夕雅典城内发生的那起"渎神"事件，雅典人怀疑该事件的幕后主使正是阿尔基比阿德（4.27-29）。也就是说，雅典人正是出于"斯巴达式"的理由而怀疑阿尔基比阿德的。[3]依据修昔底德笔下的尼西阿斯的行为和言辞，施特劳斯发现：雅典人尼西阿斯是一个典型的斯巴达人，正是由于他的节制、虔敬或迷信，才导致了西西里远征军的全军覆没；[4]因此，雅典人远征西西里这项充满大胆和狂傲精神的壮举之所以失败，并非由于雅典人的大胆和狂傲，而是由于作为统帅的尼西阿斯

---

[1] Leo Strauss, *The City and Man*, p.213.
[2] Ibid., pp.192, 199.
[3] Ibid., p.200.
[4] Ibid., pp.200-209.

本人斯巴达式的性格特征。[1] 而从修昔底德对雅典的敌人（斯巴达和叙拉古）如何战胜雅典人的叙述中，读者会发现，雅典的敌人必须采用雅典的方式，即雅典的敌人必须在某种程度上变成雅典人，才有望战胜雅典人（7.21.3-4，36.2、4，37.1，40.2，55），[2] 这或许正是修昔底德通过伯里克利之口说"雅典是全希腊的学校"（2.41.1）的深层意涵。

在施特劳斯看来，最高意义上的雅典帝国主义旨在追求某种普世的城邦（7.66），这一努力因城邦本身的限度而遭遇重挫。然而，政治层面的城邦普世主义却可以指向思想层面的普世主义。[3] 在修昔底德对雅典帝国事业的叙述中，在伯里克利的葬礼演说和弥洛斯对话中，在决定远征西西里的谋划中，雅典人的大胆、疯狂、狂傲以及对于城邦和帝国的爱欲（eros）被发挥得淋漓尽致。[4] 雅典人这些典型的性格特征与传统的节制和虔敬格格不入。尽管这种性格特征在政治层面遭遇失败，其思想意义却并未因此遭到削弱；只有超越传统或习俗，政治史学和政治哲学才得以应运而生。修昔底德的超越之处，在于他与荷马竞争，他与伯里克利的精神完全一致，伯里克利在葬礼演说中说"我们无须荷马的歌颂"（2.41.4），传达的正是修昔底德的心声。施特劳斯提醒我们，修昔底德属于伯里克利时代的雅典，属于阿那克萨戈

---

[1] Leo Strauss, *The City and Man*, pp.192, 209.
[2] Ibid., p.226.
[3] Ibid., p.228.
[4] Ibid., p.226.

拉和普罗塔戈拉教育下的雅典。[1]

修昔底德著述聚焦于政治事务，即人们的偏见或意见领域，但他在其中寄托了带有普遍意义的哲学识见。修昔底德在传统的外表下隐藏着"非传统性"，正如施特劳斯所洞见到的："他的著作以'雅典人修昔底德'这样的传统方式开篇，却承载着非传统的信息。"[2]

---

[1] Leo Strauss, *The City and Man*, p.161.
[2] Ibid., p.159.

# 修昔底德政治视野中的荷马

1969年秋,牛津大学古典学教授劳埃德-琼斯(Hugh Lloyd-Jones)在美国加利福尼亚大学伯克利分校主持萨瑟(Sather)讲座。他一共讲了6次,内容涵盖荷马、希罗多德、埃斯库罗斯、索福克勒斯、修昔底德和欧里庇得斯。劳埃德-琼斯后来把这次讲座的讲义整理出版,取名为《宙斯的正义》。在这本书中,作者谈到修昔底德时指出:"修昔底德贬低了特洛伊战争的重要性,宣布自己是荷马的对手。"[1] 对此,读者可能会心生疑惑,修昔底德为什么要把荷马视为自己的对手呢?荷马史诗相当于希腊人的圣经,据说荷马不仅是悲剧家的导师,还是战争术的导师。[2] 荷马还同赫西俄

---

[1] Hugh Lloyd-Jones, *The Justice of Zeus*, Berkeley: University of California Press, 1971, p.141.
[2] 柏拉图,《理想国》,王扬译,华夏出版社,2013年,606e-607a、595b、598d、404b。
\* 作者:李世祥,中国人民大学古典文明研究中心副研究员。

德一道构建了希腊人的宗教体系,教给人们诸神的谱系、名称、荣耀和技艺,描绘了诸神的外形。[1]在诸多前贤中,修昔底德为什么要把矛头指向荷马?难道仅仅是因为荷马在希腊的崇高地位吗?要回答这些问题,我们就需要进入修昔底德的具体语境,细致解读修昔底德对于这位"希腊导师"的真实态度。

## 一 荷马作为"最好的证据"

荷马的名字主要出现在绪言部分,即卷一的第1小节至第23小节。[2]荷马最初以证据的形象出现,修昔底德把他称为"最好的证据",以证明特洛伊战争以前"希腊"这一名称不存在。

> 虽然在特洛伊战争过去很久后出生,荷马从没有用之以称呼全体,也没有以之称呼过任何部族,除了来自

---

[1] 希罗多德,《历史》,王以铸译,商务印书馆,1959年。
[2] 修昔底德在《伯罗奔尼撒战争史》中直接提及荷马的地方共有5次,分别在卷一(1.3.4、1.9.4、1.10.3)和卷三(3.104.4、3.104.5)。间接提及荷马有8次,分别在卷一(1.5.2、1.10.1、1.11.2、1.13.5、1.21.1)、卷二(2.41.4)、卷四(4.24.5)和卷六(6.2.1)。修昔底德对荷马的提及主要集中在卷一绪言部分,有8次;对荷马诗行引用最多的地方是在卷三。本文所引修昔底德文本参考斯蒂文·拉铁摩尔(Steven Lattimore, *Thucydides: The Peloponnesian War*, Indianapolis: Hackett, 1988)的英译本和洛布本译出,标注皆为标准编码,如1.97.2即卷一第97小节第2部分。

弗提奥提斯的阿基琉斯的部下（他们实际上是最初的希腊人），但荷马在诗中提到过达那奥斯人、阿尔戈斯人和阿开亚人。他甚至没有谈到异族人，在我看来，这是由于希腊人还没有一个相匹配的名称将自己与其他民族区别开来。（1.3.3）

修昔底德这里引证的是荷马《伊利亚特》（2.683-685）的诗行，"他们占有佛提亚、出生美女的赫拉斯，被称作米尔弥冬人、赫勒涅斯人、阿开奥斯人，这些人的五十艘船只的将领是阿基琉斯"。[1]王焕生先生在注释中解释说，"赫拉斯"（希腊）是阿基琉斯的家乡（《伊利亚特》1.155），位于色萨利境内，而赫勒涅斯人指的是赫拉斯地区的人。修昔底德认为，随着弗提奥提斯国王丢卡利翁（Deucalion）之子希伦（Hellen）势力不断扩大，"赫拉斯"的名称开始通行于整个地区（1.3.2）。[2]在特洛伊战争以前，希腊人还没有一个统一的称呼，只按各部族自己的名称相互联络。[3]荷马不但

---

[1] 见荷马，《伊利亚特》，罗念生、王焕生译，人民文学出版社，1994年，第50页及当页注2。实际上，荷马在《伊利亚特》另一处地方确实提到过"全体希腊人"（2.530）。柯克（Kirk）对此的解释是，这个词在荷马史诗中只出现过一次，应特指佛提亚附近赫拉斯地区的居民。G. S. Kirk, *The Iliad: A Commentary*, Vol. 1, Cambridge: Cambridge University Press, 1985, p.221.
[2] 在卷四中，赫摩克利特也指出西西里人是由一个统一名称指定的部族（4.64.3），印证了修昔底德这里的叙述。W. R. Connor, *Thucydides*, Princeton: Princeton University Press, 1984, p.126, n.42.
[3] 赫西俄德在《劳作与时日》中也没有提到集体意义上的希腊人，参见 M. I. Finley, *The Use and Abuse of History*, Sydney: Pimlico, 1975, p.125.

没有用希腊人称呼过整支远征军,也没有提到过异族人。这从反面说明既然没有一个整体的希腊意识,人们也就不会有一个与希腊人相对的异族人概念。

修昔底德说这段话的大背景是追溯希腊的起源。他用相当长的篇幅记叙伯罗奔尼撒半岛战争以前的历史,感慨越是年代久远的事件越难以查明(1.1.3)。希腊的先民居无定所,没有围墙,没有商贸,肥沃的土地往往导致内乱和战争。阿提卡人恰恰由于土地贫瘠才定居并强大起来。修昔底德暗示,定居是城邦发展和强大的基点,四处迁移的部族只能为果腹疲于奔命。追溯希腊开端的目的可能正如亚里士多德所说,"我们如果对任何事物,对政治或其他各问题,追溯其原始而明白其发生的端绪,我们就可获得最明朗的认识"。[1]对希腊开端的解释此前只存在于神话和诗歌中,修昔底德的追溯似乎暗示他要提供一种新的解释,一种不同于神话与诗歌的解释。[2]修昔底德承认希腊的名称与古老君王有关系,但拒绝说明这位君王的神圣血统,因为丢卡利翁在希腊神话

---

[1] 亚里士多德,《政治学》,吴寿彭译,商务印书馆,1965年,第4页。
[2] 海德格尔认为,诗人承担着一种创建性的任务,要为世间万物命名,这意味着诗人拥有对世界开端的解释权:"诗人命名诸神,命名一切在其所是中的事物。这种命名并不在于,仅仅给一个事先已经熟知的东西装配上一个名字,而是由于诗人说出本质性的词语,存在者才通过这种命名而被指说为它所是的东西。这样,存在者就作为存在者而被知晓。诗乃是存在的词语性创建。"参见海德格尔,《荷尔德林诗的阐释》,孙周兴译,商务印书馆,2002年,第44—45页。

中是盗火者普罗米修斯的儿子。[1]这一文本细节说明，修昔底德在追溯人类政治起源时切断了王者与诸神的关系。这也使修昔底德对于诸神的态度变得耐人寻味。

解释完希腊人的起源后，为证明阿伽门农拥有更强大的海军，修昔底德接着阐述伯罗奔尼撒人的起源并再次引证荷马：

> 伯罗奔尼撒人根据远古的传说得到了最清晰的解释。他们说，伯罗普斯从亚细亚来时给贫困的人们带来大量财富，借此获得权力并以自己的名字为土地命名，尽管他是外来户。后来其子孙的势力甚至更大。攸里斯修斯在阿提卡被赫拉克勒斯的后裔所杀。阿特柔斯是攸里斯修斯的舅舅；攸里斯修斯在出征阿提卡以前，基于亲戚关系把王国托付给阿特柔斯。阿特柔斯因克里西浦斯之死被他的父亲放逐。攸里斯修斯再没有回来，由于害怕赫拉克勒斯的后裔并认为阿特柔斯强力且一直讨好民众，迈锡尼人愿意让阿特柔斯继任为迈锡尼的国王并统治攸里斯修斯的其他土地。这样，伯罗普斯的子孙就比柏修斯后裔势力更大。我认为，由于继承了这些，同时拥有比别人更强大的海军，阿伽门农能够召集发起远征，这缘于人们对他的拥戴，但更多是出于对他的畏惧。他显然带来数量最多的船只，此外还资助了阿卡狄

---

[1] 库恩，《希腊神话》，朱志顺译，上海译文出版社，2006年，第56页。

亚人。荷马对此说得很清楚,如果荷马作为证据足够好的话。(1.9)

同希腊的名称源自国王希伦一样,伯罗奔尼撒的名称源自国王伯罗普斯(Pelops)。修昔底德详细叙述了阿伽门农的家谱:从伯罗普斯一直到阿伽门农。这实际上是荷马"权杖的传递"的翻版。[1]为了解释伯罗奔尼撒的起源,修昔底德依然不得不依靠荷马的权威。但对比荷马的记叙,我们会发现修昔底德省略了前面的三位神,去除权杖的神话色彩,直接从人间的王者伯罗普斯开始,补充了柏修斯(Perseus)的后裔攸里斯修斯(Eurystheus),但没有提及交给阿伽门农王权的提埃斯特斯(Thyestes)。[2]这是修昔底德切断王者与诸神关联的另一文本例证。修昔底德还在自己的解释中加入了经济和海军的因素[3],说明伯罗普斯因财富而掌握权力,阿

---

[1] "匠神把它送给克洛诺斯之子、大神宙斯/宙斯把它送给杀死阿尔戈斯的天神/赫尔墨斯王送给策马的伯罗普斯/伯罗普斯送给人民的牧者阿特柔斯/阿特柔斯临死时传给多绵羊的提埃斯特斯/提埃斯特斯又交给阿伽门农,使他成为许多岛屿和整个阿尔戈斯的国王。"(《伊利亚特》2.102-108)
[2] 施特劳斯敏锐地意识到修昔底德对诸神态度的重要性,并专门撰文分析(《对修昔底德著作中诸神的初步考察》,彭磊译,载《修昔底德的春秋笔法》,华夏出版社,2007年,第33—51页)。另参N. Marinatos, *Thucydides and Religion*, Meisenheim: Verlag Anton Hain, 1981;及B. Jordan, "Religion in Thucydides", *TAPA*, 1986, Vol.116, pp.119-147。
[3] 关于金钱在修昔底德著作中的作用,参见丽莎·卡莱特(Lisa Kallet)的两部研究著作: *Money, Expense, and Naval Power in Thucydides' History 1-5.24*, Berkeley: University of California Press, 1993; *Money and the Corrosion of Power in Thucydides: The Sicilian Expedition and Its Aftermath*, Berkeley: University of California Press, 2001。

伽门农之所以能发动特洛伊远征更多是源于人们对他的畏惧。[1]对于荷马的那句"他统治着许多岛屿和整个阿尔戈斯",修昔底德进行的是反向论证:迈锡尼是陆地城邦,阿伽门农没有强大的海军不可能统治许多岛屿。因此,荷马的这句诗证明阿伽门农有强大的海军。值得注意的是,修昔底德不再称荷马为"最好的证据",而是说"如果作为证据足够好的话",语气上的微妙变化说明荷马的证据效力正在减弱。[2]

修昔底德接下来的话验证了读者的推断:"如果在这里再次相信荷马的作品,他作为诗人可能会夸大其词,即便按荷马的修饰,远征军显然也不是规模很大。"(1.10.3)修昔底德基于"船只目录"来分析特洛伊远征的规模。在《伊利亚特》中,荷马用200多行(2.510-719)的篇幅来叙述远征军舰队的编制构成,如波奥提亚人派来50艘船,每艘船上有120人;弥尼埃奥斯人派来30艘船;福基斯人派来40艘船;洛克里斯人派来40艘船……虽然给出了各个部族船只和人员的具体数字,但荷马只不过想通过这种手法烘托出远征军庞大的规模。但修昔底德非常较真地做起了荷马出的这道算术题,得出的船只总数为1200艘。这29个部族舰船总

---

[1] 在修昔底德看来,恐惧在人类政治中发挥着重要作用,这也是伯罗奔尼撒战争爆发的深层原因(1.23.6)。
[2] 关于修昔底德对荷马作为证据效力的贬低,参见N. Loraux, *The Invention of Athens*, trs. by Alan Sheridan, New York: Zone Books, 2006, p.110.

数是1186艘，修昔底德给出的应该是个约数。[1]这些船最多可载120人，最少可载50人，即便取平均数85人，总兵力大概有10.2万人。[2]修昔底德认为这个数字算不上规模很大。这一结论让人困惑，因为作者在后面把西西里远征称为希腊史上最大的军事行动（7.87.5），其规模也不过大致有200艘船，5万多人。

修昔底德引用荷马诗行最长的地方是在卷三，十四行诗均出自《阿波罗颂歌》。其背景是在伯罗奔尼撒战争的第6年（即公元前426年）提洛岛（Delos）举行的涤罪祭。雅典人在涤罪祭后首次举行四年一次的提洛节。修昔底德说提洛节其实古已有之，伊奥尼亚人和邻近岛屿的人常常带着妻儿在提洛岛举行赛会庆祝节日，内容包括体育竞技、诗歌比赛，各邦还派出舞蹈合唱队。为了证明提洛岛赛会的真实性，修昔底德引用荷马的《阿波罗颂歌》的前六行（3.104.4）：

　　菲巴斯[3]，你心中最喜爱提洛岛，
　　在那里，伊奥尼亚人拖着长袍聚在一起，

---

[1] Steven Lattimore, *Thucydides: The Peloponnesian War*, Indianapolis: Hackett Publishing Company, 1998, p.8.
[2] A. W. Gomme, *A Historical Commentary on Thucydides*, Vol. 1, Oxford: Oxford University Press, 1945, p.114. 柯克认为，这些船只的数字也不过是一种诗性的夸大，要想从荷马的铺排中得出确切的兵力数字实在是有些较真。参见G. S. Kirk, *The Iliad: A Commentary*, Vol.1, Cambridge: Cambridge University Press, 1985, p.237.
[3] 菲巴斯是阿波罗的女祭司。

有儿妻陪伴走在你的圣道[1]，

他们拳击、跳舞、唱歌，

他们比赛时，高呼你的名讳。

（《阿波罗颂歌》146-150）

修昔底德后面的引证则显得更加不同寻常，用八行诗来描述提洛岛妇女的舞蹈（3.104.5）：

少女们，愿阿波罗和阿尔忒弥斯保佑你们，

全都告别了，但以后要记得我，

无论何时大地上有人

流浪到这里，问：

"少女们，歌手中谁的歌声最甜蜜，

你们最喜欢他？"

你们全体这样回答，不用提我的名字：

"一位盲人，他生活在陡峻的开俄斯。"

（《阿波罗颂歌》165-172）

通过引用最后一行诗，修昔底德确信《阿波罗颂歌》

---

[1] 魏德曼注意到妻子与儿女排列顺序的一个差异，修昔底德的顺序是妻儿，而《阿波罗颂歌》中的顺序是儿妻。魏德曼认为修昔底德一般的使用顺序是儿妻，这反映出修昔底德倾向于认为妇女在战争中处于边缘地位，这里用妻儿显得不寻常。参见 T. Wiedemann, "Thucydides, Women and the Limits of Rational Analysis", in *Greece & Rome*, 30（1983）, 163ff.。

的作者就是荷马，全然没有在卷一引证荷马时的审慎和小心。[1]《阿波罗颂歌》证明了提洛节的存在，后来由于大灾难，赛会不再举行。雅典人在公元前426年恢复了竞赛，并增加了赛马的项目（3.104.6）。

从整部著作来看，提洛岛的涤罪祭是一个小插曲，问题是，修昔底德为什么要用如此大的篇幅来叙述这一小插曲？西蒙·霍恩布鲁尔（Simon Hornblower）给出了四种解释：1. 公元前426年在提洛岛发生的事情是重要的历史事件；2. 从写作角度来看，这一节日非常壮观，对修昔底德来说，涤罪祭是有纪念意义的活动；3. 重启后的提洛节与古时的提洛节相比发生了重要变化，人们当时有诸多误解，修昔底德记叙是为了纠正同时代人的看法；4. 与后面雅典人把提洛人从岛上赶走（5.1.1）形成鲜明的对比，产生强烈的悲剧色彩——和平稳定的往昔与苦难连连的当下。[2]这四种解释都有其合理之处，但第四种解释更有洞察力。

关于涤罪祭，修昔底德在开篇（1.8.1）就有交代，到此

---

[1] 现代学者认为《阿波罗颂歌》是两首颂歌的混合，一是致提洛岛阿波罗颂歌，一是致德尔斐阿波罗颂歌。古代作家希波斯特拉图斯（Hippostratus）认为《阿波罗颂歌》的作者是公元前6世纪晚期的开俄斯人基奈图斯（Cynaethus）。而致提洛岛阿波罗颂歌可追溯到公元前6世纪初。参见P. J. Rhodes, *Thucydides History III*, Chippenham: Antony Rowe Ltd., 2004, p.260, 以及Gregory Nagy, *Homer the Preclassic*, Berkeley: University of California Press, 2010, pp.74-75。

[2] Simon Hornblower, *A Commentary on Thucydides*, Vol.1, Oxford: Clarendon Press, 1991, pp.523-525.

做了更详细的说明。提洛岛的涤罪祭可以追溯至一个神话故事：赫拉派巨蟒追逐阿波罗的母亲勒同，后者四处躲藏，最后逃到荒凉的提洛岛。勒同就在那里生下了她与宙斯的儿子阿波罗，据说当时"金子般的阳光洒遍了"提洛岛。[1] 对于这次祭祀的原因，阿诺德（Thomas Arnold）给出了这样的解释：在伯罗奔尼撒战争前夕，阿波罗神给斯巴达人的神谕是他们会赢得这场战争；在雅典大瘟疫期间，阿波罗的现身使雅典人认为太阳神收回了他的允诺，因而在提洛岛举行涤罪祭取悦阿波罗神。[2] 涤罪祭的内容是将提洛岛上所有坟墓移走，即将去世的人和将要分娩的孕妇都送到提洛岛附近的瑞尼亚（Rhenea）。这样，提洛岛上不再有出生和死亡，也不会有因之而生的污秽。对于提洛岛涤罪祭的特殊意义，伊利亚德（Mircea Eliade）认为：

> 在古典时期，阿波罗代表着宗教律法，柏拉图称他为"国家的诠释者"（《理想国》427c）。阿波罗通过德尔斐、雅典和斯巴达的神谕给人忠告，通过他的诠释来传递并解释神所规定的神庙仪式，特别是杀人者所必行的涤罪祭。如果阿波罗成为远离罪恶的神及至高无上的涤罪者，那是因为他必须在杀死勒同后，行涤罪祭净化

---

[1] 库恩，《希腊神话》，第14页。
[2] Thomas Arnold, *The Peloponnesian War by Thucydides*, Vol.1, London: Whittaker and Co., 1882, p.483.

自己。每一次的谋杀都会产生一次恶毒的污染,那几乎是一种物质力量(瘴气),一种可怕的祸害,它会危害整个社会。阿波罗的贡献在于,他使得古代的杀人习俗变得不那么残忍。[1]

涤罪祭是从战争状态向和平状态的一种过渡,以消除战争带来的不良影响,使人们调整心理重新过和平生活。我们可以说提洛节的记叙和《阿波罗颂歌》的引证为读者在宏大战争叙事中留出一道和平的缝隙。这里引证荷马非常恰当,因为荷马提及提洛岛与和平的内在关联,正如奥德修斯见到瑙西卡娅时所说:

> 我去过提洛,在阿波罗祭坛旁见到
> 一棵棕榈的如此美丽的新生幼枝。
> 我去那里,一支巨大的军队跟随我,
> 顺道路过,在那里遭受到许多不幸。
> 我一看见那棕榈,心中惊愕不已,
> 从未有如此美丽的树木生长于大地。
>
> (《奥德赛》6.162-168)[2]

---

[1] 见伊利亚德,《宗教思想史》,晏可佳、吴晓群、姚蓓琴译,上海社会科学院出版社,2004年,第230页,译文有改动。
[2] 荷马,《奥德赛》,王焕生译,人民文学出版社,1997年,第109—110页。原译文中提洛译作"得洛斯"。

棕榈树是静谧和平生活的比喻，暗示战争中的人们对和平的渴望，仅就此来看，这一段就具有非常重要的意义。

## 二 修昔底德的"真实"与荷马的"夸大"

修昔底德对荷马的引证充分说明这位史学家对于证据的重视，仅在绪言部分就8次使用了"证据"一词。[1]证据在修昔底德的心目中具有非常重要的地位，正如他自己所说："人们会认为，我根据最清楚的证据得出的发现就古代做了充分说明。"（1.21.1）那么，修昔底德为什么会如此重视证据？荷马作为证据的效力又为何逐步减弱呢？

修昔底德把荷马作为证据是对荷马权威的认可，他对荷马的批评则是对这一权威的挑战。修昔底德在分析特洛伊远征军的规模时第一次对荷马的夸大修饰提出了批评，[2]还对其可信度提出质疑，与此前品达对荷马的批评形成呼应。[3]他后面又就这一缺点对整个诗人群体提出批评：

---

[1] 分别在1.1.3、1.3.3、1.8.1、1.9.4、1.10.1、1.20.1、1.21.1（两次）。修昔底德使用三个词来指证据，分别是 τεκμήριον（tekmerion）、σήμειον（semeion）、μαρτύριον（marturion），关于这三个词的区别，霍恩布洛尔做了详细的解释，参见 Simon Hornblower, *Thucydides*, Baltimore: Johns Hopkins University Press, 1987, pp.100-107。
[2] Simon Hornblower, *A Commentary on Thucydides*, Vol.1, p.35.
[3] 品达在 *Nemean* 7中说："由于荷马甜美的诗歌，奥德修斯的名声要比其真实的经历更大。其伟大之处在于谎言和高超的技艺，他的诗艺通过故事误导和欺骗了我们。" Pindar, *The Complete Odes*, trs. by Anthony Verity, Oxford: Oxford University Press, 2007, p.105.

不要相信过去更有可能是诗人歌唱的那样，因为诗人夸大修饰。散文作家是为了吸引听众而非揭示真实。他们的记叙无法检验，随着时间流逝，大部分作为神话传说取得了成功，但不可信。（1.21.1）

修昔底德首先对前人做了初步划分：诗人和散文作家（或编年史家）。诗与歌唱密切相关，诗人由于夸大而不可信。散文作家指不可靠的故事讲述者、错误故事的传播者。[1]修昔底德用这个词同样意在强调编年史不可信，诗人和散文作家都在讲述故事，一个用唱的方式，一个用说的方式。这些前辈都通过夸大的修辞手段来吸引听众并设法使自己的言辞悦耳，其目的是在暂时的竞赛中获奖（1.21.4）。修昔底德把这些用夸大的方式所表达的内容统称为神话，声称要剔除这些神话。[2]尽管在用散文写作，修昔底德没有称自

---

[1] A. W. Gomme, *A Historical Commentary on Thucydides*, Vol. 1, pp.138-139. 波利比乌斯说过类似的话："一些编年史家在叙述希罗尼穆斯如何垮台时，写得长篇累牍，并且引进超自然的成分到故事中。"参见波里比阿，《罗马帝国的崛起》，翁嘉声译，社会科学文献出版社，2013年，第448页。

[2] 根据斯图尔特·弗洛里（Stewart Flory）的考证，μυϑῶδες（muthodes）在修昔底德之前的古希腊存世文献中并未出现过，这也就是说，修昔底德是第一位使用μυϑῶδες的人。弗洛里认为，这个词不是泛指想象性的故事，而是特指夸大、赞美战争荣耀的故事。μυϑῶδες蕴含着某种沙文主义式的爱国情感，为避免这种倾向，修昔底德才声称自己的著作中不会有μυϑῶδες。拉铁摩尔据此把这个词翻译成"patriotic storytelling"，但鉴于修昔底德使用μυϑῶδες时旨在与真实相对比以强调其内在的虚假性，本文依然将其译作神话。这也符合人们后来对秘托斯与逻各斯（转下页）

己为散文作家，暗示自己既不是诗人也不是赫卡泰乌斯和希罗多德那样的史家。在修昔底德看来，散文作家与诗人的区分不是内容而是文体，因为他们说唱的都不可信，散文作家用的是散文，[1]诗人用的是韵文。[2]这与亚里士多德后来在《诗学》（1451b1-b7）中提出的看法截然相反。[3]

要理解修昔底德对荷马等前人的批评，我们先得弄清楚一个问题，即荷马为什么要夸大。荷马确实在其史诗中大量使用了夸大的修辞手段，比如，当忒提斯请求宙斯为阿基琉斯复仇时，宙斯做出承诺后"一片美好的头发从大王的永生的头上飘下，震动天山"（《伊利亚特》1.530）。达那奥斯人的队伍"有如海浪在西风的推动下，一个接一个冲击那回响的沙滩，在海面露出浪头，随即在地上打散，发出巨大

---

（接上页）两种思维方式的区分。参见Stewart Flory, "The Meaning of τὸ μὴ μυθῶδες (1.22.4) and the Usefulness of Thucydides' History", *The Classical Journal*, Vol.85, 1990, pp.193-208。

[1] Lionel Pearson, *Early Ionian Historians*, Oxford: Claredon Press, p.7.
[2] 伯瑞（J. B. Bury）提出，散文的兴起是史学兴起的一个条件，没有散文这一新的批判性思维工具来承载，史学的兴起无法想象。诗歌与散文虽然没有清楚划分彼此的区域，但无疑相互是对手。古希腊最早的史学家赫卡泰乌斯选择用散文来写作历史就表现出了其远见卓识。参见J. B. Bury, *The Ancient Greek Historians*, London: Macmillan and Co. Ltd., 1909, pp.16-17。
[3] "史家和诗人的差别不在于一用散文，一用韵文；希罗多德的著作可以改为韵文，但仍是一种历史，有没有韵律都是一样；两者的差别在于一叙述已发生的事，一描述可能发生的事。"参见亚里士多德，《诗学》，罗念生译，人民文学出版社，1962年，第28页。但修昔底德认为已经发生的事情可能还会发生，因此自己的记叙对后人会有教益（1.21.4），这一抱负已然超出了亚里士多德对于史家职责的限定。

的声吼，拱着背涌向岬角，吐出咸味的泡沫"（《伊利亚特》4.422-425）。还有，当奥德修斯等人请求阿基琉斯继续与特洛伊人作战并说阿伽门农会补偿他珍贵的礼物时，阿基琉斯愤愤地说：

> 即使他把现有财产的十倍、二十倍给我，
> 再加上从别的地方得来的其他的财产，
> 连奥尔科墨诺斯或埃及的特拜的财富一起——
> 在那个城邦家家存有最多的财产，
> 特拜共有一百个城门，每个城门口
> 有二百名战士乘车策马开出来——
> 即使赠送的礼物像沙粒尘埃那样多，
> 阿伽门农也不能劝诱我的心灵。
>
> （《伊利亚特》9.379-386）

荷马在这些诗句中都运用了夸大的修辞手段，让听众对宙斯的神力、军队的雄壮和阿基琉斯的愤怒在脑海中产生深刻的印象。黑格尔认为，艺术的目的之一就是激发情绪，唤醒人内心的情绪、愿望和情欲，使之活跃起来，让人深切感受到内心最深处和最隐秘处所能体验和创造的东西，无论是高尚的还是邪恶的。[1]诗歌的这种表达方式往往给听众留下愉悦感，但修昔底德反复强调自己并不重视这种愉悦，自己

---

[1] 黑格尔，《美学》，朱光潜译，商务印书馆，1979年，第57页。

的著作可能不那么悦耳（1.22.4），也无意讨好听众。那诗人为什么一定要使自己的诗歌悦耳以吸引听众呢？

诗歌这个名称本身就暗示着"诗"与"歌"的密切关系。在希腊语中，诗的本义指"制造""创作"，引申为作品、诗歌，而诗人则指诗歌的创造者，也用来转指立法者，即法律的制定者。[1]诗歌和诗人的出现是人类古老文明起源的一个重要特征，无论在西方还是在东方都是如此。在古希腊，诗歌的作用甚至更为重要，用布鲁诺·斯奈尔（Bruno Snell）的话说，"诗歌是政治思想的先行者，是语言的实验田，还是社会发展的催化剂"。[2]诗人是故事的歌手，他们到处游走流浪，传颂着祖先的英雄事迹。洛德（Albert Bates Lord）就认为，"荷马史诗的创作者是一位口头诗人，证据就来自于荷马史诗本身。这是恰如其分的、合乎逻辑的、必然如此的"。[3]在文字书写出现之前，"口头传统为大部分希腊人提供了关于历史的知识"，因为当时的学校并不提供专门的历史教育，而荷马史诗在这方面发挥着无可替代的作用。[4]正是由于这种口头传唱的特点，诗人面对听众不得不

---

[1] Andrew Ford, *The Origins of Criticism*: *Literary Culture and Poetic Theory in Classical Greece*, Princeton: Princeton University Press, 2002, pp.131-158.
[2] Bruno Snell, *Poetry and Society*: *The Role of Poetry in Ancient Greece*, Bloomington: Indiana University Press, 1961, p.1.
[3] 阿尔伯特·贝茨·洛德，《故事的歌手》，尹虎彬译，姜德顺校，中华书局，2004年，第204页。
[4] Thomas Rosalind, *Oral Tradition and Writing Record in Classical Athens*, Cambridge: Cambridge University Press, 1989, p.3.

使自己的诗歌更有吸引力、更悦耳。荷马在《奥德赛》卷八中对此曾做过描述,这也可以说是荷马自己的自画像:

> 传令官回来,带来令人敬爱的歌人,
> 缪斯宠爱他,给他幸福,也给他不幸,
> 夺去了他的视力,却让他甜美地歌唱。
> 潘托诺奥斯给他端来镶银的宽椅,
> 放在饮宴人中间,依靠高大的立柱。
> 传令官把音色优美的弦琴挂在木橛上,
> 在他的头上方,告诉他如何伸手摘取。
> 再给他提来精美的食篮,摆下餐桌,
> 端来酒一杯,可随时消释欲望饮一口。
> 人们伸手享用面前摆放的肴馔。
> 在他们满足了饮酒吃肉的欲望之后,
> 缪斯便鼓动歌人演唱英雄们的业绩,
> 演唱那光辉的业绩已传扬广阔的天宇。[1]
>
> (《奥德赛》8.62-74)

故事的歌手这里歌唱的是"英雄们的业绩",荷马对诗人歌唱的内容还有一个更全面的概括,奥德修斯的妻子佩涅洛佩对诗人费弥奥斯说,"歌人们用它们歌颂凡人和神明们的业绩"(《奥德赛》1.338)。这类诗歌被称为英雄史诗,其

---

[1] 荷马,《奥德赛》,第131页。

目标是创造并传颂一个英雄的理想,其影响远远大于其他类型的诗歌,因为它给出了生活的理想画面,勾勒出那些面对命运努力争取高贵奖品的人。[1]

诗人的宗旨都是要把英雄们的光辉业绩世世代代传唱下去。对于现代人来说,这似乎有些奇怪,古代诗人为什么一定要歌颂英雄,现代诗歌不是对英雄刻意保持着某种沉默吗?我们还是要回到古代诗人的生活背景。布克哈特(Jacob Burckhardt)把古希腊社会的早期称为英雄时代,其后是赛会时代。[2] 在英雄时代,希腊人奉行一项基本的生活准则:做最好的人。在《伊利亚特》卷六中,希波洛科斯之子格劳科斯和提丢斯之子狄奥墨得斯对阵,狄奥墨得斯怀疑格劳科斯是神明,就呐喊道:"我不愿同永生永乐的神明斗争,如果你是吃田间果实的凡人中的一员,你就走近来,快快过来领受死亡。"(《伊利亚特》6.141-143)在列举了高贵的家世和自豪的出身后,格劳科斯说:

> 希波洛科斯生了我,我来自他的血统,
> 是他把我送到特洛伊,再三告诫我,
> 要永远成为世上最勇敢最杰出的人,
> 不可辱没祖先的种族,他们在埃费瑞

---

[1] Werner Jaeger, *Paideia: The Ideals of Greek Culture*, Vol.1, trs. by Gilbert Highet, Oxford: Oxford University Press, 1939, p.43.
[2] 雅各布·布克哈特,《希腊人和希腊文明》,王大庆译,上海人民出版社,2008年,第227页。

和辽阔的吕西亚境内是最高贵的人。

这就是我自豪的世系和我出生的血统。[1]

(《伊利亚特》6.206-211)

英雄就是做"最勇敢最杰出的人",而要做到这一点的前提之一便是出身高贵,也就是说要有贵族的血统。在《奥德赛》中,英雄可以说是整个贵族阶层的代名词,当雅典娜指示特勒马科斯"召集阿开奥斯英雄们会商"时,她指的主要是伊萨卡的贵族。[2] 荷马史诗中的英雄主角都是贵族出身,如阿伽门农、涅斯托尔、奥德修斯、埃阿斯、帕特洛克罗斯等等,有的甚至有神的血统,如阿基琉斯。正是由于贵族在城邦中的重要地位,他们的理想准则便成为诗人歌颂英雄的根基,同时也借其贵族地位而广为流传。古希腊诗人对英雄的歌颂归根结底是对贵族生活方式的赞美。

但在修昔底德看来,荷马的这种夸大掩盖了事情的真相,而真实的地位要远高于夸大的文学效果。阿勒忒亚(aletheia)的含义在古希腊有一个演变过程:希腊人最初言说真实,很久以后才能够倾听真实(埃斯库罗斯《阿伽门农》680)或观察真实(品达 N.7, 25),相信真正的诸神(希罗多德《历史》2.174.2),再到后来阿勒忒亚才指言辞和技

---

[1] 荷马,《伊利亚特》,第138页。
[2] M. I. Finley, *The World of Odysseus*, New York: Viking Press, 1954, p.20.

艺所模仿的外部现实。[1]从帕默尼德（Parmenides of Elea）开始，希腊思想家开始假定真实必须要展示出相同的特性，论述不仅要观察事实和事件，还要更好地表现出现实的本性。托马斯·科尔（Thomas Cole）指出，阿勒忒亚代表着一种精确和一致性，与口头论述相比，这种精确和一致性在书面论述中更容易验证。随着真实不断得到验证，被验证的事物与验证本身合为一体。修昔底德是第一位完成这一融合的散文作家，同时还是把对真实的探究与书面论述的表述风格结合在一起的第一位作家。

要进一步了解科尔的论述，我们还需仔细比较荷马和修昔底德著作中阿勒忒亚的具体含义。阿勒忒亚在《伊利亚特》中出现4次，在《奥德赛》中出现14次。[2]除了一处指"诚实的"——"有如一名诚实的女工平衡天平，把砝码和羊毛放到两边仔细称量"（《伊利亚特》12.433-434），其他地方都指"真实的情况"。例如，当赫克托尔询问女仆自己妻子的去处时，要求把"可靠的情况如实告诉我"，一个忙忙碌碌的女管家便回答说"你叫我们说出真实的情况"，她去了城楼观战（6.375-389）。另一处是赛马时阿基琉斯派福尼克斯在路标旁监督，真实地向他禀报情况（23.361）。阿

---

[1] Thomas Cole, "Archaic Truth", *Quaderni Urbinati di Cultura Classica*, Vol. 13, 1983, p.9.
[2] 见《伊利亚特》6.382、12.433、23.361、24.407；《奥德赛》3.247、3.254、7.297、11.507、13.232、13.254、14.125、16.61、16.226、17.15、17.108、18.342、21.212、22.420。

勒忒亚在《伊利亚特》最后一次出现，见于特洛伊老国王普里阿摩斯对赫尔墨斯的质询："你若是佩琉斯之子阿基琉斯的侍从，请你把真实情况告诉我，我的儿子依然在船边，还是……"（24.407）在这三个例子中，阿勒忒亚都用于人物的对话，强调要说真话，也就是科尔所说的"言说真实"。

与《伊利亚特》相比，阿勒忒亚在《奥德赛》中的使用大量增加，除了在对话中指要说真实的情况外，阿勒忒亚出现的上下文更为复杂，真与假的层次感也更为丰富，真实往往与谎言同时出现。当奥德修斯返回伊萨卡，遇到雅典娜变成的牧童时说"我请你向我说明实情（ἐτήτυμος, etetumos），让我明白，此处是何地域何国土，什么种族居住"（13.232-233）。当雅典娜告诉他是伊萨卡时，奥德修斯"并未直言（aletheia）相告而是言语矜持，因为他心中一向怀抱狡狯的主意"（13.254-255）。奥德修斯让别人说真话，自己却有所隐瞒，这正是其聪明之处，也招来了雅典娜的指责和称道：

> 一个人必须无比诡诈狡狯，才堪与你
> 比试各种阴谋，即使神明也一样。
> 你这个大胆的家伙，巧于诡诈的机敏鬼，
> 即使回到故乡土地，也难忘记
> 欺骗说谎，耍弄你从小喜欢的伎俩。
> 现在我们这些暂不说，你我俩人
> 都善施计谋，你在凡人中最善谋略，
> 最善辞令，我在所有的天神中间

也以睿智善谋著称。

(《奥德赛》13.291-299)

雅典娜挑明了奥德修斯的性格特点，善于谋略和欺骗，阿勒忒亚在这里是荷马从否定的意义上来描述奥德修斯的行动，但其含义仍旧指说真话、不隐瞒。牧猪奴欧迈奥斯劝告奥德修斯说，流浪汉为得到主人的款待"经常编造谎言，不想把真情说明"（14.125）。见到妻子佩涅洛佩时，奥德修斯"说了许多谎言，说得如真事一般"，但荷马此处用的是 ἐτύμοσιν（etumosin）一词（19.203）。总之，在《伊利亚特》中，阿勒忒亚一般出现在日常对话中，指真实的情况，说真话。在《奥德赛》中，阿勒忒亚常常会与谎言、欺骗同时出现，突出真实与虚假的对比。

阿勒忒亚在《伯罗奔尼撒战争史》中也多次出现，其含义可分为三类：最常用的含义是真实，如真实的情况；[1] 其次是真正，如真正的法官（3.56.3）、真正的男人（4.27.4）、真正的朋友（4.120.3）；还有真诚的意思，如诚意（5.45.3）。在修昔底德的笔下，阿勒忒亚的含义多指事实、真相，在

---

[1] 见 1.20.3、1.21.1、1.22.4、2.35.2、2.41.2、2.41.6、3.24.3、3.61.1、4.126.4、5.74.3、6.33.1、6.87.1、6.89.3、7.8.2、8.6.4。托马斯·斯坎伦（Thomas F. Scanlon）提出，除了 ἀλήθεια 外，修昔底德还使用 ἀκριβής 和 τὸ σαφές 来表示真实或真相，ἀλήθεια 和 ἀκριβής 仅指过去和现在的真实，而 τὸ σαφές 则还能指未来的真实。参见 Thomas F. Scanlon, "'The Clear Truth' in Thucydides 1.22.4", *Historia: Zeitschrift für Alte Geschichte*, 2$^{nd}$ Qtr., 2002, pp.145-146。

英语中通常译作truth。[1] 修昔底德强调，要得到真实的情况，就得付出艰苦的努力，而人们一般不愿做这样的努力（1.20.3），即便如此，也未必就能成功（1.22.4）。在绪言部分，阿勒忒亚往往与证据、检验、准确等词密切相关。比如，人们不加检验地接受各种传闻（1.20.1）；根据所引用的最清楚的证据（1.21.1），"对我自己的亲身见闻和从别人那里听说的消息进行检验，以最大的可能性确保各个事件的准确度"（1.22.2）。与在荷马史诗中明显不同的是，阿勒忒亚在《伯罗奔尼撒战争史》绪言部分显现出一种脱离日常语言的理论化、抽象化趋势，与谎言传统上的内在关联变得微弱。[2]

---

[1] 在英语中，truth既指真相也指真理。而二者的区别在于：真相侧重事实层面，而真理侧重哲学思辨层面；真相涉及的事件确实发生过，而真理涉及的事件不必确实发生过。由truth衍生的两个副词很好地区分了事件本身与对事件的语言记述，truly指真实地发生的事件，而truthfully指对这一事件的真实描述。参见June Allison, *Word and Concept in Thucydides*, Atlanta: Scholars Press, 1997, p.212。

[2] 帕里诗中没有抽象词汇，其语言都在日常生活的意义上使用；赫西俄德发展出抽象化的谚语，即抽象的词汇固定在谚语中使用，这些抽象的谚语在品达、埃斯库罗斯和希罗多德著作中达到高峰；在第三阶段，抽象词汇以有组织的形式出现，不再局限于谚语内，代表人物是修昔底德和高尔吉亚；第四阶段是亚里士多德开创出教条式的抽象词汇，这些词语完全不需要指向人的状态或行为；最后一个阶段是试验性的抽象词汇，词与物对应的确定性被动摇，但抽象词汇也渗透到生活的方方面面。参见Adam Parry, "Thucydides' Use of Abstract Language", *Yale French Studies*, No. 45, 1970, pp.3-20。

## 三 质疑"希腊导师"荷马

在《伯罗奔尼撒战争史》中,对荷马批评最严厉的并不是修昔底德本人,而是雅典第一公民伯里克利。公元前431年冬天,也就是伯罗奔尼撒战争的第一年,雅典人为阵亡者举行公葬。伯里克利在这一仪式上发表演说,史称"葬礼演说"。整篇演说可以说是对雅典帝国和民主制的一篇颂歌。伯里克利宣称,雅典是"全希腊的学校",公民个人可以用多种方式证明自己的自足(2.41.1)。正是在歌颂雅典这一背景下,伯里克利提出对荷马的批评:"我们不需要荷马唱赞歌,也不需要其他诗人的称颂,因为他们的诗行取悦一时,行动的真相将破坏他们留给人的印象。"(2.41.4)[1] 这句话蕴含着言辞与行动、虚假和真实、诗人与城邦等多重对比关系。原来荷马是希腊的导师,每个人都向荷马学习;现在,雅典取代荷马成为希腊的学校,凭靠的不是诗人虚假的悦耳言辞,而是真实的行动。雅典用行动建立起永久的纪念碑,用勇敢打开每一片陆地和海洋的大门。但是,这一批评毕竟出自伯里克利之口,我们不能将这等同于修昔底德的观点,还需要检验这与作者评议的内在关联,只有在二者相符的情

---

[1] 关于这句话的解释,参见Gomme, *Historical Commentary on Thucydides*, Vol.1, p.128; Hornblower, *A Commentary on Thucydides*, Vol.1, p. 309; Rusten, *The Peloponnesian War*, Cambridge: Cambridge University Press, 1990, p.161; Arnold, *The Peloponnesian War by Thucydides*, Vol.1, p.210。

况下才能将之归于修昔底德的名下。[1]

伯里克利的这一批评让人回想起修昔底德在卷一绪言结尾说过的话，两个人都在反对荷马，反对诗歌的悦耳，反对虚假，强调真实。这么多的契合点使人有充分的理由认定，伯里克利对荷马的批评其实是修昔底德内心的真实想法。在这一背景下，伯里克利与修昔底德还有一个重要的共同点，即都认为古人不如今人。修昔底德在绪言中明确提到"古人的贫弱"（1.3.1），如果说这时修昔底德指的还是物质生活，那么当他批评荷马不可信时显然已经把矛头指向了古人智慧上的贫弱。伯里克利同样强调今人比先辈取得了更大的成就，壮大了帝国，为城邦提供各种资源使其自给自足（2.36.3）。不过，两人也有一个细微但重要的差异：伯里克利想通过雅典的功绩（即行动）实现不朽的荣誉，而修昔底德则是想通过自己的著作（即言辞）垂诸久远。[2]

在古希腊思想史中，修昔底德并不是批评荷马的第一人，克洛丰的克塞诺芬尼（Xenophanes of Colophon，前570—前478年）和以弗所的赫拉克利特（Heraclitus of Ephesus，公元前500年左右）都批评过荷马。耶格尔（Werner Jaeger）说克塞诺芬尼对事物做出了自然的、合乎逻辑的解释，使哲

---

[1] 特伦斯·欧文，《古典思想》，覃方明译，辽宁教育出版社，1998年，第283页。
[2] 施特劳斯，《修昔底德：政治史学的意义》，彭磊译，载《古典政治理性主义的重生：施特劳斯思想入门》，华夏出版社，2017年，第126—160页。

学思考取代荷马对宇宙的理解，废除了荷马和赫西俄德建立的多神世界。克塞诺芬尼利用真理的力量给人类的生活和信仰带来革命性的变化，这种真理也成为其新文化的基础。"物理学家的宇宙观成了人类社会文明秩序的模板，城邦国家伦理的形而上学基石"。尽管承认"从最初的时候起，所有人都向荷马学习"，但克塞诺芬尼对这位希腊导师的批评并不客气，"荷马和赫西俄德归于诸神的所有那些在人类中是羞耻和谴责的事情：偷窃、通奸和相互欺骗"。[1]克塞诺芬尼说的这些情况确实发生在荷马和赫西俄德的作品中，如战神阿瑞斯和美神阿弗罗狄忒偷情被赫菲斯托斯捉奸在床（《奥德赛》8.266-366）；赫拉施计使宙斯陷入情网，忘记特洛伊战争的局势（《伊利亚特》14.300-360）；普罗米修斯祭祀时欺骗宙斯给了众神之王一堆牛骨（《神谱》535-556）。在古希腊，诗人扮演着教育者的角色。克塞诺芬尼说荷马和赫西俄德笔下的诸神不道德是一项非常严厉的指责，因为人们会以神为榜样做不义的事情。

克塞诺芬尼这一批评背后隐含的是对神人同形同性论（anthropomorphism）的不满。[2]神与人同一形象、同一性格是希腊宗教与其他宗教的一个重要区别。神人同形同性论造

---

[1] Werner Jaeger, *Paideia*: *The Ideals of Greek Culture*, Vol.1, trs. by Gilbert Highet, Oxford: Oxford University Press, 1939, pp.170-171.
[2] 神人同形同性论指诸神、自然或非人的动物拥有人一样的外形、思想和意图。参见布莱克波恩，《牛津哲学词典》，上海外语教育出版社，2000年，第19页。

成的结果是:神是多而不是一。有多少对神的渴求就会有多少神,神会同人一样有道德缺憾,相互争吵,偷盗欺骗。为解决这一问题,克塞诺芬尼试图从伦理学的角度改造荷马、赫西俄德的神话传统:

> 首先,正义的人颂赞神明,
> 用虔敬的故事和纯洁的语言。
> 然后奠酒并且祈请赐予力量,
> 要做得得体(这是最明确的义务)。
> 喝酒并无过错,但要适量,
> 弱者、老者都能自己安全回家。
> 要赞美饮酒后仍
> 举止得体、不忘记美德的人。
> 不要讲提坦神、巨灵或马人的斗争,
> 这些都是我们祖辈的虚构。
> 也不要讲内乱,这没有什么益处;
> 而要时时对神灵虔敬,这才是好事。[1]

克塞诺芬尼规定了会饮的程序:敬拜神明、奠酒、会饮;同时指出做这三件事的仪式性要求,歌颂诸神时故事要

---

[1] 根据古瑟里(W. K. C. Guthrie)的英译文译出(*A History of Greek Philosophy*, Vol.1, Cambridge: Cambridge University Press, 1962, p.360),同时参考北京大学哲学系编《古希腊罗马哲学》的译文(生活·读书·新知三联书店,1957年,第45页)。

虔敬，语言要纯洁，奠酒要得体，饮酒要适量。克塞诺芬尼接着解释故事虔敬、语言纯洁的内涵[1]：不要讲提坦神、巨灵或马人的斗争，也不要讲内乱；前者是祖辈的虚构，后者听了对人没好处。修昔底德指斥诗人不真实显然与克塞诺芬尼这里所说的虚构有着一脉相承的关系。要使人对神保持彻底的虔敬就必须对传统神学进行改革，使其更为"虔敬"和"纯洁"。[2]

除了道德上纯洁无瑕外，神还应该是：唯一的，最为伟大，形体与思想都不同于凡人（D23）；全视、全知、全听（D24）。[3] 在亚里士多德看来，克塞诺芬尼是最早思考"一"

---

[1] 克塞诺芬尼这里所说的故事和语言两个词的希腊文是 μῦθος（muthos）和 λόγοις（logos），鲍勒（C. M. Bowra）认为，克塞诺芬尼显然有意对故事和语言做了区分，但又不同于后来柏拉图的用法。柏拉图把 μῦθοις 作为虚构的故事，把 λόγοις 作为真实的故事。C. M. Bowra, "Xenophanes, Fragment 1", *Classical Philology*, Vol. 33, 1938, p.357.
[2] 菲里克斯·克里夫（Felix Cleve）干脆把克塞诺芬尼和赫拉克利特都称为宗教改革家。Felix Cleve, *The Giants of Presophistic Greek Philosophy*, Leiden: Martinus Hijhoff, 1973, pp.5-30.
[3] "尽管克塞诺芬尼的神不是对宇宙生成论传统的一个直接的发展，但它在一定程度上基于米利都的神圣实体观念。这个神圣实体就是泰勒斯和阿那克西美尼认为以某种方式渗透世界中的对象，给它们以生命和运动。但克塞诺芬尼不可能精确地得出一方面是神、另一方面是多样世界的这一位置的关系。通过把克塞诺芬尼处理为原始的爱利亚派，亚里士多德误导了整个古代的传统。这样结论似乎就是，克塞诺芬尼的神被认为是对荷马诸神特性的否定，不曾得到准确的安置——旧的荷马诸神被克塞诺芬尼同时代人认为必然被安置于奥林波斯。"参见基尔克、拉文、斯科菲尔德，《前苏格拉底哲学家：原文精选的批评史》，聂敏里译，华东师范大学出版社，2014年，第256—257页。
　　罗斑对此评论说："克塞诺芬尼把存在的一切看作一个唯一（转下页）

的哲人,"他注意到整个的天界,他说一就是神"(《形而上学》986b23-25)。[1]克塞诺芬尼就此对诗人的权威提出了根本性的质疑:真正说来,从来没有,也绝不会有任何人认识神灵以及我所说的一切事物。因为即使有人偶然说出了极完备的真理,他自己也不会知道的。因为决定一切的只是臆想(D34)。[2]克塞诺芬尼的这一努力并非没有问题,一神确实更为纯洁和唯一,但神与人的关系也变得更为遥远冷漠,神不再是荷马史诗中那些有血有肉的形象。[3]毕竟神人同形同性论同时暗示,人的品质能够部分转化为神性,只要人与神的领域不截然切开,人性中的某种因素就与神性有着沟通的桥梁。

---

(接上页)的存在,是存在的东西的全体,是永恒、不动、不变的,是由一种高于我们思想的思想构成的神,这样他就和先前的物理学根本分了家,而以一种全新的方式确定了事物的始基。"参见罗斑,《希腊思想和科学精神的起源》,陈修斋译,段德智修订,广西师范大学出版社,2003年,第84页。

[1]亚里士多德,《形而上学》,李真译,上海人民出版社,2005年,第30页。
[2]《古希腊罗马哲学》,第47页。不过,在沃格林看来,克塞诺芬尼反对荷马和赫西俄德,实际上却继承了他们的传统,因为两位诗人的诗篇都是用泛希腊的神话去超越地方性神话,克塞诺芬尼不过是朝着普遍神性的创造又迈进了一步。参见沃格林,《城邦的世界》,陈周旺译,译林出版社,2012年,第252页。
[3]保罗·费耶阿本德对克塞诺芬尼的新神提出了尖锐的批评:"不带偏见地看来,这位神祇是个不太友好的庞然大物,从其背后可以看到人的自我意象以及新冒出头的人类智性越发膨胀的不宽容——这并不令人愉快……为什么克塞诺芬尼式的庞然大物就要比像是色雷斯人所信奉的那种蓝眼睛红胡子神祇来得'更纯粹、更简洁'呢?抛弃了人类特征并拥有非人类特征的存在物就'更纯净'吗?"参见保罗·费耶阿本德,《自然哲学》,张灯译,人民出版社,2014年,第208、212页。

身为贵族的赫拉克利特同样也批评荷马,但角度似乎与克塞诺芬尼不同。他说"应当把荷马除名并加以鞭笞,阿基洛库斯也是如此"(D42)。阿基洛库斯(Archilochus)是公元前7世纪著名的抒情诗人。古希腊人在进行体育比赛时往往也同时举办诗歌朗诵比赛,选手们这时一般要朗诵荷马或阿基洛库斯的史诗或抒情诗。[1]赫拉克利特设想着把这两位诗人都从赛会上赶出去,但理由是什么呢?我们接着看另一段残篇:

> 人们认为对可见的事物的认识是最好的,正如荷马一样,然而他却是希腊人中间最智慧的人。有些捉虱子的小孩嘲笑他这一点,他们向他说:我们看见了并且抓到了的,我们把它放了,我们没有看见也没有抓到的,我们把它带着。(D56)[2]

据说荷马因猜不出这个谜语的答案郁闷而死,这样的说法姑妄听之。不过,连小孩子都明白的事情,最有智慧的荷马却弄不清楚,赫拉克利特暗示荷马并不智慧。D56要传达的意思是,荷马考虑问题过于复杂艰深,以至于见木不见林,而孩子的单纯使他们能够立即抓住真理。[3]赫拉克利特

---

[1] 罗宾森,《赫拉克利特著作残篇》,楚荷译,广西师范大学出版社,2007年,第181—182页。
[2] 《古希腊罗马哲学》,第24页。
[3] 罗宾森,《赫拉克利特著作残篇》,第194—195页。

在这里玩了一个文字游戏，虱子（φϑείϱας, phtheiras）与杀死（φϑείϱω, phtheiro）的词根相同，旨在说明语言本身可以表达其他方式难以表达的真理。成年人由于对语言丧失了新鲜感而错过真理，而孩子却因单纯能抓住真理。

赫拉克利特还谴责荷马祈求在人们和诸神间消除"不和"，因为这意味着万物和宇宙的消失。[1]因此，赫拉克利特尤其强调战争的重要性：

> 战争是万物之父，也是万物之王。它使一些人成为神，使一些人成为人，使一些人成为奴隶，使一些人成为自由人。（D53）
> 
> 应当知道，战争是普遍的，正义就是斗争，一切都是通过斗争和必然性而产生的。（D80）
> 
> 互相排斥的东西结合在一起，不同的音调造成最美的和谐；一切都是斗争所产生的。（D8）

D8的最后一句几乎是对D80后半部分的重复，斗争是通过对立产生秩序的原理，战争则是这种秩序的普遍特征，D53说明战争是产生某种对立的手段。"正义就是斗争"，暗示此处的正义不是人类政治中寻常道德意义上的正义，而是

---

[1] 阿基琉斯对母亲说："愿不和能从神界和人间永远消失。"（《伊利亚特》18.108）参见策勒尔，《古希腊哲学史纲》，翁绍军译，山东人民出版社，1992年，第48页；罗斑，《希腊思想和科学精神的起源》，第75页。

以和谐为基础相互对立的一种张力。战争通过斗争使宇宙产生了某种平衡，这种平衡在神的视野中是更高的正义。需要补充的是，神是对立物的总和以及智慧的同一体，超越了人世的道德判断。神隐藏在各种现象中，相互对立的二元其实是一回事儿。对人来说，生死、清醒做梦和年少年老也是如此（D88）。赫拉克利特用火来比喻二元对立背后的神，火与香料的关系类似于一与多，香料的味道有多种，但使之散发的因素只有火。一切都可变换为火，而火也可变换为一切（D90）。赫拉克利特没有像克塞诺芬尼那样对自己的神进行形象化的描述，也没有说明神是否有身体，但有一点显而易见：神不是静止的。对赫拉克利特来说，世界是神的转换，一切都在流变。

赫拉克利特不仅批评荷马，也批评赫西俄德："赫西俄德是多数人的老师。人们确信他知道得最多，但是他却不知道日和夜。"（D57）赫拉克利特这里很可能指的是《神谱》（123-124）的"虚冥和漆黑的夜从混沌中生，天光和白天又从黑夜中生"。[1] 赫拉克利特的意思是，赫西俄德只看到黑夜与白天的区别，没有明白二者的互补和统一。因为黑夜只不过是阳光的缺失，因此黑夜和白天并没有实质性区别。赫拉克利特对荷马和赫西俄德的批评有一点相同，即两位诗人都不够智慧。问题是，什么才是真正的智慧？赫拉克利特的答复是，智慧是了解驾驭万物的法则（D41），它既不愿意又愿

---

[1] 吴雅凌，《神谱笺释》，华夏出版社，2010年，第100页。

意接受宙斯的称号（D32），智慧在于说真理（D112），说出万物为一（D50）。这种智慧属于神，人的心没有智慧，神的心才有智慧（D78），最智慧的人和神比起来，无论在智慧、美丽和其他方面，都像一只猴子（D83）。智慧如果说不能等同于逻各斯，那逻各斯也很可能位于智慧的核心：

> 对那永恒存在着的逻各斯，人们总是不理解，无论是在听到之前还是最初听到之时；因为尽管万物根据这逻各斯生成，他们却像是对此全无经验的人一般，甚至在他们经验了我所讲过的那样一些话和事情时，而我已按照自然分别了每一个东西并且指明了这是如何。至于其余的人，他们醒来后所做的觉不到，正像他们不觉到睡时所做的一般。（D1）[1]

逻各斯永恒存在，却难以把握，只有凭借深刻的洞察力才能去感知逻各斯。初读时这个逻各斯显然是赫拉克利特自己的，他的经验与民众的体验形成了显明对比，只有赫拉克利特清醒时知晓他做的事，其他人显然无法做到这一点。[2]但后面的残篇（D108，D32）说明，逻各斯是赫拉克利特将最智慧者的逻各斯翻译成了人类语言。大多数人乐于接受关

---

[1] 基尔克、拉文、斯科菲尔德，《前苏格拉底哲学家：原文精选的批评史》，第279页。
[2] Seth Benardete, "On Heraclitus", *The Review of Metaphysics*, Vol.53, No.3, Mar., 2000, p.614.

于"实在"的模糊描述,赫拉克利特做的是细致描述并探求"实在"的真实描述,寻找事物真正的构成方式。[1]因此,赫拉克利特批评诗人荷马不智慧,很可能意在说明荷马没有抓住逻各斯,没有认识到事物的自然。

总之,荷马此时似乎成了诸多批评的众矢之的。克塞诺芬尼指责他描述的诸神不道德,赫拉克利特指责他还不够智慧,没有把握住逻各斯,修昔底德批评他夸张、不真实。荷马受到如此多批评的原因有两点:一是荷马史诗内在的矛盾,英雄对于荣誉的追求与政治共同体存在着不可调和的张力,宙斯建立的正义受到了各种挑战;[2]二是正如科尔所说,在此期间,希腊人经历了一场思想变革,从口传、神话和诗学的类型向逻辑的、理性的类型过渡。[3]这场变革又被称作自然主义运动,其根本特征是以自然和理性为武器对传统的诗歌和神话提出严厉的批评。[4]正是在这两股力量的夹击之下,荷马作为"希腊导师"的地位开始动摇。

---

[1] 罗宾森,《赫拉克利特著作残篇》,第142页。
[2] 欧文,《古典思想》,第13—23页。参见Arthur Adkins, *Merit and Responsibility*, Oxford: Oxford University Press, 1960, pp. 61-85。
[3] Thomas Cole, "Archaic Truth", *Quaderni Urbinati di Cultura Classica*, Vol.13, 1983, pp. 25-28. 关于这一思想变革,参见康福德,《从宗教到哲学》,曾琼、王涛译,上海三联书店,2014年;John Burnet, *Greek Philosophy*, London: Macmillian, 1928;维尔南,《希腊人的神话和思想》,黄艳红译,中国人民大学出版社,2007年,第383—423页。
[4] Glenn Most, "The Poetics of Early Greek Philosophy", 载A. A. 朗,《早期希腊哲学》,生活·读书·新知三联书店,2006年,第336—342页。

# 修昔底德与希罗多德的竞赛

雅典帝国叙事与反叙事之间的对驳

> 哈利卡纳索斯人希罗多德发表以下研究成果,是为了使人类的成就不致随着时间的流逝而磨灭,为了使希腊人和异邦人那些令人赞叹的伟大功绩不致失去光彩,特别是为了把他们之间发动战争的原因记载下来。
>
> ——希罗多德《历史》1.0[1]

雅典人修昔底德在伯罗奔尼撒人和雅典人之间的战争刚刚爆发的时候,就开始撰写这部战争史了。我相信这是一场伟大的战争,比此前任何一场战争更值得记述。……这的确是迄今为止历史上——不仅是希腊人历史上,而且是大部分异族人世界历史上,甚至可以说是全人类历史上

---

[1] 本文所引希罗多德文本参考以下英译本译出:*The Histories*,trs. by A. D. Godley,Cambridge,Mass.:Harvard University Press,1920。

\* 作者:张源,北京师范大学文学院教授。

最伟大的一次变动。……我相信，过去的时代，不论是在战争方面，还是在其他方面，都不是伟大的时代。

——修昔底德《伯罗奔尼撒战争史》1.1

古希腊是西方之本源，全盛时期的雅典是"全希腊的学校"，曾经辉煌的雅典帝国，[1]是雅典命运之轮从极盛转向衰落的顶点。**思考雅典帝国，就是思考整个西方与现代世界**。希波战争造就了雅典帝国。古希腊史家修昔底德曾说：特洛伊战争之前无希腊（《伯罗奔尼撒战争史》1.3.1，以下简称《伯史》），我们也可以接着说：希波战争之前无雅典。伟大的战争划定了统治权的边界，成长中的政治共同体由此获得了自觉：希腊从此得到希腊之名，而雅典则真正成为那个雅典——"全希腊的学校"。战后发生的追述历史（确立统治

---

[1] 雅典帝国纪年从公元前478年算起，这一年雅典军队攻陷塞斯托斯，将波斯帝国的势力打回亚细亚，并于同年冬天建立了提洛同盟；到公元前404年纪年结束，这一年雅典向斯巴达投降，第二次伯罗奔尼撒战争结束。人们通常认为，雅典帝国始于公元前454年（这一年提洛同盟的金库从提洛岛转移到了雅典，以此为标志，提洛同盟转型为雅典帝国），但其实早在提洛同盟成立之初，雅典已经迅速继承波斯的贡金制度（此为波斯帝国统治的制度基础），由雅典人任命"希腊财政官"负责收取、管理盟邦贡金，同时像波斯帝国那样四处武力扩张，并于公元前466年镇压了"叛变"的盟邦纳克索斯。"这是雅典奴役同盟城邦、违背盟约的第一例，之后同盟的其他城邦就这样逐个遭到了奴役"，参见修昔底德，《伯罗奔尼撒战争史》1.98。本文所引修昔底德文本参考以下英译本译出：*The Peloponnesian War*, London: J. M. Dent / New York: E. P. Dutton, 1910。可见公元前454年提洛同盟金库转移到雅典这一事件，只是雅典帝国公开背弃盟约、无视统治合法性问题，彻底走向"帝国主义"的一个标志。

权的历史）的行为，是政治共同体觉醒的信号与证据。无论是《荷马史诗》，还是希罗多德《历史》，都是对这一过程的记录，结果前者成了希腊的开端，后者成了雅典的开端。

本源、开端、统治权、帝国，所有这些意涵可以用一个词表示，这个词就是古希腊词语 *archē*/arche。在荷马史诗中，*archē* 一词仅意为"开端""本源""起初"，在古希腊哲学家阿纳克西曼德（Anaximander）那里，这个词还意味着"首要原则""原理"，待到希罗多德的时代，*archē* 发展出了一系列新义项："统治权""统治""帝国""公职"。希罗多德那一代人成长的年代，是希腊城邦与波斯帝国剧烈碰撞的时期，*archē* 一词在此时衍生出了"统治权"与"帝国"等意涵，这一现象引人深思。*archē* 从"元"（开端、本源）与"极"（首要原则、原理）走向了"开元立极"（统治权、帝国），这一演变暗示了此种意义上的"帝国"绝不仅是一种武力征服的概念。一个政治共同体要成为世界的本源，并为之提供首要原则，方可称为帝国：帝国即是"元"与"极"。换言之，帝国必须成为"一"，并据此统治世界之"多"，最终由此确定世界秩序。这种观念大概不会是城邦时期希腊人的发明，而应该是从他们最可怕的敌人——波斯帝国那里习得的。

## 一　波斯问题：东、西之争

波斯帝国崛起之前，同时存在着四个区域性帝国：米底、巴比伦、吕底亚，以及埃及（第二十六王朝）。米底与巴比伦合力消灭了称霸亚细亚百余年的亚述帝国，此后米底与吕底亚、巴比伦与埃及为争夺势力范围两相对峙，形成了四国共存的局面。继而波斯兴起，逐一吞并四国，继承了亚述帝国的全部遗产。亚述是世界上第一个地跨亚非的大帝国，而波斯更进一步扩大了亚述帝国原有的版图，并在占领色雷斯、马其顿沿海地区之后，成为历史上第一个地跨欧亚非的世界性帝国，也是世人眼中有史以来最大的帝国。波斯帝国功业超迈前代，开元立极的时刻已然来临。

希罗多德对波斯帝国习俗制度的记述中，有一段尤其引人注目：

> 他们（波斯人）最尊重离自己最近的种族，认为这个种族仅次于他们自己，其次尊重离他们较近的种族，以此类推；离得越远，尊重的程度也就越低。这种看法的理由是，他们认为自己在一切方面比所有其他人都要优越得多，人们居住的地方离他们越近，也就越发优越，离他们最远的，也就一定是人类中最差的了。（《历史》1.134）

希罗多德的记录异常平静，然而这种观念在当时很可能曾对希腊人产生过不小的心理冲击：如果以波斯帝国首都波斯波利斯（Persepolis）为中心（这一带是波斯最早的发家兴国之地，即公元前6世纪波斯部落居住的地区）来看周遭世界，希腊处于帝国版图的边缘，因而也就是最差的种族之一。波斯帝国的这种制度，其实是从曾经统治他们，后来反

被他们征服的米底人那里学来的:[1]

> 在米底人统治时期,各民族便是这样依次得到治理的:米底人君临一切民族,他们统治自己边界上的民族,这些民族又管理与自己相邻的人们,这些人再治理与他们接壤的民族。米底人这种循序渐进的统治方法行之有效,波斯人便也用同样的办法来评价其他民族了。(《历史》1.134)

此前米底统治西亚,与希腊人在小亚细亚殖民并行不悖;米底人如何评价周边世界,与希腊人两不相干。直到波斯帝国征服米底,自立元极,不但对曾经的主人以彼之道还施彼身,还将这一制度发扬光大,推向了整个"世界"。当希腊被纳入波斯所统治的世界,面对史无前例的强大帝国,只能被迫接受统治者规定的原则与世界评价体系;[2]实际上也只到了波斯帝国统治时期,希腊人的民族自尊才第一次受到如此巨大的打击。[3]

---

[1] 塞缪尔·E. 芬纳,《统治史》,卷一,王震、马百亮译,华东师范大学出版社,2014年,第302—305页。
[2] 在波斯之前,希腊与异族有过多次较量,但从未接受过对方制度文化的统治。意大利古典大家莫米利亚诺(Arnaldo Momigliano)对此曾有精当概括,见阿纳尔多·莫米利亚诺,《外族的智慧》,晏绍祥译,生活·读书·新知三联书店,2013年,第159—160页。
[3] 希腊人有史以来经历的第一次异族统治,是四国并存时期吕底亚帝国的统治,不过吕底亚与希腊"风俗相近"(《历史》1.94),统治者(转下页)

再进一步说,米底帝国的这种统治方式,大概又与曾经统治他们、后来反被他们征服的亚述帝国有关,[1]至少希罗多德的历史叙事试图给读者留下这种印象:根据《历史》纪年,亚述统治亚细亚520年之后,米底最先起而反抗。起初米底不过是散居各处的几个部落,直到戴奥凯斯(Deioces)称王、统一各个部落,米底终于崛起并征服了原先的统治者(《历史》1.95-106)。这段故事的中心思想在于,米底像亚述一样建立君主专制统治之后,开始真正具备对抗亚述的力量,反过来制服了从前的主人。[2]

---

(接上页)克洛伊索斯知己知彼,在统治希腊诸部的同时,选择与"希腊人的领袖"斯巴达人成为"朋友"(philos)并结为"同盟"(summachia),斯巴达对此欣然接受(《历史》1.6,1.69)。这意味着吕底亚承认斯巴达城邦与本国的平等地位,并遵照希腊的统治方式,对己方认定的"希腊人的领袖"表示了充分的尊重,因此希腊人并未受到"文化沦丧"或"亡族灭种"之威胁。而波斯帝国横扫西亚、攻下吕底亚之后,希腊诸部立刻表示愿像昔日臣服于吕底亚那样臣服于波斯,却遭到居鲁士断然拒绝。希腊各部凄惶无助,日夜兼程向斯巴达求告,斯巴达以"希腊人领袖"的身份,向波斯遣使发出警告,居鲁士这才知道斯巴达人的存在,向身边人了解斯巴达人是何许人也、人数多少之后,视之蔑如,傲然答复来使:"只要我活着,斯巴达人将诉说他们自己的、而非伊奥尼亚人的苦难。"(《历史》1.141,1.152-153)此后居鲁士向东开疆拓土,战死沙场,"希腊人的领袖"斯巴达人逃过此劫。

[1] 芬纳,《统治史》,第91、218页,第224—225页,第234—245页。
[2] 俄国学者阿甫基耶夫指出,关于戴奥凯斯的故事的某些细节已为亚述的铭文所证实,然而,"希罗多德记述米地亚(即米底)联盟变成古代东方专制国家的故事,这是不可信的,因为戴奥卡(即戴奥凯斯)本人在这里被描写成仰仗着广大居民阶层的支持而夺取了最高政权的一个希腊暴君"。参见阿甫基耶夫,《古代东方史》,王以铸译,上海书店出版社,2007年,第471页。

米底统治波斯103年之后，波斯起而反抗（前553年）。起初波斯只是散居各处的几个部落，直到居鲁士为王、统一各个部落，崛起的波斯一举征服了原先的统治者（《历史》1.125-130）。这段故事与前面故事的要义两相映照，作者用心昭然若揭：波斯像米底一样建立君主专制统治，开始真正具备了对抗米底的力量，被统治者攫取了统治者的核心制度，更充分地践行了统治者的精神原则，反过来制服了从前的主人。"主奴辩证法"的逻辑在现实世界无情推进，一条从亚述到米底再到波斯帝国的精神脉络清晰浮现。

亚述、新巴比伦、米底、吕底亚、波斯等帝国同处西亚，共享一个大的文化生活圈：其中亚述与新巴比伦共同起源于两河流域，语言同属亚非语系塞姆语族，亚述曾经臣服于巴比伦，文化亦大多以巴比伦文化为基础，结果亚述后来居上，巴比伦反为臣属。希罗多德本人实际上将二者视为一体，在自己的史书中始终用亚述来指称新巴比伦。当居鲁士攻下新巴比伦首都巴比伦城，这在希罗多德笔下成了波斯征服"亚述"的象征（《历史》1.192）；米底则与波斯一同兴起于伊朗高原，语言同属印欧语系伊朗语族，波斯部落振兴于米底帝国内部，并直接拿来了米底的帝国统治制度，[1] 希罗多德同样将这两个国族视为一体，在《历史》中经常用米底来指称波斯，或二者合称（例见《历史》6.112等多处）。

---

[1] A. T. 奥姆斯特德，《波斯帝国史》，李铁匠、顾国梅译，上海三联书店，2010年，第40、49页。

此后直至罗马帝国时期，某些古希腊语经典文献（如普鲁塔克与阿庇安的作品）仍在沿袭这种用法。

西亚大陆天然的地理人文条件本身有利于文化制度的交流与传播，此外在四国并存时期，国族之间通婚日益流行，随着各国统治者姻亲、血亲关系的建立，文化制度的嫁接成为题中应有之义。波斯帝国最后全盘继承的，不仅是此前帝国的疆土，更包括已经发展完善数百年的帝国制度。在居鲁士大帝纵横捭阖的年代，东方帝国开始走向登峰造极的时刻，到了大流士统治时期，东方帝国传统于斯集其大成，波斯帝国成为后世帝国的"极则"（$\dot{\alpha}\varrho\chi\acute{\eta}$）。

对于希腊人而言，波斯王的出现是最令人瞩目的现象，波斯帝国的崛起成为最大的问题。该如何描摹这种前所未见、难以言喻的状况？在波斯的直接刺激之下，现有的希腊语词纷纷活跃起来。大概是从这个时候开始，希腊人用原本表示开端、本源、首要原则、原理等意涵的 $\dot{\alpha}\varrho\chi\acute{\eta}$ 一词来指称帝国、统治、统治权、公职等；并用"王"（$\beta\alpha\sigma\iota\lambda\varepsilon\acute{\upsilon}\varsigma$）、"大王"（$M\acute{\varepsilon}\gamma\alpha\varsigma\ \dot{\delta}\ \beta\alpha\sigma\iota\lambda\varepsilon\acute{\upsilon}\varsigma$）来指称居鲁士，以及居鲁士之后的波斯统治者。与 $\dot{\alpha}\varrho\chi\acute{\eta}$ 一样，希腊语词 $\beta\alpha\sigma\iota\lambda\varepsilon\acute{\upsilon}\varsigma$ 从这个时候开始增加了新的义项：有别于其他各种"王"，不加冠词（$\dot{\delta}$）的 $\beta\alpha\sigma\iota\lambda\varepsilon\acute{\upsilon}\varsigma$ 专指波斯王。

"东方"已是巍然巨人，而"西方"尚在襁褓之中。面对庞大、强势、异己、恐怖的东方帝国及其整个传统，身小力薄的希腊城邦起初完全无法抗衡。公元前547年，波斯居鲁士大帝征服了希腊昔日的统治者吕底亚帝国，希腊诸部胆战心惊,立即主动向居鲁士表示臣服,却遭到断然拒绝,希腊城邦的存亡第一次受到致命威胁,希腊人的民族自尊面临空前考验。希腊人欲做顺民而不得,面对波斯大军,或举城逃亡,或全民战死(《历史》1.163-169,173,176),希腊各邦人心惶惶。然而,就在整个希腊至暗时刻,伊奥尼亚族的雅典却灵光乍现,大放异彩。

## 二 希罗多德的雅典帝国叙事

小亚细亚伊奥尼亚十二城中,唯有米利都因与居鲁士有约在先,得享太平近50年(《历史》1.143)。然而,公元前499年,米利都人由于"尝到了自由的味道"(《历史》6.5),竟悍不畏死带头起义(史称伊奥尼亚起义,前499—前493年),这一年成为希波战争的起点。公元前497年,伊奥尼亚人在雅典与厄勒特里亚的援助下,攻入波斯本土,火焚帝都萨尔迪斯,而历史名城米利都经过6年围城苦战,于公元前493年在波斯兵火中化为焦土(《历史》6.18)。

公元前492年,波斯大军征服色雷斯与马其顿,剑锋直指希腊本土。同年雅典上演悲剧《米利都的陷落》,全体观众为之大恸:米利都为了自由不惜以卵击石,英勇抵抗仍难逃灭顶之灾,热爱自由的雅典人与米利都人同宗同族,对此感同身受,当场泪洒;而此刻大敌当前,怎可自灭志气?敏感的雅典人课以作者1000德拉克马罚金,并禁止此剧今后再度上演(《历史》6.21)。正当双方情绪剑拔弩张之际,波斯方面却出师不利，海上遭遇狂风，陆上遭遇色雷斯人抵抗，不得不回师亚细亚。翌年大流士遣使希腊，要求各邦进献一份水、土，以观其志。希腊各邦纷纷献上水土表示臣服，唯有雅典与斯巴达若有灵犀，一个将来使投入地坑，一个将来使投入水井，命其自取水土，向波斯王复命（《历史》6.48-49，7.133）。

公元前490年，波斯大军横渡爱琴海，直取希腊城邦厄勒特里亚，七日城破，人民沦为奴隶（《历史》6.101-102），此时距离雅典不过百里。大军继续挺进雅典郊外80里的马拉松平原，雅典面临建城以来最危急的时刻，连夜遣使疾行500里向斯巴达求援，然而斯巴达因循律法，不到月圆之日不肯出兵相助；希腊其余各邦按兵不动，唯有小城普拉提亚派遣全部兵力共1000人，与雅典全军约10000人誓死并肩作战（《历史》6.105-108）。[1]在马拉松平原，雅典人气势如虹，

---

[1] 关于波斯与雅典双方的兵力，希罗多德没有给出具体数字。在雅典方面，奈波斯、波桑尼阿斯、普鲁塔克、查士丁等史家给出的数据基本一致，在此以年代最早的奈波斯为准，见《外族名将传·米泰亚德》5.1。至于波斯方面，各方给出的数据差异颇大：奈波斯估计步兵为20万、骑兵1万，普鲁塔克与波桑尼阿斯估计总人数为30万，柏拉图与吕西亚斯认为有50万，查士丁认为是60万。这里姑且采用最保守的估计，仍以奈波斯给出的数字为准，见《外族名将传·米泰亚德》4.1。按雅典在火焚萨尔迪斯那一年（前498年），全城只有3万人（《历史》5.97），据此估计，此后在马拉松战役中参战的1万步兵，已是雅典可以派出的全部兵力。而大流士统治期间，帝国人口达5000万，人数何止雅典千倍以上，波斯帝国正处于鼎盛时期，未见丝毫颓势，是以雅典之勇，真乃勇不可当。参见Elton Daniel, *The History of Iran*, London: Greenwood Press, 2001, p.41。

从两军相距8司塔迪亚（约3里地）开外一路飞奔攻向敌人，最终以弱胜强！希罗多德的记述至今读来令人血脉偾张：

> 当波斯人看到雅典人奔跑着攻来，便准备迎击；他们认为雅典人简直是在发疯而自取灭亡，因为他们看到飞奔而来的雅典人不但人数如此之少，而且又无骑兵与射手。然而这不过是异邦人的想法，当雅典人聚拢起来，便合力向波斯人杀去，他们战斗得令人永难忘怀：因为在我们所知道的所有希腊人中，他们是第一次奔跑着攻向敌人的，也是第一次能够直视米底（波斯）服饰[1]以及身着这种服饰之人的，而在此之前，希腊人只要听到米底（波斯）之名就会陷入恐慌。（《历史》6.112）

在生死存亡的关键时刻，雅典以惊世一跑赢得自由，永载史册。回头来看，仅是波斯人的服饰就令希腊人无法直视，这种窘况已经不能单纯用武力压迫来解释，更要归因于帝国制度文化的压力。[2]波斯与西亚各国同属一个大的帝国

---

[1] 波斯帝国的服饰学自米底帝国，希罗多德曾说："波斯人最善于采纳外国的风俗，他们穿米底人的衣服"，"打仗时则穿埃及人的铠甲，他们学来了各种各样奢靡的做法，还从希腊人那里学会了鸡奸"。（《历史》1.135）末了忽现的自嘲，或许是希波战争胜利者一方才会有的幽默。

[2] "黄帝尧舜垂衣裳而天下治"，衣冠制度的重要性，对国人而言无须解释。城邦作为人数有限的同质共同体，从根本上不需要这种制度，直到修昔底德的时代，雅典富裕人家的奢侈衣饰，不过是大家都穿一身（转下页）

文明体系，其核心制度经过历代帝国数百年的加持，在波斯帝国时代蔚然光大；而希腊城邦属于完全不同的制度系统，与之既难认同兼容，又无法对抗制衡，力量悬殊而遽然相逢，则如何能够"直视"这恐怖异常的庞然大物？在这个时候，雅典人在全体希腊人中越众而出，第一次直面波斯，奔跑着攻向敌人，这种姿态极具象征意义。

在马拉松平原上奋力奔跑的人群当中，有一位名叫埃斯库罗斯的雅典公民，此后他还参加了萨拉米斯海战（前480年），波斯海军经此一役全军覆没，薛西斯王（Xerxes）仓皇逃回亚细亚。此前雅典上演《米利都的陷落》（前492年），他曾与其他公民一同泪洒当场；20年后埃斯库罗斯报之以《波斯人》（前472年），剧中权势熏天的阿托莎

---

（接上页）亚麻底衣，发髻上再扣一个金蚱蜢别针（《伯史》1.6）。帝国作为疆域广袤、等级分明的异质共同体，需要建立服饰制度来标记身份、区别尊卑贵贱，以达到"天下治"的目的。帝国服饰与帝国制度互为表里：波斯帝国服饰学自米底，帝国制度也学自米底（《历史》1.134），此为意料中事。帝国服饰乃是帝国制度最直观的物质外显形式，希腊人看到波斯人的服饰辄感刺人眼目、不忍直视，这是异质文化相遇之初彼此冲撞、不理解、不认同的直接表现。待到公元前330年马其顿的亚历山大大帝最终征服波斯帝国，希腊城邦本身已经与世界帝国合二为一，这时最令马其顿人"感到痛心"的，就是亚历山大不再穿马其顿人的传统服饰，却换上了米底（波斯）人的衣服（参见阿里安，《亚历山大远征记》4.7，7.6）。那些"传统主义者"未能领会，亚历山大身穿波斯服饰，意在波斯帝国，当他选派的亲信就任波斯总督之后，立即换上米底服装、学习波斯语言，结果亚历山大对此"表示赞赏"，波斯人则都"感到满意"（《亚历山大远征记》6.30）。"被征服者的文化征服了征服者"只是硬币的一面，另一面恐怕是——历史上每一位深谙治术的统治者都对此心知肚明——唯有利用被征服者的文化，才可彻底征服被征服者。

(Atossa)太后与萨拉米斯海战惨败归来的薛西斯王劫后相见,二人和悲痛的波斯臣民一道泪落如雨、呼天抢地,这一回雅典卫城剧场里万众欢呼,此剧被评为头奖。

**阿托莎问道**:谁是他们的主上?谁是兵士的牧者?
**歌队回答**:他们不是奴隶,不是谁的臣民!

(《波斯人》242-243)[1]

剧场里欢呼的观众,那些马拉松老战士与萨拉米斯勇士,亲眼看到自己的故事第一次被搬上悲剧舞台,清楚地意识到是他们创造了历史,并且正在成为不朽神话。人民($δῆμος$)是雅典帝国真正的建国国父(The Founding Fathers),民主制($δημοκρατία$)是帝国无可争议的政治制度($Πολίτεια$)。他们的欢呼是雅典民主制战胜波斯君主专制的呼声,也是刚刚登顶的雅典自由帝国战胜波斯专制帝国的呐喊。

---

[1] 阿托莎是居鲁士之女,大流士的宠妻,薛西斯王的母后,在波斯"握有绝对的权力"(《历史》7.2-3),大流士进攻希腊因她而起(《历史》3.134),剧中由阿托莎来质询敌邦国情并承担波斯惨败的痛楚,最合适不过。这是剧中非常著名的一则问答,英国古典大家齐默恩爵士对此曾有非常动情的点评:歌队的回答"并不是说给波斯王室听的,而是说给卫城脚下剧场里的观众听的。'他们不是奴隶,不是谁的臣民。'观众的欢呼声今日依然如在耳畔!"参见阿尔弗雷德·E. 齐默恩,《希腊共和国:公元前5世纪雅典的政治和经济》,龚萍、傅洁莹、阚怀未译,上海人民出版社,2011年,第106页。本文所引埃斯库罗斯文本参考以下英译本译出:*Persians*, trs. by Herbert Weir Smyth, Cambridge, Mass.: Harvard University Press, 1926。

与此同时，仓皇落败的波斯帝国并未真正偃旗息鼓，回军退守亚细亚之后，转而也开始在"文化战线"上磨刀霍霍：波斯在小亚细亚的忠实属地哈利卡纳索斯突然出现了一部滑稽史诗《蛙鼠大战》（*Batrachomyomachia*），[1] 讲述了一个水洼边群蛙与群鼠激战的故事，直接影射荷马史诗《伊利亚特》——而《伊利亚特》记述的特洛伊战争恰是希腊问鼎小亚细亚统治权的开端。因此这部戏仿之作并不像表面上那样单纯无害，而是意在颠覆希腊民族直根正统，用心可谓险恶。[2]

---

[1]《蛙鼠大战》不知具体作于何年，我们推断应该在公元前480年到公元前454年（最迟到公元前445年）之间这个时段。《蛙鼠大战》的作者皮格瑞斯（Pigres the Halicarnassus）据说是著名的阿尔特米西娅女王（Artemisia）的儿子或兄弟。William Smith ed., *A Dictionary of Greek and Roman Biography and Mythology*, Vol.Ⅲ, London: Walton and Maberly, 1864, "Pigres", p.366. 据希罗多德说，阿尔特米西娅以"青春的风貌"参加了萨拉米斯海战（《历史》7.99），那么皮格瑞斯能够写作《蛙鼠大战》的时间，应该是在萨拉米斯海战之后。此外从情理上来说，哈利卡纳索斯是经此一役之后与雅典结怨的，波斯军队的失利为这部"居心叵测"的诗作提供了合理的写作动机。公元前454年希罗多德离开家乡哈利卡纳索斯之前，或许已经熟知这个故事。公元前445或前444年，他在雅典的泛雅典娜节上诵读了自己的作品并大获成功，普鲁塔克曾评论说：希罗多德在自己的作品中使用了蛙鼠大战这个比喻（因此是在恶意挖苦希腊人），而这个典故就来自希罗多德的哈利卡纳索斯同乡皮格瑞斯（《论希罗多德的恶意》26, 43）。可见早在公元前445年之前，蛙鼠大战的故事已经流传开来。

[2] 普鲁塔克目光老辣，看到希罗多德使用了哈利卡纳索斯同乡皮格瑞斯的典故，便揣度希罗多德对雅典不怀好意，这固然有些心胸狭隘，但此后罗马人将《蛙鼠大战》归为荷马本人的作品，则不免过于天真。《古希腊罗马传记与神话辞典》的编者认为，这部作品"绝无配得上荷马之名的伟大诗歌的特质"，这是一部"无害的玩笑之作""逗乐的（转下页）

哈利卡纳索斯从前是希腊多利安人的殖民地，公元前545年成为波斯帝国属地，在大流士统治时期开始交纳固定的贡金，隶属于帝国第一省区（《历史》3.89-90），在希波战争期间态度鲜明，追随波斯攻打同宗同源的希腊，是波斯的忠实臣属。波斯战败之后，哈利卡纳索斯于前469年成为雅典领导的同盟（今人称之为提洛同盟，The Delian League）的成员，想来其中不免有被迫的成分。此地是波斯与希腊争夺小亚细亚统治权的桥头堡之一，此后哈利卡纳索斯城内接连不断的政治斗争，应该不只是政治派别内斗那么简单。公元前454年城中"反对暴君"的起义失败，著名的史诗诗人潘亚西斯（Panyasis）被处决，[1]这个结局真是意味深长：出产了滑稽史诗《蛙鼠大战》的地方，屠杀了正统的史诗诗人，希腊

---

（接上页）戏仿作品"，"并无明显的嘲讽之意"，实在是未明其意。参见 William Smith ed., *A Dictionary of Greek and Roman Biography and Mythology*, Vol.Ⅱ, 1862, "Homerus", p.509。英国古典大家维斯特（Martin West）在其著名的《希腊罗马文学中的近东素材》一文中旁征博引，探讨了蛙鼠大战故事的近东来源，结论是：诗人将蛙鼠之战扩展为一场英雄间的战斗，是受了古埃及猫鼠之战的传闻的启发。大概也是用力愈勤，其义愈晦。年代遥远，人们已经遗忘了当年诗歌里的刀光剑影，只看到一部搞笑之作。古今多少事，都付笑谈中。参见维斯特，《希腊罗马文学中的近东素材》，载《希腊与东方》，白钢主编，上海人民出版社，2009年，第116—119页。

[1] 潘亚西斯最著名的诗作为《赫拉克勒斯纪》与《伊奥尼亚纪》，从流传下来的残篇看来，他严格遵循史诗的伊奥尼亚传统形式，极大传承了荷马的精神，到了希腊化时代，亚历山大里亚学者将其奉为与荷马、赫西俄德等人并列的五大史诗诗人之一。参见 William Smith ed., *A Dictionary of Greek and Roman Biography and Mythology*, Vol.Ⅲ, London: Cambridge University Press, 2014, "Panyasis", p.115。

殖民地/盟邦的戏仿史诗将母邦的正统史诗就地正法，波斯在与雅典争夺小亚细亚统治权的斗争中扳回一城。正是在这一年，雅典帝国开始收紧对盟邦的控制，标志性的事件便是伯里克利下令将盟邦贡金从提洛岛转到了雅典，也正是从这一年开始，雅典将盟邦贡金的数额逐年记录在案，直至公元前406年或前405年帝国覆灭前最后一次征收贡金为止。

关于荷马-希腊正统的斗争远未结束：遇害的潘亚西斯是希罗多德的叔叔或舅舅，此后希罗多德离开家乡，辗转游历7年来到雅典（约前447年），与伯里克利、索福克勒斯等人相见甚欢，并在公元前443年跟随雅典殖民者远赴意大利南部的图里伊城，最后成为图里伊的公民。也是在这一年，雄心日炽的雅典帝国确立了五大贡金区，哈利卡纳索斯所属的卡里亚区成为第四贡区。希罗多德离开故乡之后，不但直接参与了雅典帝国的殖民扩张，最关键的是，他选择用荷马的语言[1]、主题以及风格写作《历史，或雅典帝国的崛起》，由此重新确认了荷马-希腊正统，特别是将雅典帝国与荷马传统接续了起来，为新生的雅典帝国打造

---

[1] 关于"荷马的语言"的定性讨论，可参N. G. L. 哈蒙德，《希腊史：迄至公元前322年》，朱龙华译，商务印书馆，2016年，第75页。或Francisco Adrados, *A History of the Greek Language*, Leiden: Brill, 2005, p.93, 116。总而言之，希罗多德所使用的"荷马的语言"以伊奥尼亚方言为主体，而雅典正是伊奥尼亚族的带头大哥，回想希罗多德的叔叔或舅舅潘亚西斯最著名的诗作之一便是《伊奥尼亚纪》，且"严格遵循史诗的伊奥尼亚传统形式，极大传承了荷马的精神"——原来此后成为雅典"邦学"正统的希罗多德《历史》还有其"家学"渊源。

了一部无韵之"史诗"。

无怪乎希罗多德的《历史》充满了"诗"的成分:《历史》一开篇就告诉我们,波斯与希腊结怨,实际上始于特洛伊战争![1]……这当然是无稽之谈,特洛伊战争(公元前13—前12世纪)或许与赫梯帝国有关(这个古老的帝国据说在公元前12世纪为"海上民族"所灭),可是距离波斯帝国崛起(前6世纪)还隔着六百来年。然而,这不妨碍希罗多德言之凿凿,将特洛伊划为波斯帝国属地,把希腊与波斯的恩怨追溯到荷马史诗描写的时代(这为"当代史"增加了"厚重的历史感"),从一开始就为他那部"希波战争史"[2]埋

---

[1] 希罗多德说,特洛伊人抢走了希腊的海伦,希腊因之灭掉特洛伊,结果导致波斯仇视希腊——且慢,特洛伊和波斯有何关系?希罗多德立即补充说,原来在波斯人眼中,亚细亚和这里(特洛伊)居住的所有异邦人都是隶属于自己的,因此希腊人进攻特洛伊,成为波斯敌视希腊人的开端(《历史》1.1-5)。

[2] 希罗多德的《历史》经常又被称作《希波战争史》,但实际上他的史书讲述的既"不全是希波战争"(希罗多德的史记始于"伊娥被劫"的神话时代,此后一笔带过特洛伊战争,从约公元前718年吕底亚王国的巨吉斯[Gyges]篡位说起,待到全书过半,卷五才正式进入希腊与波斯的争端),又是"不全的希波战争"(希罗多德的"历史"止于公元前478年雅典军队攻陷塞斯托斯、建立提洛同盟,而希腊战争直至公元前449年雅典代表希腊与波斯签订《卡里阿斯合约》时才正式宣告结束),就此而言,《希波战争史》并不是一个恰当的标题。波里比阿第一个提出了"普世史"(universal history),而希罗多德第一个写出了"普世史"意义上的历史。波里比阿的《历史》全名为《历史,或罗马帝国的崛起》,反观希罗多德的《历史》,其实不妨叫作《历史,或雅典帝国的崛起》,或许更合乎全书大意。波里比阿《历史》记述的年代从第一次布匿战争爆发(前264年)开始,止于前146年,即罗马赢得帝国的年份。希罗多德《历史》记述的年代从伊娥被劫开始,止于前478年,即雅典(转下页)

下了伏笔。

希罗多德的《历史》不但继承了荷马史诗的语言、主题，甚至还继承了荷马史诗的结构形式。[1]（见表一：希罗多德《历史》结构模式表）《历史》全书根据叙事内容（λόγοι）分为九卷，[2] 整体结构如荷马史诗一般，呈现出完美的"可怕的对称"（fearful symmetry）[3]：一、三、五、七、九卷为全书经轴，交代波斯与雅典的制度选择，并总结雅典之于波斯的制度战胜，卷五为轴心，二、四、六、八卷为经轴辅纬。卷一：波斯继承米底帝国的君主专制制度迅速崛

---

（接上页）赢得帝国的年份。有人怀疑希罗多德的《历史》是未竟之作，其实伟大的史家同时也是伟大的诗人，比如希罗多德与波里比阿，在"最富有包孕性的顷刻"，不约而同戛然收笔。

[1] 正如古典学家奥斯温·默里所说，"……后世的希腊人还正确地形容希罗多德为'最荷马式的'。整部著作作为希腊人与蛮族之间一场战争的构想，以及他公开宣布的意图：保存'人类的伟大功业'（那是史诗公认的功能之一）的后面隐藏着荷马；其复杂的构造，插叙的方法，犹如其中大量更富想象的部分一样，也与荷马相类似"。奥斯温·默里，《早期希腊》，晏绍祥译，上海人民出版社，2008年，第19页。

[2]《历史》的标题、九卷分法与卷目均来自希腊化时期的亚历山大里亚编纂者。正如古典大家伯里（J. B. Bury）所见，《历史》的卷目分法虽然不是出自作者本人（这种分卷法在希罗多德的时代尚不流行），但亚历山大里亚编纂者见识非凡，九卷分法完美地展示了全书的架构、无可增益。J. B. Bury, *The Ancient Greek Historians*, London: Macmillan and Co. Ltd., 1909, pp.37-38.

[3] 关于荷马史诗的环形结构，参见程志敏，《荷马史诗导读》，华东师范大学出版社，2007年，第119—156页，第215—251页。至于完美的"可怕的对称"（见《荷马史诗导读》第153页），出现在史诗中犹可说也，出现在"历史"中，未免会遭到"美而不信"之讥。希罗多德在西方既被称作"历史之父"，又被称为"谎言之父"，除了《历史》在内容方面的原因，与其形式过于"完美"大概也不无关系。

起，而雅典还在僭主统治下毫无起色。卷三：波斯再次确立君主专制制度，走向全盛。卷五为全书转场枢纽：雅典摆脱僭主统治，人们实现了平等（ἰσηγορία，指言论平等），获得了自由（ἐλευθερία），从此实力大增，而波斯继攻占亚细亚、埃及、斯奇提亚、利比亚之后，染指欧罗巴势在必行；[1] 强大起来的雅典与波斯狭路相逢，两强争霸的时刻终于到来。卷七：波斯专制君主傲睨神明，宜遭天谴。卷九：雅典民主制度下的人民敬神克己，终获全胜。卷一至四为上半场，讲述了波斯帝国崛起、不断扩张并走向全盛的经过；卷六至九为下半场，着力铺陈雅典对抗波斯、节节胜利并最终赢得帝国的经过。具体来说，《历史》前半程（卷一至四）用亚述、米底、吕底亚等帝国的兴亡来烘托波斯帝国的崛起（卷一详述之），此后波斯横扫亚细亚、埃及、利比亚（卷二、三、四详述之），一路指向欧罗巴；《历史》后半程（卷六至九），当波斯终于在欧罗巴与雅典相遇，却戏剧性地节节溃败。**无论是击溃大流士军队的马拉松战役，还是对抗薛西斯大军的温泉关战役，抑或剿灭薛西斯海军的萨拉米斯海战（卷六、七、八详述之），以及最后将波斯大军赶出欧罗巴的普拉提亚战役（卷九详述之），无一不被描述为自由城邦之于专制帝国的制度战胜。**

---

[1] 希罗多德曾两次提到，当时的人们把全世界分为三部分：欧罗巴、亚细亚和利比亚，他随之补充了世界的第四部分：埃及三角洲（《历史》2.16，4.42）。那么波斯帝国继攻占亚细亚、埃及和利比亚之后，只待征服欧罗巴，便可真正"一统天下"了。

表一 希罗多德《历史》结构模式表（A-BBB-C-BBB-A）

| | | | |
|---|---|---|---|
| 卷一至四<br>波斯帝国崛起<br>走向全盛 | 卷一 波斯帝国崛起，居鲁士大帝纵横亚细亚<br>波斯继承君主专制制度迅速崛起，雅典还在僭主统治下毫无起色 | | A |
| | 卷二—四<br>波斯帝国走向全盛 | 卷二 刚比西斯进攻埃及 | B |
| | | 卷三 大流士再次确立君主专制 | B |
| | | 卷四 大流士进攻斯奇提亚、利比亚 | B |
| 卷五 | 雅典建立民主政治，实力大增；波斯意图染指欧罗巴，两强相遇 | | C |
| 卷六至九<br>希腊战胜波斯<br>雅典赢得帝国 | 卷六—八<br>希腊战胜波斯 | 卷六 马拉松战役击溃大流士军队 | B |
| | | 卷七 温泉关战役对抗薛西斯大军 | B |
| | | 卷八 萨拉米斯海战剿灭薛西斯海军 | B |
| | 卷九 雅典帝国崛起，雅典自由帝国战胜了波斯专制帝国<br>原波斯属地小亚细亚各邦加入雅典领导的希腊联盟 | | A |

全书前五卷构成了希波战争的"史前史"，从希腊曾经的主人、吕底亚帝国末代王族始祖巨吉斯的故事说起（约公元前700年），讲到雅典因推翻庇西斯特拉图家族的僭主统治而力量壮大起来（前510年），不慌不忙，娓娓道来。这一条草蛇灰线，埋伏了五卷书，共二百来年，直至卷六希波战争爆发才耸然跃起，原来此前波斯的一切胜利不过是为了反衬雅典的崛起，全局至此方见始终。卷五与后四卷构成了"雅典帝国崛起史"：雅典建立民主制度之后力量壮大起来

(卷五),雅典人在马拉松平原上第一次飞奔着攻向敌人,因热爱自由而获得了自由的报偿(卷六)。雅典人为了自由奋不顾身,斯巴达人为了自由视死如归:斯巴达国王列奥尼达(Lionidas)与三百勇士在必死的温泉关一役,依照习俗梳理头发,从容赴死,最后与波斯大军决战到底,无一生还。当年波斯王大流士遣使希腊,要求各邦进献一份水、土,以观其志,希腊各邦纷纷献上水土表示臣服,唯有雅典与斯巴达将来使投入地坑与水井,命其自取水土向波斯王复命。不自由,毋宁死。希腊昔日的领袖斯巴达人践行了自己的理想,希腊联军士气大振:**世上再没有比温泉关战役的失败更大的成功**(卷七)。此后雅典海军在萨拉米斯消灭波斯海军,波斯王薛西斯身为高贵的王者,舍弃众人疯狂逃命,一路上狼狈不堪,波斯全军军心涣散:**世上再没有比薛西斯逃亡的成功更大的失败**(卷八)。波斯人带头逃跑,由46个民族组成的大军溃散奔逃,波斯陆军统帅玛尔多纽斯(Mardonius)阵亡,波斯经普拉提亚一役被希腊联军彻底赶出欧罗巴。希腊从武力战胜走向制度、文化与精神的全面胜利,成为世界当之无愧的先进文化的代表;雅典则在带领希腊赢得帝国之后,成为世界当之无愧的新领袖。

## 三 雅典帝国逻各斯的生成

当年波斯帝国开元立极、俯瞰周遭世界,希腊处于帝国版图的边缘,因而也就是帝国体系中最差的种族之一。这种以地缘远近来隐喻文明高下的思维方式,其实为古代帝国所共有;这种一统天下的组织结构,更为国人所熟知。在这个秩序当中,自身为中心,周边由近到远层层下降,渐至于化外"蛮夷"(βάρβαρος)。当希腊被迫进入"波斯治世",面对规模空前的庞大帝国,只能接受对方的统治原则以及世界评价体系,而这套体系本身乃是双刃剑:雅典夺取帝国统治权之后,自立元极、倒转乾坤,自身化为"中国"(中央之国),相对于整个希腊而言,正是"内其国外诸夏";当年与雅典同生共死的小城普拉提亚,获得了配享雅典每五年举行一次的国家祭典的资格(《历史》6.111),其余希腊"诸夏"又分为"内服"(雅典直接管控的势力范围)与"外服"(诸盟邦),前者主要位于阿提卡地区,后者包括优庇亚岛诸邦与爱琴海沿岸诸邦及岛屿,此外还有附属诸邦和殖民地,例如帖萨利与纳克索斯等地。内服之外,皆为纳贡之邦(只有萨摩斯、开俄斯、莱斯博斯三岛等地的少数盟邦不纳贡而提供舰队),共分为:Ⅰ色雷斯区,Ⅱ赫勒斯滂区,Ⅲ伊奥尼亚区,Ⅳ卡里亚区,Ⅴ岛屿区等五个贡金区。此后又增设了Ⅵ黑海区,最后,希腊语言文化圈外的一切种族皆为"蛮夷",其中甚至包括当时文明程度还在希腊之上的波斯与埃及。雅典拿来了波斯帝国的贡金制度,沿袭了波斯帝国的统治方式,[1]汲

---

[1] 关于雅典帝国的统治方式,参见徐松岩,《论雅典帝国》,载《西南师范大学学报》(哲学社会科学版),1999年第1期,第112—117页。

取了波斯君主专制统治的精神内核,[1]成为波斯帝国真正的继承者。原来的被统治者更充分地实现了统治者的精神原则，反过来制服了从前的主人。始自古风时代（前8—前6世纪）早期的"东方化革命",[2]使得希腊逐渐能够在文化上与东方大帝国波斯相对抗；进而希波战争爆发，希腊以此为标志从古风时代进入了最辉煌的年代——古典时代（前499—前323年），而**古典时代之为古典（Classical）的意义在于，它是后世不断回望的原型（archetype）与模仿的极则（ἀρχή），是西方之为西方的开端与巅峰时刻**。希波战争之后雅典（以及后来马其顿帝国）对波斯帝国统治制度的学习与内化，可视为始于古风时代的"东方化革命"的继续，或者说，这意味着"东方化革命"从第一阶段（古风时代的文化革命）来到了第

---

[1] 根据修昔底德的描述，雅典使者攸菲姆斯在卡马林那发表演讲时，将雅典称作"具有统治权的城邦"以及"(各城邦)人民的专制君主"（ἀνδρὶ δὲ τυράννῳ ἢ πόλει ἀρχήν）(《伯史》6.85)，《伯罗奔尼撒战争史》当中这种充满自觉精神的表述不一而足。尽管雅典城邦内部施行民主制度，但对于帝国统治下的其他城邦，雅典却充当了专制君主的角色，且暴虐程度不在原来的主人波斯之下，"在引发叛乱的各种原因中，主要原因都是缴纳贡金或提供舰船的数目不足，或是拒绝服役。因为雅典人非常严厉，他们横征暴敛，对于那些不习惯而且事实上也不愿意为雅典人不断付出劳动的人们施以必要的暴力，因而丧失人心"(《伯史》1.99)。民主的雅典推翻了本城邦的暴政，自身却成了帝国治下各盟邦的暴君；柏拉图所批判的雅典城邦的民主暴政，不仅是对内而言，还包括对外事务。看来"专制君主"可以是一个人，也可以是一个城邦；柏拉图呼唤的"哲人王"，可以是一个人，也可以是一个城邦。

[2] 这个术语来自德国古典大家瓦尔特·伯克特的杰出论著《东方化革命：古风时代前期近东对古希腊文化的影响》，刘智译，上海三联书店，2010年，第8页，第125—126页。

二阶段（古典时代的制度革命）。其结果是，西方在"东化"（Orientalization）进程中成为西方，希腊从一个次生级文明一跃而成为世界的引领性文明，西方开元立极（ἀρχή）的时刻终于到来。

帝国不仅是武力统治下的区域，更是一个从中心向四周辐射的文化圈。确立帝国统治权的过程，就是与天下诸国从"互为夷夏"、到以武力加文化确认"孰为夷夏"的过程。有趣的是，在希波战争之前，希腊人的βάρβαρος（蛮夷）一词原本泛指"异邦的""不讲希腊语的"，并无特别的贬义；正是在希波战争之后，这个词开始用来专指敌国波斯，并随之增加了"残暴""野蛮"等负面意涵。在统治权争夺战中，βάρβαρος一词从最初相对中立的语言文化概念，演变为蕴含强烈价值判断的意识形态。

更有意思的是，希罗多德《历史》中βάρβαρος一词的用法，不但极好地展示了该词语意的演变过程，甚至还展示了帝国统治权变更的过程。例如，在全书开头，希罗多德申明发表《历史》的目的，"是为了使希腊人和异族人（βάρβαρος）的那些值得赞叹的丰功伟绩不致失去它们的光彩"（《历史》1.0），βάρβαρος在此显然并非贬义，呈现为原本义项。实际上这个词在整个《历史》上半场（卷一至卷四：波斯帝国的崛起与扩张）的用法大抵如此。而上半场显然是波斯视角：波斯看小亚细亚诸邦是βάρβαρος（《历史》1.4），小亚细亚诸邦看波斯却不是βάρβαρος（转而使用了ἀλλόθροος与ἔπηλυς等中性词，《历史》1.78）。至于埃及人将波斯人称为βάρβαρος，希罗多德还特别加以解释："埃及人将所有讲其他语言的人都视为异邦人。"（《历史》2.158）从卷五（波斯与雅典两强相遇）开始，βάρβαρος一词用来指称波斯（5.49，5.97），呈现为"敌国波斯"义，此后整个《历史》下半场（卷六至卷九：雅典崛起并夺取帝国）一变而为雅典视角：凡是出现βάρβαρος一词，大抵都指波斯。随着波斯节节败退，βάρβαρος一词愈呈贬义，开始出现"残暴""野蛮"等负面意涵（《历史》8.32），而全书结尾高潮处，希腊统帅不愿斩下波斯统帅的头颅悬挂高杆，慨然道出"那是（波斯）野蛮人的行径，非我辈所为"（《历史》9.79），希腊与波斯高下立判，孰为"夷/夏"一望可知。从《历史》卷一波斯赢得帝国之后，凡是出现ἀρχή一词，大抵是指波斯，从卷五开始聚焦雅典崛起，凡是出现βάρβαρος一词，亦大抵是指波斯。**希波战前，波斯为"夏"（ἀρχή）、希腊为"夷"（βάρβαρος）；希波战后，希腊"变夷为夏"，波斯"变夏为夷"。**

埃斯库罗斯的《波斯人》一剧中，波斯信使如此汇报军情：（我们）蛮邦的军队已经全部被歼！（《波斯人》255）阿托莎太后则这样哀叹命运：哀哉！厄运如同大海，席卷整个蛮族！（《波斯人》433-434）[1]这大概是βάρβαρος这个词第

---

[1] 波斯太后及其臣民居然自称"蛮族"，这与我国意识形态剧《汉武大帝》中的"匈奴人"（此为蔑称）自称"我们匈奴"其理一也。更有甚者，《波斯人》里的核心唱段（即波斯的专制力量已被摧毁、亚细亚人民获得解放的著名段落），竟然是由波斯长老（通常为王族与贵族元老）（转下页）

一次用在曾经登峰造极、万邦来朝的波斯头上。而波斯果然残暴、野蛮：薛西斯王为了进攻希腊强行征兵，整个大陆为之一空（《波斯人》12-63，718），他封锁赫勒斯滂海峡，妄图镇服波塞冬等一切神明，必受神罚（《波斯人》739-750）；他的军队放火焚烧庙宇，砸烂祭坛与神像，宜遭天谴（《波斯人》808-820）；最后薛西斯一败涂地，竟然丢弃死者，独自逃命（《波斯人》964以下），这些都违背了希腊人奉之如神的传统信念。[1] 27年之后，希罗多德的《历史》再现并深化了《波斯人》的诸多著名桥段：薛西斯远征希腊，一路上惩戒高山、鞭挞大海（《历史》7.20-24，33-37），结果一败涂地，罪有应得；这与《历史》卷一居鲁士的故事如出一辙，居鲁士大帝当年攻打新巴比伦王国，也曾花费半年时

---

（接上页）组成的歌队（歌队的声音往往是全剧的灵魂）齐声高唱出来的，这些有悖常理的滑稽设计，为这部悲剧带来了不少喜剧效果。最后薛西斯衣衫褴褛独自登台，悲惨至极，一边痛哭流涕，一边还不忘命令长老们陪哭，歌队则一边齐声应答"主上，此乃吾辈的职分"，一边哭声震天，全剧就这样以雅典观众喜闻乐见的形式结束了。

[1] 丢弃死者不予埋葬，对于希腊人来说，属于亵渎神明、触犯"天条"的罪过：索福克勒斯《安提戈涅》（前442年）一剧的核心戏剧冲突，便是关于"埋葬死者"的问题；直至前406年阿吉努西海战（Battle of Arginusae）之后，雅典人仍然会因为阵亡将士的尸体未及收葬而处死得胜归来的8位将军中的6位（其余两位逃亡），其中还包括伯里克利的爱子小伯里克利。此外，关于渎神案件的审判，我们还有两个著名的案例：前415年，因为"毁坏赫尔墨斯石像"以及"亵渎秘仪"事件，雅典人不惜召回西西里远征军统帅亚西比德，后者见势不妙走为上策，被愤怒的民众以缺席之由判处死刑；雅典帝国覆亡之后，传统的生命力仍然强大，前399年雅典人处死苏格拉底，"不敬城邦之神"便是那要命的罪名之一。

间惩戒冒犯天威的金德斯河,最后在东征路上身首异处,不得其死(《历史》1.189-190,214)。这两套故事前后呼应,引人注目:薛西斯性情暴烈,酷肖外祖(薛西斯的母后阿托莎是居鲁士之女),在希罗多德生花妙笔的暗示之下,征服自然、傲睨神明成了波斯帝国自阿契美尼德王朝"太祖皇帝"居鲁士以来奠定的国家精神。

此前薛西斯的王叔阿尔塔巴诺斯(Artabanus)[1]曾向性情暴戾的专制君主冒死劝谏(7.10),但仍旧无法阻遏波斯臣民走向灭亡。野蛮的波斯大军最后果然一败涂地、溃不成军,残暴的薛西斯王更是在萨拉米斯惨败之后衣不解带、仓皇逃遁(8.120),而热爱自由的雅典人独自打败了46个民族,成就了伟大功业,各邦纷纷加入雅典领导的正义联盟,发誓绝不背叛、永远忠诚(《历史》9.27,9.106)。**希罗多德的"历史"简直比埃斯库罗斯的悲剧还要精彩:戏剧长于展现行动,散文长于编织言辞;戏剧通过展现行动,再现了当年雅典人民勇夺帝国统治权的经过,散文通过编织言辞,为雅典度身打造了一套帝国逻各斯(_Logos_ of Empire),雅典得以在夺取帝国统治权之后,进一步争夺帝国文化领导权。**

西方第一部完整的历史,便是这样一部自觉的、关于意识形态及其斗争的历史,一部(西方)城邦对(东方)专制

---

[1] 这个难以考证的人物,实际上承担了《波斯人》一剧中由波斯长老(通常为王族与贵族元老)组成的歌队的角色,他的出现为故事平添了些许戏剧张力。

帝国武力战胜、制度战胜、文化战胜与精神战胜的历史。它是宏大叙事，是史诗，是关于第一个自由帝国开天辟地的神话。希罗多德书中那些貌似天真未凿的神话故事，经常让现代读者误以为希罗多德天真质朴，其实天真质朴的是他们自己。不少人以实在的考据精神，考证出希罗多德的历史不尽可信，他们似乎不明白，**希罗多德的历史本就是"诗"，并且是继承荷马史诗的回环结构、具备整严的A-BBB-C-BBB-A结构模式的宏大"诗史"，而一切宏大叙事的完美构建，总是以牺牲局部细节为代价的。**

与希罗多德同时代以及稍晚的古人，则对他的"诗中真义"（poetic truth）心领神会。希罗多德的笔法不但大受当时雅典人的青睐，最终也得到了哈利卡纳索斯同胞的认可：人们在他的故乡勒石为记，称他为"在历史领域用散文写作的荷马"。[1] 面对雅典与波斯之间的争霸战，波斯原属地、希腊旧殖民地人希罗多德的选择（选择荷马、选择雅典）与功业（为雅典制作"历史"、制作帝国逻各斯），将希腊正统的旗帜又牢牢插回到了哈利卡纳索斯——不仅是在哈利卡纳索斯，更是在小亚细亚沿海，以及雅典领导的整个希腊盟邦地区——宣告了雅典赢得帝国文化领导权的时刻已然到来。正是在这个意义上，人们说：雅典的逻各斯对内改变了城邦的内在结构，对外推动了城邦的外在扩张，"其力量的外显形

---

[1] Emily Baragwanath, *Motivation and Narrative in Herodotus*, Oxford: Oxford University Press, 2008, p.35.

式即是帝国",或者说,"逻各斯建造了帝国(logos built the empire)"。[1] 通过希罗多德在希波战后的合理化论述,雅典帝国确立了道路自信、制度自信、文化自信与理论自信,站上了世界巅峰,前途一片光明,至少在修昔底德出现之前是如此。

古希腊三大史家希罗多德(约前484—约前425年)、修昔底德(约前460—约前400年)、色诺芬(约前430—约前354年)作为前后相继的三代人,其经典史著合而观之,贯穿了一个核心叙事:雅典如何国运上升,在一代人的时间里赢得了帝国;又如何运数急转直下,在一代人的时间里丧失了帝国——雅典帝国的兴亡,正是三大史家合力铸就的历史中心事件。

伴随帝国一同崛起的那批人,对雅典帝国满怀信心。面对来自外部的、东方的波斯帝国的压力,雅典应变出一套关于(希腊)自由vs.(波斯)专制的话语,将对方描述为野蛮的专制帝国,自己则成了自由的化身。[2] 雅典成为世界上

---

[1] Darien Shanske, *Thucydides and The Philosophical Origins of History*, Cambridge: Cambridge University Press, 2007, p.29.
[2] 希罗多德曾根据"全体希腊人的说法",记录了马拉松战役统帅、雅典人米泰亚德的嘉言懿行:米泰亚德劝告将军卡利马斯科,"现在选择权在你,或者使雅典遭受奴役,或者使雅典保有自由,从而后人永远怀念你","如果这个城市取得胜利,它将成为希腊城邦中的第一城(πόλις πρώτη)"(《历史》6.134, 109)。而在此后,便有了名垂青史的马拉松之役,而雅典果然如米泰亚德所说,从此成为希腊第一城,对内取代斯巴达,成为希腊新的霸主,对外取代波斯,夺得地中海地区的统治权(前478年),成为西方历史上第一个帝国。此后马拉松勇士、(转下页)

第一个自由的帝国,而自由帝国(Empire of Liberty)作为(西方意义上)人类政治生活的最高理想,其肇端正始于巅峰时期的雅典:希罗多德的雅典帝国元叙事,成为西方帝国逻各斯建构之始。波斯问题(东、西之争)由此得到妥善解决,雅典成功迈过了通向伟大之路的第一场危机。

希波战争后期(前478—前449年)成长起来,又赶上第二次伯罗奔尼撒战争(前431—前404年)的这一辈人,跟随雅典从盛世进入乱世,目睹了帝国的日渐败亡。面对来自希腊内部、斯巴达霸权的挑战及其最终的胜利,他们不得不担负起解释雅典帝国何以衰亡的任务。在希罗多德那里已经妥善解决的题目(雅典与斯巴达的制度孰为优胜),在修昔底德的时代再次成为问题。与外来力量相比,传统才是最大的敌人:雅典与斯巴达及其所代表的两种制度原则终将再次争霸希腊,斯巴达问题(新旧之争)如肉中之刺,成为雅典帝国自始至终无法克化的第二场危机。

## 四 斯巴达问题:新、旧之争

为了明确雅典与斯巴达在新旧之争中的相对位置,我

---

(接上页)悲剧家埃斯库罗斯在《波斯人》一剧中写下了这样的合唱歌:"生活在亚细亚的人民,今后将不再臣服波斯,不再被迫交纳贡品,不再俯伏地上膜拜君主,帝王的威势已被彻底摧毁。人们将不再羁勒自己的舌头,他们已经获得解放,可以自由发表思想,扼制他们的力量已被瓦解!"(《波斯人》584-594)这是雅典人民的集体呼声、雅典帝国的盛世元音。

们不妨将古希腊分为以下五个历史时期：青铜时代（约前3000—约前1100年），此为古代之"古代"；黑暗时代（约前1100—约前800年），此为古代之"中世纪"；古风时代（约前800—前500年），此为古代之"近代"；古典时代（前499—前323年），此为古代之"现代"；希腊化时代（前322—前146年），此为古代之"后现代"。

在青铜时代，雅典是迈锡尼文明中心之一，本地人佩拉斯基人（Pelasgian）建立的王朝世系绵延三百余年；[1] 斯巴达更是迈锡尼时代的强国，入侵者希腊族的阿开亚人建立的王朝世系延续近二百年。[2] 根据荷马的"船目表"，特洛伊战争时期雅典派出战舰共50艘，而斯巴达统领本国连同拉凯戴蒙地区法里斯等国的战舰共60艘（《伊利亚特》2.546-556，581-587），双方国力大致相当。青铜时代末期特洛伊的陷落（约前1184年）标志着"古代"的终结，迈锡尼文明衰落，上古希腊沉入暗夜。

一般认为，是多利亚人的征服推翻了迈锡尼人的统治：入侵者打着"赫拉克勒斯后代回归"（Return of the Heracleidae）的旗号，在伯罗奔尼撒开创了赫拉克勒斯族王朝（Heraclid Dynasty）。斯巴达改朝换代，赫拉克勒斯族世

---

[1] N. G. L. 哈蒙德，《希腊史：迄至公元前322年》，第64页，第79—80页。亦见 Phillip Harding, *The Story of Athens: The Fragments of the Local Chronicles of Attika*, London: Routledge, 2008, p.14, 78。
[2] 伯里，《希腊史》，陈思伟译，吉林出版集团有限责任公司，2016年，第56、88页。

系延续九百余年,成为伯罗奔尼撒当之无愧的统治者。[1]希腊原住民被迫迁徙,阿提卡成了逃亡各族的避居地,伊奥尼亚族大国雅典带头抗击侵略者,成功将其驱赶出境,雅典国王卡德鲁斯(Codrus)殉国,他的儿子墨冬(Medon)开启执政官制度(前1068—前146年),雅典革故鼎新,制度沿革九百余年,成为阿提卡名至实归的领袖。[2]

古风时代以荷马追述"古代"(特洛伊战争)为开端,此之谓"文艺复兴",希腊从此走出"中世纪",来到了"近代"。这一时期希腊各族城邦纷纷建立,取代部落组织成为社会与政治生活的中心,斯巴达与雅典分别成为多利亚族与伊奥尼亚族城邦中的翘楚。[3]文艺复兴往往是民族振兴的先

---

[1] 保罗·卡特利奇,《斯巴达人:一部英雄的史诗》,梁建东、章颜译,上海三联书店,2010年,"斯巴达国王年表及简介",第279—282页。
[2] 据说卡德鲁斯殉国之后,雅典人取缔了王政,因为他们认为不可能找出一位可与之比肩的继承者,于是卡德鲁斯的儿子墨冬成了雅典第一任执政官,然而,这个说法在史家伯里看来,是对"正常革命过程"的"奇怪的逆向解释","这个故事不过是后世的虚构",见伯里,《希腊史》,第197—198页。无论如何,从黑暗时代开始,雅典与斯巴达便采取了不同的政治制度,不同的制度又与各自的城邦性格相辅相成,直至古希腊历史终结,这一事实本身更值得我们关注与思考。
[3] 希罗多德将雅典人称作"佩拉斯基人",而将斯巴达人称作"希腊人",并分别讲述了"佩拉斯基人"变为"雅典-伊奥尼亚人"、"希腊人"变为"多利亚人"的经过(《历史》1.56、8.44)。希罗多德还说:佩拉斯基人是异邦,讲着异邦的语言,原本属于佩拉斯基族的阿提卡人放弃自己的语言而采用了希腊语,后来成为希腊族;而希腊族则一直使用同一种语言,他们从一个弱小的开端成长壮大为一个各民族的集合体,这主要是由于佩拉斯基族和其他异邦民族加入了他们的队伍(《历史》1.57-58)。由此可见,在希罗多德时代的希腊人看来,"希腊"这个地方的原住民是异族,入侵者才是"希腊人",而决定是否为"希腊人"的标准在于(转下页)

声，荷马史诗成为希腊全民族的精神财富：斯巴达靠迎回"阿伽门农之子"的骨殖战胜劲敌铁该亚（约前560年），随即建立伯罗奔尼撒同盟，由此逐渐确立了在希腊的霸主地位。[1] 大致与此同时（庇西斯特拉图统治时期，前560—前556年，前546—前527年），雅典在庇西斯特拉图的带领下进入"黄金时代"，通过编修荷马史诗来抢占在希腊人中的领先地位，呈现出与斯巴达分庭抗礼的态势。[2] 公元前546

---

（接上页）是否使用希腊语。古希腊人以语言来区分"夷/夏"由来已久，这样说来，"本地人"雅典乃是"变夷为夏"，"入侵者"斯巴达倒成了"夏室正统"。无论如何，我们由此可以想见的是，这套话语一定是由入侵者制作的，并且直至希罗多德的时代都一直有效。

[1] 斯巴达在伯罗奔尼撒打了一场漂亮的心理战与文化战。"赫拉克勒斯的后代"（多利亚人）在这个时候转而开始追奉"阿伽门农之子"（即阿开亚人，反讽的是，事实上正是前者推翻了后者的统治），这与荷马史诗（阿开亚人在此乃是希腊人的代表与代称）在这一时期的强大影响应该不无关系。半个世纪之后（前510年），斯巴达国王克列欧美涅斯（前520—前490年在位）试图进入雅典卫城的雅典娜神庙，女祭司起身拒绝，理由是"多利亚人不能进入"，这位国王竟然回答说："我不是多利亚人，我是阿开亚人。"（《历史》5.72）斯巴达人为了取得一度属于阿伽门农的伯罗奔尼撒半岛的统治权，以及阿开亚地区的领导权，不惜减弱他们的多利亚人色彩，这些都属于"对阿伽门农加以利用的总体计划的一部分"。默里，《早期希腊》，第253页。关于伯罗奔尼撒同盟建立的时间，历史学家们的说法多为"公元前6世纪"或"公元前600年"，唯有哈蒙德明确指出，这一同盟是在公元前560年（铁该亚之战）后立即缔结的，见N. G. L.哈蒙德，《希腊史》，第255页。

[2] "黄金时代"的说法见亚里士多德，《雅典政制》XVI.7。修昔底德同样对庇西斯特拉图的统治大加赞美，见《伯史》6.54。古典学家基托在他的名作《希腊人》中盛赞庇西斯特拉图的"文化政策"，并以略带夸张的语气说：庇西斯特拉图将雅典"从一个小村镇"提升到了"具有国际地位的城市"。见H. D. F.基托，《希腊人》，徐卫翔、黄韬译，上海人民出版社，2006年，第95页。

年，国际形势发生重大变化：波斯人征服吕底亚帝国，抵达地中海沿岸，小亚细亚的希腊人从此进入"波斯治世"（*Pax Persiana*）。以这一年为界，希腊从古风时代前期（东方化时代）来到了古风时代后期（东方帝国统治时代）。[1]在波斯帝国的压迫之下，希腊人的民族意识日益觉醒，希腊进入"现代"的时刻即将到来。

以希波战争（前499—前449年）的爆发为标志，希腊迎来最辉煌的年代——古典时代。这是一个民族生命力空前爆发的年代，希腊各部族城邦在这一时期先后登台亮相，或问鼎帝国（$ἀρχή$，即以地中海为中心的世界的统治权），或争夺霸权（$ἡγεμονία$，即希腊地区的统治权）：先是伊奥尼亚族的雅典凭借在希波战争中的出色表现，取代波斯赢得帝国（前478—前404年）；继而多利亚族的斯巴达与雅典之间爆发了两次伯罗奔尼撒战争（前461—前451年，前431—前404年），最终斯巴达战胜雅典，重获自古风时代以来在希腊的霸主地位（前404—前371年）；此后雅典重振旗鼓建立第二次海上同盟，号称"第二雅典帝国"（前378—前355年）；紧接着爱奥里斯族的底比斯在留克

---

[1] 公元前546年是"米底人（波斯人）到来之时"（色诺芬），这一年对于希腊人而言是一个新的起点，见莫米利亚诺，《外族的智慧》，第159页。《牛津古希腊史》以这一年为界划分"古风时代早期"与"古风时代后期"（约翰·博德曼等编，郭小凌等译，北京师范大学出版社，2015年，第510—511页）；哈蒙德《希腊史》亦以这一年为界划分"希腊的复兴"时期（前850—前546年）与"希腊的凯旋"时期（前546—前466年）。

特拉战役击溃斯巴达,成为希腊新晋霸主(前371—前362年);最终"蛮族"[1]马其顿在喀罗尼亚战役打败雅典与底比斯,称霸希腊(前338—前323年),进而四处征服扩张,建立亚历山大帝国(前336—前323年)。争夺帝国与霸权是这个时代最突出的特征之一,因此也不妨称之为希腊的"帝国时代"。这是一个帝国交替兴亡的时代,也是本文关注的时代。

随着亚历山大大帝(前356—前323年)及其帝国的陨落,"现代"终结,希腊的古典时代随之结束。此后天下三分(希腊的安提柯王朝、埃及的托勒密王朝与叙利亚的塞琉古王朝),希腊的帝国成为明日黄花,"自由的希腊人"这时只是以一种极为危险的"幻影的形式"存在,[2]此即古代希腊的"后现代状态"。[3]希腊的生命之火即将燃尽,是时候

---

[1] 据希罗多德记载,马其顿国王亚历山大(前498—前454年在位,亚历山大大帝的同名远祖)曾被谢绝参加希腊人的奥林匹亚赛会,因为"外国人没有资格参加",结果亚历山大在证明自己是"阿尔戈斯人"之后被判定为是一个希腊人,这才得以参加比赛(《历史》5.22)。而正是这个亚历山大,在雅典大败波斯海军之后,替波斯帝国来游说雅典,试图让双方媾和,遭到了雅典人的断然回绝(《历史》8.140-144)。
[2] 雅各布·布克哈特,《希腊人和希腊文明》,第441页。
[3] "自由的希腊人"作为希罗多德等逻各斯作者(logicians)集体创作的元叙事,其存在的语境在希腊化时代早已崩坏。这里的"后现代状态"一词或会引发人们对利奥塔的《后现代状态》的联想:"正义同真理一样,也在依靠大叙事","简化到极点,我们可以把对元叙事的怀疑看作是'后现代'","系统—主体的设想是一个失败",人文哲学"从此只好取消自己的合法化功能","大多数人已经失去了对失去的叙事的怀念本身","后现代世界正是处在这种视野中"。见利奥塔,《后现代状态:关于知识的报告》,车槿山译,生活·读书·新知三联书店,1997年,第1—2页,第85—86页。

由新的民族来照亮世界。罗马从西方崛起，马其顿沦为罗马的一个行省（前148年），进而罗马征服地中海（前146年），西方世界进入罗马时代。随着希腊帝国的消逝，希腊人的自由也一并消逝。希腊化时代燃尽了希腊帝国的余烬，古希腊的历史亦就此终结了。

回顾古希腊的历史，本地人与入侵者不断融合而成为"希腊人"（Ἕλλην, Hellenes），共同创造了辉煌的文明。斯巴达自青铜时代以来，其王朝便系由入侵者建立，始终保有积极扩张、四处征服的侵略者基因。古风时代来库古立法（约前804年）之后，斯巴达确立了希腊霸主的地位，寡头政制垂数百年而不变，或者说，正是由于其"祖传"的"优良政制"（εὐνομία）行之有效，[1] 斯巴达才日渐走向了保守。"不变"成为斯巴达的特色与成功的奥秘，起初变化多端的入侵者（时而是"赫拉克勒斯之子"，时而是"阿伽门农之子"）最后竟成了坚守"传统"的代表。

与之相映成趣的是，雅典人在青铜时代的王朝系由本地人建立，本是历史传统最为悠久的王国之一，进入黑暗时代之后，雅典面对入侵者和斯巴达的压力应激而求变，自墨冬变法之后一发而不可收，到了古风时代更是通过不断变法走

---

[1] 公元前6世纪是重装步兵国家的时代，随之产生了重装步兵阶级统治的政体；在这一过程中，斯巴达处于中心地位，军队对自己的政体，即所谓的优良政制深感自豪。公元前546年战胜宿敌阿尔戈斯之后，斯巴达被视为希腊最强大的国家，东方各国纷纷开始与其建交，见默里，《早期希腊》，第252—254页。

向强大：历经德拉古立法（约前621年）、梭伦改革（前594年）、庇西斯特拉图父子僭主统治（前560—前556年，前546—前510年）与克里斯提尼改革（前508年），民主制度在雅典终于确立。斯巴达与雅典从此走上不同的道路，相异的城邦性格就此养成。"变革"本身成了雅典的传统，革新的力量使雅典在古典时代以令人瞠目的速度崛起并勇夺帝国，最终历史悠久的原住民成了"革新"的代表。

通过与小亚细亚伊奥尼亚族移民的联系，雅典成为最早接受东方影响的希腊本土城邦之一。希波战后的雅典立刻对波斯帝国统治制度加以学习与内化，这意味着雅典率先从"东方化革命"第一阶段（古风时代的文化革命）来到了第二阶段（古典时代的制度革命），成为古典时代希腊当仁不让的领跑者，事实上雅典也正是在古典时代成为希腊"第一城"的。当雅典领跑希腊率先进入"现代"之时，希腊古风时代的领导者斯巴达拒绝革新、坚持旧制，以遗世而独立的姿态一直生活在"前现代"。雅典所代表的世界帝国是新事物，斯巴达所代表的希腊霸权是旧传统。[1]帝国是希腊城邦未来发展的方向，[2]然而本土传统的力量仍旧强大无比。与外来力量相比，传统才是最大的敌人：东、西

---

[1] John Wickersham, *Hegemony and Greek Historians*, Lanham, Maryland: Rowman and Littlefield Publishers, Inc., 1994, pp.78-79.
[2] "城邦政体是个死胡同，它不能扩张，只能自我复制"，这是芬纳在其名作《统治史》中一唱三叹、反复致意的一个主题，见《统治史》，卷一，第92、394页等各处。

之争犹可应对，新、旧之争令人束手。代表"现代"新精神的雅典帝国与代表"传统"旧精神的希腊霸主斯巴达之间产生了不可弥合的裂隙，新、旧之争成为贯穿雅典帝国时代的思想主题。**雅典与斯巴达及其所代表的两种制度原则（民主制 vs. 寡头制）带着新的问题（帝国 vs. 霸权）终将争霸希腊：这是制度之战，也是新旧之争，雅典与斯巴达之间的战争不可避免。**

## 五 修昔底德关于雅典帝国的反叙事

"雅典-斯巴达战争"一开场，修昔底德便借"科林斯人"之口，将斯巴达人与雅典人的歧异定性为新旧之争：

> 与你们（斯巴达人）交战的雅典人是怎样的一个对手啊，他们和你们是多么不同，甚至截然不同！雅典人热衷于革新，其特点是敏于构想，并立即付诸实施。而你们善于维持现状，总是缺乏革新意识，在被迫行动时也从未取得过足够大的成就。……你们的习惯与他们的相比已经过时了。在技艺上的法则和政治上的一样，新陈代谢不可逆转。对于一个没有纷争的公民集体来说，固定不变的习惯尽管是最好的，但连续不断的行动的需要必定是与方法的不断改进相伴随的。因此，雅典所拥有的极为丰富的经验，使他们在革新之路上把你们远远地抛在了后面。（《伯史》1.70-71）

雅典和斯巴达分别代表着两种不同的选择，以及难以兼容的生活方式。[1]雅典是多变的大海，斯巴达是坚实的陆地；而唯有掌控大海，才能掌握帝国。[2]吕底亚帝国时代，统治者克洛伊索斯（Croesus）选择希腊霸主斯巴达为盟友，而在希腊战胜波斯之后，雅典成了波斯帝国真正的继承者，斯巴达仍是陆上霸主，雅典则成为海上帝国。根据希罗多德的报道，吕底亚与波斯开战（前546年）之前，斯巴达与雅典已经并列成为希腊最强大的两个城邦，而这大概是希罗多德的修辞之一，因为实际上直到希波战争取得决定性胜利的时刻（即普拉提亚战役），希腊的领导者仍是斯巴达。无论如何，吕底亚舍近求远，选择与心目中"希腊人的领袖"斯巴达成为盟友（《历史》1.56-70），这大概是雅典人一直以来的隐痛。不过，希罗多德笔下雅典贤人梭伦（Solon）的出色表现随即为雅典"扳回一城"：据说梭伦在周游列国期间，曾到访如当时日中天的吕底亚帝都萨尔迪斯，为自大的克洛伊索斯"上了一堂幸福课"之后便飘然而去，后来正是这堂课把克洛伊索斯从居鲁士的火堆上救了下来，此后克洛伊索斯成为波斯王的股肱之臣乃至顾命大臣，忠心辅佐居鲁士父子两代帝王（《历史》1.29-33，86-89，208，3.36）。严肃的学者大可以质疑希罗多德，梭伦周游列国那十年（前593—

---

[1] 卡特利奇，《斯巴达人》，第11页。
[2] 参见约翰·R. 黑尔，《海上霸主：雅典海军的壮丽史诗及民主的诞生》，史晓洁译，广西师范大学出版社，2012年。

前583年)似乎与克洛伊索斯在位的时间(前560—前547年)对不上,但这不过是希罗多德雅典帝国神话大剧中的一首"副歌":希罗多德的雅典帝国叙事担负着双重任务,一方面要妥善应对外部的波斯问题,另一方面还要正确处理内部的斯巴达问题。

据说当年希罗多德在雅典诵读自己的作品,少年修昔底德当场为之潸然泪下。一代人的时间过去,物转星移。希罗多德曾经以大受欢迎的拟古语言追模先贤,在帝国如日中天的时刻登上历史舞台;现在修昔底德同样操着令人不安的拟古语言,[1] 提示人们他的文本与前人文本之间的微妙联系,在帝国的日落时分登场。针对外邦人希罗多德的雅典帝国叙事,被放逐的雅典人修昔底德完成了一部关于雅典帝国的反叙事:关于自由vs.专制的话语仍旧有效,只不过这一回雅典成了专制帝国,而希腊古风时代的领袖斯巴达重新担任了自由理想的代表。代表"旧制度"的年轻一代开始向代表"新制度"的老一辈发起冲击,一场"精神弑父"的悲剧即将上演。希罗多德为衬托雅典崛起而精心铺设的草蛇灰

---

[1] 英国古典大家芬利指出:"修昔底德的措辞既是古风式的也是诗歌式的。修昔底德所用的是所谓的古阿提卡方言($\dot{\alpha}\varrho\chi\alpha\acute{\iota}\alpha$' $A\pi\vartheta\acute{\iota}\varsigma$),……直到公元前403年,雅典官方演说才废止古阿提卡方言。……因此,修昔底德坚持这种古风式的措辞只是另一个标志,表明他是多么热切地凝望着先前的时代。"冯雷(即芬利),《修昔底德的文风》,载《修昔底德的春秋笔法》,刘小枫、陈少明主编,华夏出版社,2007年,第64页。亦见Casper C. de Jonge, *Dionysius of Halicarnassus on Thucydides*, Berkeley: University of California Press, 1975, p.16-17。

线,在修昔底德这里化作了暗指雅典帝国败坏的绵里藏针(《伯史》1.89-117)。希罗多德故意将希波战争与特洛伊战争拉上关系,修昔底德则在开篇直接告诉我们:特洛伊战争之前无希腊(遑论波斯乎),希波战争并不伟大,特洛伊战争乏善可陈(《伯史》1.1-11)。前有希罗多德苦心经营,后有修昔底德釜底抽薪。而修昔底德何以为此?——《波斯人》一剧中阿托莎与歌队关于自由的精彩问答犹在耳畔,雅典已经开始终结希腊世界的自由。写下《波斯人》慷慨悲歌的埃斯库罗斯,不知当年是否参加了镇压盟邦那克索斯(前466年)的不义之举?此后埃斯库罗斯完成杰作《被缚的普罗米修斯》,剧中严厉抨击的"宙斯"又是哪位?最后埃斯库罗斯为何愤而去国、客死异乡?帝国巅峰时代的诗人索福克勒斯,一边在《安提戈涅》(前442年)中谴责暴政、写下关于永恒正义的天问,一边担任帝国司库(前443年),负责向盟邦强征贡金,并心安理得地跟随伯里克利镇压盟邦萨德斯(前440年)。言念及此,我们会理解为什么在修昔底德和苏格拉底时代,正义问题会重新回到思想者的视野:自我质疑的时代精神,要求拆除前代建造的神话,而这些神话中最宏大之一种,即是伴随雅典帝国而兴起的帝国逻各斯。

最引人注目的是,修昔底德的《伯罗奔尼撒战争史》不但使用了荷马的语言与希罗多德的主题,[1]甚至还使用了荷

---

[1] Jeremy Mynott, *Thucydides: The War of the Peloponnesians and the Athenians*, Cambridge: Cambridge University Press, 2013, p.xxx, p.606.

马与希罗多德式的回环结构。与希罗多德《历史》的叙事结构相似,修昔底德的《伯史》同样具备严整的A-BBB-C-BBB-A结构模式。希罗多德的这位可怕的对手,不但要像对方一样使用拟古语言与之展开对驳,还要用结构解构结构,用逻各斯拆除逻各斯。

表二 修昔底德《伯罗奔尼撒战争史》结构模式表(A-BBB-C-BBB-A)

| 卷一至四<br>雅典与斯巴达<br>两强争胜 | 卷一 雅典帝国崛起,对盟邦实施专制统治 | | A |
|---|---|---|---|
| | 卷二—四 十年战争<br>(前431—前421年) | 卷二 斯巴达两次入侵阿提卡 | B |
| | | 卷三 斯巴达两次入侵阿提卡,普拉提亚陷落 | B |
| | | 卷四 斯巴达第五次入侵阿提卡,雅典盟邦暴动 | B |
| 卷五 | 敌对双方将军同归于尽,订立《尼西阿斯和约》<br>(前421—前414) | | C |
| 卷六至九<br>雅典溃败<br>斯巴达胜出 | 卷六—八 十年战争<br>(前414—前404年) | 卷六 西西里远征 | B |
| | | 卷七 西西里远征惨败 | B |
| | | 卷八 伊奥尼亚起义 | B |
| | (卷九 雅典帝国覆亡:雅典盟邦加入斯巴达领导的希腊联盟) | | (A) |

修昔底德的《伯史》每一卷本身都具备严谨的回环结构,[1]同时全书整体上如同希罗多德的《历史》一般,呈

---

[1] W. Robert Connor, *Thucydides*, Princeton: Princeton University Press, 1984, "Appendix One-Nine", pp.251-261.

现出完美的"可怕的对称"。《伯史》各卷自相指涉,卷一与卷六、卷二与卷七、卷三与卷八分别形成平行对应关系,从而在结构上要求有一个与卷四对应的卷九。[1]《伯史》卷一至四为上半场:雅典与斯巴达两强争胜、十年苦战。卷一交代雅典与斯巴达的制度选择,并暗示斯巴达之于雅典的制度胜利。在"斯巴达的辩论"一场,正角(Protagonist)雅典与反角(Antagonist)斯巴达同时登台,随着双方展开对驳,修昔底德与希罗多德的对驳也同时开始。雅典人讲着刺耳的波斯帝国的话语,修昔底德由此追述雅典夺取帝国并走向帝国主义的经过;而斯巴达人则明确反对这套话语,对雅典下达了最后通牒,双方终于开战。卷二至四讲述了雅典帝国与斯巴达的十年战争:斯巴达两次入侵属雅典势力范围的阿提卡;此后斯巴达又入侵阿提卡两次,并攻陷了与雅典同享城邦祭祀的小城普拉提亚(在光荣的马拉松平原,面对波斯强敌,希腊各城邦明哲保身,唯有小城普拉提亚冒死与雅典并肩战斗,最终击退强敌,获得配享雅典城邦祭祀的荣誉);斯巴达第五次入侵阿提卡,雅典盟邦开始频繁暴动。上半场貌似双

---

[1] 关于修昔底德史记的分卷问题,*The Landmark Thucydides*(R. B. Strassler ed., New York: Free Press, 1996)一书导言述之甚详,见Introduction, p.xiii。另见Hunter Rawlings Ⅲ, *The Structure of Thucydides' History*, Princeton: Princeton University Press, 1981, p.216ff。作者谈及"修昔底德的计划"(Thucydides' Plan),认为卷四应有一个与之并行的"卷十",这里的"卷十"应为"卷九"之误。

方互有胜负，实则雅典被斯巴达步步进逼（从入侵领土到攻陷亲密友邦再到盟邦暴动），雅典帝国败象已呈。卷五为中场枢纽：经过十年战争，雅典与斯巴达统帅同归于尽，双方订立和约。卷六至九为下半场：雅典与斯巴达又是十年大战，雅典西西里远征惨败，帝国每况愈下，伊奥尼亚族人起义（**上次起义是反对波斯，这次起义是反对雅典**！），雅典惨败（最终丧失帝国）。在希罗多德的《历史》中，波斯在上半场对世界各国的一切胜利，不过是为了反衬雅典在下半场从对波斯帝国的武力战胜走向制度、文化与精神的全面胜利；而在修昔底德的《伯史》中，雅典在上半场的节节退败，不过是铺垫了在下半场的一败涂地。此前希罗多德的《历史》中雅典与希腊的每一场胜利，无一不被描述为自由城邦之于专制帝国的道德战胜，而在修昔底德的《伯史》中，雅典此前的道德战胜沦为帝国当下的离心离德。

呼应希罗多德《历史》的叙述结构，修昔底德《伯史》既可以与《历史》全书比照而读，《伯史》后半部（后五卷"雅典帝国衰亡史"）又可与《历史》后半部（后五卷"雅典帝国崛起史"）倒过来对勘阅读：雅典建立民主制度之后力量壮大起来（《历史》卷五）/伯罗奔尼撒战争结束，雅典丧失帝国（《伯史》卷九）；雅典人在马拉松平原上第一次飞奔着攻向敌人，因热爱自由而获得了自由的报偿（《历史》卷六）/伊奥尼亚族人起义，因热爱自由而获得了自由的报偿

(《伯史》卷八）[1]；斯巴达人为了自由视死如归（《历史》卷七），此后雅典海军在萨拉米斯消灭波斯海军（《历史》卷八）/雅典为了钱财与帝国野心远征西西里，西西里海军以其人之道还施彼身、雅典海军全军覆没（《伯史》卷七、卷六）；波斯大军经普拉提亚一役被希腊联军彻底赶出欧罗巴，雅典夺取帝国（《历史》卷九）/虽然风雨飘摇，雅典仍保有帝国，弥洛斯的陷落，令人想起希波战争的起源——米利都的陷落（《伯史》卷五）。在修昔底德这里，雅典帝国一边走向终点，一边退回到了希罗多德笔下雅典帝国的起点，不禁令人追思，雅典在夺取帝国之初，是否如其所说的那般正当、那般正义？

## 六 雅典帝国逻各斯的解构

通过武力与意识形态（即所谓事功 ergon 与言辞 logos）双重手段，雅典夺取了波斯在地中海的统治权，巩固了帝国的文化领导权，并自觉担负起"教化"全希腊的任务。"我们的制度是别人的模范，而不是模仿任何其他人的"，雅典帝国全盛时代"第一公民"伯里克利自豪地宣称："我们的城邦是全希腊的学校。"（《伯史》2.41）然而，伯里克利只

---

[1] 丽莎·卡莱特曾述及修昔底德史书卷八"西西里远征"与希罗多德笔下"伊奥尼亚起义"之间的平行对应关系，见 Lisa Kallet, *Money and the Corrosion of Power in Thucydides*, p.229。

讲了一半事实:"我们的制度"之民主的部分或是雅典的首创,而帝国的部分却是从波斯那里模仿来的。

波斯的帝国制度源自曾经统治他们、后来反被他们征服的米底人(《历史》1.95-102);而米底帝国的统治方式,则源自曾经统治他们、后来反被他们征服的亚述帝国(《历史》1.125-130)。[1]被统治者攫取了统治者的核心制度,更充分地实现了统治者的精神原则,反过来制服了从前的主人。主奴辩证法的逻辑在现实世界无情推进,一条从亚述到米底再到波斯的精神脉络清晰浮现。现在轮到雅典向曾经统治他们、后来反被他们征服的波斯学习帝国制度了。然而,不同于西亚大陆各帝国天然享有利于文化制度交流的地理人文条件,雅典帝国在试图推行波斯统治制度的过程中,一路遭到本土的激烈抵抗。当西方试图"拿来"东方的制度,由于文化地缘等各方面的差异,立刻激起了自身机体的排异反应,传统机制开始对新事物进行反扑。始自古风时代早期的东方化革命远未结束:雅典帝国时期,东方化革命的第二阶段——制度革命,才刚刚开始,既谈不上彻底,更谈不上成功。要等到亚历山大大帝统治时期,近150年的工夫之后,东方帝国制度的本土化进程才终见成效。

所谓雅典是"全希腊的学校",从伯里克利国葬演说的

---

[1] 见芬纳就亚述帝国及其制度所做的经典评述,《统治史》,卷一,第91、218、224、225、234、234—245页。

闪烁其词当中，可以窥见雅典推行帝国"教化"的尴尬："我们结交朋友旨在给他人好处，而不是从他人那里得到好处。……但是我们的受惠者，在感情上缺乏同样的热忱，他们在报答我们的时候，就像是在偿还一笔债务，不是自动地给予。"（《伯史》2.40）原来在雅典帝国看来，向盟邦征收贡金，是在给予他人好处，而非得到好处。盟邦交纳贡金形同"还债"，自然是由于"教化"得还不够。在伯里克利的三次演讲中，对帝国贡金与权力的强调可以说无以复加，特别是关于雅典娜女神的黄金的那番讲话，伯里克利多好地继承了波斯帝国的世俗精神啊！[1] **希罗多德苦心孤诣建构起来的伯里克利（及其家族）的光辉形象，在修昔底德这里悄然崩塌。**[2]

希罗多德的《历史》是一部关于雅典帝国开天辟地的崇高史诗，正角是文明的雅典，反角则是野蛮的波斯。无德者落荒而逃治权旁落，有德者英勇奋战终获帝国。二者的对立不是悲剧式的，这里不存在伦理困境，也不存在两难选择。而修昔底德的《伯史》是一部反崇高的悲剧，希腊旧日的霸主斯巴达反角不反，曾经辉煌的雅典帝国正角不正。孰是孰非？令人扼腕。热爱自由、曾为《米利都的陷落》（前

---

[1] 波斯帝国是世界上第一个世俗帝国，世俗精神是自阿契美尼德王朝"太祖皇帝"居鲁士以来奠定的国家精神。见芬纳，《统治史》，卷一，第92、299、310页。

[2] Dennis Proctor, *The Experience of Thucydides*, Warminster: Aris & Phillips Ltd., 1980, pp.138-139.

492年)痛哭流涕的雅典人,现在开始主演"弥洛斯的陷落"(前416年),终结盟邦的自由。据说欧里庇德斯写作《特洛伊妇女》(前415年),就是在暗讽弥洛斯屠城,反对西西里远征:剧中肝肠寸断的老妇人坐在地上,怀里抱着死去的孩子,那是已经丧失道德力量的雅典在帝国末日的哀哭。面对波斯大军,雅典光荣的马拉松老战士,曾经飞奔着迎向敌人;如今雅典进犯,西西里勇敢的战士们,一如当年挚爱自由的人们,飞奔着攻向敌人雅典!远征西西里的雅典军队,就像当年入侵的波斯大军一般,耀武扬威,浩浩荡荡离开佩里乌斯港,其中很多人再也没有回来。雅典的萨拉米斯老战士们,可曾料到西西里的惨败?最为反讽的是,西西里人击败雅典的战术,正是当年雅典击败波斯的战术,《波斯人》里呼天抢地的痛哭,转眼成了雅典人自己的悲号。

修昔底德抚今追昔,以拟古的语言与风格,对应希罗多德《历史,或雅典帝国的崛起》的结构模式,完成了一部《历史,或雅典帝国的衰亡》[1],拆除了前代建构的关于雅典自由帝国的神话。伯罗奔尼撒战争终结了雅典帝国,而修昔底德用《伯罗奔尼撒战争史》终结了雅典帝国逻各斯。雅典帝国逻各斯由此遭到了第一次颠覆,而这场颠覆的非同凡响之处,首先在于它来自自身,经过雅典"传统主义者"的重

---

[1] 希罗多德《历史》记述的年代从伊娥被劫开始,止于公元前478年,即雅典赢得帝国的年份;修昔底德的《历史》记述的年代从特洛伊战争开始,(计划)止于前404年,即雅典丧失帝国的年份(见《伯史》5.26,"第二序言")。

新阐释，斯巴达所代表的旧制度卷土重来，对帝国时代的新文化成功发起反攻，最终重新夺回了昔日属于希腊的霸权。而关于帝国的话语仍然掌握在雅典人手中：在创生帝国逻各斯之后，雅典仍有无尽的天才，能够继续演化出反/后帝国逻各斯，雅典的帝国逻各斯得以修补升级为雅典-斯巴达双内核系统。

修昔底德的史书在卷八戛然而止，色诺芬与奥克西林库斯诸史家都曾试图续写他的历史，而后人当中似乎唯有柏拉图最为领会他的精神，也唯有柏拉图再次抖擞起与古人竞赛的精神，以35部对话重构了一部帝国"大说"[1]（此后这部"大说"又加入了后人带有完形意图制作的7部"伪篇"），事实上重写了修昔底德笔下那段历史。柏拉图重构雅典帝国逻各斯的年代，正是雅典重建第二海上同盟（号称"第二雅典帝国"）的年代：**不论柏拉图此后如何书写雅典帝国的兴亡，西方帝国逻各斯都就此进入了永恒轮回，反转升沉、生生不已。**

---

[1] 即宏大叙事（Grand Narrative）。柏拉图的劲敌尼采将柏拉图对话称作"小说的样板"（见尼采，《悲剧的诞生》，孙周兴译，商务印书馆，2013年，第103—104页），我们在此特意使用"大说"这一字眼，向尼采致意，并提示尼采的错误。

# 帝国与民主

## 论修昔底德的战争叙事

修昔底德向我们生动呈现了希腊世界从城邦向帝国转型过程中的诸多困局：以雅典为主导的新帝国秩序与希腊人传统城邦习性彼此龃龉，民主政治动员起民众高度的政治热情与城邦脆弱的组织建制形成巨大断层。从战争初期即公元前428年雅典盟国密提林反叛到公元前416年的弥洛斯屠城，再到公元前415年雅典倾巢出动远征西西里，直至全军覆没。修昔底德透过《伯罗奔尼撒战争史》这部恢弘巨制，揭示雅典人渴望一统希腊世界的帝国事业所遭遇的诸多挫折以及最终悲剧性的颠覆。从伯里克利到克里昂，再到尼西阿斯和亚西比德，修昔底德将历史舞台转变为戏剧舞台，将历史著述作为审判法庭，致使他始终无法与历史达成和解。

---

\* 作者：林国荣，宜春学院副研究员。

## 一 伯里克利的帝国政策

克里斯提尼（Cleisthenes）确立的雅典民主体制，经过几代人的砥砺实践，至伯里克利时代已然发育成熟。与此同时，雅典从城邦迈向帝国的步伐得到了雅典人的民主热忱的推动。为此，伯里克利获得了足够的底气，在战前演说中为雅典人描摹了一幅令人激动的未来图景。伯里克利强调指出，只要雅典人将战争有序坚持下去并勉力而为，最终的胜利肯定属于雅典。然而，雅典人的帝国心性对雅典人的民主心灵提出了极高的要求，帝国心性要求民主心灵懂得约束、克制，它需要高度的定力、沉着以及具有长远谋略的政治方向感。

伯里克利这样的政治家当然很清楚，若要雅典人做到这一点，是有相当难度的。伯里克利提出了雅典的帝国总纲和帝国承诺，其核心着眼于防御，它意味着未来雅典人将建立一个纯粹保守性质的帝国。他明确告诉雅典人，倘若眼前这个帝国遭到任何敌人的攻击，他都能够实施一场成功的防御战，这就意味着，伯里克利的帝国政策并不刻意鼓励雅典人的聪明才智和进取之心，并不以攻城略地为战略重心，他要求雅典人冷静面对任何外来的新的刺激。显而易见，伯里克利说话的对象并非仅仅是雅典人，而是整个希腊世界。无论如何，雅典人此时已然拥有了一个帝国，但是从理念层面看，该帝国体制必然与希腊城邦世界根深蒂固的独立自主精神背道而驰。确切地说，帝国体制与希腊人的政治本能彼此龃龉。伯里克利声称雅典是"全希腊人的学校",即意味着这份葬礼演说重在为雅典帝国执言,而非为雅典民主背书。伯里克利时代的雅典已经不是半个世纪之前希波战争时期的雅典,当时的雅典,尽管民主的力量已经相当强劲,但民主心灵本身却粗朴有余、文雅不足。伯里克利的雅典当然也不是70年之后德摩斯提尼时代的雅典,此时雅典帝国的政治命数已走向穷途末路,虽然哲学家和修辞学家仍然在唇枪舌剑,其思力较之伯里克利时代甚至更为强劲,但已开始沦为文人群体内部的斗嘴。更准确地说,无论是希波战争至伯里克利时代雅典民主制度的大发展,还是后伯里克利时代民主政治和民主心灵的大衰退,都与历史境遇密切相关。

正是在上述历史转折节点上,伯里克利发表了这份著名的"国葬演说"。伯里克利竭力使希腊人传统的城邦习性与雅典人的帝国事业协调一致,试图勾勒出一幅乐观的画面,但两者在本质上是对立甚至互相排斥的,而这正是悲剧情境的核心要素,这样的悲剧情境也是伯里克利面对的政治现实。伯里克利内心里很清楚,从城邦向帝国转型是势在必行的。从伯里克利葬礼演说所力图营造的乐观氛围中,细心的读者不难感受到其字里行间隐藏的深沉的悲壮。

修昔底德有着非同寻常的悲剧感受力,这种感受力可以说贯穿他的战争叙事始终。在呈现了如此明快且自信的葬礼演说场景后,修昔底德即刻便将那场可怕的瘟疫场景向读者和盘托出,修昔底德在力图以现实主义笔触探究这场瘟疫的起因并展示瘟疫的蔓延和灾难性后果的同时,也是在力图描摹人类事务中命运的起落浮沉与无可避免的世态炎凉，而这毋宁是人类事务的常态。

在喀蒙（Cimon）策动一系列反波斯军事行动，并试图将其雄心转向埃及和塞浦路斯的时候，伯里克利却反其道而行，着力发掘雅典民主品性当中那些温和、开明且积极进取的元素，将之导入常规化的民主轨道和文明轨道，由此压制而非搅动雅典人那心浮气躁的帝国雄心。问题的关键在于：**伯里克利是否促成并推动了这场伯罗奔尼撒战争？这场战争是否本来可以避免，而伯里克利却未能在这方面有任何作为？**从修昔底德的战争叙事可以看出，斯巴达军队第一次入侵阿提卡，修昔底德便特别申述了伯里克利的应对策略。在极力阻止雅典人急欲出城决战的同时，伯里克利冒着牺牲个人政治生命的危险，说服雅典人接受自己的政策路线，倘若雅典为了避免这场战争而做出任何让步，都会使敌人变本加厉，最终将被迫赌上雅典人的整个帝国事业。

伯里克利和埃菲阿尔特在雅典推动的改革，使雅典公民权的范围获得极大扩展，这场变革本身也是前一历史时期雅典民主情感和制度成长、发育的结果，也是其标志。对伯里克利时代的雅典人来说，民主制度的成熟，意味着他们业已全方位地融入雅典人的帝国大业之中，已经做好了海上西进的准备。他们通过公民大会等体制渠道参与战争决策，民主与帝国，可以说互为表里。雅典海军冠绝希腊，这是泰米斯托克利和喀蒙时代的雅典人所望尘莫及的。

然而，战争一起，包括雅典在内的战争各方，其行动却迅速偏离了伯里克利当初的预期。斯巴达将领伯拉西达即以其人之道还治其人之身，循着雅典人的帝国路线，在色雷斯地区展开军事行动，并最终拿下"雅典帝国皇冠上的明珠"安菲波里斯，致使雅典帝国链条的薄弱环节发生脱落。对于雅典这样一种停留在传统城邦和普世帝国中途的帝国形态，该如何把握自己的进度？其政治界限和扩张界限，究竟能伸展到怎样的地步？相形之下，斯巴达在伯罗奔尼撒同盟推行的总体政策路线目的在于维持各个城邦的自主地位，在斯巴达的霸权之下，遏制诸如科林斯、底比斯、阿尔戈斯这类大邦在同盟体系内部连横合纵另起炉灶的企图，保证小邦在同盟代表大会上的平等表决权。这在客观上反而强化了斯巴达作为整个同盟领袖的地位和影响力。跟雅典的帝国策略相比，斯巴达的政策路线在某种程度上应和了希腊人的政治本能：即城邦的独立、自主和自由。雅典人正是在这样的背景下，遭遇了走向帝国路途上的第一次重大挫折：密提林危机。

## 二　密提林危机与克里昂

雅典人在平定了密提林叛乱之后，将战败者的命运交付雅典公民大会裁夺。在公民大会之上，民众煽动家克里昂，力主对密提林屠城，严惩叛乱者，以儆效尤。雅典公民大会起先采纳了他的提议，并向密提林的雅典驻军发出了屠杀令。然而，第二天雅典再次召开公民大会，一位名叫戴奥多都斯的人认为这样的惩罚措施太过严厉，会强化雅典在希腊人心目中的暴君形象。据此，戴奥多都斯提议软化惩罚措施，将密提林人区别对待。戴奥多都斯指出，这场反叛全然是密提林寡头集团酝酿并实施的，而密提林民众并未参与其中。戴奥多都斯提请雅典人注意，在雅典的所有盟邦当中，平民阶层往往对雅典心有戚戚，面对各邦蠢蠢欲动的寡头集团，雅典所能倚重者主要就是各邦的平民阶层，倘若雅典人将寡头和平民不分青红皂白悉数屠杀，那么各个盟邦的平民群体会作何感想？因此，戴奥多都斯提议单独审判并处决策动此次反叛的密提林寡头集团，而对平民则予以宽免。最终，公民大会一改初衷，采纳了戴奥多都斯的提议，使密提林人经历了一场极具戏剧性的"胜利大逃亡"，真可谓惊心动魄。

然而，这起从结果看来看似美好且高贵的剧情背后，隐藏的却是铁一般的黑暗现实。戴奥多都斯的"平民帝国"政策从根本上暴露了雅典帝国的结构性危机：**倘若不能容忍并适应多元化统治体制，则这个帝国必定在"平民"轨道上以不确定的无限扩张为取向，民主势力必然反过来对帝国事业构成强有力的掣肘。而为了驾驭这样一个庞大的"民主式"帝国，雅典城邦体制将面对怎样的巨大压力？**对此，即便戴奥多都斯有所意识，也无从给出解答。而作为雅典民主体制培养出来的第一代"政治新人"，以民众煽动家在雅典政坛起家的克里昂，因提出大屠杀令，遭遇了同时代修辞学家、哲学家以及后世所有史学家的普遍谴责——他们将克里昂视为煽动民情的低贱且缺乏节制的政客。然而应当注意到的是，克里昂的提议并没有违背那个时代战争法的基本惯例，被征服者理所应当听凭征服者处置。可以设想，倘若密提林反叛针对的是斯巴达、阿尔戈斯或者科林斯，想必也会遭遇同样的大屠杀。对于当时刚刚走出瘟疫的雅典，无论是对内还是对外，都迫切需要重拾信心，振奋人心。而密提林方面自己也承认，他们非但未遭受来自雅典的任何压迫反而一直颇受雅典人厚待，是在尽享帝国利益的情况下反叛雅典的，雅典人的愤怒可想而知。戴奥多都斯的主张在道德上显得宽大为怀，但在政治上却极为不智，关键时刻毅然决然的惩罚措施往往是非常必要的，这与克里昂这样的民众煽动家是否搅动舆论无关，更与一般意义上民主制度无关。

在战前的40年里，雅典在政治和经济上经历了大发展，由此导致社会阶层的重组和公民群体的扩张，新的政治群体应运而生。该群体即典型的"政治新人"，这批政治新人往往都在贸易特别是实业界发迹，无论是他们的出身还是主张，都与安提卡传统的地产家族形成分庭抗礼之势。喀蒙时代典型的父权主义开始趋于瓦解。在伯里克利时代，随着财富迅速积聚，人们纷纷拿出新获得的财富进行生产性投资，商业信用开始确立。社会正义在伯里克利时代取得进展，但这绝非出于土地贵族阶层的宽宏和仁慈，更非传统特权阶层的政治意愿。伯里克利时代的雅典政治民主化进程，已经彻底瓦解了雅典传统地产家族的政治特权。合法特权虽然不复存在，但只要这些仍然据有经济特权的集团具有政治图谋，依然能够占据主导地位，而此时的雅典民众在社会情感上对传统的特权等级依然保有接纳和欢迎态度。中下层出身的政治人物，从涉足政坛的那一天开始，即能真切感受到传统权贵的巨大优势及其对"政治新人"的挤压。因此，中下层出身的政治人物要在号称民主的雅典政坛立足，必然更多依赖于他们的坚韧、胆略以及演说的感召力。伯里克利谢世不满两年，政治新人便开始在雅典政治生活中迅速崛起，皮货商、商贩、工匠等，纷纷成为这个群体的坚强后盾。皮革商出身的克里昂成为喜剧家阿里斯托芬直接的嘲讽对象，但是在评判这样一个政治新人的时候，喜剧作家提供的素材和证据并不足为据。阿里斯托芬曾对克里昂有如下刻画：一个满身皮革作坊气味的皮货商、一个底层出身却不知安分守己的人，他性格暴躁，举止粗野，其为政之道更是卑鄙无耻，以控告相要挟，勒索当事人，他盗取公共财库，对上层人物极尽敲诈之能事，任何高贵和等级皆不被他放在眼里。克里昂为博取民心，搅动舆论，经常不择手段，毫无原则可言。

与阿里斯托芬对克里昂的刻画对比，修昔底德对克里昂的描摹更是耐人寻味。修昔底德笔下的克里昂与阿里斯托芬喜剧当中影射的那个卑贱且腐化的政客有着极大差别。修昔底德笔下的克里昂最为突出的是其暴烈的性格和精到的口才。修昔底德并未像喜剧作家那样指控克里昂腐化堕落、盗窃公款、卑贱无耻、为博民心不择手段，尽管导致修昔底德本人遭到流放的幕后黑手正是克里昂。实际上，像克里昂这样出身下层的政治新人，要想在公民大会上冲破世家贵族根深蒂固的政治关系网，没有暴烈的性格、出众的口才以及过人的政治谋略，是根本没有机会的。克里昂的政治生涯折射出雅典民主体制的实际运转，修昔底德的叙事对此有着委婉而生动的展现。细心的读者从中不难发现，雅典民主制度的真正缺陷，并不在于人们通常认为的过分且直接的民主激发了暴烈且反复无常的民众情绪，而在于寡头集团在这一民主制度当中享受的过度自由。帝国的扩张在雅典民主制度肌体上撕开了太多的裂缝，令寡头集团有充分的机会操控民意，按照一己私利改变政治方向。雅典政坛事实上掌控在寡头集团手中，他们不但把持要职，更拥有极大的个人权能。若认为克里昂这样的民众煽动家好战，那纯属无端指控，事实却是，民众煽动家最不愿意让国家陷入战争旋涡。在战争前半程，克里昂极力反对对斯巴达采取和平政策，因此被指控为好战分子。而克里昂战死之后，我们却发现，雅典寡头集团才是战争政策的真正策动者和推动者。相形之下，克里昂的战争政策只不过是为了使雅典在可承受的范围内保卫自己，在克里昂看来，为了换取斯巴达口头承诺的虚幻的和平而做出任何让步是不明智的，这也正是伯里克利在战争前夕强调的雅典帝国基本行动纲领。

与克里昂形成鲜明对比的尼西阿斯可以说是那种中规中矩的内阁阁僚，官僚职能是他的职志所在，他无法超越其规限。以尼西阿斯为代表的雅典寡头集团占据十人团、外交使团等要职，他们背后有着稳定的政治利益集团作为强有力的后盾。这些集团权倾一时，他们彼此勾结、相互支持，如若遭遇公民大会纠弹，便相互提供政治庇护。卓越的演说能力、审议能力以及行动能力曾被伯里克利"一肩挑",如今,这些品质却被割裂开来,分别归属克里昂和尼西阿斯,而民主化进程进一步促成了这样的分裂和对峙。与此相比,伯里克利时代的民主制度,倒更像是昙花一现的非常时代。

无论是克里昂建立奇功的斯法克特里亚战役,还是克里昂最终殒命的安菲波里斯战役,均属严格意义上的帝国保卫战。可以设想,倘若伯里克利在世,他也会毫不犹豫不惜代价打赢这两场战役,因为那正是伯里克利的帝国纲领的一部分。然而,在这两场战役的酝酿和执行过程中,寡头集团为了打击对手,竟然置国家整体利益于不顾,在如此事关国命的战事上迫使缺乏军事经验和军事才能的克里昂担任统帅。可以想见,倘若克里昂有任何闪失,雅典将因此失去战略要地派娄斯,其后果不堪设想。所幸的是,身为当时的作战统帅,克里昂深知自己军事才能的欠缺,不惜放低身段,全力配合德摩斯提尼的军事行动。而两位将领的忠诚配合,最终成为斯法克特里亚战役获得决定性胜利的关键。

修昔底德对克里昂讽刺有加,不遑多让。作为政治家的克里昂纵有这样那样品性上的缺陷,但这些缺陷与他要承担的公共责任并无冲突,反而更加凸显出他强烈的公共责任感。对克里昂这样的平民政治家来说,陪审团和公民大会才是他在政治上脱颖而出的舞台。喜剧诗人尽管可以将这样的政治人物移至戏剧舞台,以迎合或者满足人们的政治洁癖甚至偏见,但这样的做法在政治上会导致怎样的后果,对此,我们不难想见。而在克里昂战死沙场之后,似乎没有人直面这个问题。以客观中正著称的修昔底德，在这一方面对后世造成严重的误导。

## 三 弥洛斯屠城、西西里远征与亚西比德

雅典远征西西里的主要推动者是自称民主派的代表人物亚西比德。此前，无论是尼西阿斯集团的"和平政策"还是克里昂集团的"战争政策"，都没能帮助雅典夺回安菲波里斯。敏锐的政治眼光使亚西比德把握住了雅典人试图重拾信心的契机，亚西比德发现，伯罗奔尼撒同盟松散的组织建制本身构成斯巴达的软肋，雅典只有将战略重心转向肢解该同盟，才有望重新获得战略主动。这一战略转移的前提在于：倘若能够在伯罗奔尼撒同盟内部制造分裂，形成一个强有力的反斯巴达集团，将对斯巴达人构成巨大的战略牵制，而亚西比德自己也将从中获得政治人望，这是他在雅典政坛立足所急需的。以其人之道还治其人之身，亚西比德这一策略显然是从伯拉西达那里借鉴来的，只可惜，亚西比德既缺乏伯拉西达的机运，更缺少后者所具备的诸多品质，而亚西比德自己也低估了斯巴达同盟政策的弹性和韧性。

随着战争进程的推进，雅典寡头集团获得了从民主体制的诸多约束中解脱出来的机会，而亚西比德的崛起则折射出雅典权贵集团在道德、智虑方面的愚狂。民众固然不乏软弱、动摇的时候，他们也会经常释放出恶劣情绪，进而败坏并误导民主体制，雅典民主也不例外。雅典的政治寡头集团

缺乏节制,自负且野心勃勃,他们具有根深蒂固的反民主倾向,甚至对整个共同体充满敌意。这一时期雅典民主制之所以酿成诸多颠覆性错误,原因在于民众日益沦为权贵集团之间钩心斗角的工具。当亚西比德终于可以以"民众领袖"的政治身位自居的时候,领袖在政治上的极度自信和亢奋同普通民众政治心性上的昏聩形成彼此推涨之势。而不幸的弥洛斯人则充当了雅典政坛"败血症"无辜的"替罪羊"。

当雅典使节开宗明义告知弥洛斯人,他们此来不是为了探讨正义,弥洛斯必须臣服雅典,弥洛斯人也无须自辩说,自己不曾参与战争任何一方,不曾做过任何有损雅典利益的举动。在现实政治事务中,正义只不过是对当前状态现实考量基础上的权宜之计。而弥洛斯人坚持认为,在人类事务当中应当给正义和道德容留些许空间,不致使人类共同的道德诫命被彻底抛弃。对雅典人来说,帝国欲念和帝国情绪缘何膨胀至此?随着战争日益进入白热化,纯粹的帝国欲念和帝国情感本身发生畸变,一切长远目标和道德考量均被抛诸脑后,甚而至于自足自持且独霸政治机能的地步。

在围绕远征西西里的大辩论过程中,亚西比德对当前雅典帝国的现实处境做了系统评估和分析。他在出征前的演说中指出,雅典人当初正是因为心怀帝国,正是因为其过人的帝国心性,才会如此奋发有为,如此不受拘束,最终使雅典成长为一个海上帝国。倘若雅典人中途就此放弃这个帝国,在西西里问题上畏葸不前,那雅典非但无法维持既有的帝国,而且很有可能就此沉沦,一蹶不振。而尼西阿斯维持现状的主张，既背离了雅典人的帝国心性，也与雅典人的现实处境背道而驰，非但无法给雅典人带来和平，反而会把雅典推向毁灭。业已涌动起来的帝国热血若不向外挥洒，就只能激发更为激烈的内斗，最终在持续不断的内耗中走向末路。帝国血性，即便就其本身而论堪称人间恶灵，如若雅典人今日将其抛却，则雅典必然走向黑暗。对此，尼西阿斯据理力争，指出，若如亚西比德所主张的，雅典就等于是行进在无休止扩张的轨道上，而且会越陷越深，难以自拔，直至毁灭，因为雅典根本没有能力支撑如此巨大规模的扩张。在尼西阿斯看来，亚西比德扩张政策背后的逻辑便是：雅典只能在扩张的道路上不断前进，无休无止，即便它意味着雅典人最终将抛弃伯里克利时代的那个传统帝国，即便在这场帝国运动中雅典必须为此付出高昂代价。

雅典人的确无法安于现状，帝国能量必须得到释放，帝国事业会催生自身的必然性。

雅典在西西里惨败的直接政治后果便是"四百人团"策动的寡头派政变。当"四百人团"颠覆雅典民主制度的消息传到狄西里亚（Decelea）要塞时，连驻守要塞的斯巴达统帅阿吉斯（Agis）都感到难以置信。毕竟，自克里斯提尼改革之后，雅典近百年的民主制度可谓深入人心。然而，民主政制竟然一夜之间化为乌有，实在令人费解。以安提丰为核心的阴谋集团，从发动政变开始便抓住了雅典民主制度的"软肋"，即那些为人不齿的"民众煽动家"。

古往今来的人们一直在书写希腊人的历史，他们宣称，民主国家之所以陷入腐化堕落直至毁灭，民众煽动家罪责难逃。他们往往被定格为作恶者和毁谤者，在没有任何正当理据的情况下，遭到无端责难和指控。"四百人团"的这场阴谋向我们揭示出画布的另一面，从中我们不难发现，正是民主制度以及作为民主制度之生命源泉的那些民主煽动家，一直以来在保护雅典人民免受敌人的侵害，这些政治敌人绝非臆想出来的，而是实实在在迫在眉睫的危险。在雅典，众多强大的反民主集团持续存在，只要时机一到，他们随时都会集结起来，实现其推翻民主政治的图谋。剪除民主煽动家，正是反民主势力的首要目标。

雅典人执念于民主制度本身，他们的民主情感使他们无法意识到，在危机来临时刻，民主制度的力量源泉往往在于刀剑而非准则，而安提丰政变集团正是利用雅典人的民主情感推翻民主制度的。令雅典民众在浑然不觉的情况下，或者说在放弃了抵抗意志的情况下，成了寡头派反民主祭坛之上的"牺牲"。

亚西比德正是寡头集团制造的政治裂缝所催生的政治产物，修昔底德战争史叙事中最为精彩也最值得玩味的部分，正是关于亚西比德的两卷。而作为民主制度之捍卫者的民众煽动家被寡头集团推翻后，雅典帝国政坛的基本生态表现为寡头人物之间的钩心斗角。寡头人物在内斗当中若要取得胜势，就必须推出自己的煽动家去填补昔日民众煽动家留下的政治空间。亚西比德在斯巴达发表的演说表现出全新的风格。自克里斯提尼改革以降，雅典民主始终未解决的一个关键问题在于：**民主派精英集团如何才能实现自我更新？** 在伯里克利时代，雅典民主发荣滋长，帝国的成长更成为这一自我发育进程的关键动力。而在伯里克利去世后，民众煽动家一度暂时弥补了雅典民主制度的结构性缺陷。叛逃至斯巴达的亚西比德在斯巴达公民大会上发表了一篇义正辞严的演说，该演说在修昔底德文本中有着独特地位，它在整个战争叙事中唯一一次提及合法性问题：

> 我希望你们当中没人认为我是坏人，因为我，过去被认为是一个热爱自己城邦的人，现在却与死敌一道猛烈攻击她；或者怀疑我的话不过出自一个流亡者的热情。我确实是一位流亡者，但是尽管我失去了一个卑鄙的城邦，却没有失掉为你们效劳的能力，如果你们听得进我的话。雅典真正的敌人不是像你们这样，在战争中伤害她的人，而是那些强迫她的朋友变成敌人的人。我所爱的城邦是一个保证我的公民权的城邦，不是一个迫害我的城邦。我认为，我所攻击的城邦已不是我的祖国，我要恢复的更不再是我的祖国。一个真正热爱自己城邦的人，不是那种不失公正地失去了自己的城邦之后，不去攻击她的人，而正是由于对她的眷念要尽一切办法将她夺回的人。[1]

---

[1] 修昔底德，《伯罗奔尼撒战争史》，何元国译，社会科学文献出版社，2017年，第416页。

需要特别指出的是，这一立论的背后是一种有着强烈自我意识和自我正义感的个体与城邦之间的冲突。在这里，政治忠诚问题便不再是德性问题，而是基于个体的自我决断，阿克顿勋爵（Lord Acton）称之为"良知"，黑格尔称之为"自由"在古代世界极少数人身上的破晓。实际上，这正是苏格拉底在陪审团面前反复提及的负责传达个体启示的"命相神灵"。

亚西比德在斯巴达发表的演说与《苏格拉底的申辩》之间存在着深层次的关联。与柏拉图笔下的苏格拉底一样，此时的亚西比德当然不会相信修修补补的改革工作能够达成他心中的目标和诉求，在他看来，除非是对雅典人和雅典公民实施彻底改造，否则，一切都是惘然。亚西比德的斯巴达演说发起了一场苏格拉底式的"申辩"：

> 如果有人因为我倾向于民众而认为我很坏，那么请他不要因此就认为他对我的厌憎是对的。因为我的家族过去一直与僭主势不两立（与不受法律限制的统治相对立的所有政体被命名为民主政体），由于这种情况，我们一直是大众的领袖。此外，由于我们生活在民主政体下，就必须最大限度地遵从现实状况。尽管存在肆意妄为的情况，但是我们努力在处理城邦政务时保持温和适度。但是，从前和现在，总有些人把群众往邪路上引，正是这帮人将我赶了出来。我们是全体人民的领袖，我们认为，帮助维持先辈传下来的政体形式——在这种形

式下,城邦处在最强大和最自由的状态——不变是正确的。至于民主政体,我们当中的有识之士都知道其货色,鉴于我〈深受其害〉,我比任何人都有理由指责它。然而,对于一个显而易见的愚蠢东西,人们也发表不了什么新观点。而且,在你们——我们的敌人——虎视眈眈的情况下,我们认为改变它非安全稳妥之策。[1]

表面看来,亚西比德这里诉诸斯巴达人对僭主制根深蒂固的憎恶,借以赢得斯巴达人在情感上的支持,但亚西比德不经意间表露了自己的真正信念与政治定位:成为"整个国家的领袖"。为了避免有人误导民众,而以绝对权威担当起民众领袖的职责。因此,问题的根本不在于哪种制度更愚蠢,而在于哪种制度能够为他实现这一目标提供舞台。

亚西比德的斯巴达演说与《苏格拉底的申辩》类似,从个体和合法性的双重角度对现政权发起了挑战。亚西比德表达了对深陷蒙昧浑噩的世界强烈的不满和反抗,他与后来的"三十僭主"政权的关键人物克里齐阿斯一样,对政治的理想境界都有着特殊的执念,这就意味着他们不可能主动返回常识。实际上,修昔底德以典型的希腊悲剧诗人的笔调揭示,在政治生活中,有一片广阔的领域是人类理性难以把捉的。

弥洛斯屠城和西西里惨败,使我们真切认识到对内的民

---

[1] 修昔底德,《伯罗奔尼撒战争史》,第413—414页。

主政治与对外的帝国雄心两大因素是如何合谋毒化雅典人的精神进而解除其道德约束的。修昔底德以一种普遍化的方式，思考并描述了这些动乱因素发挥作用的内在机理。内斗与外战彼此叠加，相互强化；党争各派彼此之间形同水火，意欲将对方置之死地而后快；制度规则已然没有任何效能可言。在此情形下，寡头集团各个派系越是狂妄地叫嚣战争，越是肆意地咒骂敌人，就越能得到人们的掌声和欢呼。党派目标成了唯一的诉求，躁动和野心压倒一切公共目标。所有这一切构造出一幅极为阴郁的政治图景，修昔底德勾勒的这一图景深植人心，而随着时代变迁，它将会以不同的脚本不断重复上演。

## 四 修昔底德：始终不愿跟历史和解的史家

雅典将弥洛斯屠城，修昔底德的叙事随即转向西西里远征，而雅典的帝国事业也随之急转直下。透过弥洛斯对话，修昔底德将雅典人的权力欲和对帝国的渴望描绘得淋漓尽致，紧接着的便是西西里远征及其惨败令几代雅典人的苦心经营灰飞烟灭。在这样的叙事脉络当中，命运之轮的戏剧性反转显示出强烈的悲剧效果。

历史叙事的职志在于帮助人们同历史和人类自身的命运达成和解，而非直接的评判甚至审判，希腊史学在这一方面的意识才刚刚苏醒。修昔底德强调指出，自己撰写的这部历史既是当代历史，也是当时希腊历史上最为深刻的动荡。但遗憾的是，修昔底德将自己的史著作为审判法庭，史家本人的评判隐含其中，**修昔底德将历史舞台转变成戏剧舞台，他在内心深处始终不愿与历史达成和解**。在伯里克利时代，雅典的城邦共和体制便已经从内、外两个维度上发生了断裂：内部民主日趋动荡，土地贵族和传统德莫体制难以为继，以苏格拉底为代表的纯粹理性的虚无主义风头日盛，将希腊历史进程和同时代的雅典生活哲学化，掩盖了赤裸裸的政治现实。无论是《理想国》还是《法律篇》，都在试图以观念化的方式应对现实政治问题。为此，我们不禁怀疑诸如德摩斯提尼、伊索克拉底（Isoclochus）这样的修辞学家，以及柏拉图、亚里士多德这样的政治理论家。如果将柏拉图式的评判机制引入历史叙事，那么历史将总是显得那么不尽如人意，甚至与人们的道德预期背道而驰。我们与历史也就永远无法实现真正的和解。

# 盛世乡愁

雅典帝国的"传统"与"现代"

波斯战争，希腊人奇迹般地战胜波斯。那场规模空前的世界大战，为希腊人带来了空前的自信和荣耀，却也是之后希腊世界一系列危机的开端。作为希腊人"团结御侮"的核心力量，雅典在战后年代强势崛起，不到30年的时间里，雅典从先前希腊世界的普通城邦迅速成长为东地中海的主导力量。从米泰亚德、泰米斯托克利、阿里斯泰德（Aristides），再到伯里克利，几代政治家苦心经营，励精图治。如何乘崛起之大势，最终使雅典成为"全希腊的主人翁"；在确立雅典帝国霸权的同时，结束希腊世界长期纷争、分崩离析、人人自危的乱局，树立"雅典治下的和平"？这成为几代雅典人的雄心壮志和强国梦想，也是修昔底德著述背后的"潜台词"和现实关切。然而，摆在以伯里克利为代表的新一代雅典政治家面前的巨大考验在于：斯巴达正是雅

---

\* 作者：任军锋，复旦大学国际关系与公共事务学院教授。

典人最终实现其帝国雄心所必须克服的最大的政治和军事障碍。而在那场与劲敌斯巴达及其同盟的生死较量当中，雅典遭遇惨败，这场失败不仅是雅典人的灾难，更是希腊人寻求内部秩序的艰苦尝试所遭遇的一次重挫。战争本身给希腊世界带来空前的苦难，更预示着希腊世界开始陷入更大规模的内讧纷争。

在对外实现帝国雄心的同时，雅典城邦内部推行"民主"式的治理方式。从公元前508年克里斯提尼新政开始，在之后的50年时间里，民主政治至"伯里克利时代"达到最为激进的阶段，具体表现为：国家内政、外交方面的重大事务均由公民大会议决，主要官职由抽签产生，十将军由选举产生，实行"陪审津贴""观剧津贴"制度……而对雅典人来说，民主化更多是一把"双刃剑"：它在增强国力、夯实社会基础的同时，却以在政治上挤压传统世家贵族为代价。面对民主政治释放出的汹汹民意，要防止其破坏力，更多地依托于伯里克利的政治奇才。而对雅典传统世家大族来说，他们当然不会作壁上观，认命服输，进而在政治上束手就擒。伯里克利时代的雅典政坛暗流涌动，新兴民主势力与传统贵族势力彼此虎视眈眈，政治角力蓄势待发。如果说伯里克利在世时尚能够通过其清明的判断力和高超的政治手腕巧于弥缝，暂时消弭这一对抗的破坏作用，那么随着伯里克利的突然离世，这一斗争便正式浮出水面，且迅速升级并趋向白热化，并最终走向失控，成为帝国事业的颠覆性力量。在帝国事业面临生死考验的当口，雅典民主政坛却陷入了空前紊乱，外患与内忧彼此叠加，致使雅典陷入一系列重大挫折的怪圈，帝国事业最终"胎死腹中"，这不能不令人唏嘘扼腕。

在"后伯里克利时代"的雅典，与政坛的畸变互为表里，雅典社会民情风俗也发生蜕变朽坏，误入歧途。人心畸变带来政治的扭曲：本来作为动员自由公民参与城邦公共事务的公民大会，在实践中却沦为少数政客摇唇鼓舌、混淆视听、争权夺利的场所，人们参加公民大会的首要动机不再如以往那样旨在协议国事并从中习得政治经验，从而接受政治教育，如今他们的主要动机仅仅在于能及时领到参会补贴，后者往往对下层民众更具诱惑力。这就使公民大会难以发挥预期的清晰判断、群策群力的政治效能；本来旨在预防僭政的陶片放逐律，却日趋沦为党派彼此造谣倾轧、政客相互算计、彼此拆台的利器；本来意在培育公民公正感和道德良知的陪审法庭，却日趋堕落为人们逞私欲、闹派性、勾肩搭背、私相授受的舞台，雅典传统贵族的教养、德行、自律以及由之衍生的一整套礼法，在民主的大潮中不断趋于崩解；与强调世袭身份的"旧雅典"不同，"新雅典"人更加看重的是金钱财富。以不义之行攫取不义之财，最初为社会舆论悄然接受，最终却得到舆论的公然推崇甚至吹捧；以智术师为代表的"新启蒙运动"，不断侵蚀雅典社会的伦理根基。理智主义与宗教信仰、平民主义与贵族德行，日益上升为民主雅典政治社会中最为突出的意识形态张力。而在实践中，这些紧张关系往往与更为现实的权力斗争彼此交叠，使得雅典帝国内政、外交格局矛盾交织、错综复杂。贵族派与民主派、贵族共和国与民主共和国、旧雅典与新雅典、传统与现代，在雅典社会，这些力量往往相互撕扯、彼此消解。而在雅典人的精神世界，这些价值观念彼此掣肘："新社会"以欲望为核心的功利主义、个人至上、金钱至上等价值观念和行为方式，不断消解雅典社会的伦理根基和道德底线。

从城邦到帝国的转型过程中，雅典中途折戟，帝国事业盛极而衰，最终"胎死腹中"。作为读者，应当避免陷入所谓"后见之明"式的简单化处理，切忌将其归咎于某种单一的所谓"根本原因"，将本来丰富且立体的历史面相平面化、肤浅化，那样，我们便难以从前尘往事中获得长进。本文以修昔底德著述为基础，结合阿里斯托芬、色诺芬、柏拉图等相关文本，力图从雅典政治社会的内部视角，揭示雅典帝国在关键时刻所面临的诸多错综复杂的矛盾，以及这些矛盾导致的现实后果。

## 一 雅典："黄金时代"抑或"镀金时代"？

若要深入理解古典时代的雅典帝国，希罗多德、修昔底德和柏拉图的相关文本，无疑需要我们重点关注。希罗多德在雅典极盛期讲述波斯战争传奇，其现实关切深沉且委婉。波斯从当初米底帝国治下的一个偏僻小部落成长为世界帝国，最终却在其远征希腊的过程中意外失手，从此一蹶不振，国势日颓。如果说希罗多德以波斯帝国兴衰为"借镜"，通过外部视角，反观当时如日中天的雅典帝国，借以探问邦国兴替之机理，思索命运之沉浮；那么，后学柏拉图则通过内部视角，诊断雅典政制及其国家精神的病理，进而寻求可能的解救之道。如果说柏拉图《法律篇》可以被视为希罗多德《历史》的理论总结，那么《理想国》则无疑是修昔底德《伯罗奔尼撒战争史》的理论升华，从叙事结构到思想主旨，它们在时序上彼此呼应，论题上相得益彰：修昔底德将现实版的雅典与斯巴达对观，双方在政制形态、言论行动、民情风俗等方面形成鲜明反衬，而雅典自身的弊病则在这一对比中昭然若揭；《理想国》将理论版的斯巴达与雅典对照，斯巴达无疑是柏拉图理想国家的理论原型，从苏格拉底与雅典青年的谈话中，我们不难觉察到柏拉图对雅典政治社会的现实关怀和深切的救世之心。而且，值得玩味的是，《理想国》起笔处似乎就是修昔底德搁笔处，即公元前411年左右，雅典发生寡头政变，继之而起爆发了围绕究竟是寡头政体还是民主政体更适合雅典国情的激烈争论。在这一方面，柏拉图似乎意在赓续修昔底德的精神志业，探问雅典国家的解救之道，而他们之间的差异在于：修昔底德更多关注政治，而柏拉图则更侧重法意。

在《理想国》中，柏拉图将斯巴达作为理论原型，借以观察现实雅典政治社会诸多弊病，例如卷二关于"猪的城邦"与"发高烧的城邦"的讨论。"猪的城邦"本是对话者之一格劳康调侃的说法，它针对的正是苏格拉底创造的能够分工合作、通工易事从而满足人们基本需要的城邦。在这样的城邦，诸如工匠、农人、牧人、行商、住商、雇佣劳动者，他们相需相得、和睦相处。有关该城邦人们的生活方式，苏格拉底做了如下描绘：

> 他们制造面包，酿造酒类，制作衣服和鞋子，建造房屋；在暑天，他们大半是裸身赤足劳动的，到了冬天就身上穿上衣服，脚上穿起鞋子，足以保温，足以御寒；作为他们藉以营养滋生的食物，他们……厚实地道的用大麦粉揉制出来的面包和用小麦粉焙烤出来的面包他们放置在芦草垫上或是洁净的叶片上，他们斜倚在用葡萄藤和桃金娘枝叶垫起的坐褥上，他们，和他们的孩子们一起，快乐地用餐，轮番地饮酒，头上戴着花环，唱着颂神的赞歌，他们彼此相得，和合欢畅；他们不超出他们的财力物力的限度生育子女，以求免于贫乏和战争的忧虑。……他们在和平与安宁中健康地生活，无疑，他们是能够历耄耋，尽天年的，同时又把这样的生活传给他们的子息。(《理想国》372a5—372d3)[1]

在这样的城邦，人们生活无虞困乏，享受适可而止，生活在于必需，而不为种种额外的奢靡、炫目的浮华以及形形色色的欲求所左右。人们朴素节制，无须相互炫耀攀比，彼此嫉妒艳羡，既没有因饮食过度而导致的各种疾病，也不会

---

[1] 柏拉图，《理想国》，顾寿观译，吴天岳校注，岳麓书社，2010年。

因为漫无节制的物欲而对外侵伐，这是个真正意义上的城邦，一个健康的城邦。

  与上述城邦形成鲜明对比的是一个奢靡的城邦，"一个发高烧的城邦"，"一个发炎的城邦"，"肿胀的城邦"。在这样的城邦，人们不再满足于先前的生活方式，于是各种物事不断充斥其中，许多先前被认为毫无必要的欲求，如今成了生活的必须，而且总是无法餍足，他们还要再有带靠背的褥垫长椅、餐桌以及其他家具，要有美味的菜肴，要有香水精，要有薰香，要有侍女，要有糕点蜜饯，所有这一切每一样都要百种花式齐备，……绘画、刺绣织锦，一一都要兴办，金银、象牙以及诸如此类的一切，无不要一一罗致齐全，……各式各样的渔猎人；各种模仿者，……各式各样的花式制品的工匠们，其中特别是妇女装饰品。并且我们需要的服务种类也增加了。看来，我们不是应该有儿童教师、乳母、保育员、妇女美容师、理发师，又要有厨师、管家么？并且我们又多了一个需要，要有很多的牧猪人。（《理想国》373a3-373c3）

人们纵情声色犬马，心灵丧失节制，贪恋种种口体之乐，致使疾病缠身，于是医生、法官奇货可居，不仅为一般人所需要，连自由人也对他们俯首帖耳。而一旦放纵与疾病在城邦内泛滥横溢，法庭和药铺便到处皆是，讼师与医生便趾高气扬，致使多数自由人也不得不对他们俯首帖耳。柏拉图通过苏格拉底之口，点出"猪的城邦"与"发高烧的城邦"，不仅意在使现实版的斯巴达与雅典彼此对照，而且旨在使曾经的雅典与当时的雅典互为"借镜"，以透视"黄金时代"的雅典表面繁盛背后潜藏的深刻危机和内在"病理"。

而在修昔底德文本中，我们也不难发现类似的理论努力。在那篇著名的国葬演说中，伯里克利这样说道：

> 我们劳累之后，放松心灵的方式应有尽有。每年从头至尾我们都有竞技活动和祭祀；我们有漂亮的房子、好看的陈设，每天都让我们赏心悦目，忧愁全消。我们的城邦规模如此宏大，以致世界各地的出产全都流向我们；我们尽情享用这些出产，就如同享用我们自己的出产。……我们爱好精美之物却不失节俭；我们爱好智慧却不至于柔弱。我们把财富当作行动之资，而不是夸耀之资。一个人贫穷不是耻辱，他不努力摆脱贫穷才是耻辱。（《伯史》2.38.1-40.1）[1]

这既是伯里克利对雅典的直接称颂，也是修昔底德对雅典人的委婉警示：国家富强带来生活舒适安逸的同时，也会让民众日趋陷入柔弱苟且；财富的增长和积累在带来各种享受的同时，也会使民众为追求金钱不择手段甚至违

---

[1] 修昔底德，《伯罗奔尼撒战争史》，2017年。

法乱纪；漫无节制的物欲经常让不法之徒铤而走险，无视公序良俗、藐视祖辈礼法、目无城邦法纪、无视宗教权威；金钱在人们心中的地位俨然如神，人们将其奉为至上权威，诸如公共责任、公序良俗、道德信仰，在他们的精神世界里日趋暗淡。对此，喜剧家阿里斯托芬做了格外生动的呈现：《云》中的父亲斯特瑞普西阿得斯为了赖掉所欠债务，不惜敦促儿子费狄庇得斯前往"思想所"学习诡辩术，在正理和歪理之间，他们毅然选择了歪理。而在"正理"与"歪理"的那场戏剧式的对驳中，"正理"一上来便自信满满、义正词严：

> 我要谈谈从前年轻人的教育是什么样的：那时代
> 我很成功地传授正直的德行，人人知道节制。
> 首先是学校里听不到孩子们的哭喊尖叫声；
> 其次甚至大雪天，同区的学生都穿着单衣
> 队伍整齐地，一同穿过大街前往乐师家里。
> 他们在那儿张开腿站着，学习唱歌，
> 不是唱"远扬的战歌"，便是唱"毁灭城堡的可畏的雅典娜"，
> 大家的声调都很和谐，这和谐原是由他们的祖先传下来的。
> ……
> 我曾经用那种
> 教育教出了马拉松的英雄，

你如今却教年轻人很早就裹上了长袍。

每当他们在雅典娜节里跳舞的时候,他们总是不敬神,

用盾牌来遮着他们的大腿,我看了真气得要死!

(《云》961-989)[1]

无论"正理"多么理直气壮,最终却在这场对驳中败下阵来,而"歪理"之所以能够完胜"正理",靠的恰恰是迎合而非节制年轻人的情欲本能。"歪理"所代表的"新思想"教育年轻人说:世界上从来无所谓正义、天神、羞耻,只有利益和功利,这种"新理论""新教育"教会年轻人"用一些歪曲的理由,反能够战胜正直的强者,这法术值千万两黄金"(《云》1040-1042),只要学会那套高超的诡辩技巧,即便摊上任何坏事都能化险为夷。而"正理"所宣扬的那套前辈人的美好德行,在上述"新理论"面前,则显得守旧僵化、愚不可及。

在雅典光鲜的外表下,却是古风时代人们刚健虔敬、庄重内敛品格的式微。在雅典有识之士眼里,雅典的所谓"黄金时代",实际上只不过是"镀金时代"。雅典人转而在对手斯巴达身上,发现了自己久违的德性。站在曾经执希腊世界之牛耳的迈锡尼那依稀可见的废墟之上,修昔底德抚今追

---

[1] 阿里斯托芬,《云》,参见《古希腊悲剧喜剧全集》(第六册),张竹明、王焕生译,译林出版社,2007年。

昔，遥想当年阿伽门农王的威势，他不由得叹道：

> 如果拉刻代蒙人的城邦将来有一天被废弃了，只有神庙和建筑物的基座础石留下来，我想，百世之后，人们很难相信她曾拥有与其威名相称的赫赫武力（尽管他们在伯罗奔尼撒五据其二，还是整个半岛以及半岛之外盟邦的霸主，但是，这个城邦既没有聚居于一城，又不兴建奢华的神庙和建筑，而是依希腊古风居住于村庄之中，颇显鄙陋）。假若雅典将来遭受同样的命运，人们从眼前的城市废墟的景象来推断，会双倍地高估她本来的实力。（《伯史》1.10.1）

为了保持本城邦生活方式的纯粹性和城邦法律习俗的稳定性，防止异族风俗的渗入进而腐蚀本民族惯有的习尚，斯巴达人格外谨慎且警惕，不遗余力想方设法予以防范。修昔底德通过追溯国王波桑尼阿斯里通波斯案，对斯巴达在这一方面的努力做了更为直观的呈现。波斯战争，希腊人筚路蓝缕，奇迹般战胜了不可一世的波斯帝国，然而波斯人奢靡的生活方式，却成为战后希腊人尤其是雅典人竞相效仿的对象。希腊人在军事上战胜了波斯人，却最终沦为波斯人生活方式的俘虏：普拉提亚战役，希腊联军大获全胜，占领玛尔多纽斯大营，波桑尼阿斯看到波斯统帅极其精美的金银镶饰床榻、金银餐桌以及那丰盛的波斯大餐，他在纳闷如此富裕的波斯国王为何要不惜代价远征贫穷的希腊的同时，对波斯人的奢华生活也不由心生艳羡甚至起了效法的本能冲动。希罗多德《历史》以居鲁士大帝对波斯人的警告作结，据说当初有人力劝居鲁士将波斯人从崎岖的山地迁往更为肥沃的平原，居鲁士警告他们说："一旦这样做了，就别再指望继续做主宰民族，而要准备沦为被主宰者。物产丰盈的土地养育的是苟且软弱的民族，而不是勇武的战士。"波斯人于是改变了初衷，采纳了先贤的建言——他们宁肯在贫瘠的山地做主人，也不愿在平原充当别人的奴隶。[1]

丰裕非但未带来雅典城邦的和谐，却成为内讧党争的温床。政治权利上强调平等与财富占有上的极度分化形成了一个令人触目惊心的合谋。与贫富严重分化对应的是雅典社会中人们在意识形态上的急剧分裂，雅典早已不是柏拉图理想的将许多不同部分聚合在一起的完整的单一城邦，而是相互敌对的两个城邦，"一个是穷人的，一个是富人的"（《理想国》423a）。贫穷而得享自由，奢侈而遭受奴役。对帝国来说，其势力如日中天、富庶奢华之日，或许正是其民众走向萎靡苟且、民情日趋颓坏之时。在雅典帝国国势蒸蒸日上的当口，希罗多德向雅典人讲述波斯帝国兴衰传奇，这是对正在"发高烧"的雅典城邦的警告，还是对雅典重蹈波斯帝国覆辙这一看似难以幸免的宿命的哀矜，抑或兼而有之？

---

[1] 希罗多德，《历史》9.122，徐松岩译注，上海人民出版社，2018年。译文有更动。

## 二 贵族派与民主派：尼西阿斯的
## 　　怨怼与民主雅典的癫狂

与斯巴达爆发战争的第三年，雅典"第一公民"伯里克利身染疫病离世。此事虽属意外，但从雅典后来的一系列变故看，伯氏的去世成为雅典政坛以及帝国事业的转折性事件。在"后伯里克利时代"的雅典政坛，尼西阿斯功勋卓著，其政治地位可谓举足轻重，他本可以利用自身雄厚的政治资本，赓续国祚，励精图治，将雅典帝国事业带上新的高度。然而令人遗憾且匪夷所思的是，正是这位"高贵的"尼西阿斯一手将雅典人的帝国事业推向万劫不复的深渊。在每一个关键时刻，尼西阿斯的做派带来的后果往往都使雅典的处境急转直下、雪上加霜，有些甚至是他刻意为之。公元前413年，四万雅典远征军最终在西西里全军覆没，尼西阿斯兵败被杀，修昔底德悲叹道："在我生活的时代的希腊人中，他是最不应该有此不幸结局的，因为他终生都在致力于提高自己的卓越品质。"（《伯史》7.86.1）这与其说是修昔底德对尼西阿斯的哀矜式的赞扬，还不如说是有着高度政治思考力和判断力的修昔底德对这位雅典同胞格外辛辣的讽刺。

公元前425年，雅典围攻派娄斯，战局一度陷入胶着，尼西阿斯在公民大会上一反常态，"爽快地"将指挥权移交给政敌克里昂。然而，对尼西阿斯来说，移交兵权是假，趁机剪除政敌是真，谁料克里昂有如神助，不仅大获全胜，而且将120名斯巴达军官解回雅典，这成为雅典扭转战局赢得之后谈判筹码的关键。作为读者,我们不难想见,当尼西阿斯得知派娄斯大捷的消息,他的内心该是怎样的一番五味杂陈!公元前415年,雅典公民大会讨论是否远征西西里,尼西阿斯与"政治新星"亚西比德唇枪舌剑,各抒己见。眼见自己的主张无法赢得多数人的支持,尼西阿斯极力夸大远征本身所需兵力,本想借以阻止出征,然而雅典人却将尼西阿斯的这一消极阻挠策略一厢情愿地误会成他力图一举拿下西西里的战略决心,于是大幅增加远征兵力和物资储备,致使雅典几乎倾巢出动,导致后防空虚。然而,更令人匪夷所思的是,作为首席将军,初到西西里的尼西阿斯非但不去兑现他出征前向雅典索要兵力时的承诺,积极出战,利用敌人的畏惧心理,速战速决,却是反其道而行之,转而主张在促成盟国厄基斯泰(Egesta)与栖来那斯(Selinus)达成和解之后,环绕西西里沿海航行一周,炫耀一下雅典的实力后即航行回国。"除非能够以某种快速和出人意料的方式援助勒翁提诺(林地尼)人,或者将其他某个城邦争取过来,但不应以消耗雅典资源的方式威胁其安全。"(《伯史》6.47)

雅典远征军劳师袭远,志在必得,然而尼西阿斯却消极应对,贻误战机,这使一度准备放弃抵抗的西西里人重拾信心。眼见斯巴达的援军陆续到达,远征军处境不利的情况下,尼西阿斯亲自修书一封,因为"他害怕信使没有能力表达,或者记忆有误,或者说些讨好民众的话,以致不实话实说"。(《伯史》7.8.1)在这封公文中,尼西阿斯要求增派与第一次出征同样规模的兵力,否则要么允许他尽快撤军,要么派新的将军取代他的军职。修昔底德全文照录，而从这封求援信的内容看，尼西阿斯作为职业军人，非但不如实通报军情，反而反其道而行，只报忧，不报喜，重演出征前在雅典公民大会上的故技，夸大远征军的不利处境，同时极力推卸自己作为将军的责任，俨然一个事不关己的"局外人"姿态：

> 我知道你们的本性——想听最悦耳动听的报告，但是等事情的结果达不到你们的期望时，就开始责怪了……就我们当初出征的目的而言，不论你们的士兵还是将军都不应该受到指责。你们要考虑到，因为整个西西里联合起来了，并且有望从伯罗奔尼撒获得援兵，我们的兵力已经不能对付这里的敌人了。现在就要决定，或者必须召回我们，或者再派一支同等规模的军队前来——包括海陆军，还有大量钱财——还要派一位将军接替我，我由于肾病不能留在这里了。我想我理应得到你们的谅解，因为我身强力壮的时候，多次担任统领军队的职务，还干得很好。（《伯史》7.14.4-15.2）

厄庇波利战役（Battle of Epipolae）失败，德摩斯提尼主张即刻从陆上撤军，保存有生力量，维持海上优势，再另做谋划。但尼西阿斯却拒绝撤军，修昔底德对其心理活动做了如下细致入微的揭示：

> 他（尼西阿斯）说，他确信如果不是雅典人自己投

票决定撤退，他们是不会原谅的。因为，那些投票裁决他们撤退行为的人，不是根据当时的局势——就像他们亲眼所见的——他们只会听取别人的指责，相信一个伶牙俐齿的人所作的任何诽谤。他又说，目前在西西里的士兵有许多，甚至是大多数，他们现在叫嚷身处险境，等回到雅典，就会唱反调，大呼自己是被接受贿赂的将军们出卖而撤退的。它清楚雅典人的秉性，因此，如果他个人必有一死，他宁愿拼死一搏死于敌人之手，而不愿在雅典人手里遭受耻辱的指控和不公正的判决而死。（《伯史》7.48.3-4）

就这样，在敌人和同胞之间，尼西阿斯宁肯选择信任敌人。在这位杰出将军的内心深处，充满了对雅典人的疑窦和怨怼，这进而转化为他对待雅典帝国事业时的漫不经心，甚至落井下石。尼西阿斯一次次辜负雅典人的信任和重托，波斯战后几代雅典人开创的帝国基业就这样在他的手里葬送净尽，这不能不令人哀矜扼腕，唏嘘悲叹。

针对尼西阿斯上述种种做派，若仅仅从他的个人品性上解释，显然缺乏足够的说服力。对于尼西阿斯上述一系列行为，我们不难发现某种程度的内在一贯性。尼西阿斯心中的无限郁结和怨怼，只有放在雅典民主政治的结构性张力场中才能得到更为合理的解释。

雅典民主政治的发端可追溯至公元前594年的梭伦改制。梭伦立法的核心目标在于消除长期困扰雅典的内讧式党争,诸如颁布旨在废除债务奴隶制的"解负令",按照财产多寡将人口分为四个等级(即五百斗级、骑士、双牛级和雇工),同时按照财产分配相应的公职。新法虽然未在法理上直接取消雅典传统的部落建制,但在事实上削弱了传统世袭贵族的政治影响力:如原来由战神山议事会(The Council of Areopagus)负责遴选公职人员,如今却由各部落推举候选人,然后再通过抽签产生;新的以财产而非世系为基准的等级划分以及与之相应的公职授职机制,客观上为社会中、下层通过创富获得晋身提供了机会。

梭伦改革毋宁是雅典由传统的贵族共和国向民主共和国转型的开端,这一转型过程中经庇西斯特拉图家族持续近50年的僭主统治,至公元前508年的克里斯提尼新政基本完成:集中表现为传统世家大族政治影响力日渐式微,平民势力在城邦公共事务中不断崛起。而克里斯提尼通过其一系列新政举措最终将这一转型成果从法理上确定下来:诸如打散原来的部落建制,代之以完全按照地域划分的"德莫"体制;同时依照新的行政区划组建"五百人议事会",取代原先根深蒂固的以世家贵族为基础的"四百人议事会";推行陶片放逐律等。无论从法理上还是事实上说,克里斯提尼"民主化"最终完成了僭主统治在雅典长期未完成的政治任务:即建立具有高度凝聚力的强大城邦国家。通过抑制贵族豪强进行"国家建设",民主化将个人与城邦的命运紧密联系起来,希罗多德说,正是民主化促使雅典国势不断增强,雅典人在波斯战争中迸发出奇迹般的战斗力。泰米斯托克利这样非名门出身的杰出将领之所以能够脱颖而出，一定程度上也得益于此前雅典的民主化。

至"伯里克利时代"（前460—前429年），民主在雅典发展至最为激进的阶段，而伯里克利本人对这一时期的雅典民主有如下概括：

> 我们的制度被称为民主政体，因为城邦的治理以多数人而不是少数人的利益为依归。处理私人争端时，按照法律，人人平等。一个公民只要有才能就会受到关注；他轮流参与公共事务，这还不是城邦对他的重用，城邦重用的是其才能；而且，一个人尽管缺乏禀赋却能为城邦服务，他不会因贫穷而受到阻碍。（《伯史》2.37.1）

事实却是，对雅典人来说，民主化更多是一把"双刃剑"：它在动员多数民众参与国家事务、夯实国家政治社会基础的同时，却以在政治上挤压传统世家贵族为代价。我们知道，对任何政治共同体来说，贵族精英集团往往是不可或缺的"稳定器""压舱石"，他们如果能够免于故步自封和骄纵专横，便是共同体教养的载体、德行的化身、民众的表率。民主政治释放出多数人强大的政治激情，这种激情如果得到有效的约制和引导，无疑会成为一个社会巨大的"正能量"，否则民主政治必然会沦为群众意见的"秀场"、党派倾轧的舞台，最终使政治激情沦为狂暴的"负能量"。在缺乏必要的制度性规范的情况下,雅典只能退而求其次,更多地依托于诸如泰米斯托克利、伯里克利这样具有超凡魅力的领袖人物,借以有效约制和引导民主。民主政治动员起民众的政治狂热激情与政治领袖的冷静理性之间的平衡,成为战后年代国势上升过程中雅典政制有效运转的关键。这种类似"高压锅"式的政体在侥幸得到伯里克利这样的政治天才带领的情况下,可以促使国家走向极盛,而一旦缺乏这样的政治领袖,民主政治便难以避免地走向其反面。这恰恰是伯里克利去世后民主政坛陷入空前紊乱、雅典帝国事业急转直下的关键。得失之道、盛衰之理,在雅典帝国事业的艰苦征程中被展现得淋漓尽致,其中呈现出的戏剧性也格外令人触目惊心。

尼西阿斯这样的雅典世族,正是在上述政治情境中被推上帝国政坛的风口浪尖。对于克里昂这样的意见领袖,尼西阿斯打心底里不屑。对尼西阿斯来说,在克里昂这样出身下贱、为了获得权势不择手段的政客面前,他既感到恐惧,又本能地鄙视和厌恶。透过喜剧家阿里斯托芬的如椽之笔,我们不难对民主政治的畸变感同身受,对尼西阿斯这样的雅典世族的郁闷和怨怼多一些同情的理解。在《公民大会妇女》中,喜剧诗人借雅典妇女珀拉克萨戈拉之口发出如下悲叹:

> 目睹国势日衰,一蹶难振,
> 我悲凉感慨,五内俱焚。
> 我看到,一群坏蛋把国家操纵。

别看他偶然一次行为端正,
实际上十有九次是骗子、恶棍。
你们信赖另一个,他却更加龌龊卑鄙。
想说服一帮刚愎自用的男人,
真不容易。
你们对良言劝诫的耿介之士恶语恫吓,
对包藏祸心的宵小之徒大献殷勤。

(《公民大会妇女》174-182)[1]

对于雅典公民大会,喜剧诗人通过歌队做了如下生动的描绘:

遥想当年,……
谁也不会因为参加大会
把国家的钱揣进自己口袋。
但大家都踊跃前来普倪克斯,
各自在背囊里带着
面包、葱头和酒罐,
外加一把油橄榄。
而现在虽然每人发了三个奥波尔,
一讨论起国家大事来
就只知道在会上喧嚷叫喊,

---

[1] 阿里斯托芬,《公民大会妇女》,参见《古希腊悲剧喜剧全集》(第七册)。

像雇佣来的泥瓦杂工一般要工钱。

(《公民大会妇女》304-310)

在公民大会上，面对汹汹民意，尼西阿斯时刻感到无可奈何、力不从心，他没有像伯里克利那样，既能够在适当时刻放低身段迁就民意，也能不失时机规训民众，更没有伯里克利的帝国雄心以及兑现这一雄心的权力意志。尼西阿斯厌恶克里昂，厌恶克里昂背后叫嚣起哄人多势众的"无知群众"，他厌恶民主，进而厌恶公民大会做出的几乎所有决定。远征西西里作为经营帝国的战略决策，即便其本身有着足够的理由，但出自公民大会这一事实就足以使尼西阿斯对这一决策极度怀疑和反感：他出征前在公民大会上试图通过夸大所需兵力这一"阴招"阻挠远征，阻挠不成反使雅典人押上了几乎所有家底；到达西西里非但不兑现出征前公开做出的军事承诺，反而采取极端消极策略，让远征军兀自消耗、坐以待毙；在战局不利的情况下，作为首席将军非但不主动承担责任，反而极力推卸责任，同时要求增派相当规模的远征军；在有机会及时撤军时他拒绝撤军，在敌国和自己的同胞之间宁肯信任敌国……可以说，正是尼西阿斯一手将雅典帝国送上了不归路。但我们绝对不能将雅典帝国事业从兴盛向衰败的戏剧化逆转完全归咎于尼西阿斯的个人品性。事实却是，在复杂的历史事件背后，个体选择与时代境遇往往彼此形塑。毋宁说，广场民众的癫狂与尼西阿斯的怨怼，在帝国事业生死攸关的时刻"合谋"将雅典推向万劫不复的深渊。

## 三 雅典怎么啦？小伯里克利的困惑与雅典帝国的运势

据色诺芬回忆，雅典将军小伯里克利与哲人苏格拉底曾就雅典帝国的急转直下有这么一段耐人寻味的对话：

**小伯里克利**：苏格拉底，我真奇怪，我们城邦的威力怎么竟这样败落下来？

**苏格拉底**：我想，正如别的人由于过分超群出众和成绩优异而疏忽大意以致落后一样，雅典人在取得卓越成就之后，也是由于疏忽大意而变得落后了。

**小伯里克利**：那么，他们怎样才能恢复他们原有的威望呢？

**苏格拉底**：我看这并没有什么神秘之处，只要他们能够发现他们的祖先是怎样行事为人的，而且自己也努力照样去做，他们的威力就不会比他们祖先的差；或者，如果不这样做，而能仿效那些现在占统治地位的人们（斯巴达），照着他们的方式行事为人，以同样的细心对待自己的事业，他们的成就就会同样地好，而且，如果他们更加勤奋，他们的成就甚至还会更好。

**小伯里克利**：你的意思是说我们的城邦距离完善的程度还很远吧，究竟什么时候雅典人才能象拉开代莫尼（斯巴达）人那样尊重他们的前辈呢？他们从他们的父辈起就藐视年长的人了。或者，什么时候他们才能象拉开代莫尼人那样锻炼身体呢？他们不仅自己不注重健康，而且还嘲笑那些注意健康的人。什么时候他们才能像拉开代莫尼人那样服从他们的领袖呢？他们甚至还以轻蔑领袖为夸耀哩！什么时候他们才像拉开代莫尼人那样同心同德呢？他们不仅不能互助合作以谋求互利，还互相伤害，彼此嫉妒，比对世上其余的人更甚。他们无论在私人或公众集会中都比任何人更爱争吵，他们最爱彼此控诉，宁愿互相占便宜而不愿互助互利。他们看待公众事务就好象和自己无干的别人事情一样，然而却彼此争吵着要管理这些事务，甚至还以有力量能够这样争吵为乐。由于这种情况，许多灾祸和罪恶就在城邦里滋长起来了，而大量的仇恨和怨气也在人民中间发生了；因此，我经常怀着

> 恐惧的心情，深怕有忍受不了的灾祸降临城邦。
>
> **苏格拉底**：哦，伯里克利，决不要以为雅典人已经病入膏肓，不可救药了。……[1]

波斯战争，希腊人筚路蓝缕、以弱胜强，曾经令人闻风丧胆的薛西斯大军遭遇重挫，波斯帝国也自此一蹶不振。马拉松战役、萨拉米海战、普拉提亚战役……雅典人付出了巨大牺牲，也赢得了巨大的荣耀。而随着战后雅典国势日隆，雅典人对这场战争的选择性记忆更加凸显，在这时雅典人的心目中，战胜波斯，雅典人居功至伟，雅典人的制度、文化、生活方式，都使他们当之无愧，雅典人身上所具有的一切都是值得称颂的优秀品质。一切品质，只要是雅典的，都是特出的，都是别人应当竞相效仿的典范。不难想见，伯里克利在国葬演说中对雅典人的**应然赞颂**，却被底下的听众本能地想象成**实然描述**，如今的雅典人自恋浮躁、目空一切，他们曾遭受强权的欺压，也曾忍辱负重，而当他们自己获得权势的时候，便与当初的权势者行为如出一辙，而且心安理得，认为理所当然，甚至变本加厉。雅典人的"新帝国国民心态"昭然若揭，他们变得迷恋权势、矜武任力。公元前431年，即雅典与斯巴达战争爆发前夕，在斯巴达同盟代表

---

[1] 色诺芬，《回忆苏格拉底》，吴永泉译，商务印书馆，2001年，第101—102页。

大会上,那位雅典人临时进场所发表的那篇义正词严的所谓政治"声明",即可作为上述"新帝国国民心态"再合适不过的注脚:

> 关于遥远的古代,只有传说可做见证,人们是听来的而不是亲眼所见,还有必要提及吗?然而,关于波斯战争和其他你们都还记得的事件,尽管我们提得太多,自己都厌烦了,还是不得不说。我们投身于战争,冒险为希腊谋得福祉,你们也实实在在地分享了其中一份。如果确有益处,那么总得给我们一些荣誉吧!……我们要说的是,在马拉松,我们独自率先冒险向蛮子发起攻击;蛮子第二次攻来时,我们无力在陆上防守,全体人民离岸登舟,在萨拉米斯一齐投身海战,这就阻止了蛮子驶向伯罗奔尼撒,……那次战役的情况就是这样,它清楚地表明,希腊的生死存亡系于其海军力量。对此,我们提供了三样最有益的东西:数量最多的战舰、最精明的将军和最无畏的决心。……我们不是通过武力取得这个帝国的,只是因为你们不愿意继续攻击蛮子的残余军队,所以那些盟邦跑到我们这里恳求我们领导他们。……可以这样说,一个帝国送给我们时,我们就接受了,此后又由于(三种)最难以克服的因素——荣誉、恐惧和利益,我们就不肯松手了。此乃人情之常,我们的所作所为没有什么奇怪的。况且,如此行事,我们也不是始作俑者。但是,弱者受制于强者,是永远通

行的。还有，我们认为自己有资格统治盟邦，而且你们一直也是这么认为的，直到现在你们盘算了自己的利益之后，才开始大谈正义。……是你们挑起了战争，我们将兵来将挡，水来土掩！（《伯史》1.73.2-78.4）

就这样，雅典人的战争记忆在为崛起中的雅典注入了空前自信的同时，也在雅典人心中种下了骄矜浮夸、颠顶任性的"毒苗"，而随着这株"毒苗"的滋生蔓延，诸多基本的历史事实便在雅典人的记忆中日渐淡出甚至被刻意删除：战胜波斯绝非全然是雅典人的功劳；萨拉米海战本身与雅典民主制度并无直接的关系，而更多是得益于泰米斯托克利的机智果敢；希腊人并非全然配得胜利的荣耀，薛西斯在关键时刻所犯下的致命错误在客观上成就了希腊人的战争传奇。这或许正是希罗多德在雅典帝国树立自信时讲述那场战争的主要用意吧！然而，在那个群情亢奋、鼓噪喧嚣的"镀金时代"，诸如希罗多德、苏格拉底这样的智者的声音注定曲高和寡。

公元前416年，雅典围攻弥洛斯，透过那场令人惊心动魄的对话，修昔底德将雅典人对权势的迷信做了最为生动的呈现，在这里，雅典人所奉行的强权逻辑被发挥到淋漓尽致的地步：

你我都知道，在讨论人类事务之时，只有具备相应的武力为后盾才能有公正可言；强者为其所能为，而弱者步步迁就。……你们的友谊反而比你们的敌对对我们的伤害更大,在我们的属邦看来,你们的友谊证明了我们的软弱,而你们的仇恨却证明了我们的力量。……这不是一场事关谁好汉谁孬种的平等的竞争,你们应该多考虑你们的生死存亡,那就是说,不要抵抗比你们强大得多的军队!……至于神明的恩惠,我们认为自己得到的将不会比你们的少。因为我们的正当要求和所作所为没有逾越人类对神明的信仰,也没有逾越人类的道德准则。通过不可动摇的自然法则,主宰着凡自己有能力统治的领域,就人类而言,我们清楚这是真理;就神明而言,我们可以推知这也是真理。这项法则不是我们制定的,而且我们也不是第一个遵循它。我们继承过来,并将把它留给今后千秋万代。(《伯史》5.89-105)

谈判最终破裂,雅典围攻军队将弥洛斯城全体成年男子屠杀,妇女儿童变卖为奴,这个城邦自此从地图上被抹掉。而正是在之后的第二年,即公元前415年,雅典人倾巢出动,派遣远征军向西西里挺进。在远征前夕的公民大会辩论中,当有人提出远征会导致雅典后防空虚时,亚西比德信心满满,再次援引波斯战争期间雅典人在泰米斯托克利的带领下放弃城防、转战海上的前例,最终成功说服雅典人支持远征。就这样,雅典人从波斯战争中获得的战争经验以及之后的战争记忆,在支撑雅典人的自我信心的同时,却无形中转化为他们的"精神羁绊",进而成为他们智性上挥之不去的迷障。颇具讽刺意味的是：对于雅典人来说，过去的成功非但未被转化为他们之后行动的资本，却成为诱使他们走向毁灭的动力。

## 四 帝国的繁荣与雅典人的"乡愁"

民主，给每个拥有才智并努力奋斗者提供了获得成就的机会；自由，让雅典人奋发进取，迸发出空前的创造力和进取心；开放，使雅典能够会聚来自世界各地的人才、新观念和新工艺。到"伯里克利时代"，雅典俨然希腊世界的文教中心，被誉为"全希腊人的学校"，雅典还拥有令敌人闻风丧胆的海军，有着被人竞相效仿的政治制度。有着"三个自信"作为强有力依托的雅典人，志得意满，傲视列国。

然而，正是在帝国事业蒸蒸日上的时刻，希罗多德讲述波斯帝国的兴衰继替，其洞见深邃，笔法委婉。希罗多德开篇即明确自己著述的核心关切：探索曾经不可一世的邦国，缘何如今却变得微不足道；而如今强大的邦国，在先前却只是蕞尔小邦。吕底亚帝国曾经富庶无比，君王克洛伊索斯志得意满，不可一世，却最终沦为居鲁士的阶下囚，吕底亚帝国也终为波斯所灭；薛西斯强大的波斯远征军，最终却在积贫积弱且彼此虎视眈眈的希腊人面前铩羽而归；如今，取代波斯帝国的雅典帝国是否会重蹈薛西斯帝国的覆辙？哲人苏格拉底以雅典的"牛虻"自期，以"言辞的城邦"影射"现实的城邦"，诊断民主雅典的病理，拯救在精神上日趋颓坏的雅典。可怜立法哲人的一世努力,非但未能帮助祖国挽救颓势,其良苦用心换来的是非议和嫉恨,终致杀身之祸,而柏拉图的哲学戏剧也最终以悲剧收场。

公元前422年,喜剧《马蜂》上演,在该剧中,阿里斯托芬透过歌队发出如下感叹:

> 想当年我们勇于歌舞,
> 勇于战斗,
> 在这方面我们凶猛无比;
> 但都成往事,都成往事了,
> 如今年老体衰,我们的头发已经发白了,
> 赛过天鹅的羽毛。
> 尽管只剩余烬,
> 还须煽起青春之火焰;
> 我认为这个老头颅,
> 比许多小伙子的
> 鬈发、纨裤
> 和大屁股高贵得多。
> ……
> 想当年我曾使敌人丧胆,
> 自己毫无畏惧;
> 我乘三层桨的战船直达彼岸,
> 征服了敌人。
> 那时候我们无心发表美妙的演说,

也无心诬告别人,
只想看谁是最好的桨手。
我们占领了许多
波斯城市;所有的贡款
都是我们弄来的,
如今却被
那些小子盗窃了。

(《马蜂》1060-1101)[1]

公元前405年,也就是战争临近结束、雅典城最后沦陷的前一年,喜剧《蛙》首演。面对雅典民主的积重难返,雅典政坛沦为竖子宵小们一逞私欲的舞台,国家政事废弛,帝国事业大势已去,诗人不禁悲从中来,望天兴叹:

我经常有个梦想:我们城邦能乐意
选拔任用她最优秀最高贵的公民,
如同爱用古老的银币和新铸的金币。
是啊,这些纯正的货币,地道的雅典铸型,
被公认为一切货币中之最精美者,
无与伦比的工艺,在我们希腊人中
和遥远的野蛮人中普通得到珍爱。
可现在,这些贵金属我们不用,偏要选用

---

[1] 阿里斯托芬,《马蜂》,参见《古希腊悲剧喜剧全集》(第六册)。

低贱的铜币，用最低劣的金属铸造出来的。
　　同样，出身高贵，受过良好教育的雅典市民，
　　他们智慧，勇敢，正直，有道德，有价值，
　　在体育学校受过训练，能歌善舞，
　　对这些人我们却藐视他们，侮辱他们。
　　而那些刚来的铜质外邦人，
　　卑微的父亲所生的卑微的儿子，
　　冒牌的公民，城邦以前甚至不屑
　　用他们代替羊羔作祭神的牺牲，
　　我们现在却总是选举他们。
　　愚蠢的人们啊，是你们纠正自己的过失的时候了，
　　重新起用贤良之材吧！今后你们倘若获胜，
　　人们将归功于你们的明智；倘若失败，那至少也不会
　　败得丢脸，因为那是在一棵名贵的树上吊死的。

（《蛙》718-737）[1]

　　喜剧诗人阿里斯托芬表面言辞戏谑，内里却无限伤怀。他的每一部剧，都渗透着对祖国前途深沉的忧虑。在诗人眼里，被雅典人念兹在兹的"民主"，早已堕落为政客摇唇鼓舌、群众叫嚣起哄的舞台；雅典海纳百川、万邦来朝的同时，却贵贱不分、优劣混淆，甚至藏污纳垢；雅典人热爱"自由"，却在不断膨胀的金钱物欲的诱使下，日趋堕落为纵

---

[1] 阿里斯托芬，《蛙》，参见《古希腊悲剧喜剧全集》（第七册）。

情任性、喜新厌旧，甚至好坏不分、是非不辨。"传统"在他们眼中成为"落后"的代名词，在他们看来，习俗礼法在根本上违背人的自然本性，应当毫不犹豫地予以摒弃。透过喜剧诗人，读者不难感受到帝国繁荣背后雅典人对国祚前途的迷茫和深沉的"乡愁"。

对于盛世雅典人的乡愁，生活在21世纪的中国人，应当能够感同身受吧！

# 附录 古典希腊双城记：
# 雅典和斯巴达

伯格霍尔德、卡特利奇 撰

马 勇 / 译 任军锋 / 校

主标题为译校者加。其中四篇短文译自斯特拉斯勒主编的 *The Landmark Thucydides* 附录。见 R. B. Strassler ed., *The Landmark Thucydides*。前两篇作者为伯格霍尔德（Alan L. Boegehold），后两篇作者为卡特利奇（Paul Cartledge）。注释均来自原书，所提及的附录亦见原书。

# 修昔底德笔下的雅典政制

雅典是阿提卡地区主要人口聚居地,这块区域跟罗德岛大小相当,东边和南边靠爱琴海,北至庇奥提亚,西边与麦加拉(Megara)接壤。雅典境内的其他人口集中地还包括庇里尤斯(主要的港口)、厄琉西斯、阿卡奈、列姆诺斯(Rhamnous)、托里库斯(Thoricus)和马拉松。[1]整个阿提卡地区人口约30万—40万。伯罗奔尼撒战争期间,原本散居在周边城市和私人农庄的人口被迁入雅典城。战争初期,雅典总人口中只有3万多人拥有公民身份,即这3万公民都是30岁以上的男性,且父母都是雅典人。

每一个雅典公民皆归属于四个等级之一,这是由公元前6世纪早期立法者梭伦划定的四个等级,其划分标准是每年的收入,以农业单位或财产来衡量:第一等级是"五百斗级"(*pentacosiomedimnoi*),这一等级的人每年有五百斗

---

[1] 见图A。

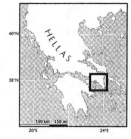
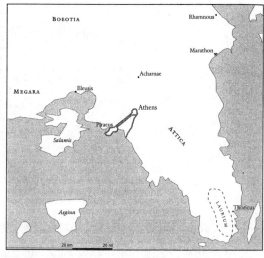

图A

（*mendimnos*，干或湿均可）的收入［*mendimnos*（μέδιμνος）是阿提卡容量单位，1 mendimnos 约合54升。——译者］；第二等级是"骑士级"（knights），拥有三百斗，养得起一匹马；第三等级是"双牛级"（*zeugitai*）或称之为伙伴阶层，拥有两百斗；第四等级是"雇工级"（*thetes*），直至公元前4世纪这一等级的公民权仍然受到某种程度的限制。没有公民权的人口包括妇女、儿童、暂居的外邦人（metics）以及奴隶。外邦人的数量在1万—4万之间，主要看特定时期外邦人来雅典的数量。奴隶数量达15万之多。至于妇女，即便是那些被认为是血统纯正的雅典妇女，也没有在法庭和公民大会上投票的权利。实际上，普遍的习俗是，体面的妇女不应当出现在公共场合，除非是参加正规的游行。[1] 妇女只能作为女性继承人占有财产，但无权处置任何财产。外邦人能够在雅典发财致富，但像妇女一样，如果他们需要出席法庭或参与公民大会，必须有一个雅典公民作为他们的代理人。尽管外邦人没有公民权，但很多外邦人涉足商业，某些人成为富有的手工制造商、贸易商人和银行家。奴隶遍布各个行业，有的奴隶在位于劳立昂（Laurium）的银矿从事艰苦且危险的地下劳动，暗无天日，终其一生，[2] 有的奴隶在田间地头劳作，有的作为家庭用人从事相对轻松的杂役，还有一些奴隶从事服务业，卖淫或做家庭教师，还

---

［1］参伯里克利对阵亡将士遗孀的告诫，见《伯罗奔尼撒战争史》2.45.2。
［2］关于劳立昂的位置，见图A。

有一部分成为熟练的工匠，[1]他们往往收入不菲，有时可以通过赎身获得自由。当一个奴隶被宣布献给某位神时，便意味着他获得自由人身份。

用现代标准来衡量，在一种政制中，如果拥有完整公民权的人口少于总人口的10%，这种政制便不能称为民主制。但在古希腊世界，只要政治权利扩大到大多数成年男性就算是充分的民主制。公元前5世纪，雅典确立了这种"彻底的"（radical）民主制。首先，抽签制成为选择议事会成员和城邦公职人员的制度（前487或前486年），公元前462年又赋予公民在民众法庭上的裁判权，从此民众法庭赢得了广泛的司法权。雅典贵族克里斯提尼为民主制铺平了道路，前507年，他用一种颇为随意的人为划定的十部落制取代传统的由四个氏族构成的庄严的贵族制，这十个部落分别以当地历史上的英雄的名字命名。凭借这一政制改革，克里斯提尼增加了公民数量，削弱了少数人的权力。

克里斯提尼改革之后，雅典人的公民认同集中于其所在的德莫，德莫是依照地理划分的行政区域，整个阿提卡共140个德莫。父亲在儿子满18周岁时会将他正式介绍给同德莫的父辈们。在这个场合，满18岁的儿子在自己所属德莫的名册上正式登记为公民。一个雅典人的全名包括他自己的名字、他父亲的名字和他所在德莫的名称，例如修

---

[1] 对照修昔底德的说法，他在7.27.5说，两万名雅典奴隶逃跑，其中大多数是熟练的工匠。

昔底德的全名是：来自哈里莫斯德莫的欧罗洛斯之子修昔底德（Thucydides son of Oloros, of the deme Halimous）。一名雅典公民除了属于某个德莫外，他还是克里斯提尼所划分的十个部落之一的成员。成员彼此间有血缘关系，称之为氏族（phratry），但这可能并非公民权的必要条件。公民是地产主，寄居雅典的外邦人和奴隶则不是。一个小地产主可能要与他养得起的一两名奴隶共同在自家的土地上劳作。城邦的公共建设，由公民同奴隶和外邦人一起参与，且同工同酬。

十部落是雅典民政事务的基础，议事会（boule）由500名公民组成，每个部落每年抽签选出50名公民为议事会成员，这个议事会负责处理公民大会（ekklesia）的日常事务，任期一年，连任不得超过两届。也就是说，议事会的每50名成员在一年中轮流组成雅典主席团（prytany），期限约为35天或36天，即一年的十分之一。主席团负责位于托罗斯（Tholos）的圣库，要24小时看管。圣库是一个圆形建筑，位于雅典市场的西边，临近议事大厅（Bouleuterion）的南边，议事会就在议事大厅举行会议。[1] 主席团每天要抽签选出一名成员作为当天的主席（epistates）。议事会除了处理公民大会的日常事务外，还负责接待外邦使节，分配各种任务，签订契约（例如公共建设之类），批准公共服务和物资采购所需资金的拨付。

---

[1] 位于雅典市场旁边的托罗斯和议事大厅的遗迹，现在还可以看到。

一般而言，雅典公民进入某个委员会负责城邦公共事务，都不是看他是否胜任或训练有素，而是通过抽签选定。雅典的9位主要行政官员（archons）的一般顺序是：执政官（用他的名字命名当年的年份）、国王、军事官（polemarch）、6名司法官（Thesmothetai）。"国王"和"军事官"或"战争统帅"（war magistrate），希腊作家对早期从非常模糊的诸王世系到贵族的权力转移的各种传闻多有记述，但其历史真实性并不可靠。司法官，顾名思义，主要负责立法事务，专门负责管理司法事务。雅典人一直坚持用抽签来分配职司，其前提在于，每个公民都必须为城邦各尽所能，相关职司也简便易行。

但是，将军和财政官员不是凭抽签任命，而是通过选举，因为简化这两项职责显然非常危险，因此，能力平庸的公民没有资格担任这两项职务。每年须定期选举10位将军，每个部族选出1位。将军之职可以无限期连选连任。10位将军无先后座次，权力不分大小，公元前5世纪至前4世纪均如此。但是，当两位或多位将军一起出征时，往往其中一位被任命为总司令。将军有权召集特别公民大会，有权决定在关键时刻是否召集公民大会。例如，伯里克利就曾阻止过一次公民大会的召开，具体通过什么手段不清楚（《伯罗奔尼撒战争史》2.22.1），但这肯定取决于将军个人的权威。

每届主席团任职期间，[1]公民大会要定期召开四次，通

---

[1] 5个星期内举行4次，或每个部族每年所选出的50名议事会成员组成的城邦执行委员会在1年中至少要召开40次会议。

常是在位于市场西侧名为普尼克斯（Pnyx）的山坡上举行。[1]公民大会的出席人数必须在6000人以上，公民大会有权就一切被提交大会的事项做出终极裁定，讨论的主要事项如下：是否参战、签订和约、是否开战、派遣和接待使节、招募和调遣军队，以及针对上述所有事项所需要的费用进行征税或拨款。公元前5世纪，同样的议题定期出现，即在每年的第六个主席团任职期间，讨论是否启动陶片放逐（ostracism），这是针对私人公民的个人权力而设。某位公民要是被认为影响力过大，权倾一时，那么就会被陶片放逐，使其体面地离开雅典10年。流放结束，他可以返回雅典，重新获得他的财产和政治权利。尽管公民大会在每个主席团任期内定期举行4次会议，但只要需要，它会经常召开。主席团每天的例行会议由轮值主席主持。在会议上，提出议案，发表演说，支持、修正或提出抗辩。演说者必须是公民，他们因为某种原因，要么在演说方面训练有素，要么天赋异禀，或者出于政治需要，劝说同胞公民投票支持他们所提出的议案。伯里克利就是这样一位演说家，克里昂也是。公民大会是最高权威，公民通过举手进行投票表决，他们的决定是终极决定，除非他们自己更改已经做出的决定，例如关于如何处置密提林人的辩论（《伯史》3.36-50），他们自己就推翻了此前业已做出的决定。

---

[1] 普尼克斯，见图6.56。参《伯史》8.97.1。注意，某些特定的会议是在别的地方举行的，见《伯史》8.67.2、93.3和97.1。

司法事务也掌握在公民手中，他们在绝大多数审判中担任陪审员（ dikasts ），[1]并分属两个泾渭分明的阵营。某些官员，例如将军，在某些案件中有裁判权，公民大会有权提起名为eisangelia（一般对重大罪犯提出）的诉讼，但是绝大多数公民作为陪审员只在法庭旁听案件的审理。杀人犯要在5个不同的场合审理，由特定公民审理。大多数法律案件在5个民众（heliastic）法庭之一审理，这些法庭需要大量公民参与，通过抽签，大约有6000人每年要被分配到某一法庭，作为陪审员领薪参与审判。根据案件牵涉人数或罪行的严重程度，陪审团的人数有200人、400人、500人、1000人，甚至6000人不等。雅典人将这些陪审团视作整个城邦的代表，付薪酬给贫困的公民以参与审判，以抽签的方式随机确定人选。抽签任命和无记名投票，这两种方式共同抑制行贿行为、人身威胁和别的不当势力破坏判决的公正性。雅典城邦是一个有着最终审判权的主体，也不存在高等法院可供上诉。作为这一观念的后果，大量案件的起诉和定罪，例如阿尔喀比亚德被起诉（《伯史》6.28.2-29.3；61.1，61.4），似乎更多反映的是政治或公共意见；而非司法公正。审判结果往往取决于口才，诉讼可能取胜或失败。起诉演说和辩护演说有严格的时间限定，审判的时间一般不会超过1天。投票表决给被告量刑和处以多少数额的罚金（当没有法定罚金额可供参照时），都以无记名方式

---

[1] 雅典公民组成陪审团听取罪证，决定判处罪行或无罪释放。

决定，简单多数决定审判结果。如果票数出现平局，则以有利于被告的原则量刑。雅典人有理由为他们的法律体系自豪，尽管存在不少缺陷和漏洞。[1]任何公民均可对另一公民的不当行为提出控诉。导致的结果是，敲诈勒索者可以威胁或起诉那些富有的雅典公民，后者常常为了息事宁人，宁肯破财消灾，而不会让自己冒险到法庭上接受喜怒无常的陪审员所做的判决。某些公民也会出于私人恩怨利用民众的情绪，控告某位公民犯下实际的或莫须有的罪行。苏格拉底和伯里克利就是遭到民众控告的著名例子。

起诉人和辩护人皆需亲自到场为各自的立场申辩，而普通公民的实际事务兴许是经营他的小农场，因此没有必要知道一篇演说的开题和收尾。演说的长度有严格限制，而判决的结果往往决定一个人的生死。监禁只用于短期剥夺自由，不是一种长期的惩罚方式。惩罚方式包括罚金、流放或死刑。因此，技艺高超的演说家教授演说术和在法庭上的举止，从而为朋友或客户提供帮助。面临诉讼压力，职业演说家可谓奇货可居。安提丰就是这样一位演说家，修昔底德称他是"法庭上和公民大会上令人趋之若鹜，游刃有余的高手"。[2]

某些雅典人对雅典民主制口诛笔伐，甚至阴谋推翻。他

---

[1] 参雅典使节在斯巴达公民大会上的演说，《伯史》1.76.3-77.5。
[2] 但是注意，修昔底德也说，安提丰从来不会在公民大会或任何别的公众讲台上演讲，原因是他享有辩才无碍的盛誉，民众不喜欢他。

们中不乏那些位高权重、教育良好、能言善辩的贵族，他们并不认为将统治权交给民众有任何好处。[1]他们力图缩小统治权的范围（他们往往对斯巴达人的生活方式青睐有加），这些人被称为寡头派（oligarchs）。[2]他们在公元前411年改变雅典政体，[3]限制公民权，取消公职津贴。结果，有权就大多数政治问题进行投票的公民人数从30000人锐减至5000人，出席公民大会的实际人数也随之锐减。"四百人议事会"掌握了城邦的实际统治权。民主制下的人民法庭由于其陪审团需要大量公民参与，几乎陷入瘫痪，各种委员会和议事会被富有阶层掌控。

尽管有内部和外部的寡头们反对，雅典民主制被证明是一种有活力的政体。在大约140年间，从公元前462年至前320年，只有两个短暂时期在寡头体制统治之下，即公元前411年野心勃勃的"四百人"寡头统治，和公元前404或前403年残暴的"三十僭主"统治。修昔底德在《伯史》卷八有如下精到评论："僭政被推翻后的一百年间，想再剥夺雅典人的自由，实非易事。"（8.68.4）

---

[1] 注意雅典纳戈拉斯（Athenagoras）在其演说中对那位"叙拉古青年贵族"的批评（《伯史》6.36-40），和亚西比德在斯巴达人面前发表的反民主评论（《伯史》6.89-92）。
[2] 参《伯史》8.54.4a关于雅典的政治团体的注释。
[3] 对四百人寡头取得胜利的描述，见《伯史》8.53往后。

# 修昔底德笔下的雅典帝国

"雅典帝国"(Athenian Empire),一种习惯称谓,指诸多城邦以不同的方式面对雅典霸权的一种朝贡体系。起初,它们是一个希腊城邦联盟中的独立成员,该同盟由大陆上的城市和岛邦构成,组建于普拉提亚和米卡列战役(Battle of Mycale)之后,即公元前478年,[1]意在防御波斯人的入侵,以及报复波斯人在过去10年对希腊人造成的损害。在斯巴达国王波桑尼阿斯将军自取其辱,斯巴达人退出防御波斯入侵的行动之后,[2]该同盟归入雅典军事领导之下。参加同盟海军舰队的各城邦共推雅典,雅典欣然应允。作为盟主,雅典得天独厚,由于雅典拥有一支强大的海军舰队,且以勇敢

---

[1] 普拉提亚的位置,见图B,是希腊人打败波斯人的地点,亦参附录E,4。米卡列的位置,靠近米卡列山,见图B,《伯史》1.89.2提及的一次希腊人打败波斯人的战役的地点,亦参附录E,4。
[2] 修昔底德叙述了波桑尼阿斯的耻辱,并在《伯史》1.95叙述了斯巴达人撤出同盟。

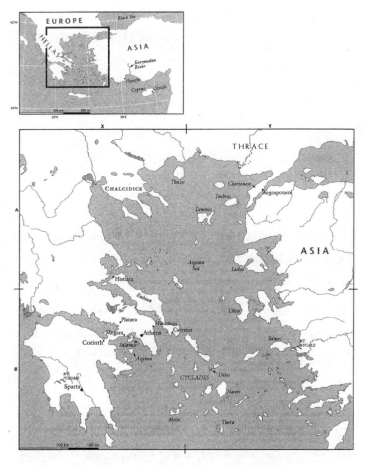

图 B

闻名遐迩。马拉松战役大获全胜，[1]萨拉米斯海战，雅典人毅然撤离雅典。[2]

新的联盟被称为提洛同盟，因为其成员起初决定在小小的提洛岛中部建立同盟金库，那是古代爱奥尼亚人供奉阿波罗神的一座庙宇。[3]爱琴海的绝大多数岛屿、色雷斯和小亚细亚沿岸的诸多城邦成为同盟成员，[4]由于很容易遭到波斯军队的攻击，他们便托庇于一支希腊联合舰队，这支舰队在保护他们的同时，也成为他们的负担。雅典人阿里斯泰德曾以"正义者"（the Just）著称于世，作为舰队总司令，他创立了一项同盟基金，各成员国每年要向这个基金进贡钱款，[5]进贡数额视城邦大小和资源多寡而定。同盟商定，某些海军强国以及开俄斯（Chios）、莱斯博斯和萨摩斯这三个主要城邦贡献船只和人力，免交钱款。[6]所有成员要发誓永

---

[1] 马拉松的位置，见图B，位于阿提卡地区，是公元前490年雅典人针对波斯远征军的一次胜利的地点，亦参附录E，4。
[2] 萨拉米斯，见图B，是公元前480年希腊联合舰队面对占优势的波斯舰队取得的第一次重大海战胜利的地点，亦参附录E，4。
[3] 提洛岛的位置，见图B。关于提洛岛在宗教方面的重要意义，参珀律克拉底（Ploycrates）将勒奈亚（Rhenea）献给提洛岛的阿波罗（《伯史》1.13.6）和雅典人在提洛岛举行的洁净仪式（《伯史》3.104.1）。
[4] 弥洛斯岛，见图B；锡拉岛（Thera），见图B。这些岛屿位于爱琴海南部，居民为多里斯人，是爱琴海中为数不多的没有加入提洛同盟的岛屿（《伯史》2.9.4）。
[5] 修昔底德在《伯史》1.96.2说，第一年的贡款总计460塔兰特。修昔底德在《伯史》5.18.5叙述雅典人－斯巴达人的和平条约时，提及了阿里斯泰德建立进贡制度。
[6] 这三个岛屿的位置，见图B。

久忠于同盟。尽管每个成员在理论上对同盟事务有平等的发言权，但并没有能力邀集足够多的支持者以抗衡雅典。因此，当成员之间存在重大分歧时，只要获得少数成员的支持，雅典就足以占据上风，而且总是有一些盟邦选择与雅典合作。随着时间的推移，雅典势力蒸蒸日上，必然使同盟的平等决策机制转化为雅典一家独大。

从一些古代文献记录中，我们可以勾勒雅典帝国的起源和历史的大致轮廓。修昔底德简要回顾了从公元前479年打败波斯人至公元前431年伯罗奔尼撒战争前夕雅典帝国崛起的历史（《伯史》1.89-118），即学者们所谓的"五十年时期"（*Pentecontaetia*），尽管准确来说没有涵盖50年，这是我们关于这一时期最重要的文献，尽管有一些让人意外的省略。普鲁塔克和狄奥多鲁斯·西库卢斯（Diodorus Siculus）也提供了重要的信息，其他一些细节可以从古代留存下来的各种碑铭获得。尽管关于这一较短时期的信息相对丰富，编年的诸多要素和事件的先后依然不大精确。但毋庸置疑的是，公元前405年，羊河海战，雅典海军在与斯巴达海军决战中全军覆没，雅典帝国遂告终结。[1]

继阿里斯泰德之后，米泰亚德之子喀蒙担任希腊联军统帅，他是雅典最伟大的将军之一，将波斯人成功逐出爱琴海海域。公元前460年代早期（约前467年），在潘菲利亚（Pamphylia）的欧律墨冬河（Eurymedon River），喀蒙率领

---

[1] 羊河海战的位置，见图B。

海陆联军对抗波斯人，大获全胜。[1]提洛联盟当时有近200个成员国，不仅控制了整个爱琴海，而且延伸到了小亚细亚西部沿海地带。许多成员国从同盟获益甚大，即同盟打击海盗、鼓励商业和贸易，并为贫困人群提供了担任同盟舰队桨手的工作机会。另外，雅典总体上支持民主派，当寡头派和民主派在某个城邦争夺统治权势均力敌时，雅典人的支持对民主派来说就至关重要。民主政权的建立和维持均仰赖雅典人，因此成员国往往成为可靠和忠诚的属邦。这些民主城邦兴许更偏爱独立自主，但与国内随时可能抬头的寡头派势力相比，臣服于雅典变得可以接受。尽管科林斯人预言盟邦会群起叛离雅典，[2]雅典属邦在伯罗奔尼撒半岛战争爆发后叛离雅典的过程非常缓慢，只有在不断面临伯拉西达统率的伯罗奔尼撒半岛军队的压力时，卡尔西基斯（Chalcidice）地区的盟邦才陆续叛离雅典。[3]雅典在西西里惨败后，也遭遇同样情形。不过，某些盟邦在整个伯罗奔尼撒半岛战争期间始终忠于雅典。

随着时间推移，提洛同盟的很多成员国发现它们向同盟供给的人员和船只份额过于繁重，转而选择进贡等价的钱款。雅典人则用这些钱款不失时机地装备自己的舰队，训练船员。这样，雅典可以更为理直气壮地向那些不愿交钱的盟

---

[1]　欧律墨冬河的位置，见图B。修昔底德在《伯史》1.100.1提到了这次胜利。
[2]　关于科林斯预言的反叛，见《伯史》1.122.1。
[3]　关于卡尔西基斯的位置，见图B。

友征收贡金，这些盟友发现自身根本没有能力拒绝雅典人的要求。至公元前431年，只有勒斯波斯岛和开俄斯岛继续供给船只，因此享有其他属邦没有的特权地位。[1]

那些试图脱离同盟的城邦很早就发现，雅典不会允许它们这样做。纳克索斯（Naxos）于公元前467年之前，塔索斯于公元前465年至公元前462年，都曾试图脱离同盟，因此遭到围攻，被雅典人击败，最后被迫回到同盟中来。[2] 萨摩斯于公元前440年公然反抗雅典，雅典发动了一次大规模的军事远征，迫使其俯首称臣。[3] 莱斯博斯于公元前428年的反叛和开俄斯等盟邦于公元前411年的反叛对雅典更具威胁，因为它们发生在伯罗奔尼撒战争期间。雅典惩罚这类反叛的手段愈来愈残酷和严厉，意在维持甚至是加强对属邦的统治力度。反叛者会被流放或被处死。罚金当然是肯定的，在有些情况下，还会将土地没收并转而分配给雅典公民。那些拒绝加入同盟的城邦也被迫加入。雅典人的帝国霸权无所不用其极，他们坚信：非友即敌。雅典人首次使用帝国式霸权是公元前472年镇压优庇亚的卡利斯托（Carystus）城，其顶点是公元前415年用残酷手段征服弥洛斯。[4] 而公元前

---

[1] 勒斯波斯岛和开俄斯岛的位置，见图B。勒斯波斯岛由于享有特权地位，所以它的背叛尤其令雅典人愤怒（《伯史》3.36.2）。
[2] 纳克索斯和塔索斯的位置，见图B。
[3] 萨摩斯的位置，见图B。
[4] "弥洛斯辩论"，见《伯史》5.85-113。卡利斯特、欧波亚和弥洛斯的位置，见图B。

413年远征叙拉古遭遇全军覆没,则标志着帝国霸权的终结。

雅典与斯巴达的关系从公元前462年开始恶化。这一年斯巴达人被美塞尼亚人和黑劳士(Helots)围困在伊托姆山(Mount Ithome),[1]喀蒙劝说雅典人前去援救斯巴达人。但是,雅典人一到达,斯巴达人就无礼地遣返他们回国,很多雅典人受到冒犯,并当面谴责喀蒙。没过多久,雅典人流放了喀蒙(《伯史》1.102),但是又在十年流放期结束前召回了喀蒙,为的是喀蒙能够再次指挥雅典军队对抗波斯人。公元前450年左右,喀蒙率领希腊舰队驻扎于塞浦路斯岛的季提昂城,[2]不幸离世。喀蒙的去世使雅典与斯巴达之间的冲突公开化。公元前454年,波斯人在埃及摧毁了一支希腊舰队,[3]雅典因此加强对提洛同盟的控制。无论如何,雅典在前454或前453年,将同盟金库从提洛岛迁至雅典。与此同时,在同盟政策上,雅典越来越不怎么征询盟国意见,日趋我行我素。用雅典人的官方表述就是,雅典开始将所有同盟国作为"雅典统治下的城市"。为此,伯里克利在公元前429年告诫他的同胞说,他们的帝国统治是一种僭主式统治,获取这个帝国兴许是一种错误,但是若现在放手,则更为危险。[4]

---

[1] 斯巴达、伊托姆山的位置,见图B。
[2] 季提昂、塞浦路斯的位置,见图B。
[3] 关于雅典远征埃及的这次失利,以及雅典派舰队前去支援的说法,见《伯史》1.104、109-10。
[4] 参伯里克利的演说(《伯史》2.63.2)和雅典人在斯巴达的演说(《伯史》1.75.3)。

出于种种原因,喀蒙死后,雅典针对波斯的军事行动一度中断。公元前4世纪流行一种看法说,雅典人希波尼库斯(Hipponicus)之子卡利阿斯(Callias)在公元前5世纪中期与波斯人正式签订了一项和平条约。依照这份和约,波斯同意它的船只不会航往法萨里斯以西或越出黑海海域,[1]波斯总督不得试图迫使雅典盟友转而服从于波斯人的统治。但修昔底德没有提到任何这类和平条约,公元前5世纪的其他作家也未提及。因此,《卡利阿斯和约》是否真实存在,仍然众说纷纭,[2]而这在当今还原雅典帝国史的学术努力中至关重要。

雅典还运用法律协议控制属邦。各种司法问题要求属邦之间订立协议,不过只限于决定在何处听取属邦的不满。更复杂的问题需要发表演说来陈述,例如过错的分类、法庭的种类和罪犯的公民权问题。两个城邦签订正式协议来规制上述事务实属常态,并且这两个城邦会公开他们各自具体的管制细则。雅典人要求数量庞大且种类纷繁的案件在雅典进行审理,而不是像一般情况下通过这类协议来解决。雅典人相信他们的法庭对属邦能够做到公平和公正,事实上雅典人抱怨此类协议无视他们的优越地位,他们若遵守这类协议肯定于己不利。[3]值得注意的是,公元前462年之后,雅典民众

---

[1] 法萨里斯和黑海的位置,见图B。
[2] 附录E也讨论了《卡利阿斯和约》,也参《伯史》8.56.4a处的注释。
[3] 参《伯史》1.77。

法庭开启了新的纪元，雅典民众裁断的控告和诉讼案件数量种类之繁多、内容之复杂，达到了空前未有的程度，在同时代爱琴海世界实属罕见。

法律事务的处置是否能始终做到真正的公平公正，这问题本身并无多大意义。可以肯定，至少在帝国前60年，雅典有效运用各种权力手段，雅典的撒手锏在于其有能力改变海上商业贸易路线，同时有财力购买大宗商品，从基本的生活必需品到奢侈品，这意味着跟雅典做生意必然有利可图。这一权力曾被用于反击麦加拉，当时雅典明令禁止麦加拉人在帝国的任何港口或阿提卡的市场从事商业活动。这一禁令对麦加拉造成了极大损害，希腊舆论为之哗然，以至于在伯罗奔尼撒战争爆发前夕，要求撤销这一禁令成为伯罗奔尼撒人的关键要求之一。[1]此外，同盟金库的财务人员均由雅典人充任，当属邦交付贡款迟缓时，就迫使其缴纳。在某些地方，例如在科尔尼松斯（Chersonese）半岛上的列姆诺斯（Lemnos）、伊姆布罗斯（Imbros），以及赫斯提亚（Histiaea）、埃基纳（Aegina）、莱斯博斯和弥洛斯等地，[2]雅典人派遣自己的公民作为殖民者或中签者（*clerouchs*），[3]他们把当地作为雅典的一部分，作为雅典人

---

[1]关于这一禁令，见《伯史》1.42.2a的注释，1.139.1-2、4，140.3和144.2。

[2]列姆诺斯、伊姆布罗斯、科尔尼松斯、莱斯博斯和赫斯提亚的位置，见图B。

[3]这些人占据土地的行为激起了当地人的强烈不满，在公元前4世纪形成第二雅典联盟时期，明确禁止了此种行为。

的要塞，监视当地人。之后，雅典迫使盟邦使用雅典自己的铸币和度量衡体系。

雅典人在公元前454或前453年将同盟金库迁至雅典后，同盟国每年都要向雅典的守护神雅典娜进献当年贡款的六分之一，而雅典人则想方设法把这笔钱挪为己用，改善雅典市政设施。他们开始对许多城邦公职支付薪金，建设豪华的新建筑，如帕特农神庙和卫城的山门以献给雅典娜。关于这些开支的一份残缺的记录清单保存在一块大理石石板上，起自公元前454或前453年，止于公元前410或前409年。[1] 公元前413年，雅典人向盟友强征5%的港口税确有其事。公元前425年，雅典重新厘定盟邦的港口税，大幅提高盟邦的贡款额度。这些都记录在雅典的石碑上，但是修昔底德没有提及上述任何信息。

据普鲁塔克，针对各盟邦抱怨雅典人挪用贡款美化雅典城，伯里克利回应说，各盟邦除了金钱不进贡别的任何东西，只要雅典人履行了自己的应尽之责，即针对波斯的战争，就没必要向那些出钱的城邦说明贡金的用途。这种冷酷逻辑的腔调与雅典人在弥洛斯对话中表现出的冷冰冰的权力政治（realpolitik）如出一辙，[2] 即有权者可以任性，无权者只能认命。

---

[1] 参《伯史》2.69的插图，那里列出了一份贡款表。
[2] 关于弥洛斯对话，参《伯史》5.85-113。

# 修昔底德笔下的斯巴达政制

## 一 社会结构

如果从公元前5世纪"列强"(Great Powers)对抗格局中雅典一方来看,斯巴达的确是个另类,属于希腊的"他者"(other),甚至可以说它是非希腊的(《伯史》1.77.5,5.105.3-4)。只有少部分受斯巴达垂青的非斯巴达人对其内里了如指掌。而不受欢迎的外邦来客会随时被集中驱离斯巴达(《伯史》2.39.1)。但修昔底德的经验可能更具代表性,他抱怨斯巴达人的"秘密政府"(《伯史》5.68.2),他笔下的雅典演说者突出雅典人与其主要对手在性格和制度方面的截然对立(《伯史》1.69.4-7,2.39,8.96.5)。这些根本的差异几乎可以全部归结为斯巴达的两个特点:斯巴达人的教育制度,以及他们与拉科尼亚和美塞尼亚的黑劳士之间的关系。

与其他希腊城邦不同,斯巴达有一个全方位、事无巨细的且高度集中的教育系统,接受这种教育是获得充分斯巴达公民身份的前提。该教育体系的核心是军事。男孩儿们很早就与母亲分开，实际上是与所有女性隔离开来，先分成不同的年龄组，接受非常严酷的训练。格斗、偷盗和杀人练习是斯巴达教育中不可或缺的部分。他们接受基本的读写训练，所以一些斯巴达人至少可以阅读少量斯巴达允许公开的官方文件（《伯史》5.18.23）。教育也包括音乐和舞蹈，因为这两项对于献祭阿波罗的宗教节庆至关重要，例如卡尔涅亚祭（Carneia，《伯史》5.54，5.76.1）。不过，学习音乐和舞蹈对于他们的军事活动意义重大。[1] 为此，斯巴达训练孩子们一种斩钉截铁、具有军事风格的说话方式（《伯史》4.17.2，4.84.2），这种方式被我们今天称之为"简洁的"（laconic），该词的希腊语形容词即所谓的"斯巴达式的"，意味着严厉、克制和内敛。斯巴达男性从7岁至30岁几乎全部待在集体营房（communal dormitories）、公共食堂（messes）或兵营，甚至已婚男子想回家探访妻子也必须在夜里，而且要偷偷摸摸的，只能在家短暂停留。

黑劳士住在斯巴达西部海拔8000英尺的泰格图斯（Taygetus）山麓的美塞尼亚境内，[2] 他们是斯巴达人境内的敌人，人口数量远超他们的主人。绝大部分黑劳士从事农业劳动，生产吃的、喝的和其他生活必需品，主要包括大麦、猪

---

[1] 在曼提尼亚之战时，斯巴达士兵伴着竖笛手的音乐缓步进入战场（大概士兵们齐声唱着歌），见《伯史》5.70。曼提尼亚的位置，见图C。
[2] 美塞尼亚和泰格图斯山脉与斯巴达的地理关系，见图C。

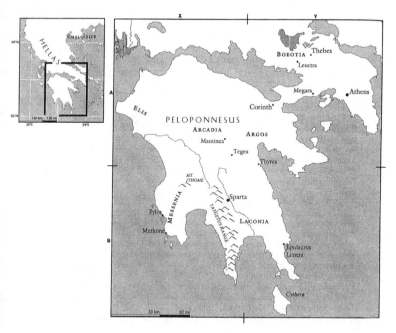

图C

肉、酒和橄榄油。所有斯巴达人衣食无忧,过着军营生活。黑劳士尽管是本地的希腊人,却要在斯巴达人的土地上从事沉重的劳役,很多黑劳士激烈反抗斯巴达人的统治,渴望重获他们曾由于被斯巴达人击败而失去的自由和独立(Helots,该词的意思可能是"被俘虏者"),时刻准备铤而走险,摆脱斯巴达的统治(《伯史》1.101.2,2.27.2,4.56.2)。职是之故,修昔底德毫不掩饰且准确地断言说,斯巴达的政策"总是服从于防范黑劳士反叛这一迫不得已的处境"(《伯史》4.80.2,对照1.132.4-5、5.23.3关于"奴隶人口"的说法)。

这种防范到公元前425至前424年变本加厉,这一年雅典人策反黑劳士占领派娄斯和库忒拉(Cythera,《伯史》4.3.3,4.55.1,5.35.7),[1]最终大约有两千名叛乱者被斯巴达秘密处决。即便在和平时期,斯巴达人也会常规性地处死黑劳士,这是他们教育体系中的"必修课"。每年新任的监察官在当年秋季会发布一份通告,宣布全体斯巴达人向黑劳士开战,预先免除杀死奴隶的斯巴达人宗教上的不洁之罪。斯巴达人有着近乎迷信式的宗教热诚,这或许是他们军事生活方式带来的又一"副产品"。

## 二 政治制度

通过某种另类的选举程序,斯巴达从任何有意担任监察

---

[1] 派娄斯和库忒拉的位置,见图C。

官职务的斯巴达人中选出5位监察官,他们是斯巴达主要的行政官员。他们在提出和执行外交与国内政策方面的权力极大(《伯史》1.85.3,1.86,1.131.1,2.2.1,6.88.10)。联合掌权和多数原则使监察官之间彼此约束,每年他们要与两位斯巴达世袭国王交换誓言,体现了权力平衡所仰赖的基础,只要国王遵守法律,监察官代表全体斯巴达人支持国王,监察官对法律有解释权和执行权。

监察官只有一年任期,而且一个人一生只能担任一次监察官。两位国王和30名元老组成元老院(Gerousia,元老的遴选方式也很另类,只有60岁以上出身贵族世家的人才有资格充任),可终生任职,因此他们享有极高的威望和权威。然而,即便其谱系可追溯到宙斯之子赫拉克勒斯,即便拥有指挥斯巴达军队或斯巴达同盟军队的世袭权力,国王们也不得免于处罚(《伯史》5.63.2-4),有时甚至会被废除和流放(5.16)。像阿奇达姆斯(Archidamus)这样高明的国君往往利用其威望和任免权对城邦决策施加决定性的、有时是持久的影响。但是,在公元前432年,即使连阿奇达姆斯及其在元老院中的支持者都无法说服公民-战士大会,同意立即发动针对雅典的战争,而公民-战士大会对战争与和平事务拥有最终决定权。在这一众所周知的事例中,公民-战士大会没有像往常那样大呼小叫一致赞同,而是发生了严重分歧。

## 三　军事组织

在叙述公元前418年的曼提尼亚战役时,[1]修昔底德突出了斯巴达独特且复杂的军事组织在成功的军事行动中所发挥的关键作用（尤其见《伯史》5.66，5.69.2-7；对照4.34.1，5.9）。斯巴达教育体系的目标是培育纪律严明、高效的重装步兵（*hoplite*）。斯巴达的海军实力可谓不尽如人意（《伯史》1.142.2）。在近乎两百年的时间里，斯巴达人未遭受任何重大失败。部分由于来自国内黑劳士的持续威胁，斯巴达人不会轻易发动对外战争（《伯史》1.118.2；对照5.107），在未得到盟国倾力支持的情况下，也很少发动战争。

此外，斯巴达人面临一种与日俱增的致命危险，即公民兵的兵源日趋困乏，这主要源自斯巴达内部的社会经济软肋。每位斯巴达公民必须把由黑劳士为他耕种的土地上产出的少量农产品上交城邦，以维持他所生活的"公共食堂"，后者正是他履行军事和公民职责的条件。但在希波战争后的岁月里，有能力缴纳最低份额农产品的斯巴达公民的人口日趋减少，其原委至今也无法完全搞清楚，不过很可能是因为土地兼并。公元前460年的大地震（《伯史》1.101.2, 1.128.1, 2.27.2, 4.56.2）以及伯罗奔尼撒战争中重大的人口损失，斯巴达这一社会经济缺陷导致的人力短缺变得更为严重。

因此，斯巴达人曾大批吸收非斯巴达人以充实他们

---

[1] 曼提尼亚的位置，见图C。

锋线步兵的实力。首先，他们定期不断吸收佩里俄基人（*perioikoi*，字面翻译是dwellers around，即边民）充任重装步兵。斯巴达人将他们混编入军团。这些佩里俄基人是自由的希腊人，居住在拉科尼亚（如俄皮道鲁斯·里曼拉[Epidaurus Limera]和图勒亚[Thyrea]，《伯史》4.56.2）和美塞尼亚（如曼托涅[Methone]，《伯史》2.25.1）海岸的半独立社区，[1]也有一部分居住在斯巴达与阿卡狄亚（Arcadia）和阿尔戈斯接壤的易受攻击的北部边境，[2]如塞利坦（Sciritae，《伯史》5.67.2，5.68.3，5.71.2-3；对照5.33.1）。佩里俄基人与斯巴达人语言相通，文化的其他方面也彼此近似，但他们在斯巴达没有任何政治权利，对于斯巴达的外交事务没有丝毫发言权（《伯史》3.92.5，4.8.1，4.53.2，5.54.1，5.67.1，8.6.4，8.22.1）。另外，吊诡的是，斯巴达人也定期吸收各类获得解放的黑劳士以补充兵源的不足，这些奴隶中的绝大部分被特赦却从未被同化，他们就是所谓的"新公民"（*neodamodeis*，《伯史》4.21，5.67，7.19.3，7.58.3）。不过，伯罗奔尼撒战争的胜败并不取决于陆战，而是海战。胜者尤其是在波斯人金钱的帮助下获胜的，不是凭借传统意义上斯巴达军队的勇武。

---

[1] 俄皮道鲁斯·里曼拉、图勒亚、曼托涅的位置，见图C。
[2] 阿卡狄亚和阿尔戈斯的位置，见图C。

# 修昔底德笔下的伯罗奔尼撒同盟

## 一 同盟起源

"伯罗奔尼撒同盟"("伯罗奔尼撒同盟",这里暂时沿用这一习惯译法。更为准确的译法应是"伯罗奔半岛同盟",伯罗奔半岛(Peloponnesus)/伯罗奔半岛人:英文Peloponnesus是希腊文 *Πελοπόννησος* 的转写,*Πελοπόννησος* 是合成词,*νῆσος* 是岛屿、半岛的意思,故将Peloponnesus译为伯罗奔半岛。同理,英文Peloponnesians是希腊文 *Πελοποννησίων* 的音译,意思是居住在伯罗奔半岛上的人,故将其译为伯罗奔半岛人。伯罗奔半岛同盟同此例。——译者)是现代人用来描述古代"斯巴达人及其盟友"的一个术语,伏尔泰对这一术语评论说,事实上它既非伯罗奔尼撒人,也不是一个同盟,正如神圣罗马帝国在伏尔泰看来既不神圣,也不帝国。"伯罗奔尼撒同盟"不是我们通常所理解的"同盟",因为斯巴达的每个盟友都是通过双边条约单独与斯巴达结盟,同盟国之间并无条约义务。事实上，有时他们彼此兵戈相向（《伯史》4.134，5.81.1）。该同盟的正式名称来源有二：一是修昔底德自己的描述，他将该同盟简称为"伯罗奔尼撒人"（《伯史》1.105.3）；另一个来源是零星的铭文遗存。

斯巴达最初的那些伯罗奔尼撒同盟城邦，如科林斯（一直是斯巴达最重要的盟友）、厄利斯（Elis）和泰格亚（Tegea）等军事伙伴，[1]究竟是如何转变为一个复合的同盟，目前尚不明确。这一转变的确切时间是在公元前480至前479年的希波战争期间，或许在此前20年这种转变就发生了，其契机可能是公元前506年的惨败，那一年斯巴达在刚恢复自用的科勒奥门涅斯一世（Cleomenes I）国王的率领下，在一场联合攻击雅典的军事行动前夕丧失了大多数盟友的支持。在科林斯人的撺掇下，科勒奥门涅斯一世的同僚国王带兵叛逃。此后，每次军事行动只能有一位国王统领一支斯巴达军队或同盟军队，而在发动一场同盟远征之前（见下文"同盟建制"），斯巴达需要征得盟邦正式同意。

## 二　同盟规模

伯罗奔尼撒半岛有几个城邦（代表性的如阿尔戈斯）从未成为该同盟的成员。半岛外的某些城邦，如麦加拉和那庇奥提亚联盟的成员，[2]有时却属于这个同盟。在同盟的巅

---

[1] 科林斯、厄利斯和泰格亚的位置，见图C。
[2] 阿尔戈斯、麦加拉和庇奥提亚的位置，见图C。

峰时期,即伯罗奔尼撒战争结束后的半个世纪内,同盟的幅员北至哈尔基斯,但从未扩及希腊大陆之外。因此,有必要区分广义上的斯巴达同盟和由伯罗奔尼撒同盟成员构成的核心圈。公元前404年,伯罗奔尼撒战争结束后那段时期,一个同盟国的地位会不时遭到怀疑,最明显的例子就是雅典。我们知道,斯巴达将"霸权条款"(下文会讨论)运用于雅典,但这并不意味着雅典成为斯巴达同盟的核心成员,其地位与曼提尼亚战役后的阿尔戈斯在同盟中的地位类似(《伯史》5.79-80.1)。

相反,在某些时段,事实上是在同盟存续的整个时期,同盟的某一成员国或数个成员国会联合叛离同盟,甚或与斯巴达全面开战,如公元前421年至前418年,科林斯、曼提尼亚和厄利斯联合阿尔戈斯叛离斯巴达,转而与阿尔戈斯结盟。[1]然而,值得注意的是,庞奥提亚人和麦加拉人拒绝加入阿尔戈斯领导的联军,因为在两国看来,"阿尔戈斯人的民主制不像斯巴达政制那样与他们自己的贵族制政府更为接近"(《伯史》5.31.6)。

## 三 同盟建制

具体来说,伯罗奔尼撒同盟是一个霸权体系(hegemonic symmachy)。斯巴达的每个同盟国发誓必须将盟主

---

[1] 曼提尼亚和厄利斯的位置,见图C。

（hegemon）的朋友和敌人当作自己的朋友和敌人，并时刻唯斯巴达人马首是瞻。在实践中，斯巴达的领导权受下述义务的约束：即必须在由同盟国代表组成正式同盟代表大会上得到多数代表同意，方可宣战或缔结合约，以及执行相关条款。但是，只有斯巴达有权召集同盟代表大会（《伯史》1.67.3，1.87.4，1.119-125.1），因此，斯巴达不必承受同盟国实施于己不利的政策（《伯史》1.88.1，1.118.2）。另一方面，斯巴达无法得到大多数代表的支持的事例也屡见不鲜（例如《伯史》1.40.5）。而且同盟国有一条重要的保留条款：他们有义务遵守同盟大会多数代表的决定，除非"诸神或英雄们反对"（《伯史》5.30.3），即可以堂而皇之地诉诸作为行动前提的且压倒一切的宗教义务。

与雅典不同，斯巴达不会强迫同盟国缴纳任何种类的贡赋（《伯史》1.19），一方面是因为传统的重装步兵战争所花费的费用远远少于维持一支庞大的三层桨战舰组成的舰队，另一方面是因为斯巴达缺乏必要的管理能力或基础设施（《伯史》1.141.6）。斯巴达要求同盟国贡献一定数量的军队以充实同盟的军力，而同盟海陆军指挥官则由斯巴达将军充任（《伯史》2.75.3）。至关重要的是，凭借各种非正式途径，主要是通过公然或隐蔽地支持同盟国建立寡头政制（1.19，1.144.2，1.18.1，5.31.6），斯巴达想尽一切办法使同盟国顺从自己的意志。

约在150年（前505—前365年）左右的时间里，伯罗奔尼撒同盟圆满达成盟主所设定的两个目标：一，凭借这个同盟，斯巴达得以维持其作为两大希腊霸权（或三个）之一的地位；二，对作为所有斯巴达人和斯巴达政策国内软肋的黑劳士实施防范性隔离。然而，在公元前371年，斯巴达人及其盟友在庇奥提亚的琉克特拉（Leuctra）决战中被忒拜人击败，[1] 缺少公民兵源正是导致斯巴达此次惨败的关键。在这场战役前夕，忒拜名将伊帕美农达（Epaminondas）发动了一场针对拉科尼亚的大规模入侵，这是从拉科尼亚三四个世纪前沦为斯巴达领土以降，第一次遭到外邦军队陆上入侵。忒拜人解放了美塞尼亚的黑劳士，从而摧毁了处于优势的斯巴达军队的经济基础，同时在伊托姆山美塞尼亚古老要塞设防（《伯史》1.101.2-3，1.102.1-3，1.103.1，3.54.5），[2] 以确保新建立的美塞尼亚城邦的独立，这样，伊帕美农达一举终结了斯巴达的"超级霸权"。伯罗奔尼撒同盟本身沦为斯巴达弱点的一个早期牺牲品，在公元前362年与曼提尼亚重装步兵决战再次遭遇重挫之前，斯巴达便已逐步退出历史舞台。

---

[1] 庇奥提亚、琉克特拉、忒拜的位置，见图C。
[2] 美塞尼亚、伊托姆山的位置，见图C。

# 修昔底德研究文献辑要

## 【中文文献】

**中译原著**

修昔底德:《伯罗奔尼撒战争史》,谢德风 译,商务印书馆,1960年。

修昔底德:《伯罗奔尼撒战争史》,徐松岩 译注,上海人民出版社,2017年。

修昔底德:《伯罗奔尼撒战争史》,何元国 译、编注,社会科学文献出版社,2017年。

**中译研究著述**

阿纳尔多·莫米利亚诺:《历史与传记》,张强 译,载《希腊的遗产》,M. I. 芬利 主编,张强 等译,上海人民出版社,2016年。

阿纳尔多·莫米利亚诺:《现代史学的古典基础》,冯洁音 译,华东师范大学出版社,2009年。

埃里克·沃格林:《希腊与历史》《权力与历史》,见沃格林《城邦的世界》(秩序与历史,卷二),陈周旺 译,译林出版社,2009年。

奥斯温·默里:《希腊历史学家》,见《牛津古希腊史》,约翰·博德曼 等编,郭小凌 等译,北京师范大学出版社,2015年。

保罗·卡特利奇:《斯巴达人:一部英雄的史诗》,梁建东、章颜 译,上海三联书店,2010年。

大卫·鲍罗廷：《修昔底德》，载《政治哲学史》，列奥·施特劳斯、约瑟夫·克罗波西 主编，李天然 等译，河北人民出版社，1993年。

樊尚·阿祖莱：《伯里克利：伟人考验下的雅典民主》，方颂华 译，上海三联书店，2015年。

弗朗西斯·麦克唐纳·康福德：《修昔底德：神话与历史之间》，孙艳萍 译，上海三联书店，2006年。

福特：《统治的热望》，未已 等译，华夏出版社，2010年。

冯雷：《修昔底德的文风》，陈开华 译，载《修昔底德的春秋笔法》，刘小枫、陈少明 主编，华夏出版社，2007年。

格雷厄姆·艾利森：《注定一战：中美能避免修昔底德陷阱吗？》，陈定定、傅强 译，上海人民出版社，2019年。

格雷纳：《古希腊政治理论：修昔底德和柏拉图笔下的人的形象》，戴智恒译，华夏出版社，2012年。

哈蒙德，N.G.L.：《希腊史：迄至公元前322年》，朱龙华 译，商务印书馆，2016年。

赫尼斯：《韦伯与修昔底德》，朱雁冰 译，载《修昔底德的春秋笔法》，刘小枫、陈少明 主编，华夏出版社，2007年。

吉尔伯特·默雷：《修昔底德》，见《古希腊文学史》，孙席珍、蒋炳贤、郭智石译，上海译文出版社，2007年。

列奥·施特劳斯：《对修昔底德著作中诸神的初步考察》，彭磊 译，见施特劳斯《柏拉图式政治哲学研究》，张缨 等译，华夏出版社，2012年。

列奥·施特劳斯：《修昔底德：政治史学的意义》，彭磊 译，载《古典政治理性主义的重生：施特劳斯思想入门》（重订本），潘戈 编，华夏出版社，2017年。

刘小枫、陈少明 主编：《修昔底德的春秋笔法》，华夏出版社，2007年。

路德维希：《修昔底德作品中爱欲的科学和诗学传统》，见路德维希《爱欲与城邦：希腊政治理论中的欲望和共同体》，陈恒 译，华东师范大学出版社，2013年。

理查德·温顿：《希罗多德、修昔底德和智者派》，载《剑桥希腊罗马政治思想史》，克里斯托弗·罗、马尔科姆·斯科菲尔德 主编，晏绍祥译，商务印书馆，2016年。

莱茵哈特：《修昔底德与马基雅维里》，何晓玲 译，载《修昔底德的春秋笔法》，刘小枫、陈少明 主编，华夏出版社，2007年。

尼　采：《我感谢古人什么？》，见尼采《偶像的黄昏》，卫茂平 译，华东师范大学出版社，2007年。

欧　文：《修昔底德笔下的人性》，戴智恒 译，华夏出版社，2015年。

普罗耶蒂：《修昔底德笔下的自然世界和政治世界》，载《古典诗文绎读》（西学卷·古代编），刘小枫 选编，李世祥、邱立波 等译，华夏出版社，2008年。

普鲁塔克：《雅典人的名声是赢自战争还是源于智慧？》，见普鲁塔克《古典共和精神的捍卫：普鲁塔克文选》，包利民、俞建青、曹瑞涛 译，中国社会科学出版社，2017年。

色诺芬：《希腊史》，徐松岩 译注，上海三联书店，2013年。

斯塔特 编：《修昔底德笔下的演说》，王涛 等译，华夏出版社，2012年。

唐纳德·卡根：《伯罗奔尼撒战争》，陆大鹏 译，社会科学文献出版社，2016年。

唐纳德·卡根：《伯罗奔尼撒战争的爆发》，曾德华 译，华东师范大学出版社，2014年。

唐纳德·卡根：《尼基阿斯和约与西西里远征》，李隽旸 译，华东师范大学出版社，2019年。

唐纳德·卡根：《雅典帝国的覆亡》，李隽旸 译，华东师范大学出版社，2017年。

威廉斯：《修昔底德笔下的人与城邦》，陈开华 译，载《修昔底德的春秋笔法》，刘小枫、陈少明 主编，华夏出版社，2007年。

维克托·戴维斯·汉森：《独一无二的战争：雅典人和斯巴达人怎样打伯罗奔尼撒战争》，时殷弘 译，上海人民出版社，2013年。

韦特格林：《论修昔底德叙述的结局》，彭磊 译，载《修昔底德的春秋笔法》，刘小枫、陈少明 主编，华夏出版社，2007年。

西塞罗：《论演说家》《论最好的演说家》《演说家》，见《西塞罗全集·修辞学卷》，王晓朝 译，人民出版社，2007年。

小约瑟夫·奈、戴维·韦尔奇：《伯罗奔尼撒战争》，见奈、韦尔奇《理解全球冲突与合作：理论与历史》，张小明 译，上海人民出版社，2018年。

依迪丝·汉密尔顿:《修昔底德:过去如此的,将来也仍如此》,见汉密尔顿《希腊精神》,葛海滨 译,华夏出版社,2014年。

雅克琳娜·德·罗米伊:《希腊民主的问题》,高煜 译,译林出版社,2015年。

约翰·布罗:《修昔底德:城邦—权力的运用与滥用》,见布罗《历史的历史:从远古到20世纪的历史书写》,黄煜文 译,广西师范大学出版社,2012年。

约翰·R. 黑尔:《海上霸主:雅典海军的壮丽史诗及民主的诞生》,史晓洁 译,广西师范大学出版社,2012年。

约翰逊:《重思狄奥多图斯的论辩》,彭磊 译,载《修昔底德的春秋笔法》,刘小枫、陈少明 主编,华夏出版社,2007年。

张强 译注:《古希腊铭文辑要》,中华书局,2018年。

## 中文研究著述

白春晓:《苦难与伟大:修昔底德视野中的人类处境》,北京大学出版社,2015年。

陈莹雪:《修昔底德与现代希腊的古典文化复兴(1790—1830)》,载《史学理论研究》,2017年第3期。

陈玉聃:《〈伯罗奔尼撒战争史〉与现实主义理论》,载《国际政治科学》,2007年第1期。

何元国:《〈伯罗奔尼撒战争史〉是如何写出来的?——"修昔底德问题"研究的回顾与思考》,载《安徽史学》,2015年第5期。

何元国:《科学的、客观的、超然的?——二十世纪以来修昔底德史家形象之嬗变》,载《历史研究》,2011年第1期。

何元国:《修昔底德的伯罗奔尼撒战争原因论探微》,载《历史研究》,2017年第6期。

何元国:《雅典人是如何打伯罗奔尼撒战争的?——"伯里克利战略"研究的回顾与思考》,载《安徽史学》,2017年第4期。

黄洋、晏绍祥:《希腊史研究入门》,北京大学出版社,2009年。

黄洋:《修昔底德的理性历史建构》,见黄洋《古代希腊政治与社会初探》,北京大学出版社,2014年。

强世功：《技术政治与公民政治："非典时期"读〈伯罗奔尼撒战争史〉》，载《知识分子论丛》第2辑《共和、社群与公民》，江苏人民出版社，2004年。

蒋保：《试论波斯对伯罗奔尼撒战争的介入》，载《世界历史》，2010年第4期。

蒋鹏：《帝国、僭政和虔敬：〈伯罗奔尼撒战争史〉主题一解》，载《现代哲学》，2014年第3期。

焦颖莹：《修昔底德的启示：对于城邦政治的另一种反思》，载《现代哲学》，2012年第6期。

惠黎文、时殷弘：《雅典为何终告惨败？——关于民主、内争、文化特质和战争效应的辨析》，载《世界经济与政治》，2006年第3期。

惠黎文：《修昔底德复杂现实主义思想的理论启示》，载《国际关系学院学报》，2009年第2期。

惠黎文：《雅典的民主与领导：从伯里克利到亚西比得和尼西阿斯》，载《北京行政学院学报》，2010年第1期。

卢昕：《修昔底德〈五十年记〉研究》，东北师范大学博士论文，2018年5月。

卢昕、阴元涛：《修昔底德的叙事技巧与写作目的：以〈战争史〉卷一"五十年记"为例》，载《外国问题研究》，2017年第3期。

彭磊：《修昔底德与帝国主义问题》，载《江汉论坛》，2015年第5期。

日知、张强：《雅典帝国与周天下：兼论公卿执政制时代》，载《世界历史》，1989年第6期（收入日知《中西古典学引论》，天津教育出版社，2006年）。

任军锋：《"立法诗"与"悲剧诗"：霍布斯与修昔底德对观》，载《云南大学学报》（社会科学版），2016年第6期。

任军锋：《帝国、政治与哲学：柏拉图与修昔底德》，载《中国政治学》，中国人民大学国际关系学院 主办，中国社会科学出版社，2018年总第2辑。

任军锋：《帝国的兴衰：修昔底德的政治世界》，生活·读书·新知三联书店，2017年。

晏绍祥：《雅典的崛起与斯巴达的"恐惧"：论"修昔底德陷阱"》，载

《历史研究》，2017年第6期。

吴晓群：《公元前五世纪中叶的希腊城邦政治与"修昔底德陷阱"》，载《史学史研究》，2017年第4期。

魏朝勇：《修昔底德的历史身位》，载《古典诗文绎读》（西学卷·古代编），刘小枫 选编，李世祥、邱立波 等译，华夏出版社，2008年。

魏朝勇：《修昔底德式"政治生活"与柏拉图式"哲学生活"》，载《东岳论丛》，2010年第8期。

魏朝勇：《自然与神圣：修昔底德的修辞政治》，华东师范大学出版社，2010年。

魏朝勇：《爱国、虔敬与正义：阿尔喀比亚德与苏格拉底的选择》，载《中山大学学报》（社会科学版），2018年第1期。

徐松岩：《关于翻译修昔底德著作的几个问题——兼答刘玮博士》，载《史学理论研究》，2010年第4期。

熊文驰：《"五十年危机"：战争何时"必然"到来？——修昔底德〈伯罗奔尼撒战争史〉片论》，载《外交评论》，2013年第5期。

熊文驰：《修昔底德的打开方式与当前研究举要》，载《文汇报》，2017年11月10号。

张 强：《〈伯罗奔尼撒战争史〉巴黎本中的H本：兼论西方古典学著作的校勘》，载《社会科学战线》，2003年第2期。

张 强：《西方古典著作的稿本、抄本与校本》，载《历史研究》，2007年第4期。

# 【外 文 文 献】

## 原著及译本

Jeffrey Rusten ed., *Thucydides*, Oxford Readings in Classical Studies, Oxford: Oxford University Press, 2009.

H. Stuart-Jones and J. E. Powell eds., *Historiae*, 2 vols., critical edition of Greek text, Oxford Classical Texts, Oxford: Oxford University Press, 1942.

*Thucydides*: *The Peloponnesian War*, trs. by Thomas Hobbes, 1$^{st}$ published in

1629, Chicago: University of Chicago Press, 1989.

*Thucydides: History of the Peloponnesian War*, 4 vols., Loeb Classical Library, trs. by C. F. Smith, Cambridge, Mass.: Harvard University Press, 1919-1923.

*History of the Peloponnesian War*, trs. by Rex Warner, London: Penguin Books, 1954.

*Thucydide, La guerre du Péloponnèse*, II, text and trs. by Jacqueline de Romilly, Paris: Les Belles Lettres, 1962; VIII, text and trs. by R. Weil, Paris: Les Belles Lettres, 1972.

*The Peloponnesian War*, trs. by Steven Lattimore, Indianapolis: Hackett, 1988.

*Thucydides*, trs. by Benjamin Jowett, Oxford: Oxford University Press, 1900.

*The Peloponnesian War*, Oxford World's Classics, trs. by Martin Hammond, Oxford: Oxford University Press, 2009.

*Thucydides: The War of the Peloponnesians and the Athenians*, trs. by Jeremy Mynott, Cambridge: Cambridge University Press, 2013.

Walter Blanco and Jennifer Tolbert Roberts eds., *The Peloponnesian War: A New Translation, Backgrounds, Interpretations*, trs. by Walter Blanco, New York: W. W. Norton & Company, 1998.

R. B. Strassler ed., *The Landmark Thucydides, A Comprehensive Guide to the Peloponnesian War*, trs. by Richard Crawley, New York: Free Press, 1996.

注疏本

A. W. Gomme, A. Andrews, and K. J. Dover: *A Historical Commentary on Thucydides*, 5 vols., Oxford: Clarendon Press, 1945-1981.

David Cartwright, *A Historical Commentary on Thucydides: A Companion to Rex Warner's Penguin Translation*, Ann Arbor: University of Michigan Press, 1997.

Simon Hornblower, *A Commentary on Thucydides*, 3 vols., New York: Oxford University Press, 1991-2008.

## 外文研究著述

A. Andrewes, "The Mytilene Debate", *Phoenix* XVI, 1962.

A. Andrewes, "Thucydides and the Persians", *Historia* X, 1971.

A. Andrewes, "Thucydides on the Causes of the War", *The Classical Quarterly*, New Series, Vol. 9, No. 2, 1959.

A. B. Bosworth, "'Athens' First Intervention in Sicily: Thucydides and the Sicilian Tradition", *Classical Quarterly* 42 (1), 1992.

A. Geoffrey Woodhead, "Thucydides' Portrait of Cleon", *Mnemosyne* 13, 1960.

A. Geoffrey Woodhead, *Thucydides on the Nature of Power*, Martin Classical Lectures, Vol. 24, Cambridge, Mass., Harvard University Press, 1970.

A. Kirchhoff, *Thukydides und sein Urkundenmateial*, Berlin: Hertz, 1895.

A. M. Bowie, "The Beginnings of Thucydides", in *Tria Lustra* [Festschrift for John Pinsent], H. D. Jecelyn ed., Liverpool: Liverpool Classical Monthly, 1993.

A. Saxonhouse, "Nature & Convention in Thucydides' History", *Polity* 10.4, 1978.

A. W. Gomme, *Essays in Greek History and Literature*, Oxford: Basil Blackwell, 1937.

A. W. Gomme, *More Essays in Greek History and Literature*, Oxford: Blackwell, 1962.

A. W. Gomme, *The Greek Attitude to Poetry and History*, Berkeley: University of California Press, 1954.

Adam Parry, "Thucydides' Historical Perspective", in *The Language of Achilles and Other Papers*, New York: Oxford University Press, 1989.

Adam Parry, *Logos and Ergon in Thucydides*, New York: Arno Press, 1981.

Alan Boegehold and A. C. Scafuro eds., *Athenian Identity and Civic Ideology*, Baltimore: Johns Hopkins University Press, 1994.

Alexander Rubel, *Fear and Loathing in Ancient Athens: Religion and Politics During the Peloponnesian War*, trs. by Michael Vickers and Alina Piftor, Durham: Acumen Publishing, 2014.

Anton Powell, *Athens and Sparta: Constructing Greek Political and Social History from 478 BC*, 2nd ed., London: Routledge, 2001.

Antonios Rengakos, Antonios Tsakmakis eds., *Brill's Companion to Thucydides*, 3 vols., Leiden: Brill, 2016.

Antonis Rengakos, *Form und Wandel des Machtdenkens der Athener bei Thukydides*, Stuttgart: Franz Steiner Verlag, 1984.

Antonis Tsakmakis, M. Tamiolaki eds., *Thucydides between History and Literature*, Berlin/Boston: De Gruyter, 2013.

Antonis Tsakmakis, *Thukydides über die Vergangenheit*, Tübingen: Gunter Narr Verlag, 1995.

Arnaldo Momigliano, "La composizione della storia di Tucidide", *Memoria della Reale Accademia della Scienze ditorino*, 11: 67, 1930.

Arthur M. Eckstein, "Thucydides, the Outbreak of the Peloponnesian War, and the Foundation of International Systems Theory", *The International History Review*, Vol. 25, No. 4, 2003.

August Grosskinsky, *Das Programma des Thukydides*, Berlin: Junker und Dünnhaupt, 1936.

B. D. Meritt, "The Chronology of the Peloponnesian War", *Proceedings of the American Philosophical Society* CXV, 1971.

Bernard W. Henderson, *The Great War between Athens and Sparta*, London: Macmillan, 1927.

Bruno. Bleckmann, *Athens Weg in die Niederlage: Die letzten Jahre des Peloponnesischen Kriegs*, Stuttgart: Teubner, 1998.

C. D. C. Reeve, "Thucydides on Human Nature", *Political Theory* 27. 4, 1999.

C. E. Robinson, *The Days of Alkibiades*, New York: E. Arnold, 1916.

C. J. Mackie, "Homer and Thucydides: Corcyra and Sicily", *Classical Quarterly* 46 (1), 1996.

C. R. Thauer and C. Wendt eds., *Thucydides and Political Order: Concepts of Order and the History of the Peloponnesian War*, New York: Palgrave Macmillan, 2016.

C. R. Thauer and C. Wendt eds., *Thucydides and Political Order: Lessons of Governance and the History of the Peloponnesian War*, New York: Palgrave Macmillan, 2016.

C. Scardino, *Gestaltung und Funktion der Reden Bei Herodot und Thukydides*, Berlin: De Gruyter, 2007.

C. Schneider, *Information und Absicht bei Thukydides: Untersunchung zur Motivation des Handelns*. Göttingen: Vandenhoeck & Ruprecht, 1974.

C. Schubert, "Perikles' defensiver Kriegsplan: Eine thukydideische Erfindung?", *Historia* 58, 2009.

Carolyn Dewald, *Thucydides's War Narrative: A Structural Study*, Berkeley: University of California Press, 2006.

Charles Norris Cochrane, *Thucydides and the Science of History*, London: Oxford University Press, 1929.

Chester G. Starr, "Thucydides on Sea Power", *Mnemosyne*, 4th ser., 31, 1979.

Chester G. Starr, *The Awakening of the Greek Historical Spirit*, New York: Alfred A. Knopf, 1968.

Christian Meier, *The Greek Discovery of Politics*, trs. by David McLintock Cambridge, Mass.: Harvard University Press, 1990.

Christine Lee and Neville Morley eds., *A Handbook to the Reception of Thucydides*, Chichester, UK: John Wiley & Sons Ltd, 2015.

Christopher Bruell, "Thucydides' View of Athenian Imperialism", *The American Political Science Review* 68, 1, 1974.

Clifford Orwin, "Justifying Empire: The Speech of the Athenians at Sparta and the Problem of Justice in Thucydides", *Journal of Politics* 48, 1986.

Clifford Orwin, "Review Essay on Thucydides", *Political Theory* 28, 2000.

Clifford Orwin, "Stasis and Plague: Thucydides on the Dissolution of Society", *Journal of Politics* 50, 1988.

Clifford Orwin, "Thucydides' Contest: Thucydidean 'Methodology' in Context", *The Review of Politics*, Vol. 51, No. 3, 1989.

Clifford W. Brown Jr., "Thucydides and the Linear Causal Perspective", *History of Political Thought*, Vol. 10, No. 2, 1989.

Colin W. Macleod, "Form and Meaning in the Melian Dialogue", *Historia* 23, 1974.

Colin W. Macleod, *The Collected Essays of Colin Macleod*, Oxford: Clarendon Press, 1983.

D. McCann and B. S. Strauss eds., *War and Democracy: A Comparative Study of the Korean War and the Peloponnesian War*, Armonk: M. E. Sharpe, 2001.

Daniel Garst, "Thucydides and Neorealism", *International Studies Quarterly*, Vol. 33, No. 1, 1989.

Daniel P. Tompkins, "Stylistic Characterization in Thucydides: Nicias and Alcibiades", *Yale Classical Studies* 22, 1972.

Daniel P. Tompkins, "The Death of Nicias: No Laughing Matter", in *Clio and Thalia, Essays on the Connections between Comedy and Historiography in Fifth Century Athens*, E. Baragwanath and E. Foster eds., *Histos*, Supplement 6, 2016.

Darien Shanske, *Thucydides and the Philosophical Origins of History*, New York: Cambridge University Press, 2007.

David Bedford, Thom Workman, "The Tragic Reading of the Thucydidean Tragedy", *Review of International Studies*, Vol. 27, No. 1, 2001.

David Gribble, "Narrator Interventions in Thucydides", *Journal of Hellenistic Studies* 118, 1998.

David Gribble, *Alcibiades and Athens: A Studies in Literary Presentation*, Oxford: Clarendon Press, 1999.

David M. Pritchard, *Democracy and War in Classical Athens*, Cambridge: Cambridge University Press, 2013.

Dennis Proctor, *The Experience of Thucydides*, Warminster: Aris & Phillips Ltd, 1980.

Dionysius of Halicarnassus, "Thucydides", in *Dionysius of Halicarnassus: Critical Essays*, Vol. I, trs. by Stephen Usher, Loeb Classical Library, Cambridge, Mass.: Harvard University Press, 1974.

Donald Kagan, *On the Origins of War and the Preservation of Peace*, New

York: Anchor Books, 1995.

Donald Kagan, *Pericles of Athens and the Birth of Democracy*, New York: Free Press, 1991.

Donald Kagan, *The Archidamian War*, Ithaca, NY: Cornell University Press, 1990.

Donald Kagan, *Thucydides: The Reinvention of History*, New York: Penguin Books, 2010.

Donald W. Knight, "Thucydides and the War Strategy of Pericles", *Mnemosyne* 23, 1970.

E. Abbott, *Pericles and the Golden Age of Athens*, London: G. P. Putnam's Sons, 1891.

E. Badian, "Thucydides and the Outbreak of the Peloponnesian War: A Historian's Brief", in E. Badian, *From Plataea to Potidaea: Studies in the History and Historiography of Pentacontaetia*, Baltimore: Johns Hopkins University Press, 1993.

E. Baltrusch and C. Wendt eds., *Ein Besitz für immer? Geschichte, Polis und Völkerrecht bei Thukydides*, Baden-Baden: Nomos, 2011.

E. Delebecque, *Thucydide et Alcibiade*, Aix-en-Provence: Centre d'Études et Reserches Helleniques, 1965.

E. F. Benson, *The Life of Alcibiades: The Idol of Athens*, New York: D. Appleton & Company, 1929.

E. M. Harris, "The Constitution of the Five Thousand", *Harvard Studies in Classical Philology* 93, 1990.

E. Podoksik, "Justice, Power and Athenian Imperialism: An Ideological Moment in Thucydides' History", *History of Political Thought* 261, 2005.

E. Schwartz, *Das Geschichtwerk des Thukydides*, Hildesheim: George Olms Verlag, 1969.

E. Stein-Hölkeskamp, "Perikles, Kleon und Alkibiades als Redner: Eine zentrale Rolle der athenischen Demokratie im Wandel", in *Rede und Redner: Bewertung und Darstellung in den antiken Kulturen*, C. Neumeister and W. Raeck eds., Möhnesee: Bibliopolis, 2000.

E. -A. Bétant, *Lexicon Thucydideum*, 2 vols, Geneva, 1843, Repr. Heildesheim: Georg Olms Verlag, 1961.

Edith Foster and D. Leteiner eds., *Thucydides and Herodotus*, Oxford: Oxford University Press, 2012.

Edith Foster, *Thucydides, Pericles, and Periclean Imperialism*, Cambridge: Cambridge University Press, 2010.

Eduard Meyer, *Forschungen zur alten Geschite*, Halle: Niemeyer, 1892.

Eduard Meyer, *Geschichte des Altertums*, 5$^{th}$ ed., 4 vols., Basel, Switzerland: B. Schwabe, 1954/56.

Edward Hussey, "Thucydidean History and Democritean Theory", *History of Political Thought* 6, 1985.

Elizabeth A. Meyer, "Thucydides on Harmodius and Aristogeiton, Tyranny, and History", *The Classical Quarterly*, Vol. 58, No. 1, 2008.

Emily Greenwood, *Thucydides and the Shaping of History*, London: Bristol Classical Press, 2006.

F. E. Adcock, *Thucydides and His History*, Cambridge: Cambridge University Press, 1963.

F. M. Wassermann, "Post-Periclean Democracy in Action: The Mytilenean Debate (Thuc. III 37-48)", *TAPA*, Vol. 87, 1956.

F. Müller, *Das Problem der Urkunden bei Thukydides*, Stuttgart: Franz Steiner Verlag, 1997.

F. Rittelmeyer, *Thukydides und die Sophistik*, Diss. Erlangen. Borna-Leipzig: Noske, 1915.

F. W. Ullrich, *Beiträge zur Erklärung des Thukydides*, Hamburg: Perthes-Besser & Mauke, 1846.

G. A. Lehmann, *Perikles: Staatsmann und Stratege im klassischen Athen*, Munich: Beck, 2008.

G. B. Flanagan, "Thucydides on the Political Soul", Ph. D. Thesis, University of Chicago, 2007.

G. B. Grundy, *Thucydides and the History of His Age*, 2 vols, 2$^{nd}$ed., Oxford: Blackwell, 1948.

G. Donini, *La posizione di Tucidide verso il governo dei cinquemila*, Turin: Paravia, 1969.

G. E. M. de Ste. Croix, "Notes on Jurisdiction in the Athenian Empire", *Classical Quarterly* LV-N. S. II, 1961.

G. E. M. de Ste. Croix, "The Character of the Athenian Empire", *Historia* 3, 1954/55.

G. E. M. de Ste. Croix, "The Constitution of the 5000", *Historia* 5, 1956.

G. E. M. de Ste. Croix, *The Origins of the Peloponnesian War*, Ithaca, NY: Cornell University Press, 1972.

G. F. Bender, *Der Begriff des Staatsmannes bei Thukydides*, Würzburg: K. Triltsch, 1934.

G. Meyer, *Der gegenwärtige Stand der Thukydideischen Frage*, Nordhausen: Kirchner, 1889.

G. P. Hawthorn, *Thucydides on Politics: Back to the Present*, Cambridge: Cambridge University Press, 2014.

G. Rechenauer and V. Pothou eds., *Thucydides—A Violent Teacher? History and Its Representations*, Goettingen: V & R Unipress and Bonn University Press, 2011.

Georg Busolt, *Griechischen Geschichte Bis Zur Schlacht Bei Chaeroneia*, 3 vols., Gotha: Friedrich Andreas Pertnes, 1893-1904.

George A. Sheets, "Conceptualizing International Law in Thucydides", *American Journal of Philology* 115, 1994.

George Grote, *A History of Greece: From the Earliest Period to the Close of the Generation Contemporary with Alexander the Great*, 12 vols., London: John Murray, 1846-1856.

George Grote, *A History of Greece: From the Time of Solon to 403 B. C.*, J. M. Mitchell and M. O. B. Caspari eds., London/New York: Routledge, 2001.

George L. Cawkwell, "Thucydides' Judgment of Periclean Strategy", *Yale Classical Studies* 24, 1975.

George L. Cawkwell, *Thucydides and the Peloponnesian War*, New York: Routledge, 1997.

Gerald M. Mara, "Thucydides and Political Thought", in *The Cambridge Companion to Ancient Greek Thought*, Stephen Salkever ed., Cambridge: Cambridge University Press, 2009.

Gerald M. Mara, *The Civic Conversations of Thucydides and Plato*, Albany: State University of New York Press, 2008.

Giovanni Parmeggiani ed., *Between Thucydides and Polybius: the Golden Age of Greek Historiography*, Washington D. C.: Center for Hellenic Studies, 2014.

Gregory Crane, *The Blinded Eye: Thucydides and the New Written Word*, Lanham, Md.: Roman and Littlefield, 1996.

Gregory Crane, *Thucydides and the Ancient Simplicity*, Berkley: University of California Press, 1988.

Gregory Nagy, "Homer and the Athenian Empire", *Homer the Preclassic*, Berkeley: University of California Press, 2010.

H. A. Murry, "Two Notes on the Evaluation of Nicias in Thucydides", *Bulletin of the Institute of Classical Studies* 8, 1961.

H. B. Mattingly, *The Athenian Empire Restored: Epigraphic and Historical Studies*, Ann Arbor: University of Michigan Press, 1996.

H. D. Westlake, "Alcibiades, Agis and Spartan Policy", *Journal of Hellenic Studies*, LXXIII, 1952.

H. D. Westlake, "Phrynichus and Astyochus", *Journal of Hellenic Studies*, LXXVI, 1956.

H. D. Westlake, *Essays on the Greek Historians and Greek History*, Manchester: Manchester University Press, 1969.

H. D. Westlake, *Individuals in Thucydides*, Cambridge: Cambridge University Press, 1968.

H. D. Westlake, *Studies in Thucydides and Greek History*, Bristol: Bristol Classical Press, 1989.

H. Drexler, *Thukydides-Studien*, Hildesheim: Olms, 1976.

H. Erbse, "Die politische Lehre des Thukydides", *Gymnasium* 76, 1969.

H. Erbse, *Thukydides-Interpretationen*, Berlin/Boston: De Gruyter, 1989.

H. F. Harding, *The Speeches of Thucydides*, Lawrence, Kansas: Coronado Press, 1973.

H. Flower, "Thucydides and Pylos Debate (4. 27-29) ", *Historia* 41, 1992.

H. Heftner, *Alkibiades: Staatsmann und Feldherr*, Darmstadt: Wissenschaftliche Buchgesellschaft, 2011.

H. J. Diesner, "Peisistratidenexkurs und Peisistratidenbild bei Thukydides", *Historia* 8, 1959.

H. J. Diesner, "Thukydides und Thomas Hobbes", *Historia* 29, 1980.

H. Leppin, *Thukydides und die Verfassung der Polis: Ein Beitrag zur politischen Ideengeschichte des 5. Jahrhunderts v. Chr.*, Berlin: Akademie Verlag, 1999.

H. Montgomery, *Gedanke und Tat: zur Erzählungstechnik bei Herodot, Thukydides, Xenophon und Arrian*, Lund: Gleerup, 1965.

H. Patzer, *Das Problem der Geschichtsschreibung des Thukydides und die thukydideische Frage*, Berlin: Junker und Dünnhaupt, 1989.

H. R. Alker, Jr., "The Dialectical Logic of Thucydides' Melian Dialogue", *American Political Science Review* 82. 3, 1988.

H. Sonnabend, *Thukydides*, Hildesheim: Olms, 2004.

H. Stasburger, "Thukydides und die politische Selbstdarstellung der Athener", *Hermes* 86, 1958.

H. -J. Gehrke, "Thukydides—Politik zwischen Realismus und Ethik", in *Vernunft oder Macht? Zum Verhältnis von Philosophie und Politik*, O. Höffe ed., Tübingen: Francke, 2006.

H. -P. Stahl, "Literarisches Detail und historischer Krisenpunkt im Geschichtswerk des Thukydides: Die Sizilische Expedition", *Rheinisches Museum* 145, 2002.

H. -P. Stahl, *Thucydides: Man's Place in History*, Swansea: Classical Press of Wales, 2009.

Hans Herter ed., *Thukydides*, Darmstadt: Wissenschaftliche Buchgesellschaft, 1968.

Haruo Konishi, "The Composition of Thucydides' History", *American*

*Journal of Philology* 101, 1980.

Harvey Yunis ed., *Written Texts and the Rise of Literate Culture in Ancient Greece*, Cambridge: Cambridge University Press, 2003.

Harvey Yunis, "Thucydides on Periclean Rhetoric and Political Instruction", in Harvey Yunis, *Taming Democracy: Models of Political Rhetoric in Classical Athens*, Ithaca, NY: Cornell University Press, 1996.

Harvey Yunis, "Thucydides on the Rhetoric of the Successors", in Harvey Yunis, *Taming Democracy: Models of Political Rhetoric in Classical Athens*, Ithaca, NY: Cornell University Press, 1996.

Helmut Flashar, *Der Epitaphios des Perikles: Seine Funktion im Geschichtswerk des Thukydides*, Heidelberg: Winter, 1969.

Hunter R. Rawlings III, "Thucydidean Epistemology: Between Philosophy and History", *Rheinisches Museum für Philologie*, Neue Folge, 153, Bd., H. 3/4, 2010.

Hunter R. Rawlings III, *The Structure of Thucydides' History*, Princeton: Princeton University Press, 1981.

J. B. Bury, S. A. Cook, F. E. Adcock eds., *The Cambridge Ancient History: Athens 478-401 B. C.*, Vol. V, London: Oxford University Press, 1969.

J. Classen and J. Setup eds., *Thukydides*, 4 vols, 5$^{th}$ ed., Berlin: Weidmann, 1919.

J. E. Lendon, "Athens and Sparta and the Coming of the Peloponnesian War", in *Cambridge Companion to the Age of Pericles*, Loren. J. Samons II ed., New York: Cambridge University Press, 2007.

J. F. Lazenby, *The Peloponnesian War: A Military Study*, New York: Routledge, 2004.

J. J. Price. *Thucydides and Internal War*, Cambridge: Cambridge University Press, 2004.

J. L. Moles, "Truth and Untruth in Herodotus and Thucydides", in *Lies and Fiction in the Ancient World*, C. Gill and T. P. Wiseman eds., Austin: University of Texas Press, 1993.

J. Lane, "Thucydides Beyond the Cold War: The Recurrence of Relevance in the Classical Historians", *Poroi* 4. 2, 2005.

J. Maitland, "'Marcellinus' Life of Thucydides: Criticism and Criteria in the Ancient Biographical Tradition", *Classical Quarterly* 46, 1996.

J. Monten, "Thucydides and Modern Realism", *International Studies Quarterly* 50. 1, 2006.

J. Peter Euben, "Creatures of a Day: Thought and Action in Thucydides", in *Political Theory and Praxis: New Perspectives*, Terence Ball ed., Minneapolis: University of Minnesota Press, 1977.

J. Peter Euben, *The Tragedy of Political Theory: The Road Not Taken*, Princeton: Princeton University Press, 1990.

J. Pouilloux and F. Salviat, "Thucydide après l'exil et la composition de son histoire", *Revuede philologie* 59, 1985.

J. Vogt, "Das Bild des Perikles bei Thukydides," *Historische Zeitschrift* 182, 1956.

J. Woodman, *Rhetoric in Classical Historiography: Four Studies*, London: Croom Helm, 1988.

Jacqueline de Romilly, "La crainte dans l'œuvre de Thucydide", *Classica et Mediaevalia* 17, 1956.

Jacqueline de Romilly, "Les Intentions d'Archidamos et le livre II de Thucydide", *Revue des études anciennes* 64, 1962.

Jacqueline de Romilly, "Plutarch and Thucydides or the Free Use of Quotations", *Phoenix*, Vol. 42, No. 1, 1988.

Jacqueline de Romilly, Hunter R. Rawlings III and Jeffery S. Rusten eds., *The Mind of Thucydides*, trs. by Elizabeth T. Rawlings (French orig.: *Histoire et raison chez Thucydide*, Paris: Les Belles Lettres, 1956), Ithaca, NY: Cornell University Press, 2012.

Jacqueline de Romilly, *The Rise and Fall of States According to Greek Authors*, Ann Arbor: University of Michigan Press, 1991.

Jacqueline de Romilly, *Thucydides and Athenian Imperialism*, trs. by Philip Thody (French orig.: *Thucydide et l'Impérialisme athénien*, Paris: Les Belles Lettres, 1947), Oxford: Basil Blackwell, 1963.

James V. Morrison, "Preface to Thucydides: Rereading the Corcyrean Conflict", *Classical Antiquity* 18, 1999.

James V. Morrison, "Thucydides' History Live: Reception and Politics", in *Politics of Orality*, C. Cooper ed., Leiden: Brill, 2007.

James V. Morrison, *Reading Thucydides*, Columbus: Ohio State University Press, 2006.

Jeffrey S. Rusten ed., *Thucydides*, Oxford: Oxford University Press [ English translation of Strasburger (1968) ], 2009.

Jeffrey S. Rusten, "Kinesis in the Preface to Thucydides", in *Kinesis: The Ancient Depiction of Gesture, Motion, and Emotion*, C. A. Clark, E. Foster, and J. P. Hallet eds., Ann Arbor: University of Michigan Press, 2015.

Jeffrey. S. Rusten, "Structure, Style, and Sense in Interpreting Thucydides: The Soldier's Choice (Thuc. 2. 42. 4)", *Harvard Studies in Classical Philology* 90, 1986.

Jennifer T. Roberts, *Plague of War: Athens, Sparta, and the Struggle for Ancient Greece*, Oxford: Oxford University Press, 2017.

Jeremy Mynott, "Translating Thucydides", *Arion: A Journal of Humanities and the Classics*, Vol. 21, No. 1, 2013.

Joel E. Mann, Getty L. Lustila, "A Model Sophist: Nietzsche on Protagoras and Thucydides", *Journal of Nietzsche Studies*, Vol. 42, No. 1, 2011.

John H. Finley Jr. ed., *The Greek Historians: The Essence of Herodotus, Thucydides, Xenophon, Polybius*, New York: Viking Press, 1959.

John H. Finley Jr., "Euripides and Thucydides", *Harvard Studies of Classical Philology*, XLIX, 1938.

John H. Finley Jr., "The Unity of Thucydides' History", *Harvard Studies of Classical Philology*, Suppl., I, 1940.

John H. Finley Jr., *Three Essays on Thucydides*, Cambridge, Mass.: Harvard University Press, 1967.

John H. Finley Jr., *Thucydides*, Cambridge, Mass.: Harvard University Press, 1942.

John Marincola ed., *A Companion to Greek and Roman Historiography*,

Oxford: Wiley-Blackwell, 2011.

John Marincola, *Authority and Tradition in Ancient Historiography*, Cambridge: Cambridge University Press, 1997.

John Marincola, *Greek Historians*, Cambridge: Cambridge University Press, 2001.

John T. Kirby, "Narrative Structure and Technique in Thucydides Ⅵ - Ⅶ", *Classical Antiquity* 2, 1983.

John W. Eadie and Josiah Ober eds., *The Craft of the Ancient Historian: Essays in Honor of Chester G. Starr*, Lanham, Md.: University Press of America, 1985.

John Wilson, "What does Thucydides Claim for His Speeches?", *Phoenix* XXVI, 1982.

John Wilson, *Athens and Corcyra: Strategy and Tactics in the Peloponnesian War*, Bristol: Bristol Classical Press, 1987.

John Ziolkowski, *Thucydides and the Tradition of Funeral Speeches at Athens*, New York: Arno Press, 1981.

John Zumbrunnen, *Silence and Democracy: Athenians Politics in Thucydides' History*, University Park, Pennsylvania: Pennsylvania State University Press, 2008.

Josiah Ober, "Public Speech and Brute Fact: Thucydides", in Josiah Ober, *Political Dissent in Democratic Athens: Intellectual Critics of Popular Rule*, Princeton: Princeton University Press, 1998.

Josiah Ober, "Thucydides and the Invention of Political Science", in *Brill's Companion to Thucydides*, A Rengakos and A. Tsakmakis eds., Leiden: Brill, 2006.

Josiah Ober, "Thucydides, Pericles, and Strategy of Defense", in Josiah Ober, *The Athenian Revolution: Essays on Ancient Greek Democracy and Political Theory*, Princeton: Princeton University Press, 1996.

Jules Girard, *Essai sur Thucydide*, Paris: Librairie Hachette, 1884.

June W. Allison, *Power and Preparedness in Thucydides*, Baltimore: Johns Hopkins University Press, 1989.

June W. Allison, *Word and Concept in Thucydides*, Atlanta: Scholars Press, 1997.

K. Büchner, "Vera vocabula rerum amisimus: Thukydides und Sallust über den Verfall der Wertbegriffe", in *Hommages à R. Schilling*, H. Zehnacker and G. Hentz eds., Paris: Société d'Édition les Belles Lettres, 1983.

K. Gaiser, *Das Staatsmodell des Thukydides*, Heidelberg: Kerle, 1975.

K. Maurer, *Interpolation in Thucydides*, Leiden: Brill, 1995.

K. Weidauer, *Thukydides und die Hippokratischen Schriften*, Heidelberg: C. Winter, 1954.

Karl Julius Beloch, *Die Attische Politik seit Perikles*, Lepzig: Verlag von B. G. Teubner, 1884.

Karl Julius Beloch, *Griechische Geschichte*, 2$^{nd}$ ed., Strasbourg/Leipzig/Berlin: Germany: K. J. Trübner, 1912-1927.

Kenneth J. Dover, "Thucydides 'As History' and 'As Literature'", *History and Theory*, Vol. 22, No. 1, 1983.

Kenneth J. Dover, *Thucydides*, Oxford: Clarendon Press, 1973.

Kinch Hoekstra, "Thucydides and the Bellicose Beginnings of Modern Political Theory", in *Thucydides and the Modern World: Reception, Reinterpretation and Influence from the Renaissance to the Present*, K. Harloe and N. Morley eds., Cambridge: Cambridge University Press, 2012.

L. Canfora, *Die verlorene Geschichte des Thukydides*, Berlin: Rotbuch, 1990.

L. M. Johnson Bagby, "The Use and Abuse of Thucydides in International Relations", *International Organization* 48. 1, 1994.

L. Piccirilli ed., *Storie dello storico Tucidide*, Genova: Il Melangolo, 1985.

L. Sancho Rocher, "Tucides y el tema de la polis-tyrannos", *Quaderni di Storia* 40, 1994.

Lauren N. Johnson, *Thucydides, Hobbes, and the Interpretation of Realism*, Decalb: Northern Illinois University Press, 1993.

Leo Strauss, "Greek Historians", *Review of Metaphysics* 21, 1968.

Leo Strauss, "On Thucydides' War of the Peloponnesians and the Athenians", in *The City and Man*, Chicago: University of Chicago Press, 1964.

Liisi Keedus, "Leo Strauss's Thucydides and the Meaning of Politics", in *Thucydides and Political Order: Lessons of Governance and the History of the Peloponnesian War*, C. R. Thauer and C. Wendt eds., New York: Palgrave Macmillan, 2016.

Lionel Pearson, "Thucydides as Reporter and Critic", *Transactions of the American Philological Association* 78, 1947.

Lisa Kallet-Marx, "Thucydides, Apollo, the Plague, and the War", *American Journal of Philology* 134, No. 3, 2013.

Lisa Kallet-Marx, *Money and the Corrosion of Power in Thucydides: The Sicilian Expedition and Its Aftermath*, Berkeley: University of California Press, 2001.

Lisa Kallet-Marx, *Money, Expense, and Naval Power in Thucydides' History 1-5. 24*, Berkeley: University of California Press, 1993.

Loren. J. Samons II, "The Peloponnesian War", in *What's Wrong with Democracy? From Athenian Practice to American Worship*, Loren. J. Samons II, Berkeley: University of California Press, 2004.

Loren. J. Samons II, *The Cambridge Companion to the Age of Pericles*, Cambridge: Cambridge University Press, 2007.

Lowell Edmunds, "Thucydides in the Act of Writing", in *Tradizione e innovazione nella cultura da Omera all'età ellenistica* 3, Roberto Prestagostinni ed., Rome: Guppo Editoriale Internazionale, 1993.

Lowell Edmunds, "Thucydides' Ethics as Reflected in the Description of Statsis (3. 82. 83) ", *Harvard Studies in Classical Philology* 79, 1975.

Lowell Edmunds, *Chance and Intelligence in Thucydides*, Cambridge, Mass.: Harvard University Press, 1975.

Lowell S. Gustafson ed., *Thucydides' Theory of International Relations: A Lasting Possession*, Batou Rouge: Louisiana State University Press, 2000.

M. Doyle, "Thucydides: A Realist?", in *Hegemonic Rivary: From Thucydides to the Nuclear Age*, R. N. Lebow and B. Strauss eds., Boulder: Westview, 1991.

M. Meier, "Probleme der Thukydides-Interpretation und das Perikles-Bild des

Historikers", *Tyche* 21, 2006.

M. V. Kauppi, "Thucydides: Character and Capabilities", in *Roots of Realism*, B. Frankel ed., London: Frank Cass, 1996.

Mabel L. Lang, "Participial Motivation in Thucydides", *Mnemosyne* 48, 1995.

Mabel L. Lang, "The Revolution of the 400", *American Journal of Philology* 69, 1948.

Mabel L. Lang, *Thucydidean Narrative & Discourse*, Jeffrey S. Rusten, Richard Hamilton, and Eleanor Dickey eds., Ann Arbor: Michigan Classical Press, 2010.

Malcom F. McGregor, *The Athenians and Their Empire*, Vancouver: University of British Columbia Press, 1987.

Malcom. F. McGregor, "The Genius of Alcibiades", *Phoenix* XIX, 1965.

Malcom. F. McGregor, "The Politics of the Historian Thucydides", *Phoenix* X, 1956.

Marc Cogan, *The Human Thing: The Speeches and Principles of Thucydides' History*, Chicago: University of Chicago Press, 1981.

Maria Fragoulaki, *Kinship in Thucydides: Intercommunal Ties and Historical Narrative*, Oxford: Oxford University, 2013.

Mark Cogan, "Mytilene, Plataea, and Corcyra: Ideology and Policy in Thucydides, Book Three", *Phoenix* XXXV, 1981.

Martha C. Taylor, "Implicating the Demos: A Reading of Thucydides on the Rise of the Four Hundred", *Journal of Hellenic Studies* 122, 2002.

Martha C. Taylor, *Thucydides, Pericles and the Idea of Athens in Peloponnesian War*, Cambridge: Cambridge University Press, 2010.

Martial Bouchard, "Deux textes introductifs de Thomas Hobbes à sa traduction anglaise de Thucydide", *Revue de Théologie et de Philosophie*, Vol. 124, No. 1, 1992.

Martin Ostwald, *ANAΓKH in Thucydides*, Atlanta: Scholars Press, 1988.

Mary Francis Williams, *Ethics in Thucydides: The Ancient Simplicity*, Lanham, Md.: University Press of America, 1998.

Mary P. Nichols, *Thucydides and the Pursuit of Freedom*, Ithaca, NY: Cornell

University Press, 2015.

Maurice Pope, "Thucydides and Democracy", *Historia: Zeitschrift für Alte Geschichte* 37 (3), 1988.

Michael Grant, *The Ancient Historians*, New York: Barnes & Noble Books, 1970.

Michael J. Palmer, "Alcibiades and the Question of Tyranny in Thucydides," *Canadian Journal of Political Science* 15, 1982.

Michael J. Palmer, "Machiavellian *virtù* and Thucydidean *aretē*: Traditional Virtue and Political Wisdom in Thucydides", *The Review of Politics*, Vol. 51, No. 3, 1989.

Michael J. Palmer, "The Spartan Alcibiades: Brasidas and the Prospect of Regime Change in Sparta in Thucydides' War", in *In Search of Humanity: Essays in Honor of Clifford Orwin*, Andrea Radasanu ed., Lanham: Lexington, 2015.

Michael J. Palmer, *Athenian Democracy, Empire, and the Problem of Tyranny: A Study of Thucydides*, Ann Arbor: University of Michigan Press, 1980.

Michael J. Palmer, *Love of Glory and the Common Good: Aspects of the Political Thought of Thucydides*, Lanham: Roman & Littlefield Publishers, 1992.

Mortimer Chambers, "Studies on Thucydides, 1957-1962", *The Classical World*, Vol. 57, No. 1, 1963.

Mortimer Chambers, "Thucydides and Pericles", *Harvard Studies in Classical Philology* 62, 1957.

N. Fields, *Syracuse 415-413 BC: Destruction of the Athenian Imperial Fleet*, Oxford: Osprey Publishing, 2008.

N. G. L. Hammond, "The Arrangement of the Thought in the Proem and in Other Parts of Thucydides Ⅰ", *Classical Quarterly* 2, 1952.

N. M. Pusey, "Alcibiades and to Philopoli", *Harvard Studies in Classical Philology*, 51, 1940.

N. Stockhammer, *Das Prinzip Macht: Die rationalität politischer Macht bei Thukydides, Machiavelli und Michel Foucault*, Baden-Baden: Nomos, 2009.

Nanno Marinatos, *Thucydides and Religion*, Meisenheim: Verlag Anton Hain, 1981.

Neville Morley and K. Harole eds., *Thucydides: Reception, Reinterpretation, Influence*, Cambridge: Cambridge University Press, 2012.

Neville Morley, "Thucydides Quote Unquote", *Arion* 20. 3, 2013.

Neville Morley, *Thucydides and the Idea of History*, London: I. B. Tauris, 2013.

Nicole Loraux, "Thucydide a écrit la guerre du Peloponnèse", in *Métis* 1, 1986.

Nicole Loraux, "Thucydides is Not a Colleague", in *Greek and Roman Historiography*, J. Marincola ed., Oxford: Oxford University Press, 2011.

Nicole Loraux, *The Invention of Athens: The Funeral Oration in the Classical City*, trs. by Alan Sheridan (French orig.: *L'invention d'Athènes*, Paris: Mouton, 1981), Cambridge, Mass.: Harvard University Press, 1986.

Otto Luschnat, "Thukydides", *Paulys Realencyclopädie der classischen Altertumswissenschaft*, rev. begun by Georg Wissowa, Stuttgart (later Munich); J. B. Metzer, succeeded by Alfred Druckenmuller, 1894-1980.

P. A. Brunt, "Spartan Policy and Strategy in the Archidamian War", *Phoenix* XIX, No. 4, 1965.

P. A. Brunt, "Thucydides and Alcibiades", *Revue des éstudes grecques* 65, 1952.

P. A. Seymour, *Thucydides as a Guide for Statesmen*, Melbourne: Melbourne University Press, 1954.

P. Barceló, "Thukydides und die Tyrannis", *Historia* 39, 1990.

P. Handke, *Once Again for Thucydides*, trs. by T. Lewis, New York: New Directions, 1998.

P. J. Rhodes, "The Five Thousand in the Athenian Revolution of 411 B. C", *Journal of Hellenic Studies* 92, 1972.

P. J. Rhodes, "Thucydides on the Causes of the Peloponnesian War", *Hermes*, Vol. 115, 1987.

P. J. Rhodes, *Thucydides: History II*, Warminster: Aris & Phillips, 1988.

P. R. Pouncey, *The Necessities of War: A Study of Thucydides' Pessimism*, New York: Columbia University Press, 1980.

Paul Cartledge and F. D. Harvey eds., *Crux: Essays in Greek History Presented to G. E. M. de Ste. Croix on his 75$^{th}$ Birthday*, London: Duckworth, 1985.

Paul Rahe, "The Primacy of Politics in Classical Greece", *American Historical Review* 89, 1984.

Paula A. Arnold, "The Persuasive Style of Debate in Direct Speech in Thucydides", *Hermes* 120, 1992.

Perez Zagorin, *Thucydides: An Introduction for the Common Reader*, Princeton: Princeton University Press, 2005.

Peter J. Ahrensdorf, "The Fear of Death and the Longing for Immortality: Hobbes and Thucydides on Human Nature and the Problem of Anarchy", *The American Political Science Review*, Vol. 94, No. 3, 2000.

Peter J. Ahrensdorf, "Thucydides' Realist Critique of Realism", *Polity* 30, 1997.

R. A. G. Williams, *The Literary Affinities of Thucydides*, London: Ph. D. Thesis, 1992.

R. J. Allan, "History as Presence: Time, Tense and Narrative Modes in Thucydides", in *Thucydides between History and Literature*, Antonis Tsakmakis and M. Tamiolaki eds., Berlin/Boston: De Gruyter, 2013.

R. J. Allan, "Sense and Sentence Complexity: Sentence Connection, and Tense-Aspect as Indicators of Narrative Mode in Thucydides' Histories", in *The Language of Literature: Linguistic Approaches to Classical Texts*, R. J. Allan and M. Buijis eds., Leiden: Brill, 2007.

R. Leimbach, *Militärische Müsterrhetorik: Eine Untersuchung zu den Feldherrnreden des Thukydides*, Stuttgart: Franz Steiner Verlag, 1985.

R. M. Rosen and J. Farrell eds., *Nomodeiktes: Greek Studies in Honor of Martin Ostwald*, Ann Arbor: University of Michigan Press, 1993.

R. P. Winnington-Ingram, "TA ΔΕΟΝΤΑ ΕΙΠΕΙΝ: Cleon and Diodotus", *Bulletin of the Institute of Classical Studies* 12, 1965.

R. Turasiewicz, "Pericles' Funeral Oration in Thucydides and Its

Interpretation", *Eos* 83, 1995.

R. W. Sharples, "Knowledge and Courage in Thucydides and Plato", *Liverpool Classical Monthly* 8, 1983.

R. Wesel, "Topos und Legende—Thukydides' Beitrag zur Theorie der internationalen Beziehungen", in *Sicherheit in einer neuen Weltära: Festschrift für Erhard Forndran zum 65. Geburtstag*, D. Fricker and J. Meyer eds., Frankfurt: Peter Lang, 2003.

Raymond Aron, "Thucydides et le récit des événements", *History and Theory* I, 1961.

Raymond Geuss, "Thucydides, Nietzsche, and Williams", in Raymond Geuss, *Outside Ethics*, Princeton: Princeton University Press, 2005.

Richard H. Cox, "Thucydides on Themistocles", *Poltikos* 2, 1992.

Richard Ned Lebow and B. Strauss eds., *Hegemonic Rivary: From Thucydides to the Nuclear Age*, Boulder: Westview, 1991.

Richard Ned Lebow, "Thucydides and Deterrence", *Security Studies* 16. 2, 2007.

Richard Ned Lebow, "Thucydides the Constructivist", *American Political Science Review* 95. 3, 2001.

Richard Ned Lebow, *The Tragic Vision of Politics: Ethics, Interests and Orders*, Cambridge: Cambridge University Press, 2003.

Richard Schlatter ed., *Hobbes's Thucydides*, New Brunswick, N. J.: Rutgers University Press, 1975.

Robert D. Luginbill, *Thucydides on War and National Character*, Boulder: Westview Press, 1999.

Robin Sowerby, "Thomas Hobbes's Translation of Thucydides", *Translation and Literature*, Vol. 7, No. 2, 1998.

Ronald Syme, "Thucydides", *Roman Papers*, Vol. 6, A. R. Birley ed., Oxford: Oxford University Press, 1991.

Rosalind Thomas, *Literacy and Orality in Ancient Greece*, Cambridge: Cambridge University Press, 1992.

Rosalind Thomas, *Oral Tradition and Written Record in Classical Athens*,

Cambridge: Cambridge University Press, 1989.

Russell Meiggs, *The Athenian Empire*, Oxford: Clarendon Press, 1972.

Ryan K. Balot, "Pericles' Anatomy of Democratic Courage", *American Journal of Philology* 122, 2001.

Ryan K. Balot, Sara Forsdyke, and Edith Foster eds., *The Oxford Handbook of Thucydides*, Oxford: Oxford University Press. 2017.

S. Döpp, "Fasziniert von Thukydides: Zu zwei Rezeptionstypen bei Sallust", in *Noctes Sinenses: Festschrift für Fritz-Heiner Mutschler zum 65. Geburtstag*, A. Heil, M. Korn, and J. Sauer eds., Heidelberg: Winter, 2011.

S. Flory, "Thucydides' Hypotheses about the Peloponnesian War", *Transactions of the American Philological Association* 118, 1988.

S. Meineke, "Thukydidismus", *Der Neue Pauly* XV. 3, 2003.

S. N. Jaff, *Thucydides on the Outbreak of the War: Character and Contest*, Oxford: Oxford University Press, 2017.

Samuel K. Eddy, "The Cold War between Athens and Persia, c. 448—412 BC", *Classical Philology* L XVIII, 1973.

Sara S. Monoson and Michael Loriaux, "The Illusion of Power and the Disruption of Moral Norms: Thucydides' Critique of Periclean Policy", *American Political Science Review* 92, 1998.

Scott Jenkins, "What does Nietzsche Owe Thucydides?" *Journal of Nietzsche Studies*, Vol. 42, No. 1. 2011.

Simon Hornblower, *Thucydidean Themes*, New York: Oxford University Press, 2010.

Simon Hornblower ed., Greek Historiography. Oxford: Clarendon Press, 1994.

Simon Hornblower, "The Fourth-Century and Hellenistic Reception of Thucydides", *The Journal of Hellenic Studies*, Vol. 115, 1995.

Simon Hornblower, "The Religious Dimension to the Peloponnesian War, or, What Thucydides does not Tell Us", *Harvard Studies in Classical Philology* 94, 1992.

Simon Hornblower, *Thucydides and Pindar: Historical Narrative and the World of Epinikian Poetry*, New York: Oxford University Press, 2004.

Simon Hornblower, *Thucydides*, Baltimore: Johns Hopkins University Press, 1987.

Stavros A. Frangoulidis, "A Pattern from Homer's 'Odyssey' in the Sicilian Narrative of Thucydides", *Quaderni Urbinati di Cultura Classica*, New Series, Vol. 44, No. 2, 1993.

Steven Forde, "Varieties of Realism: Thucydides and Machiavelli, *Journal of Politics* 54, 1992.

T. Gardiner, "Terms for Thalassocracy in Thucydides", *Rheinisches Museum für Philologie* 112, 1969.

T. Gärtner, "Cotta bei Sallust und Perikles bei Thukydides-Eine übersehene Parallele", *Historia* 60, 2011.

Thomas Cole, *The Origins of Rhetoric in Ancient Greece*, Baltimore: Johns Hopkins University Press, 1991.

Thomas F. Scanlon, "Echoes of Herodotus in Thucydides: Self-Sufficiency, Admiration, and Law", *Historia: Zeitschrift für Alte Geschichte*, Bd. 43, H. 2, 1994.

Thomas F. Scanlon, "Thucydides and Tyranny", *Classical Antiquity* 6, 1987.

Thomas F. Scanlon, *The Influence of Thucydides on Sallust*, Heidelberg: Winter, 1980.

Thomas Kelly, "Thucydides and Spartan Strategy in Archidamian War", *American Historical Review* 87, No. 1, 1982.

Thomas S. Engeman, "Homeric Honor and Thucydidean Necessity", *Interpretation* 4. 2, 1974.

Tim Rood, *Thucydides: Narrative and Explanation*, New York: Oxford University Press, 1998.

V. Fromentin, S. Gotteland, and P. Payen eds., *Ombres de Thucydide. La réception de l'historien depuis l'Antiquité jusqu'au début du XX siècle*, Bordeaux-Pessac: Ausonius, 2010.

V. Zadorojnyi, "Thucydides' Nicias and Homer's Agamemnon", *The Classical Quarterly*, Vol. 48, No. 1, 1998.

Virginia J. Hunter, "Athens Tyrannis: A New Approach to Thucydides", *The

*Classical Journal* 69, 1973.

Virginia J. Hunter, "Thucydides and the Sociology of the Crowd", *Classical Journal* 84, 1988.

Virginia J. Hunter, "Thucydides, Gorgias, and Mass Psychology", *Hermes* 114, 1986.

Virginia J. Hunter, *Past and Process in Herodotus and Thucydides*, Princeton: Princeton University Press, 1982.

Virginia J. Hunter, *Thucydides: The Artful Reporter*, Toronto: A. M. Hakkert, 1973.

W. Desmond, "Lessons of Fear: A Reading of Thucydides", *Classical Philology* 101, 2006.

W. Kendrick Pritchett, *The Greek State at War*, 5 vols. Berkeley: University of California Press, 1971-1991.

W. Liebeshuetz, "Thucydides and the Sicilian Expedition", *Historia* 17, 1978.

W. Nicolai, "Thukydides und die Perikleische Machtpolitik", *Hermes* 124, 1996.

W. Robert Connor, "A Post Modernist Thucydides?", *Classical Review* 72, 1977.

W. Robert Connor, "Polarity in Thucydides", in *Hegemonic Rivary: From Thucydides to the Nuclear Age*, R. N. Lebow and B. Strauss eds., Boulder: Westview, 1991.

W. Robert Connor, *The New Politicians of Fifth-Century Athens*, Cambridge: Hackett Publishing Company, 1992.

W. Robert Connor, *Thucydides*, Princeton: Princeton University Press, 1984.

W. Will, "Die Philonikia der Athener: Thukydides 7. 27-30", *in Philia: Festschrift für Gerhard Wirth zum 80. Geburtstag am 9. Dezember 2006 von seinen Schülern, Freunden und Kollegen dargebracht*, V. Lica ed., Galaţi: Academica, 2006.

W. Will, "Thukydides Misolakon", in *Studien zur antiken Geschichtsschreibung*, M. Rathmann ed., Bonn: Habelt, 2009.

W. Will, *Der Untergang von Melos: Machtpolitik im Urteil des Thukydides und einiger Zeitgenossen*, Bonn: Habelt, 2006.

W. Will, *Thukydides und Perikles: Der Historiker und sein Held*, Bonn: Habelt, 2003.

W. R. M. Lamb, *Clio Enthroned: A Study of Prose-form in Thucydides*, Cambridge: Cambridge University Press, 1914.

Werner Jaeger, *Paideia: the Ideals of Greek Culture*, Vol. 1, *Archaic Greece: the Mind of Athens*, trs. by Gilbert Highet, New York: Oxford University Press, 1965.

Wolfgang Schadewaldt, *Die Geschichtsschreibung des Thukydides: Ein Versuch*, Berlin: Weidmann, 1929.

## 电子文献

Berlin Thucydides Center: *Thoukydideia Dahlem Thucydides Lectures*
http://www.topoi.org/?s=thucydides

Harvard Kennedy School Belfer Center: *Thucydides's Trap Project*
https://www.belfercenter.org/thucydides-trap/thucydides-trap-methodology
https://www.belfercenter.org/thucydides-trap/case-file